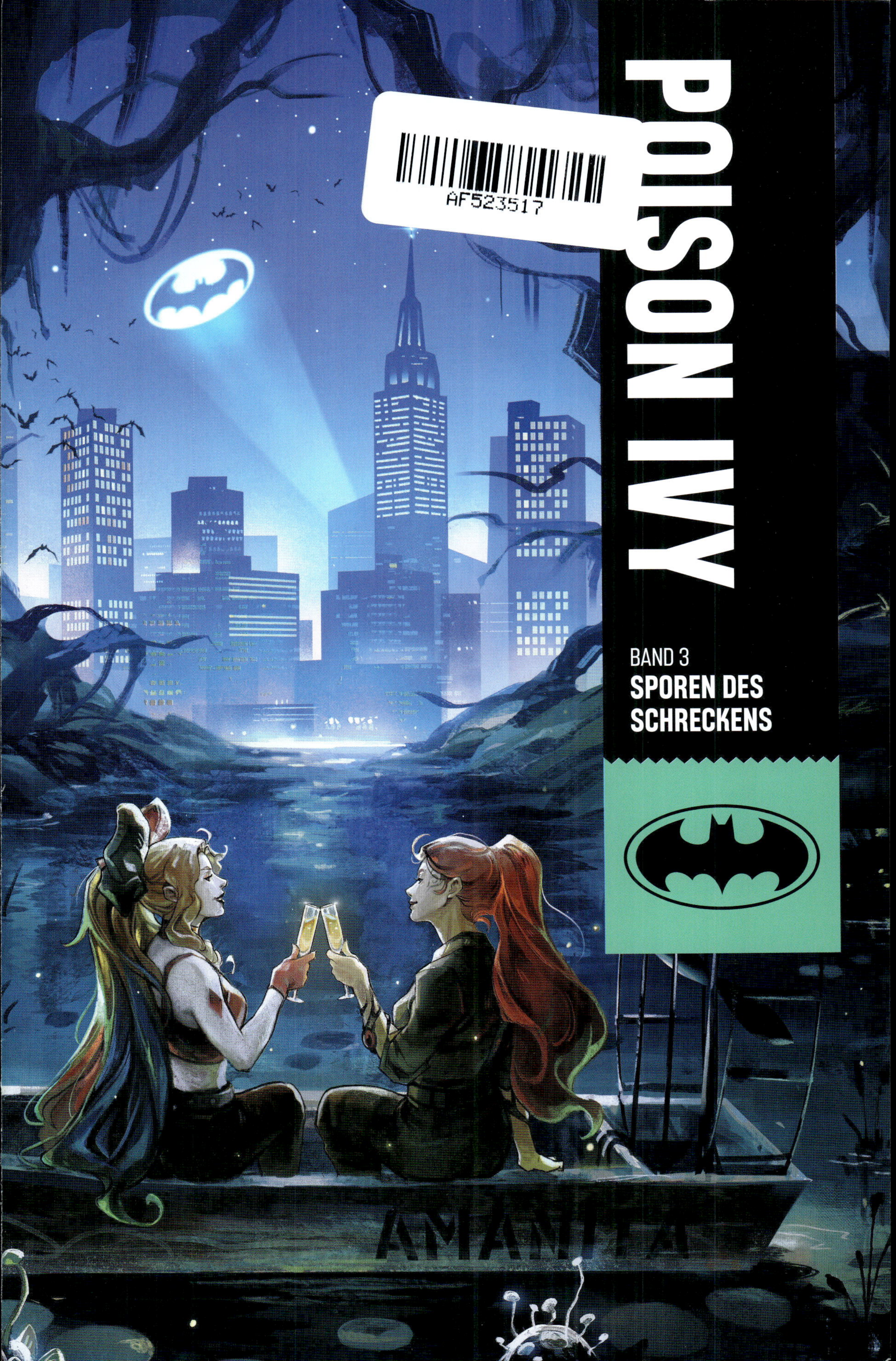
POISON IVY
BAND 3
SPOREN DES
SCHRECKENS
AMANITA

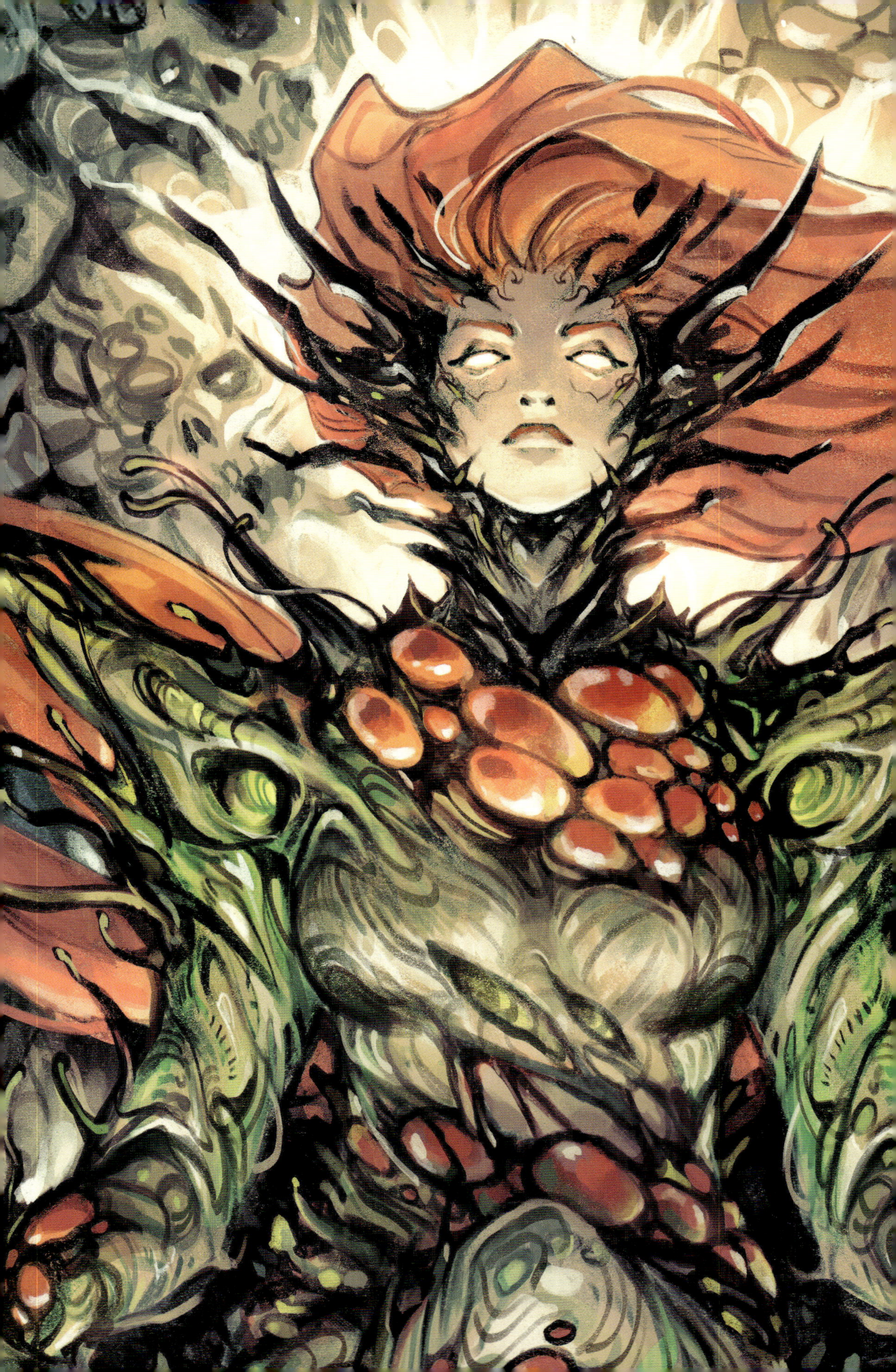

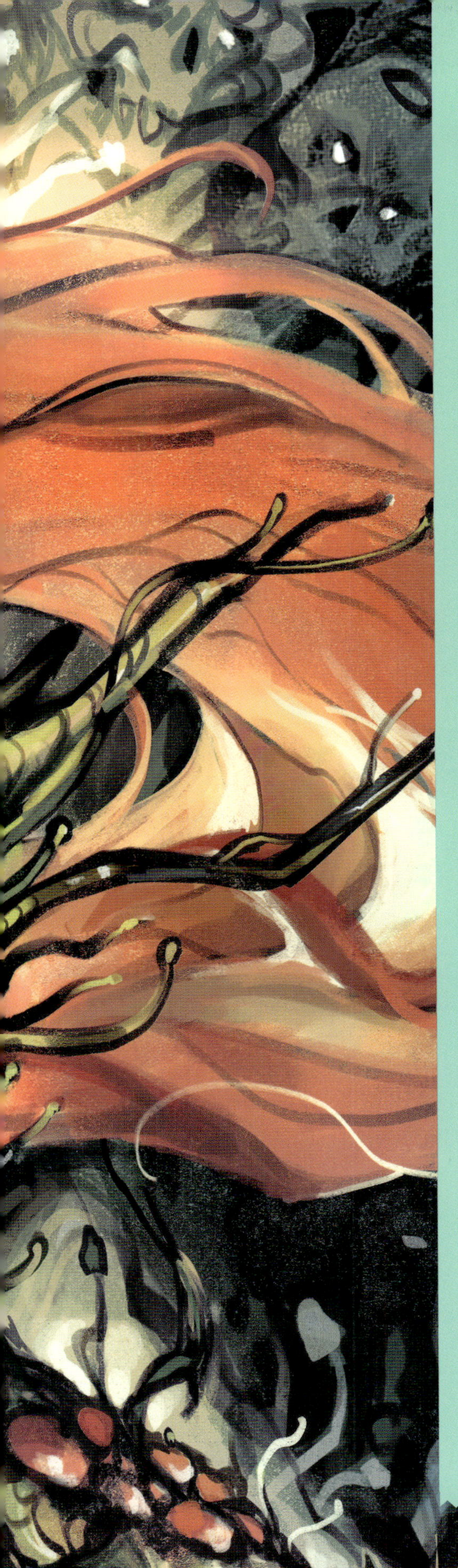

PFLANZENFLÜSTERIN

Dawn of DC heißt die neue Ära des **DC Comics-Universums**. An diesem „neuen Morgen" geht es um die interessantesten, frischsten, kühnsten, coolsten Geschichten mit den DC-Ikonen. Wie in diesem dritten Band der gefeierten *Poison Ivy*-Serie von Star-Autorin **G. Willow Wilson**, die Ivy als facettenreiche Antiheldin weiterentwickelt. Das Beste an diesem Comic unter dem Banner von Dawn of DC? Er startet gewissermaßen eine neue „Staffel", von daher kann dieser Band als **perfekter Einstiegspunkt** betrachtet werden! Der Fokus liegt „natürlich" auf der Biologin **Dr. Pamela Lillian Isley**, die vor vielen Jahren von **Dr. Jason Woodrue** in eine grüne **Pflanzenflüsterin** verwandelt wurde. Fortan hatte Pam als **Poison Ivy** einen giftigen Kuss, war immun gegenüber allen Drogen von Mutter Natur und trat mal als Superschurkin, mal als Öko-Terroristin auf. Außerdem hatte sie auf einmal eine starke Verbindung zum **Grün**, der kollektiven Bewusstseins-Sphäre aller Pflanzen. Nach dem **Niemandsland**-Crossover wurde Ivy die beste Freundin von **Dr. Harleen Quinzel** alias **Harley Quinn**. Pam half der **Clownprinzessin** nicht zuletzt dabei, vom **Joker** loszukommen und auf eigenen Füßen zu stehen, und sie agierten gemeinsam als Antiheldinnen. Vor einiger Zeit wurden die beiden schließlich ein Liebespaar. Dann jedoch manipulierten andere Pams Leben, und es gab mehrere Inkarnationen von ihr – trotzdem half sie im Event **Fear State** dabei, **Batmans** Stadt **Gotham City** zu retten. Danach machte sie allerdings mit Harley Schluss und zog im ersten Band dieser Serie mit neuen Kräften durch die USA, um den menschengemachten Weltuntergang aufzuhalten. Dennoch stand sie auch einigen Leuten gegen das Böse bei und fand in **Janet** eine neue Freundin. Zudem rechnete sie mit Woodrue ab, inzwischen bekannt als monströser **Floronic Man**. Ivy verschlang ihn, wenngleich seine **Sporen** noch immer Ärger machten. Unterdessen stöberte Harley Pam dank der Briefe auf, die diese von unterwegs geschickt hatte, und die beiden kamen wieder zusammen. Ivy kehrte sogar nach Gotham zurück …

Christian Endres

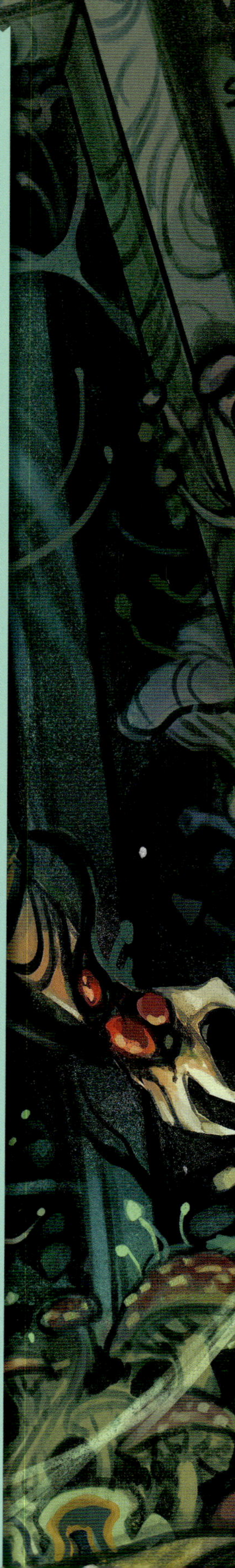

POISON IVY
Kapitel 13
Poison Ivy, Chapter Thirteen
Poison Ivy 13
August 2023

POISON IVY
Kapitel 14
Poison Ivy, Chapter Fourteen
Poison Ivy 14
November 2023

POISON IVY
Kapitel 15
Poison Ivy, Chapter Fifteen
Poison Ivy 15
Dezember 2023

POISON IVY
Kapitel 16
Poison Ivy, Chapter Sixteen
Poison Ivy 16
Januar 2024

POISON IVY
Kapitel 17
Poison Ivy, Chapter Seventeen
Poison Ivy 17
Februar 2024

POISON IVY
Kapitel 18
Poison Ivy, Chapter Eighteen
Poison Ivy 18
März 2024

G. WILLOW WILSON
Story

MARCIO TAKARA
GUILLEM MARCH
KELLEY JONES
A. L. KAPLAN
LUANA VECCHIO
Zeichnungen & Tusche

ARIF PRIANTO
JOSÉ VILLARRUBIA
A. L. KAPLAN
LUANA VECCHIO
Farben

CHRISTIAN LANGHAGEN
Übersetzung

FABIO CIACCI
Lettering

JESSICA FONG
Original-Cover

BATMAN geschaffen von **BOB KANE** mit **BILL FINGER**.

POISON IVY erscheint bei **PANINI COMICS**, Schloßstraße 76, D-70176 Stuttgart. Druck: Lito Terrazzi S.r.l. – Prato. Pressevertrieb: Stella Distribution GmbH, D-22297 Hamburg. Direkt-Abos auf **www.paninicomics.de**. Geschäftsführer **Hermann Paul**, Publishing Director Europe **Marco M. Lupoi**, Finanzen/Logistik **Felix Bauer**, Marketing Director **Holger Wiest**, Marketing **Thorsten Kleinheinz**, Vertrieb **Alexander Bubenheimer**, PR/Presse **Steffen Volkmer**, Publishing Manager **Lisa Pancaldi**, Redaktion **Tommaso Caretti**, **Christian Endres**, **Christian Grass**, **Nicola Soressi**, **Monika Trost**, **Daniela Uhlmann**, **Mathias Ulinski**, Übersetzung **Christian Langhagen**, Proofreading **Enza Ceraudo**, Lettering **Fabio Ciacci**, grafische Gestaltung **Marco Paroli** (coordinator), **Cinzia Morando**, Art Director **Alessandro Gucciardo**, Redaktion Panini Comics **Annalisa Califano**, **Beatrice Doti**, Prepress **Cristina Bedini**, **Daniela Guidetti**, **Andrea Lusoli**, Repro/Packager **Alessandro Nalli** (coordinator), **Anna Boselli**, **Mario Da Rin Zanco**, **Valentina Esposito**, **Luca Ficarelli**, **Linda Leporati**. Cover von **Jessica Fong**, *Poison Ivy* 15.

Digitale Ausgaben:
ISBN 978-3-7569-1025-0 (.pdf) / ISBN 978-3-7569-1026-7 (.epub) / ISBN 978-3-7569-1027-4 (.mobi)

Bibliografische Information der Deutschen Nationalbibliothek
Die Deutsche Nationalbibliothek verzeichnet diese Publikation in der Deutschen Nationalbibliografie; detaillierte bibliografische Daten sind im Internet über dnb.d-nb.de abrufbar.

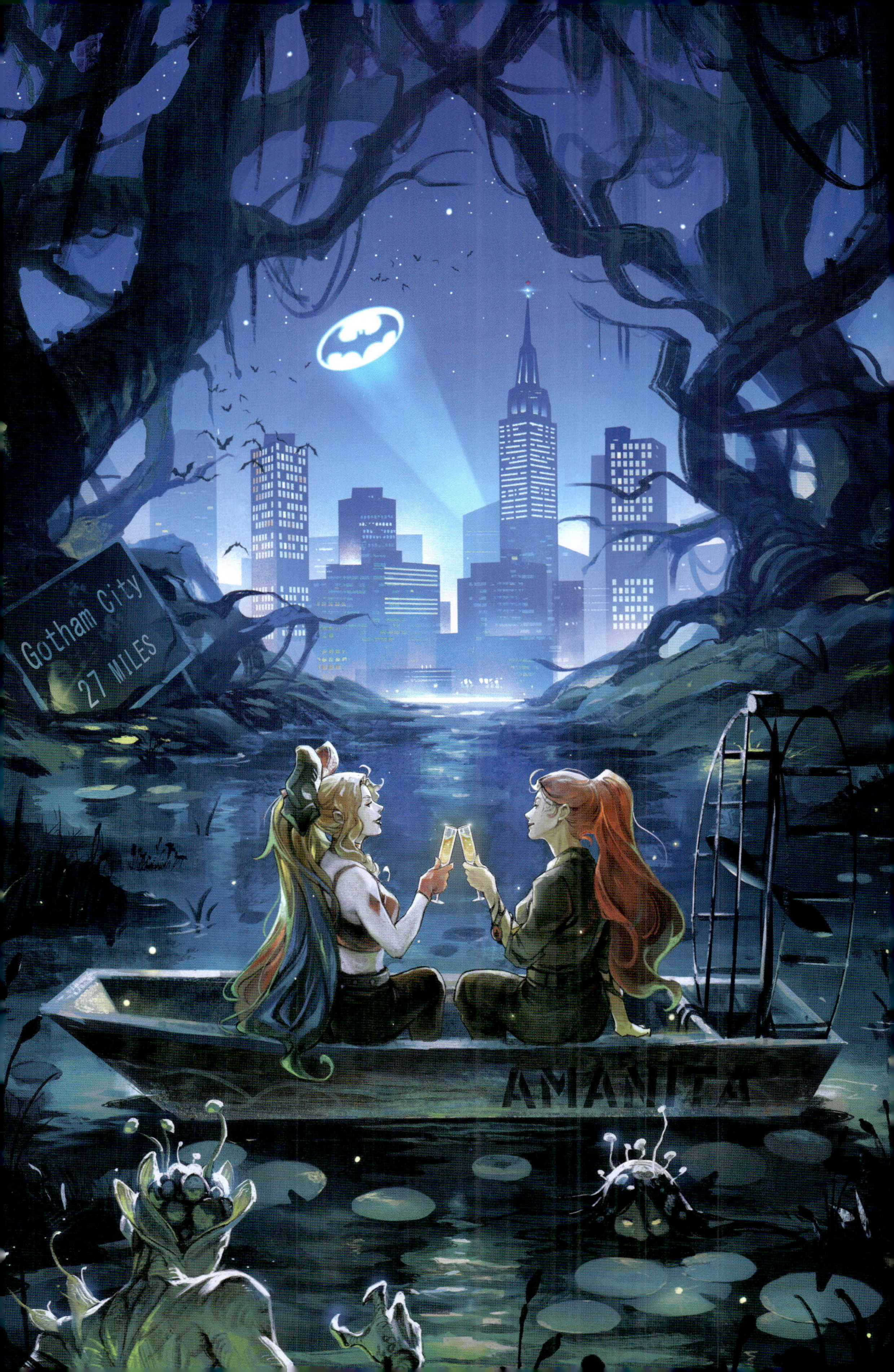
Gotham City
27 MILES
AMANITA

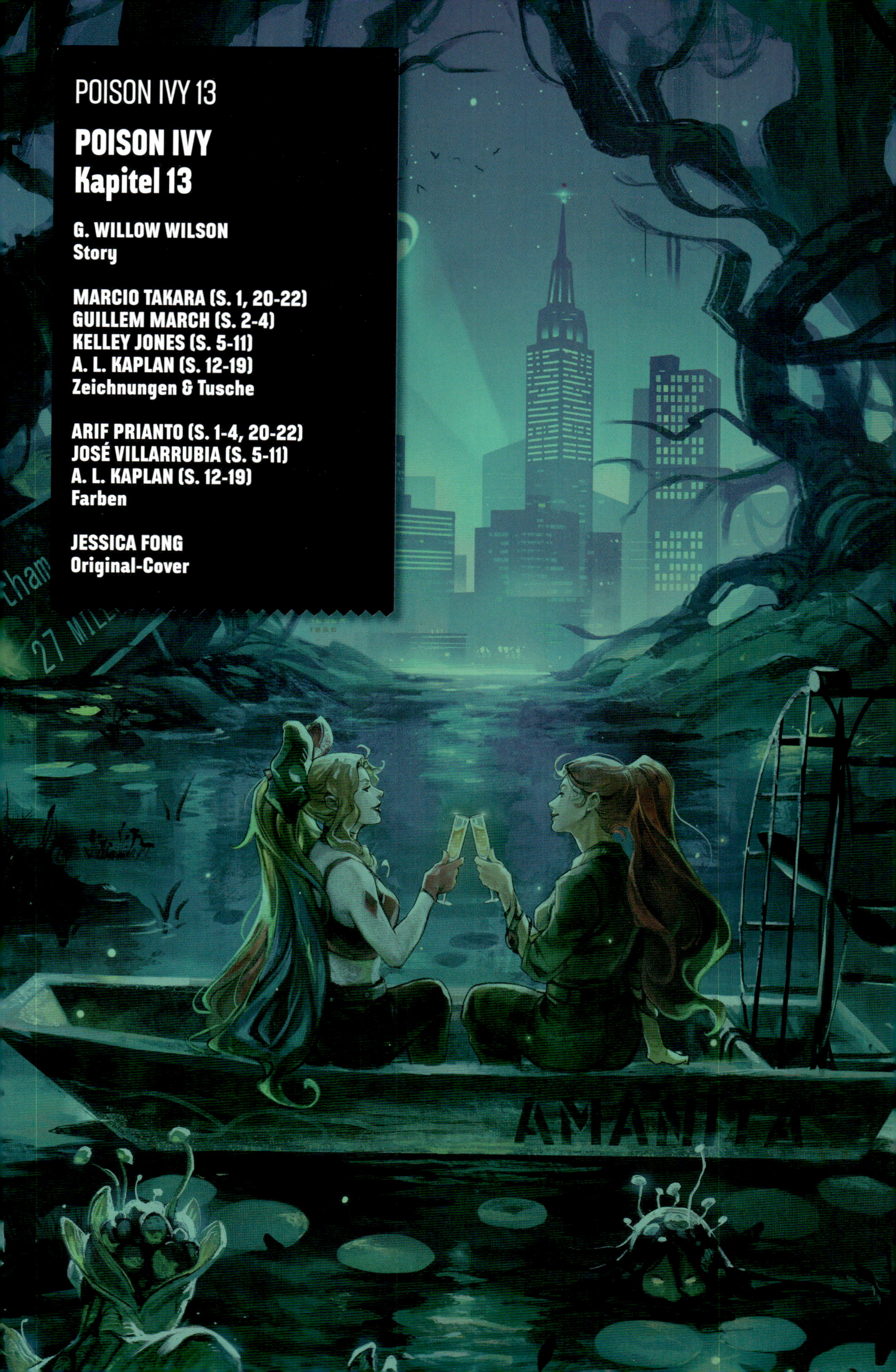

POISON IVY 13

POISON IVY
Kapitel 13

G. WILLOW WILSON
Story

MARCIO TAKARA (S. 1, 20-22)
GUILLEM MARCH (S. 2-4)
KELLEY JONES (S. 5-11)
A. L. KAPLAN (S. 12-19)
Zeichnungen & Tusche

ARIF PRIANTO (S. 1-4, 20-22)
JOSÉ VILLARRUBIA (S. 5-11)
A. L. KAPLAN (S. 12-19)
Farben

JESSICA FONG
Original-Cover

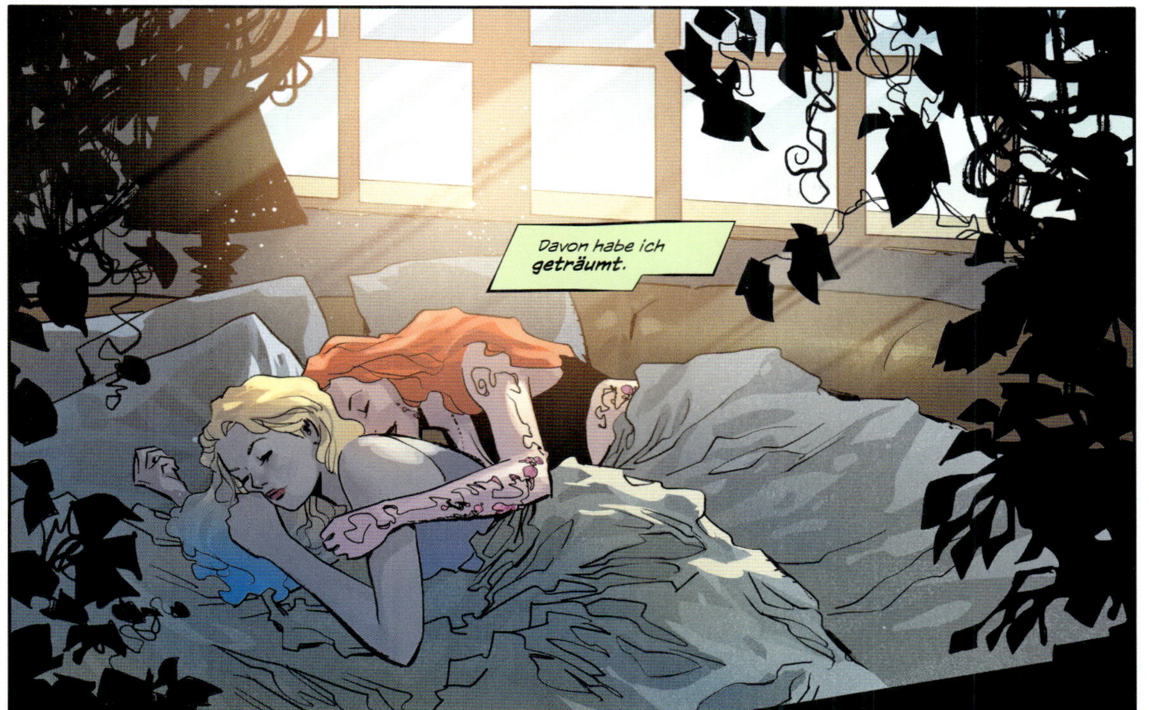
Davon habe ich **geträumt**.

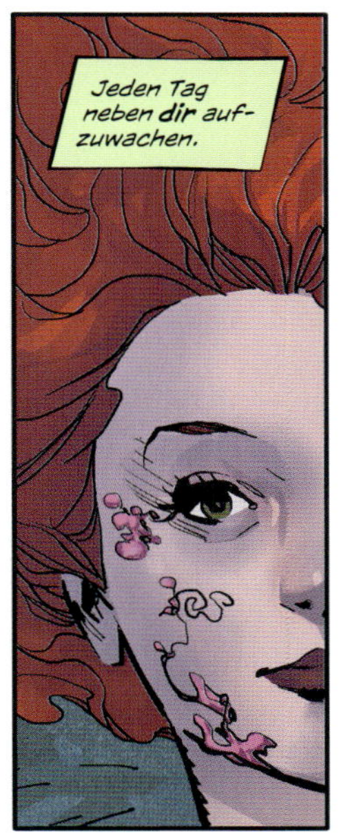
Jeden Tag neben **dir** aufzuwachen.

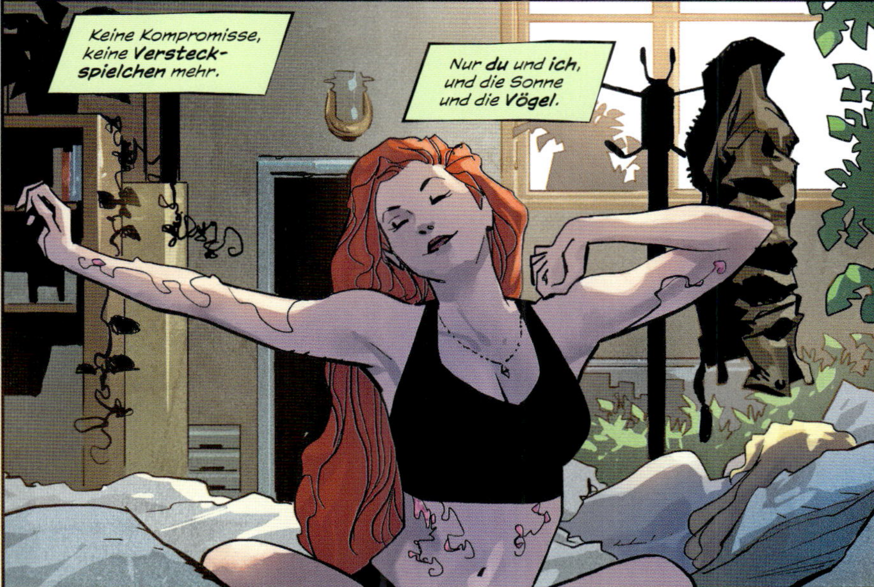
Keine Kompromisse, keine **Versteckspielchen** mehr.
Nur **du** und **ich**, und die Sonne und die **Vögel**.

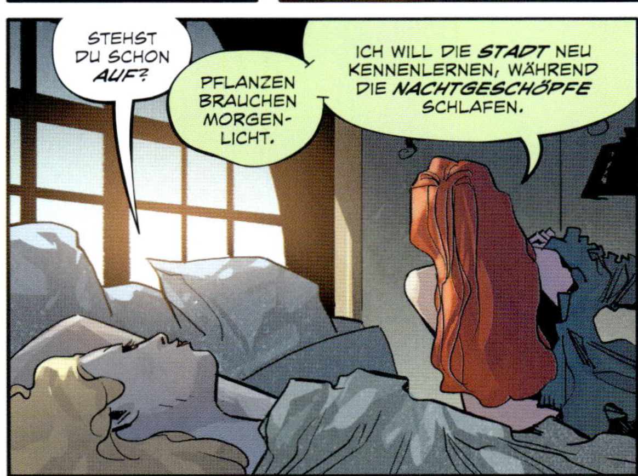
STEHST DU SCHON *AUF*?
PFLANZEN BRAUCHEN MORGENLICHT.
ICH WILL DIE ***STADT*** NEU KENNENLERNEN, WÄHREND DIE ***NACHTGESCHÖPFE*** SCHLAFEN.

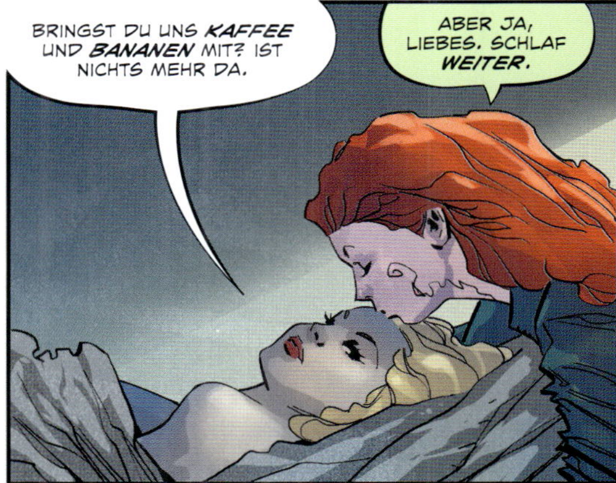
BRINGST DU UNS ***KAFFEE*** UND ***BANANEN*** MIT? IST NICHTS MEHR DA.
ABER JA, LIEBES. SCHLAF ***WEITER***.

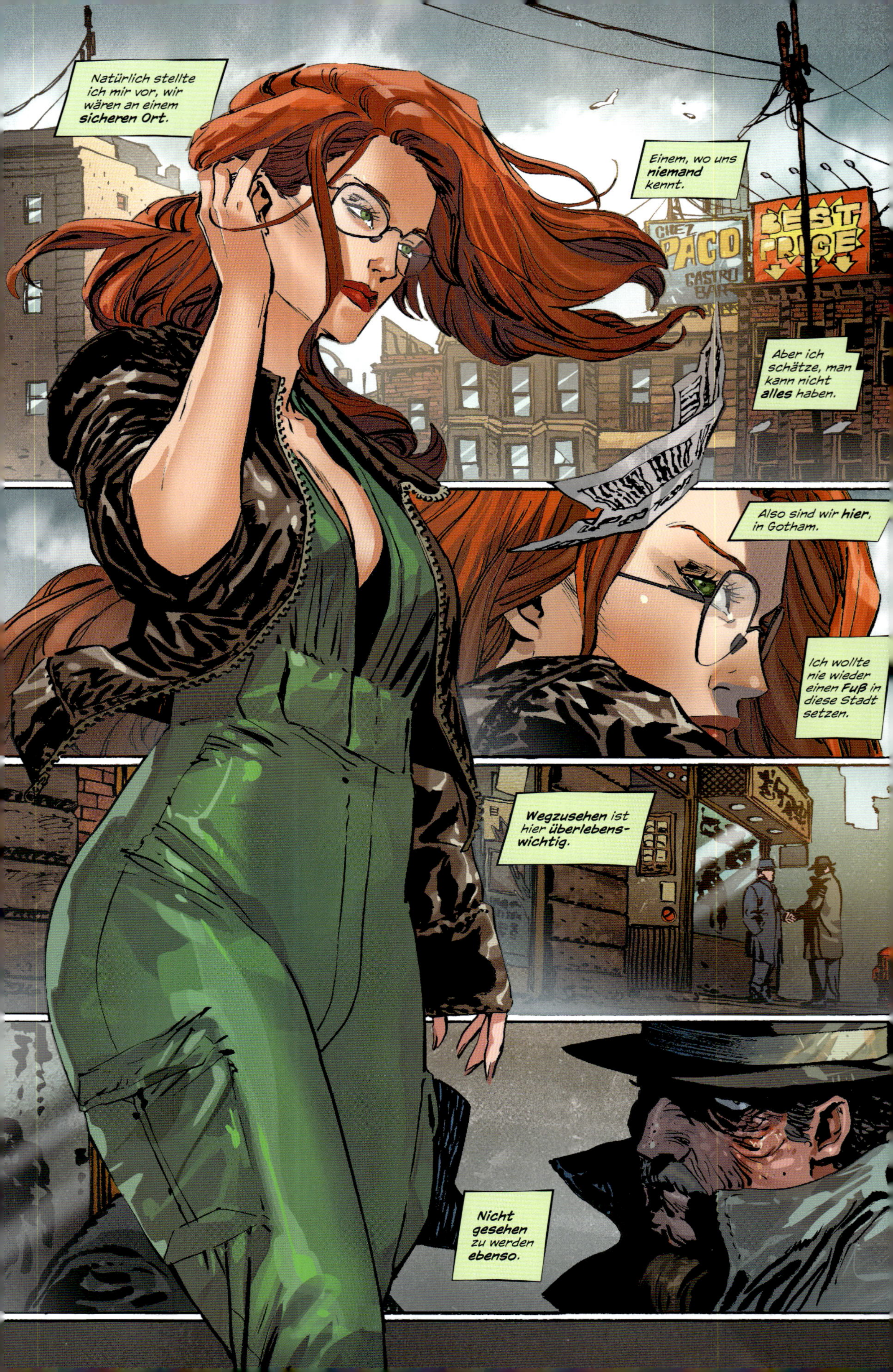
Natürlich stellte ich mir vor, wir wären an einem sicheren Ort.
Einem, wo uns niemand kennt.
CHEZ PACO CASTRO BAR
BEST PRICE
Aber ich schätze, man kann nicht alles haben.
Also sind wir hier, in Gotham.
Ich wollte nie wieder einen Fuß in diese Stadt setzen.
Wegzusehen ist hier überlebenswichtig.
Nicht gesehen zu werden ebenso.

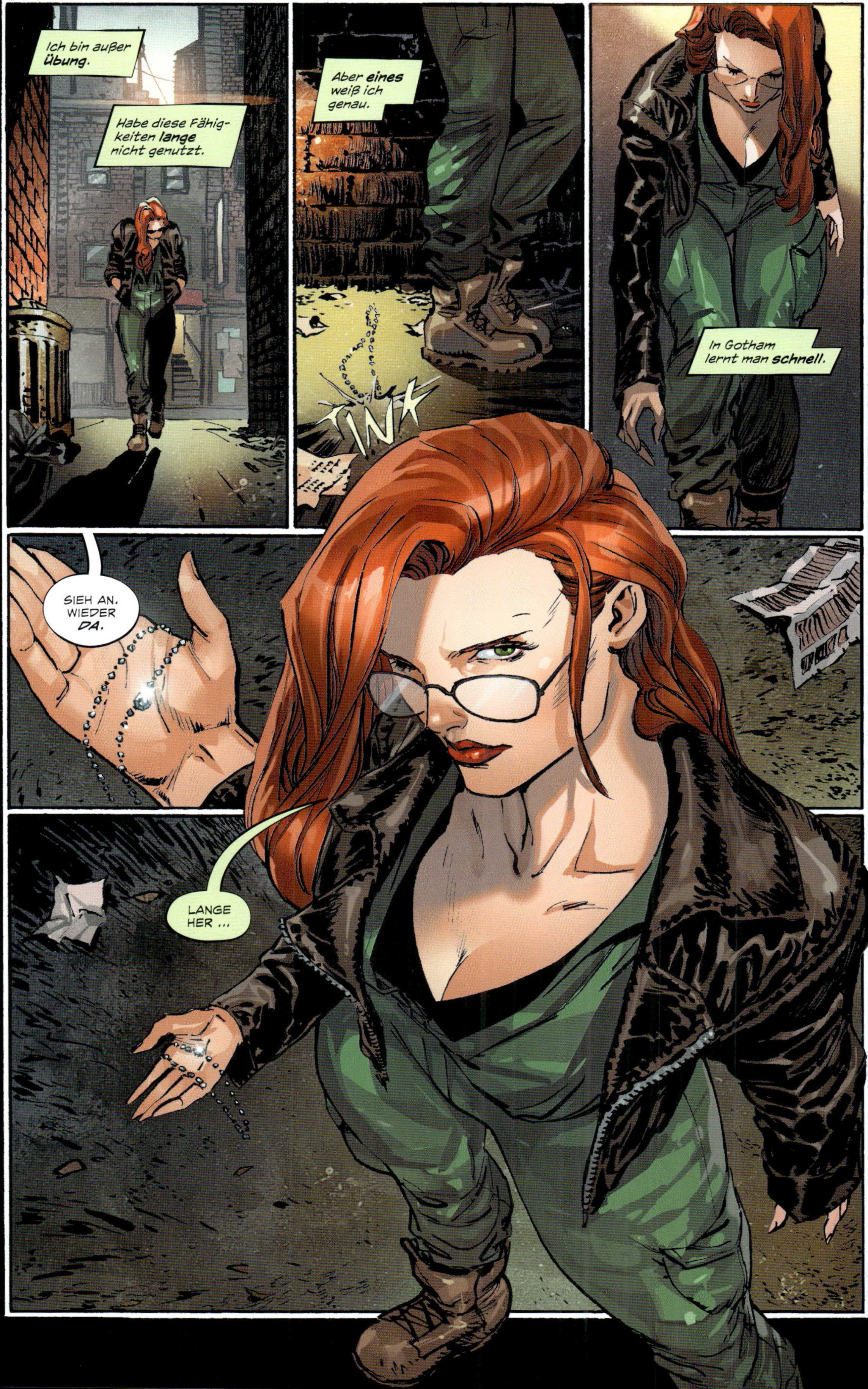
Ich bin außer **Übung**.
Habe diese Fähigkeiten **lange** nicht genutzt.
Aber **eines** weiß ich genau.
TINK
In Gotham lernt man **schnell**.
SIEH AN. WIEDER *DA*.
LANGE HER ...

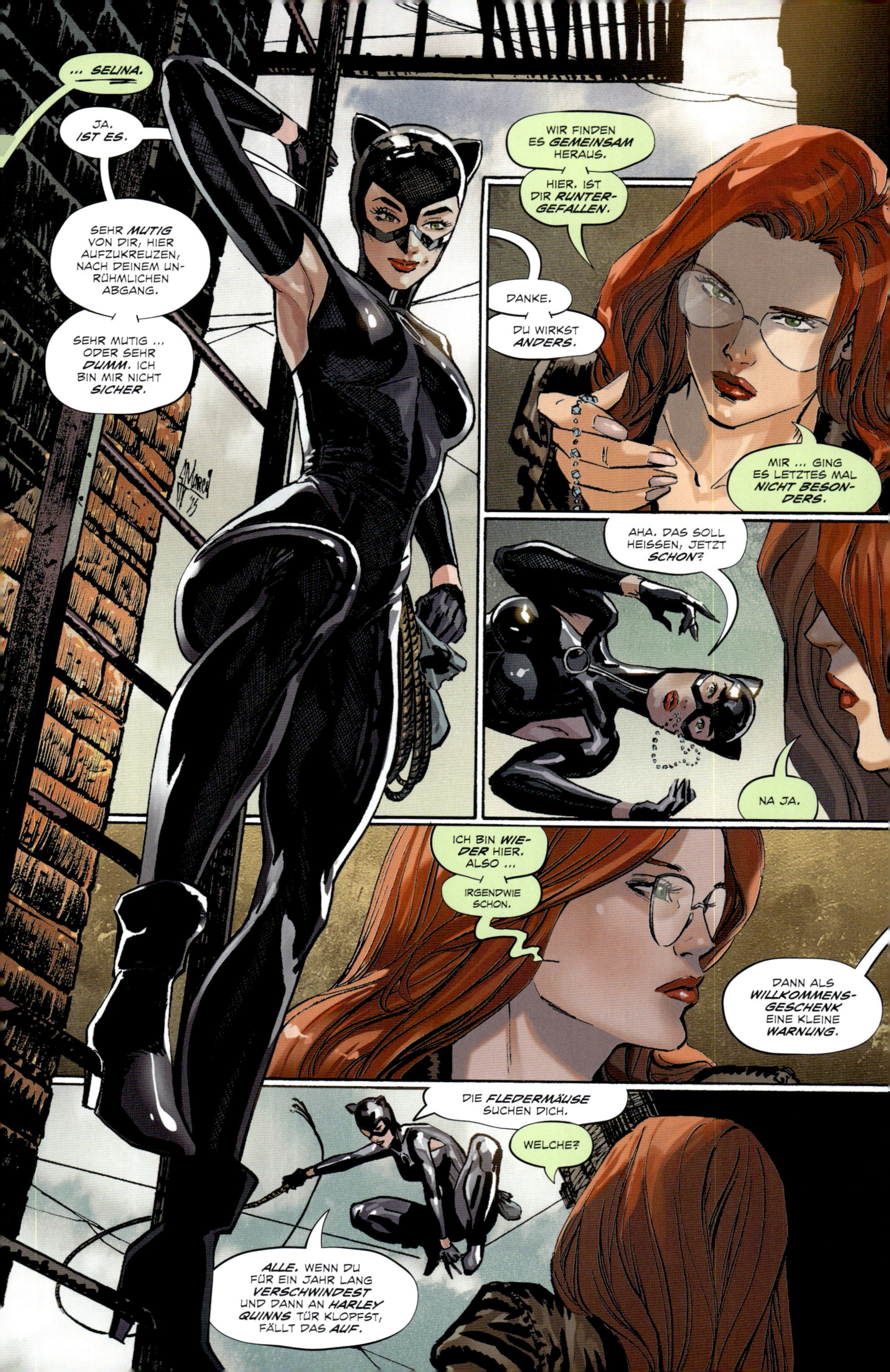
... SELINA.
JA. IST ES.
SEHR MUTIG VON DIR, HIER AUFZUKREUZEN, NACH DEINEM UNRÜHMLICHEN ABGANG.
SEHR MUTIG ... ODER SEHR DUMM. ICH BIN MIR NICHT SICHER.
WIR FINDEN ES GEMEINSAM HERAUS.
HIER. IST DIR RUNTERGEFALLEN.
DANKE.
DU WIRKST ANDERS.
MIR ... GING ES LETZTES MAL NICHT BESONDERS.
AHA. DAS SOLL HEISSEN, JETZT SCHON?
NA JA.
ICH BIN WIEDER HIER. ALSO ...
IRGENDWIE SCHON.
DANN ALS WILLKOMMENSGESCHENK EINE KLEINE WARNUNG.
DIE FLEDERMÄUSE SUCHEN DICH.
WELCHE?
ALLE. WENN DU FÜR EIN JAHR LANG VERSCHWINDEST UND DANN AN HARLEY QUINNS TÜR KLOPFST, FÄLLT DAS AUF.

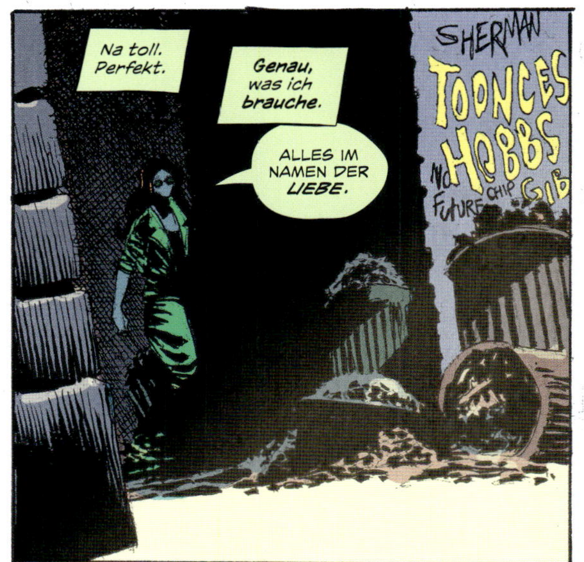
Na toll. Perfekt.
Genau, was ich brauche.
ALLES IM NAMEN DER LIEBE.
SHERMAN
TOONCES
HOBBS
FUTURE
CHIP
GIB

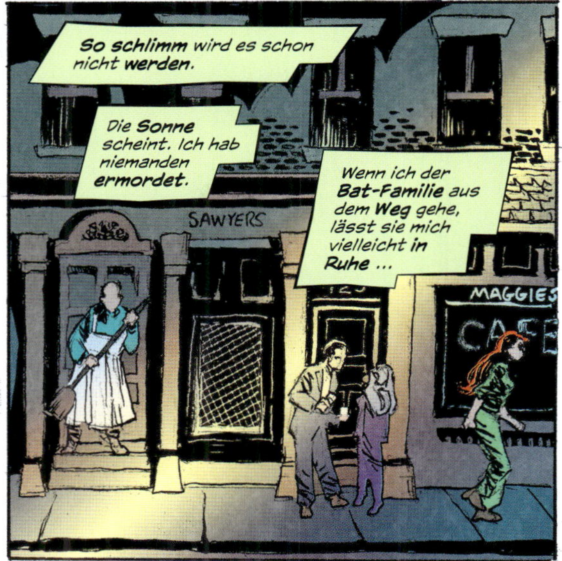
So schlimm wird es schon nicht werden.
Die Sonne scheint. Ich hab niemanden ermordet.
Wenn ich der Bat-Familie aus dem Weg gehe, lässt sie mich vielleicht in Ruhe ...
SAWYERS
MAGGIES
CAFE

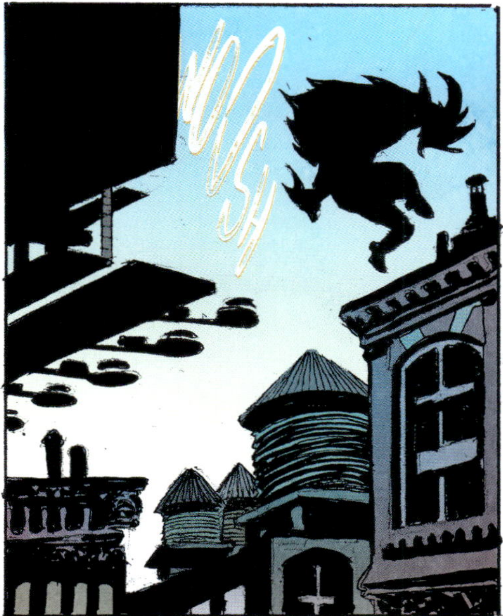
WOOSH

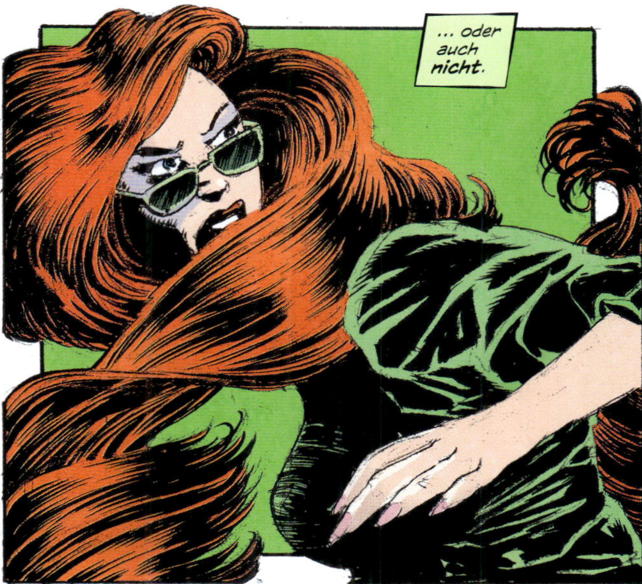
... oder auch nicht.

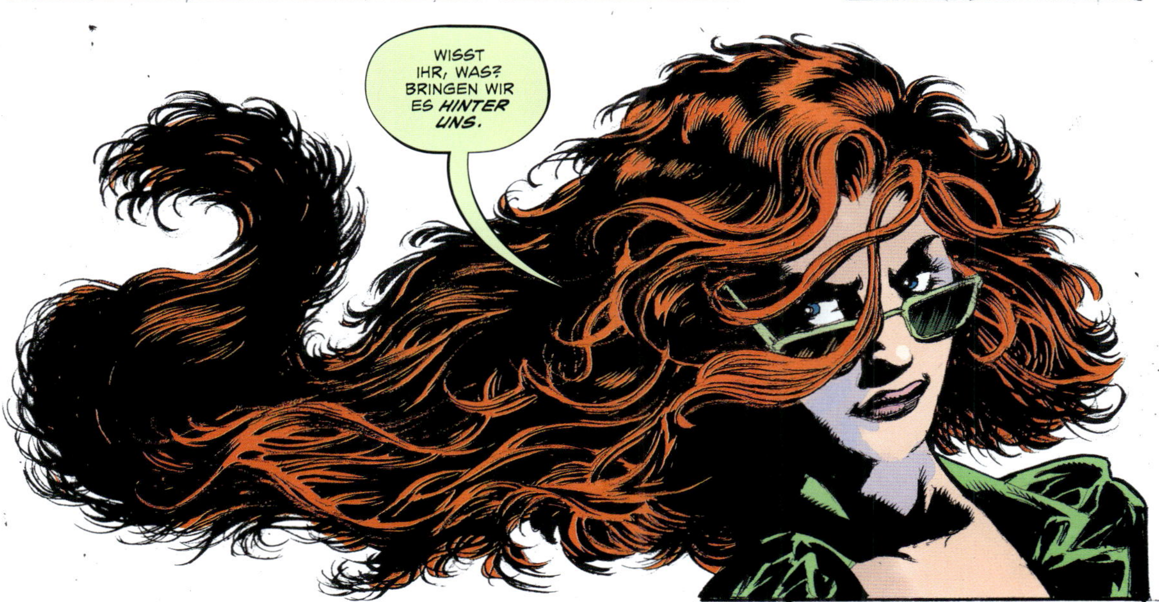
WISST IHR, WAS? BRINGEN WIR ES HINTER UNS.

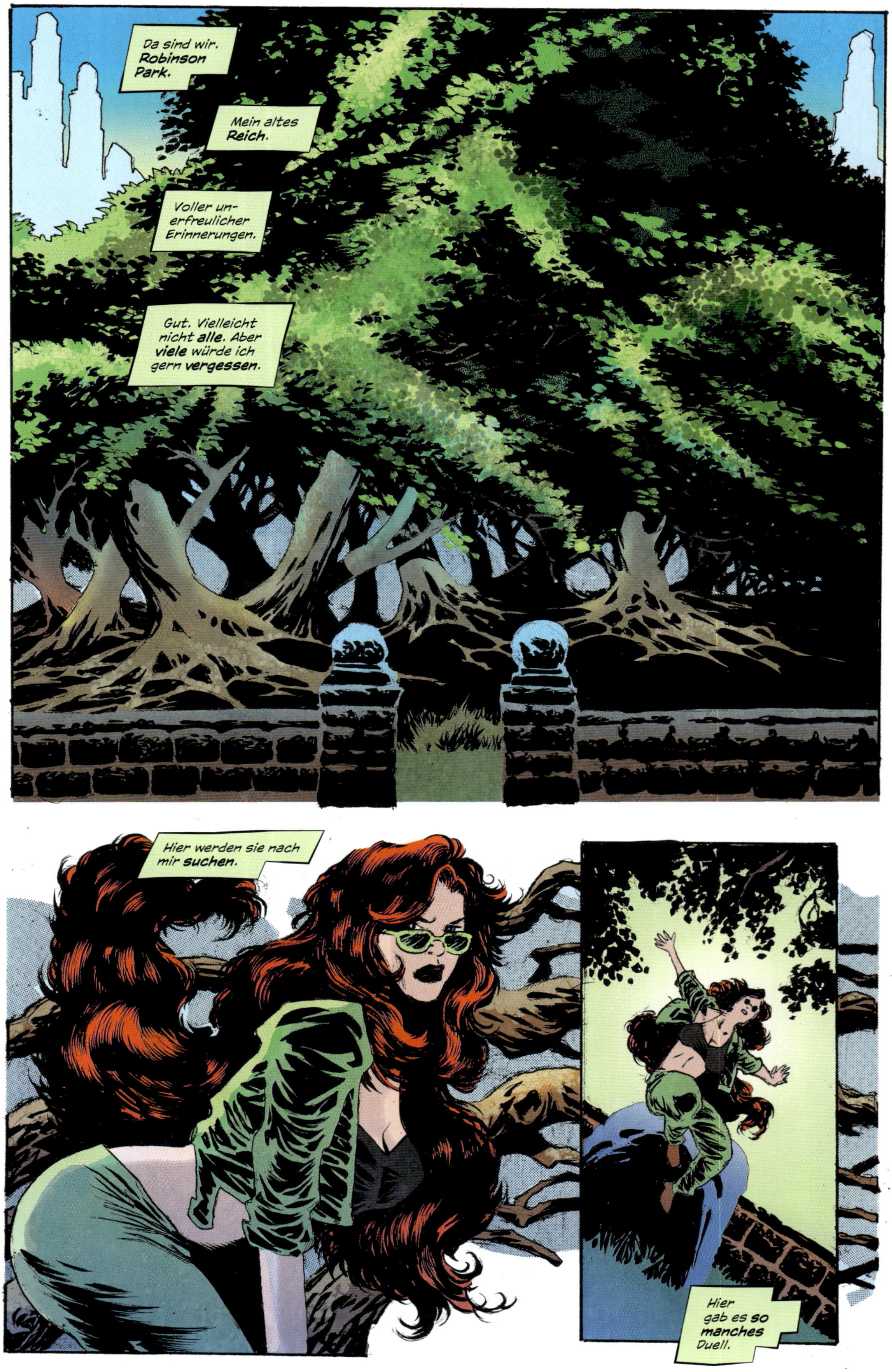

Da sind wir. **Robinson Park.**

Mein altes **Reich**.

Voller unerfreulicher Erinnerungen.

Gut. Vielleicht nicht **alle**. Aber **viele** würde ich gern **vergessen**.

Hier werden sie nach mir **suchen**.

Hier gab es **so manches** Duell.

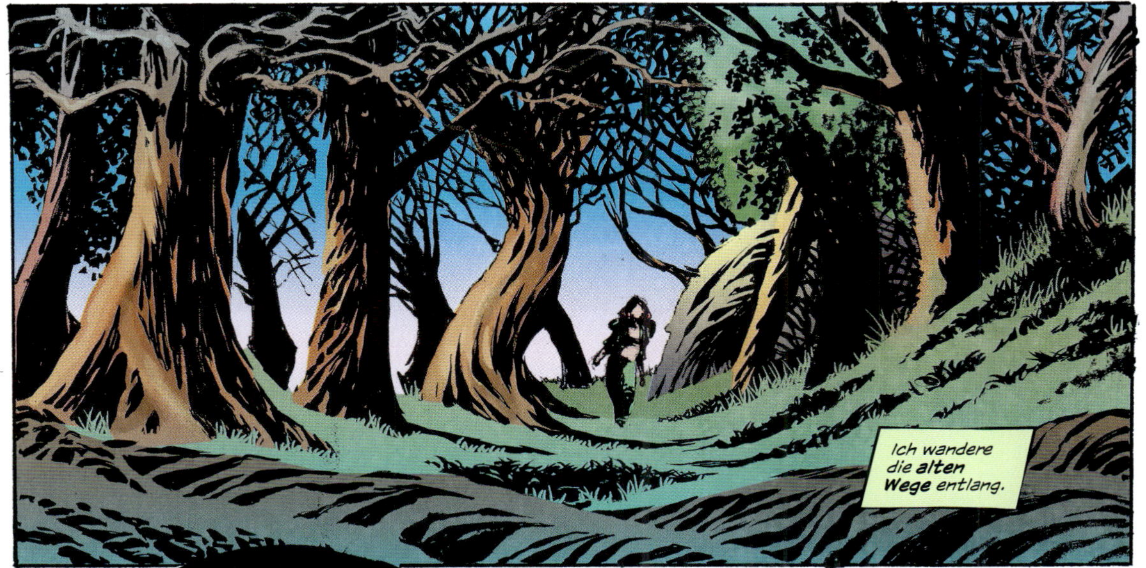
Ich wandere
die alten
Wege entlang.

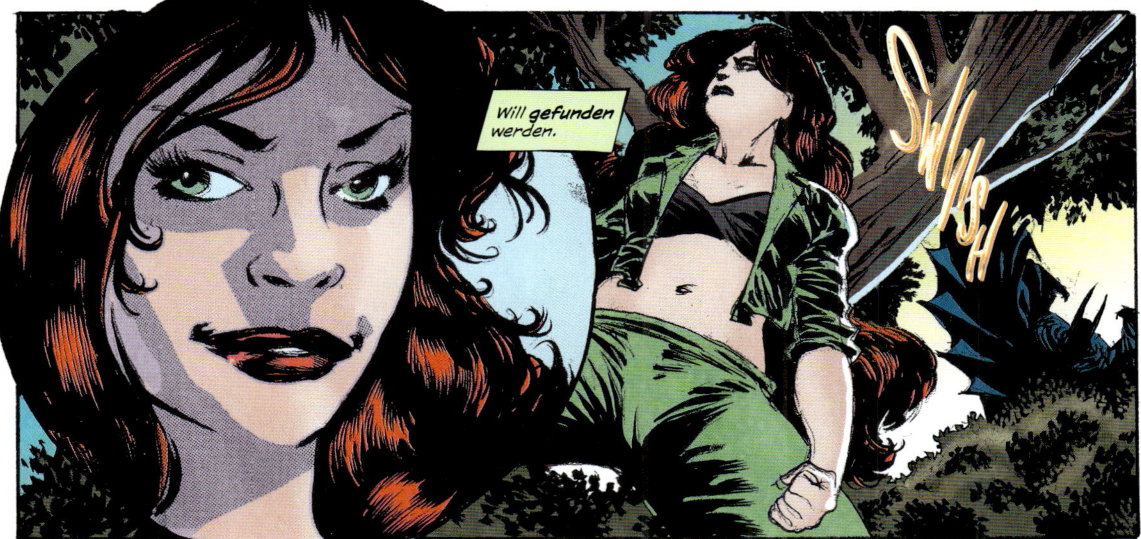
Will gefunden
werden.
SWUSH

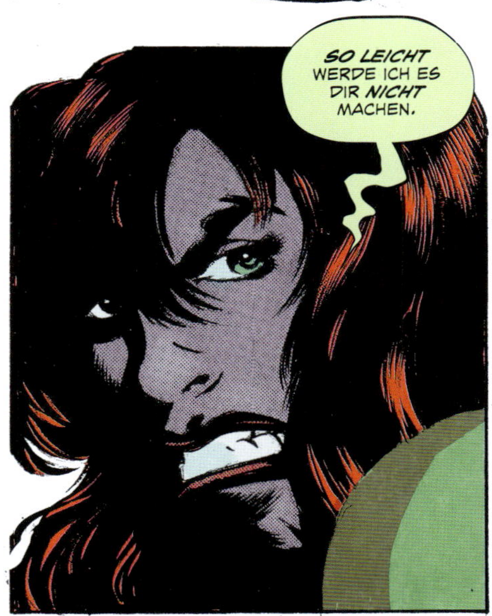
SO LEICHT
WERDE ICH ES
DIR NICHT
MACHEN.

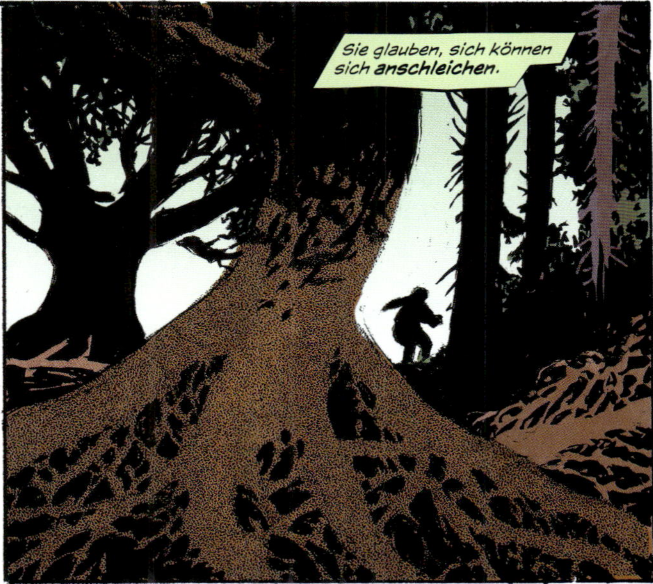
Sie glauben, sich können
sich anschleichen.

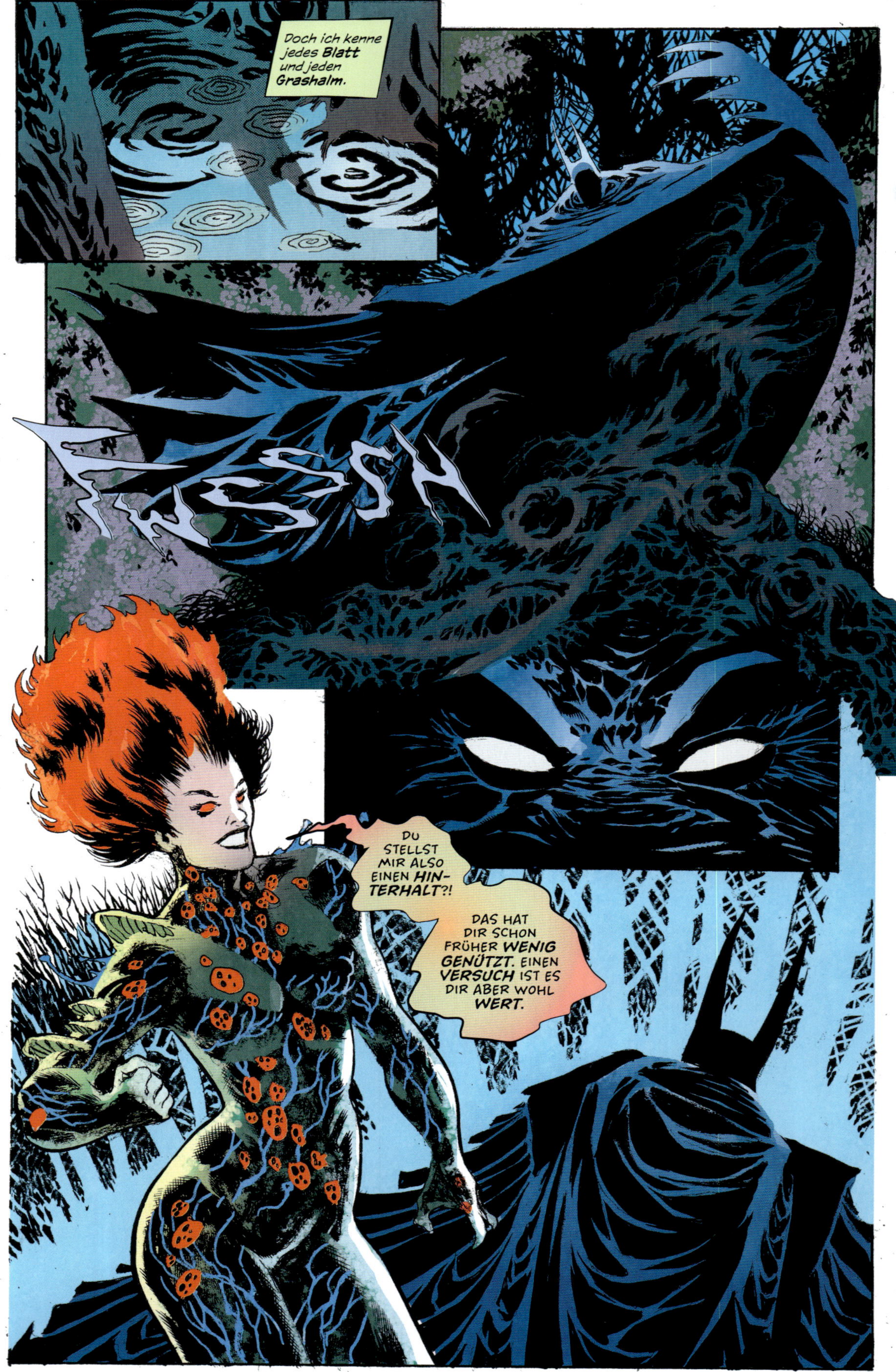
Doch ich kenne jedes Blatt und jeden Grashalm.
FHSSH
DU STELLST MIR ALSO EINEN HINTERHALT?!
DAS HAT DIR SCHON FRÜHER WENIG GENÜTZT. EINEN VERSUCH IST ES DIR ABER WOHL WERT.

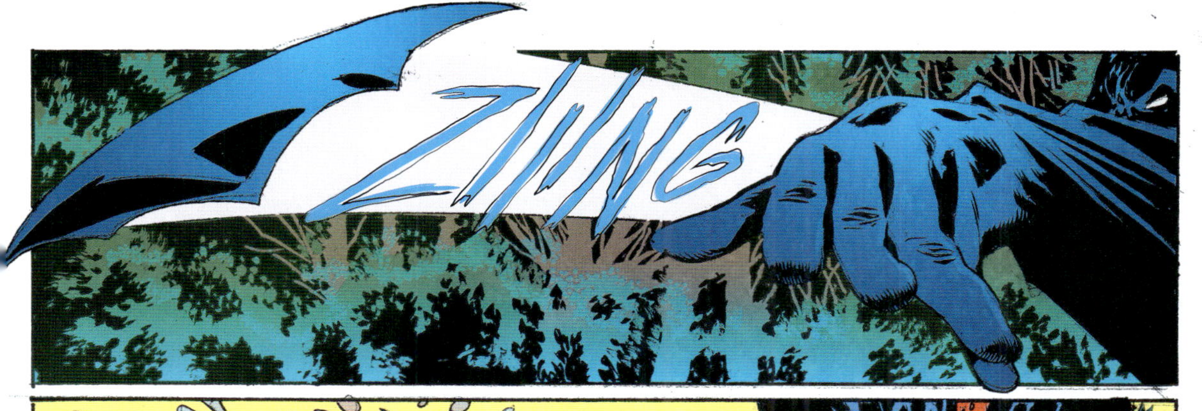
ZIING

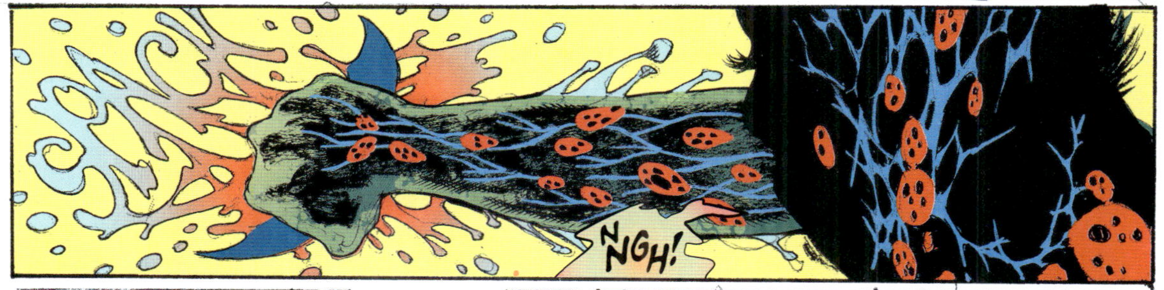
NNGH!

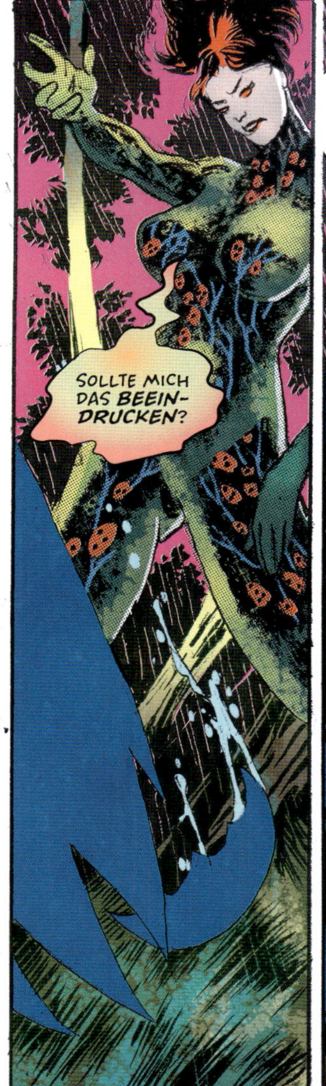
SOLLTE MICH DAS BEEIN-DRUCKEN?

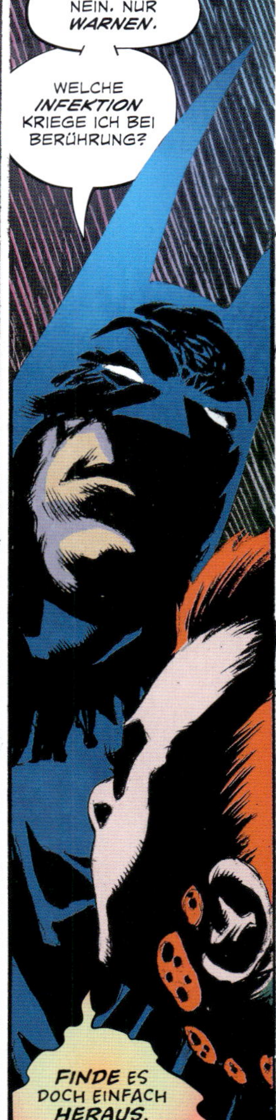
NEIN. NUR WARNEN.
WELCHE INFEKTION KRIEGE ICH BEI BERÜHRUNG?
FINDE ES DOCH EINFACH HERAUS.

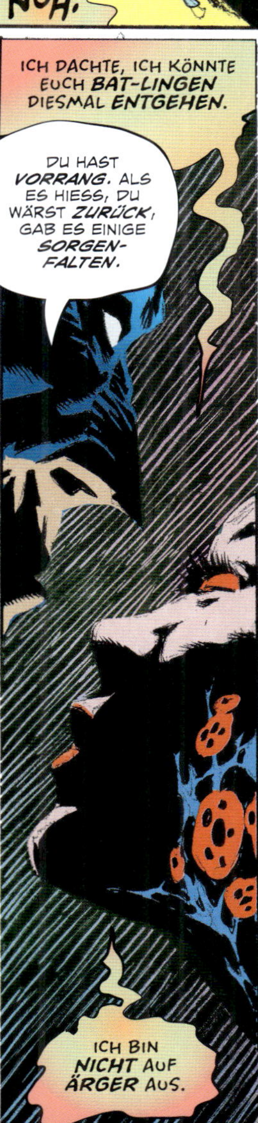
ICH DACHTE, ICH KÖNNTE EUCH BAT-LINGEN DIESMAL ENTGEHEN.
DU HAST VORRANG. ALS ES HIESS, DU WÄRST ZURÜCK, GAB ES EINIGE SORGEN-FALTEN.
ICH BIN NICHT AUF ÄRGER AUS.

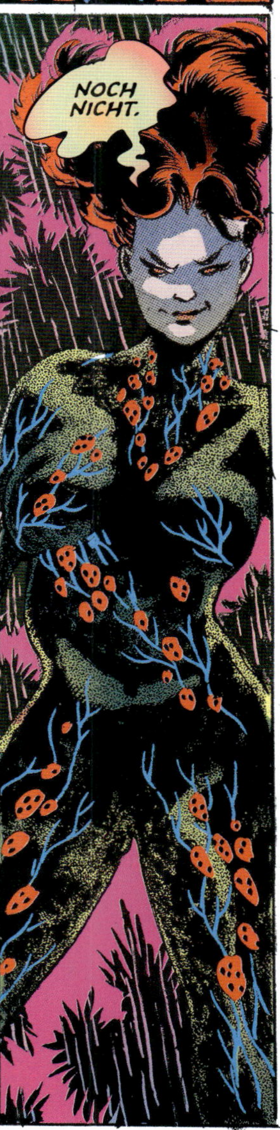
NOCH NICHT.

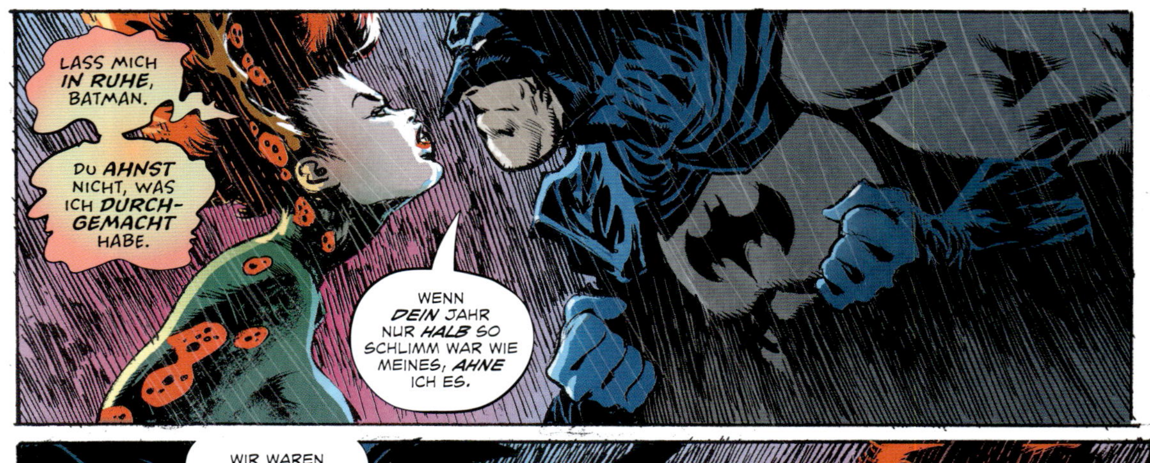
LASS MICH IN RUHE, BATMAN.
DU AHNST NICHT, WAS ICH DURCHGEMACHT HABE.
WENN DEIN JAHR NUR HALB SO SCHLIMM WAR WIE MEINES, AHNE ICH ES.

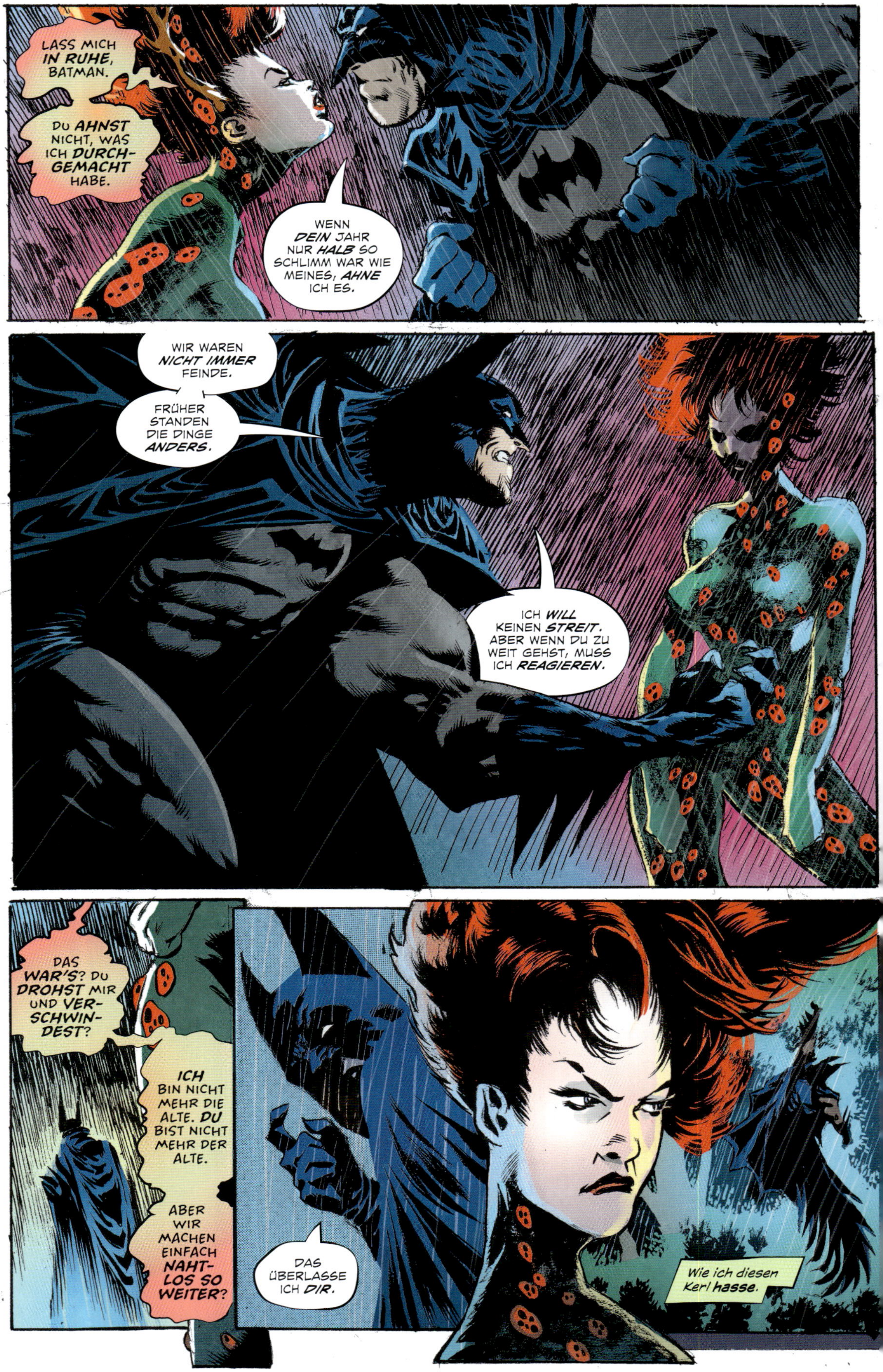

WIR WAREN NICHT IMMER FEINDE.
FRÜHER STANDEN DIE DINGE ANDERS.
ICH WILL KEINEN STREIT. ABER WENN DU ZU WEIT GEHST, MUSS ICH REAGIEREN.

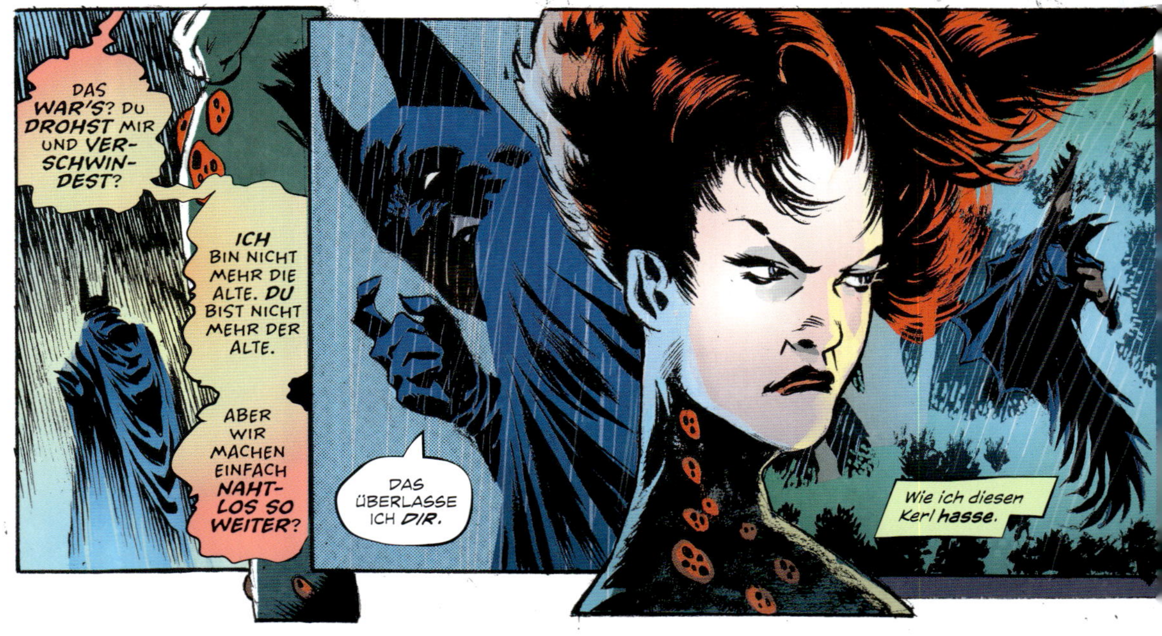
DAS WAR'S? DU DROHST MIR UND VERSCHWINDEST?
ICH BIN NICHT MEHR DIE ALTE. DU BIST NICHT MEHR DER ALTE.
ABER WIR MACHEN EINFACH NAHTLOS SO WEITER?
DAS ÜBERLASSE ICH DIR.
Wie ich diesen Kerl hasse.

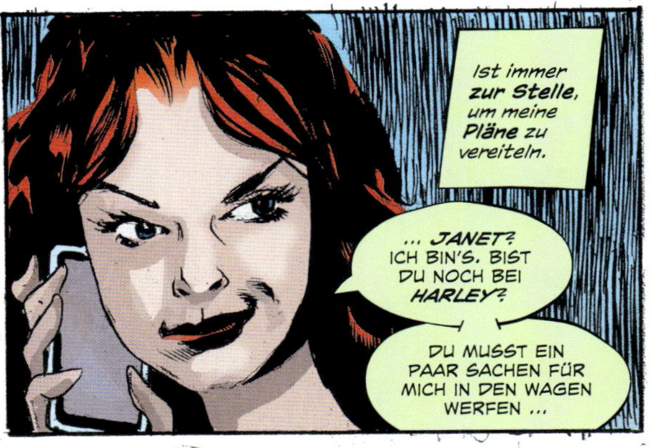
Ist immer zur Stelle, um meine Pläne zu vereiteln.
... JANET? ICH BIN'S. BIST DU NOCH BEI HARLEY?
DU MUSST EIN PAAR SACHEN FÜR MICH IN DEN WAGEN WERFEN ...

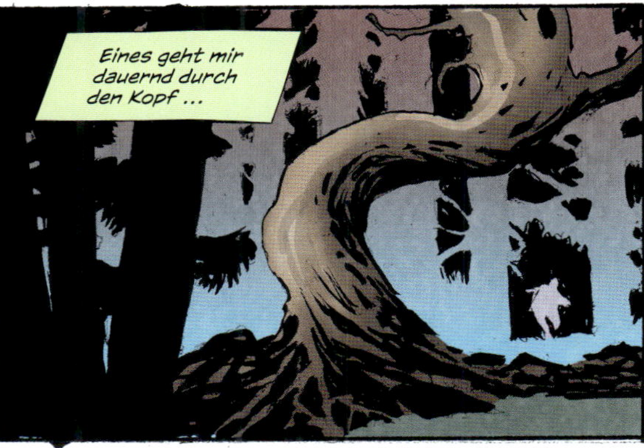
Eines geht mir dauernd durch den Kopf ...

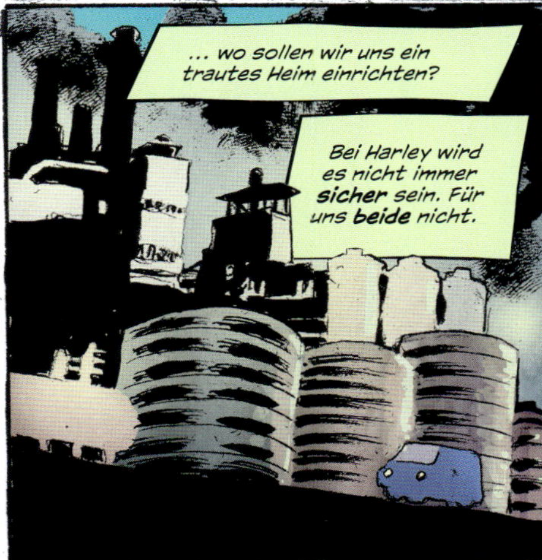
... wo sollen wir uns ein trautes Heim einrichten?
Bei Harley wird es nicht immer sicher sein. Für uns beide nicht.

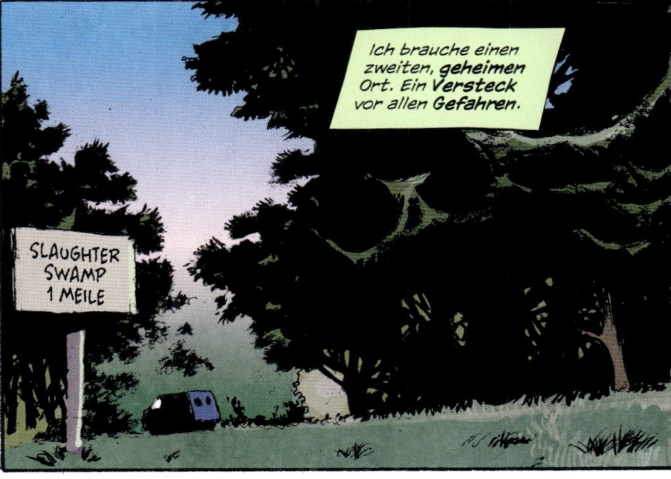
Ich brauche einen zweiten, geheimen Ort. Ein Versteck vor allen Gefahren.
SLAUGHTER SWAMP 1 MEILE

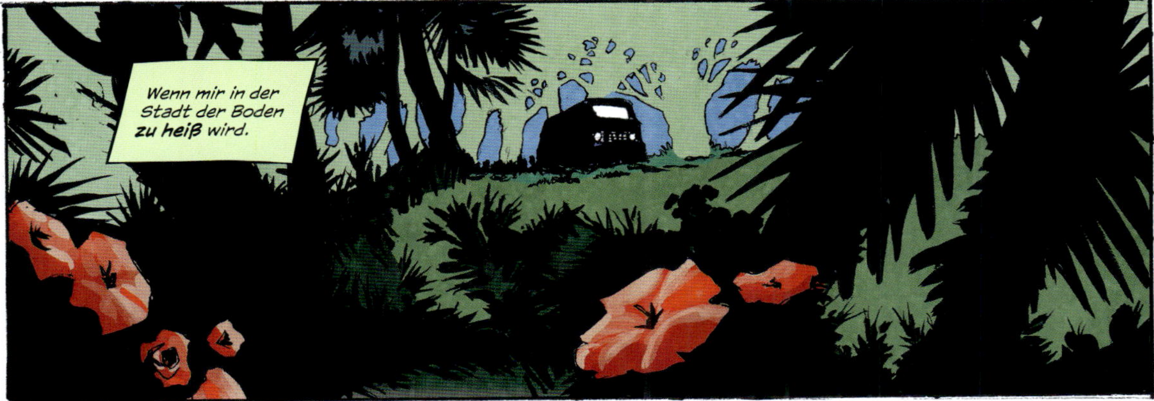
Wenn mir in der Stadt der Boden zu heiß wird.

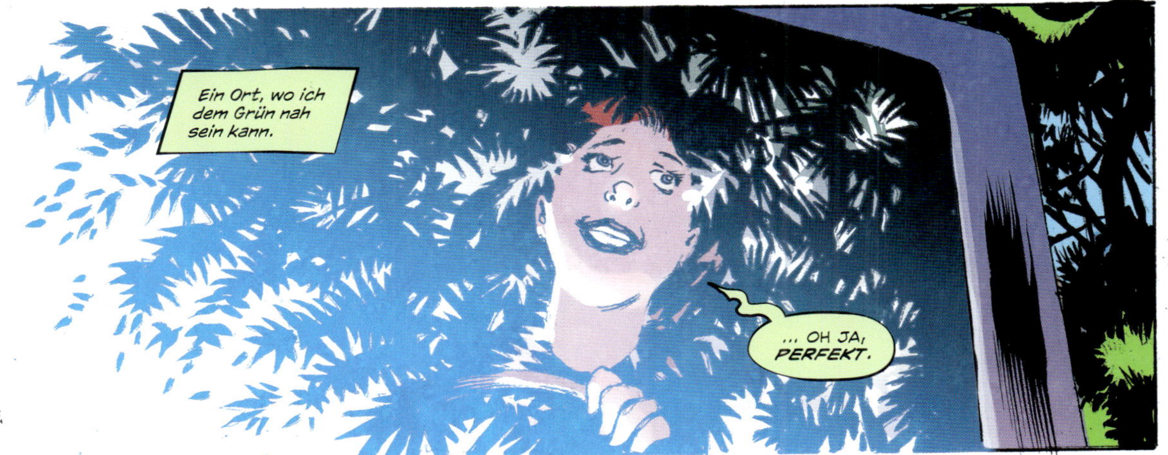
Ein Ort, wo ich dem Grün nah sein kann.
... OH JA, PERFEKT.

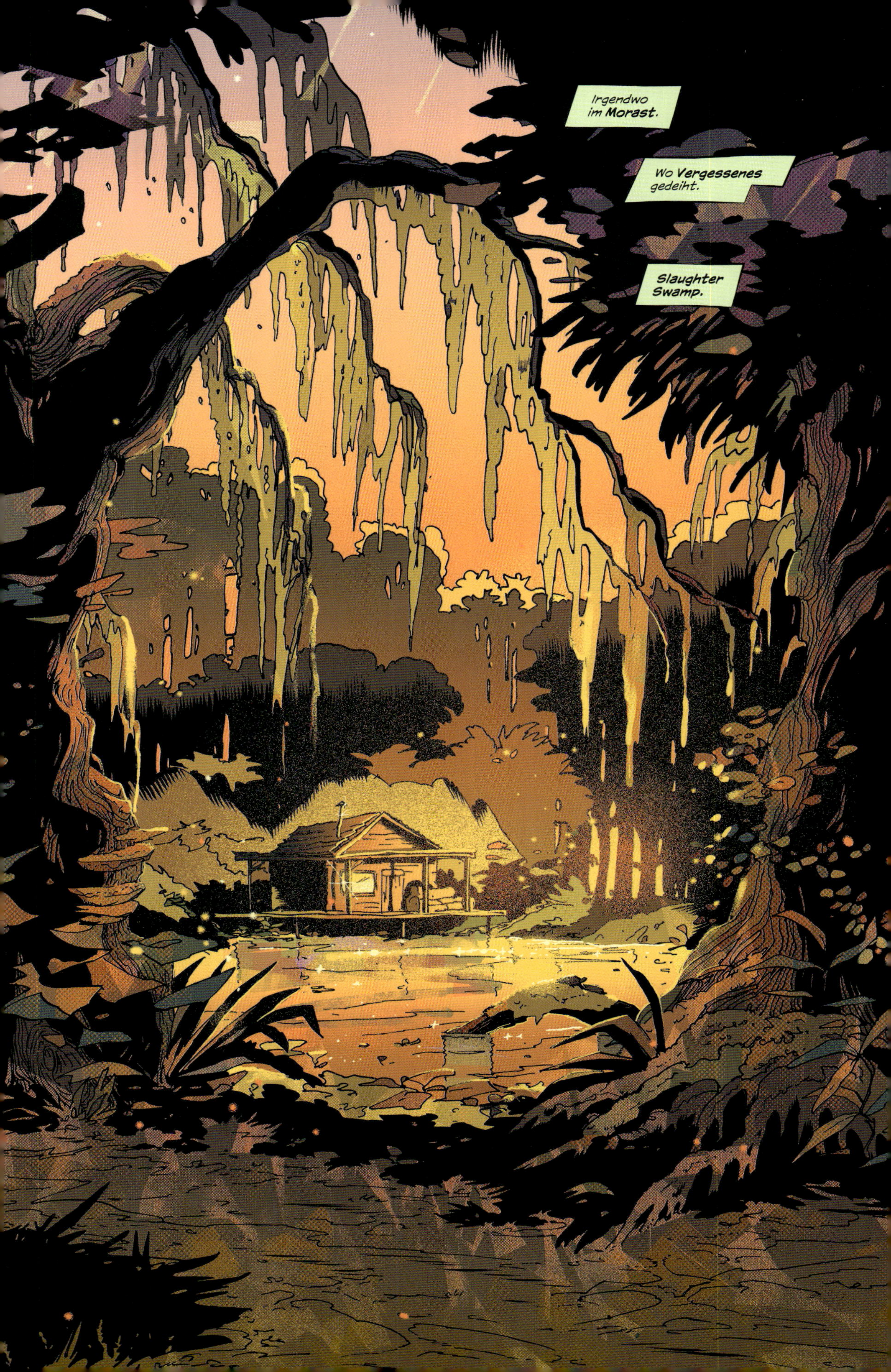
Irgendwo im Morast.
Wo Vergessenes gedeiht.
Slaughter Swamp.

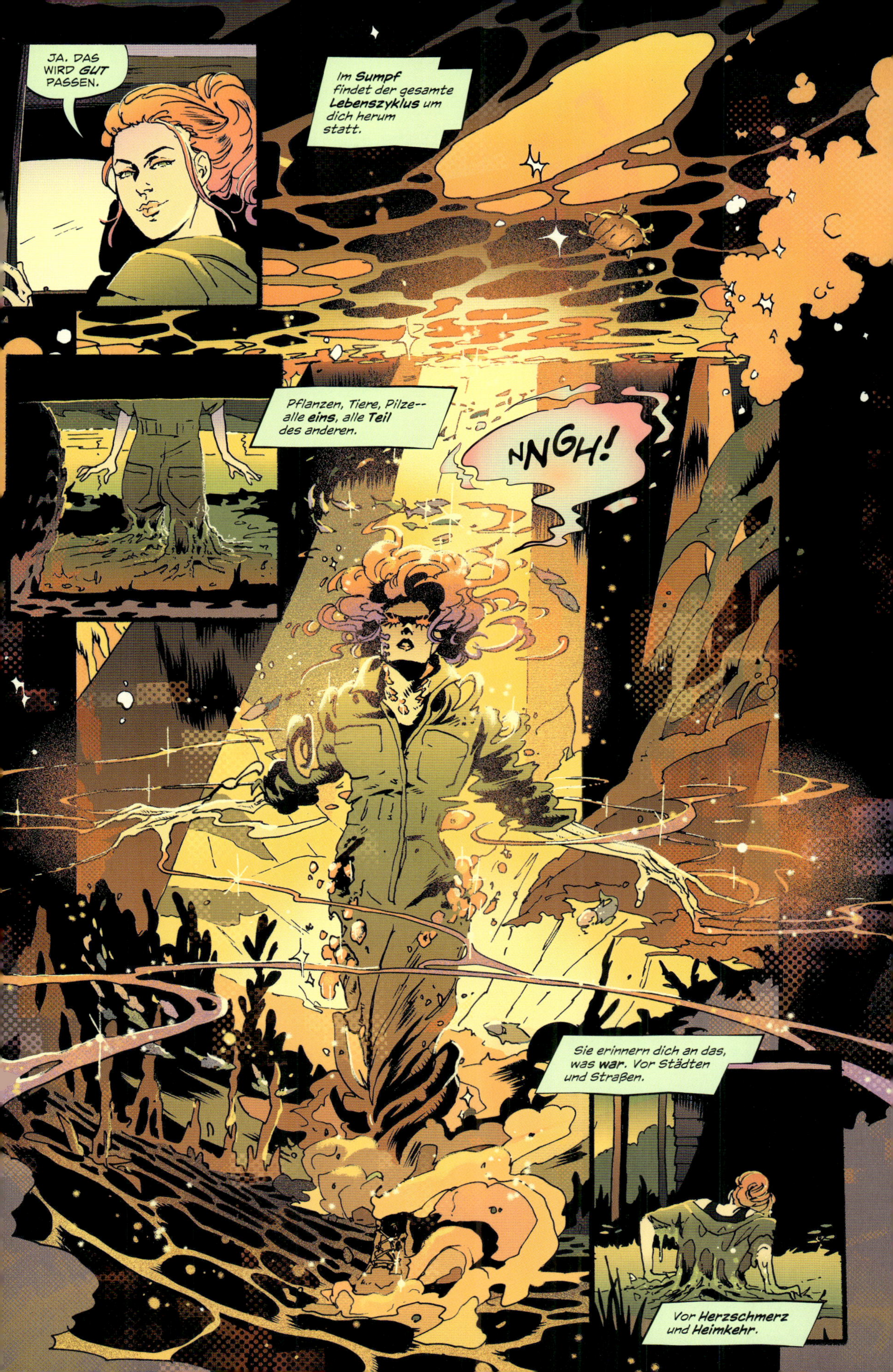
JA. DAS WIRD GUT PASSEN.
Im Sumpf findet der gesamte Lebenszyklus um dich herum statt.
Pflanzen, Tiere, Pilze-- alle eins, alle Teil des anderen.
NNGH!
Sie erinnern dich an das, was war. Vor Städten und Straßen.
Vor Herzschmerz und Heimkehr.

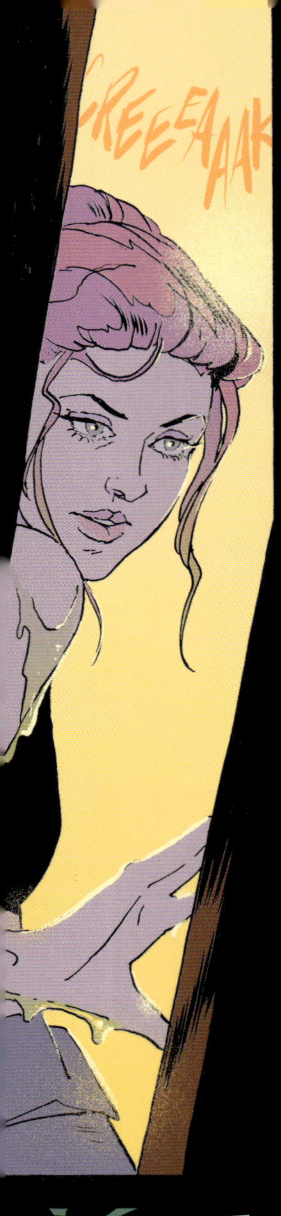

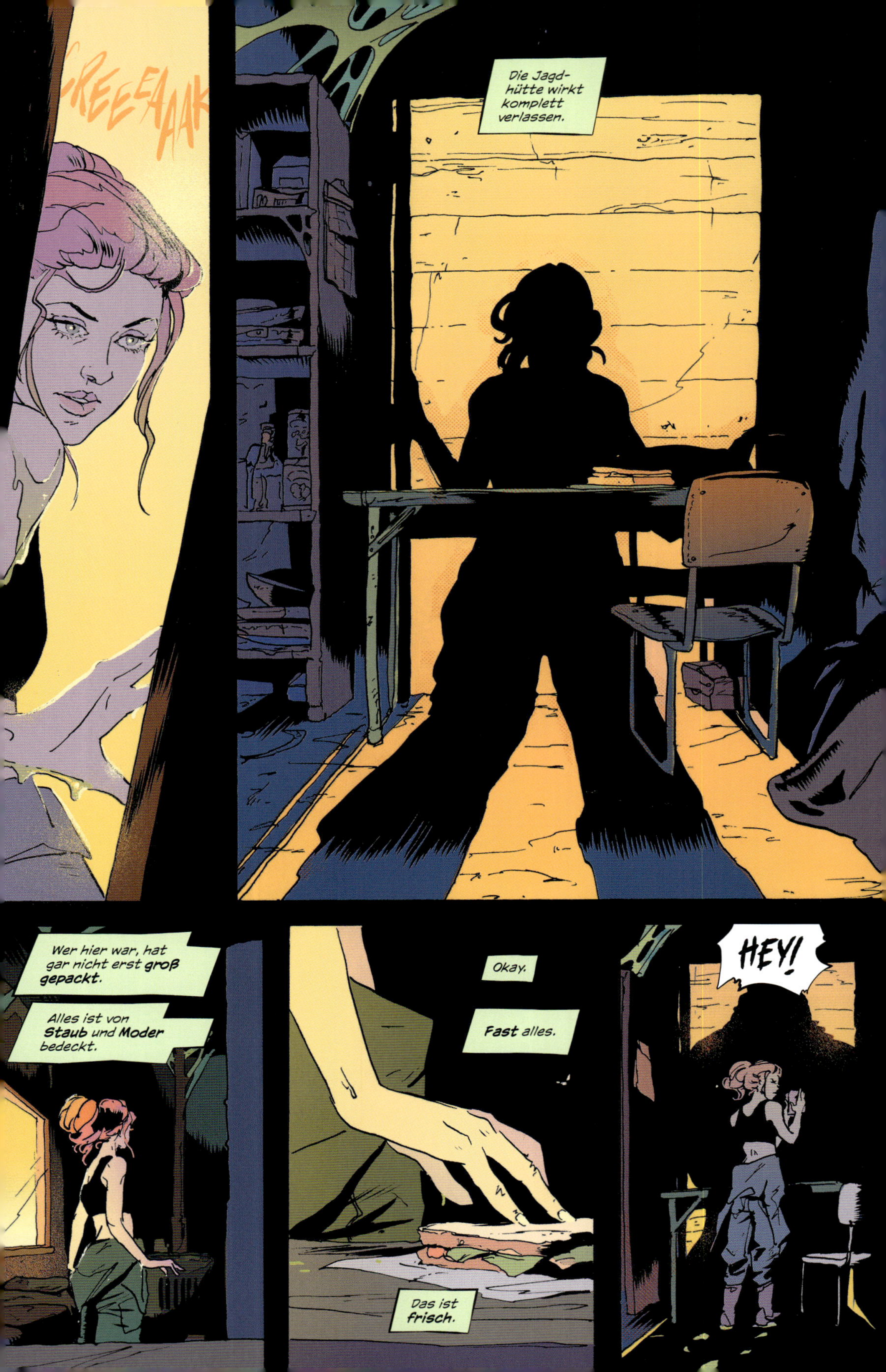

Die Jagdhütte wirkt komplett verlassen.

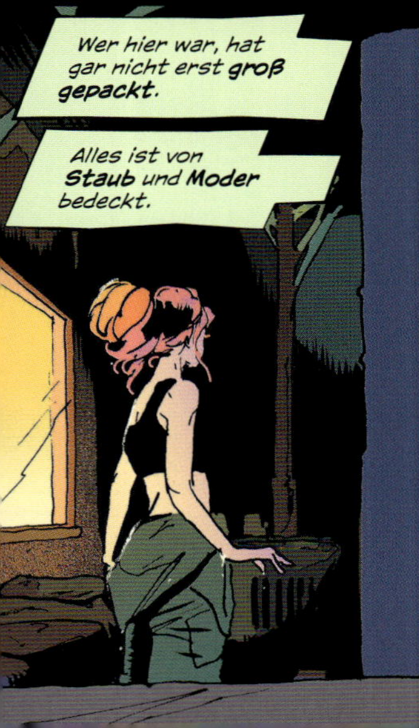

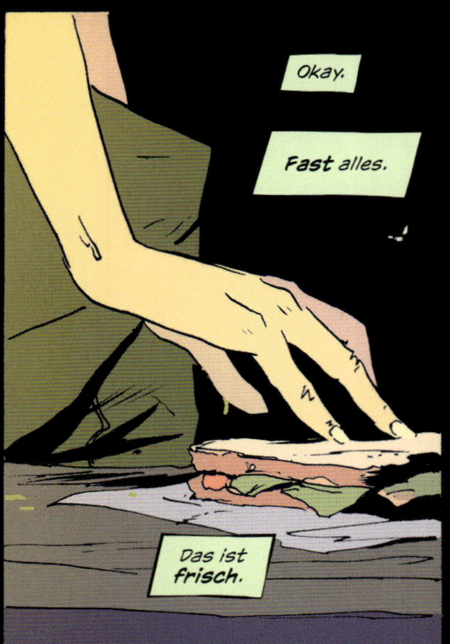

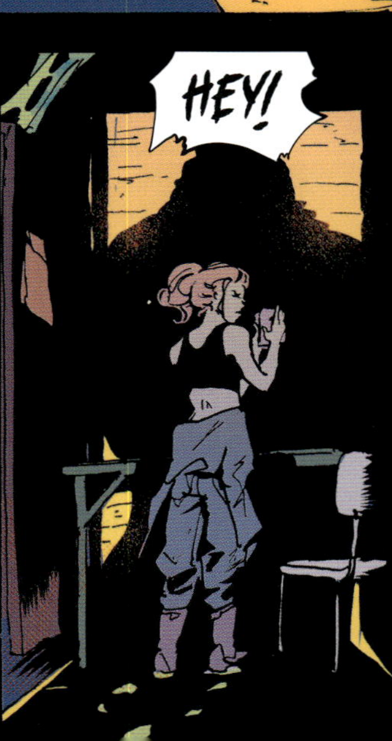

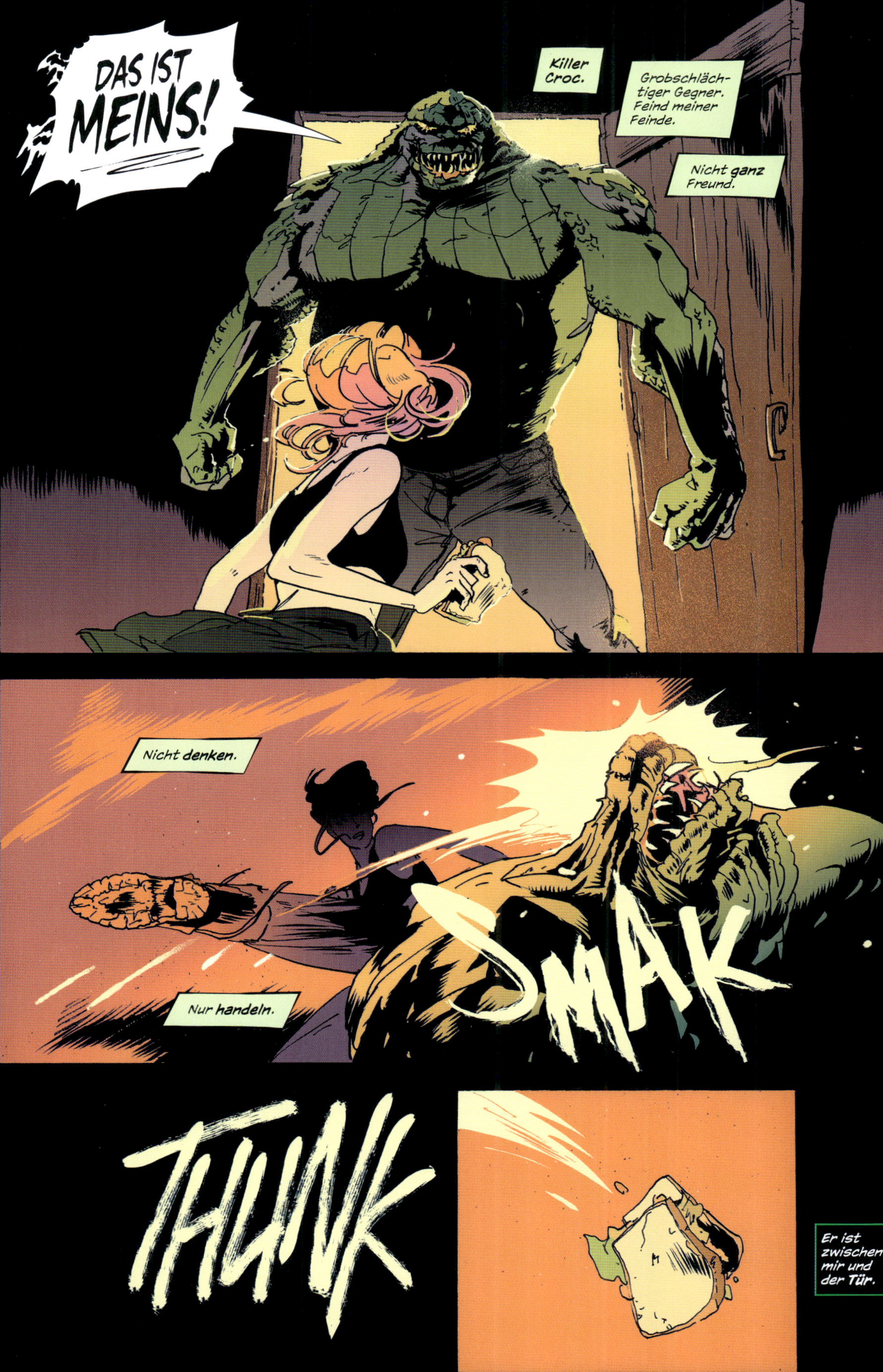

DAS IST MEINS!

Killer Croc.

Grobschlächtiger Gegner. Feind meiner Feinde.

Nicht ganz Freund.

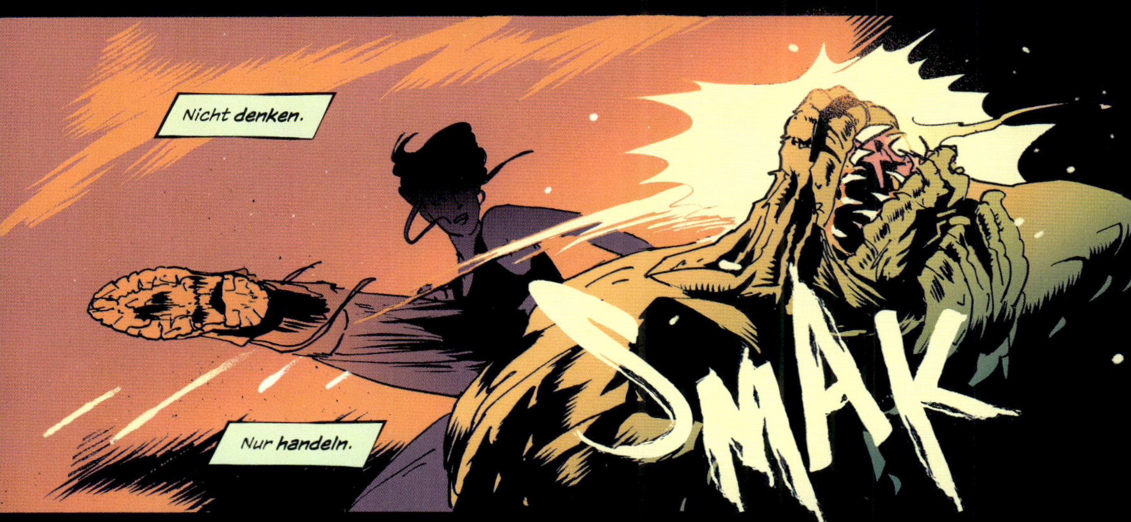

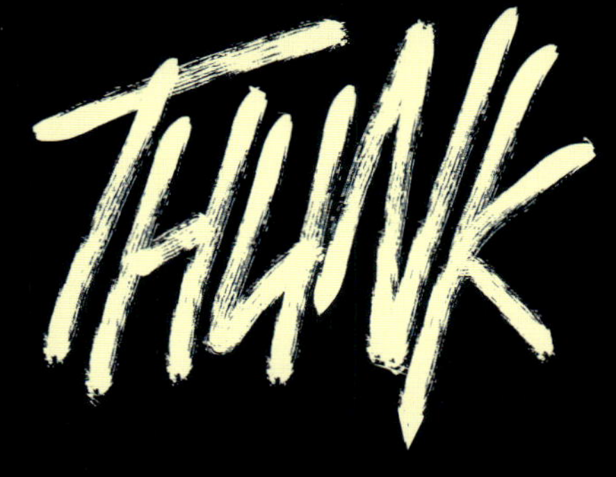

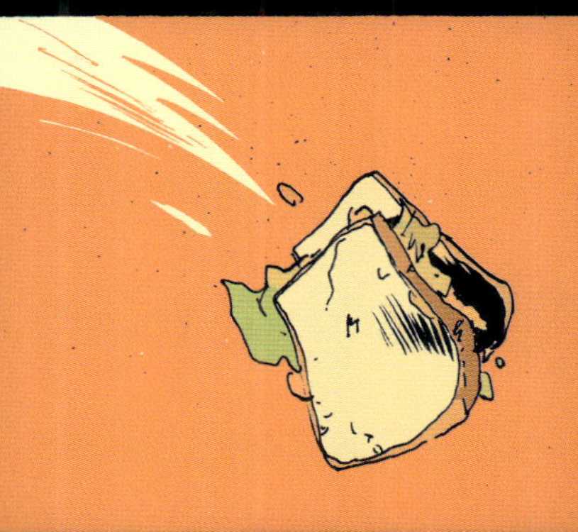

Er ist zwischen mir und der Tür.

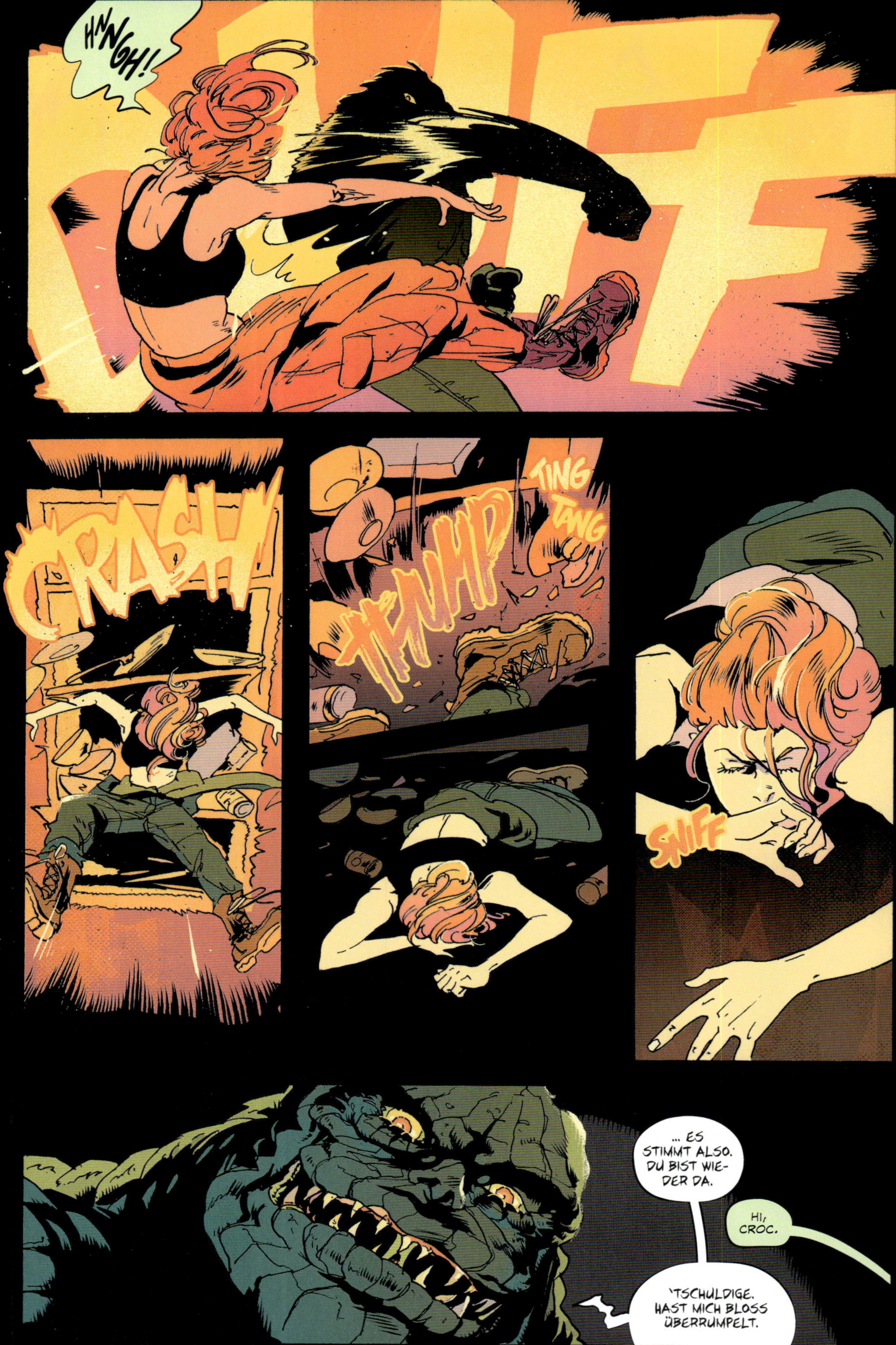

HNNGH!

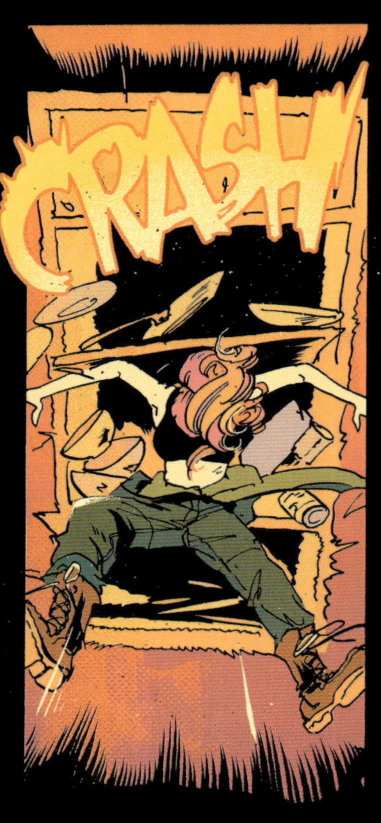
CRASH

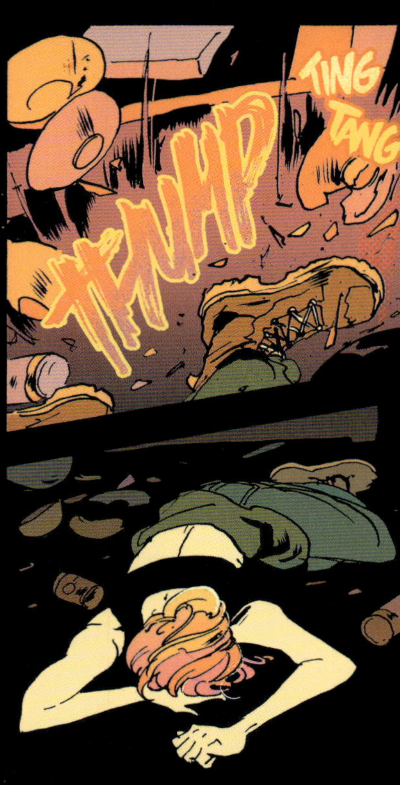
TING
TANG
THUMP

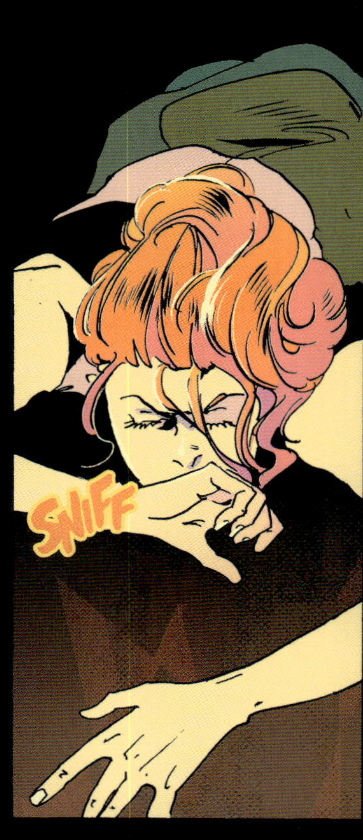
SNIFF

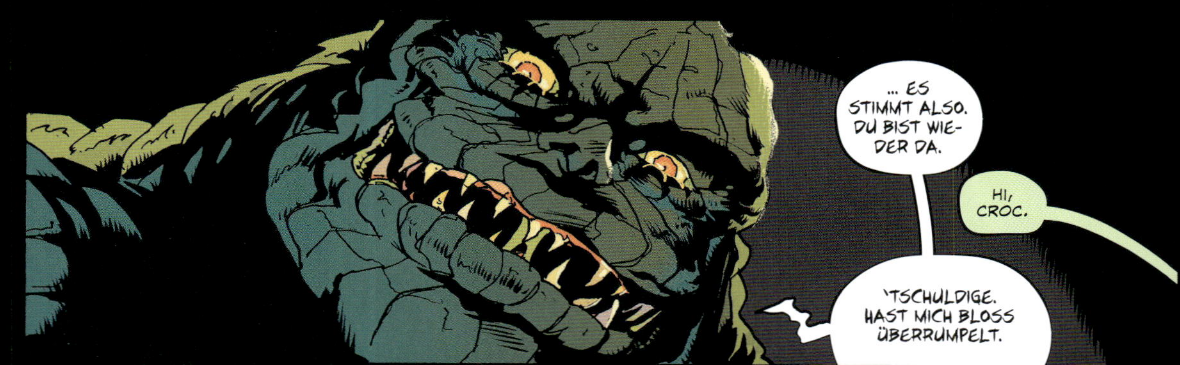
... ES STIMMT ALSO. DU BIST WIEDER DA.
HI, CROC.
'TSCHULDIGE. HAST MICH BLOSS ÜBERRUMPELT.

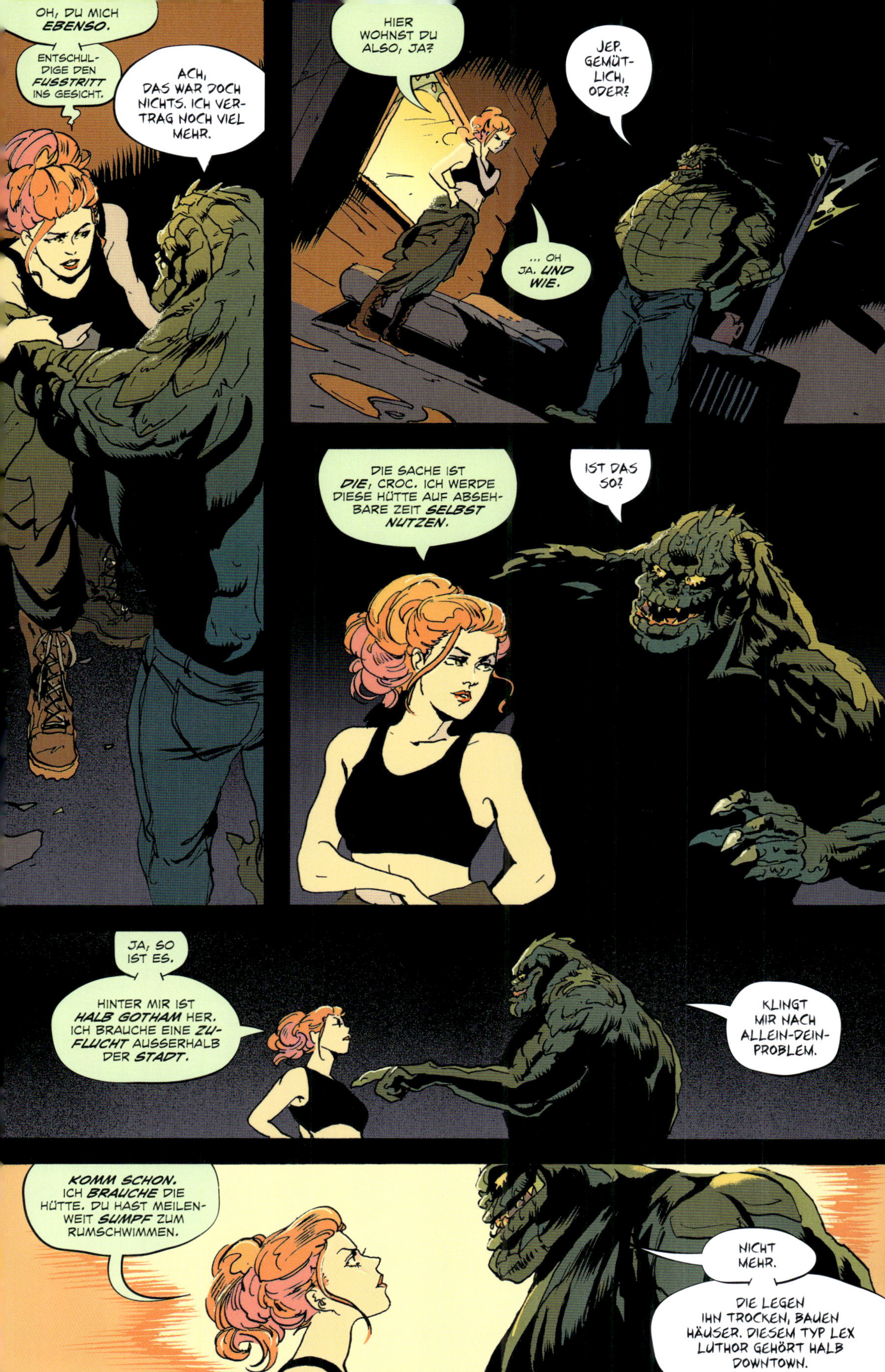
OH, DU MICH EBENSO.
ENTSCHULDIGE DEN FUSSTRITT INS GESICHT.
ACH, DAS WAR DOCH NICHTS. ICH VERTRAG NOCH VIEL MEHR.
HIER WOHNST DU ALSO, JA?
JEP. GEMÜTLICH, ODER?
... OH JA. UND WIE.
DIE SACHE IST DIE, CROC. ICH WERDE DIESE HÜTTE AUF ABSEHBARE ZEIT SELBST NUTZEN.
IST DAS SO?
JA, SO IST ES.
HINTER MIR IST HALB GOTHAM HER. ICH BRAUCHE EINE ZUFLUCHT AUSSERHALB DER STADT.
KLINGT MIR NACH ALLEIN-DEIN-PROBLEM.
KOMM SCHON. ICH BRAUCHE DIE HÜTTE. DU HAST MEILENWEIT SUMPF ZUM RUMSCHWIMMEN.
NICHT MEHR.
DIE LEGEN IHN TROCKEN, BAUEN HÄUSER. DIESEM TYP LEX LUTHOR GEHÖRT HALB DOWNTOWN.

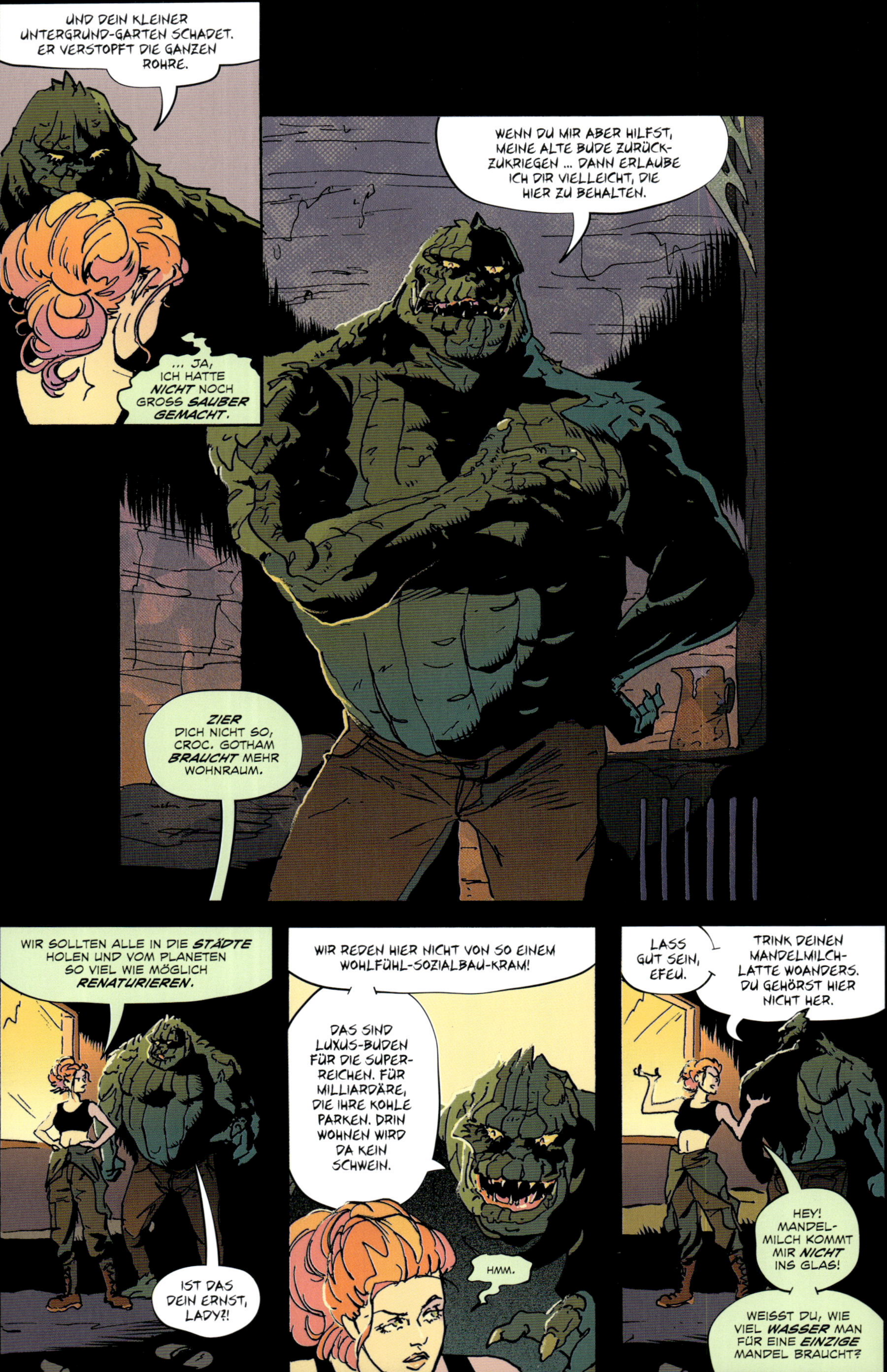

UND DEIN KLEINER UNTERGRUND-GARTEN SCHADET. ER VERSTOPFT DIE GANZEN ROHRE.

... JA, ICH HATTE *NICHT* NOCH GROSS *SAUBER GEMACHT*.

WENN DU MIR ABER HILFST, MEINE ALTE BUDE ZURÜCKZUKRIEGEN ... DANN ERLAUBE ICH DIR VIELLEICHT, DIE HIER ZU BEHALTEN.

ZIER DICH NICHT SO, CROC. GOTHAM *BRAUCHT* MEHR WOHNRAUM.

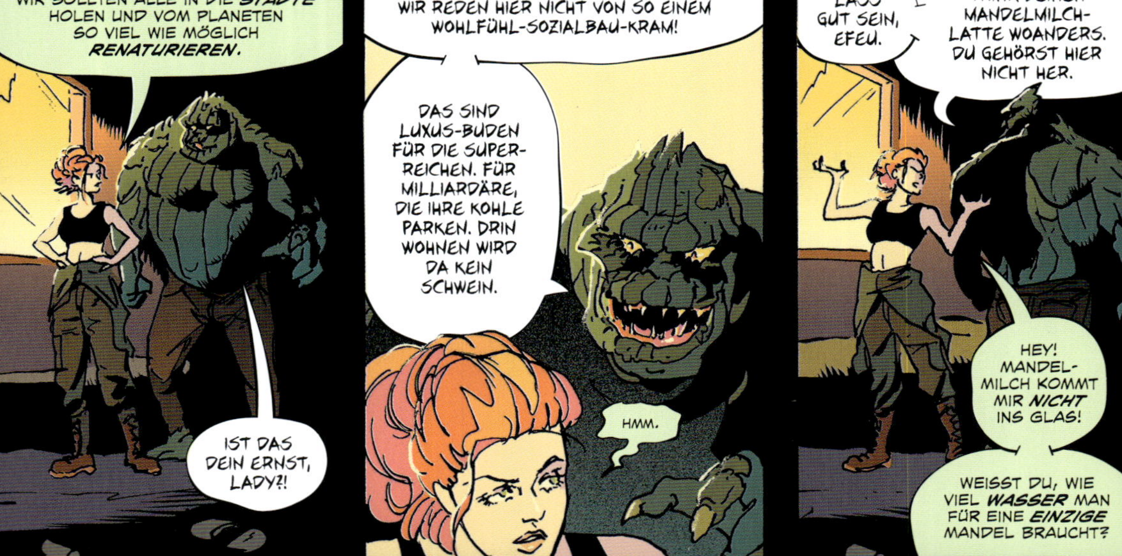

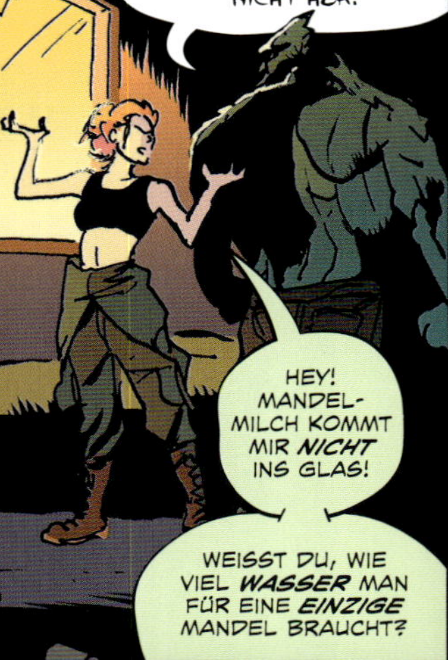

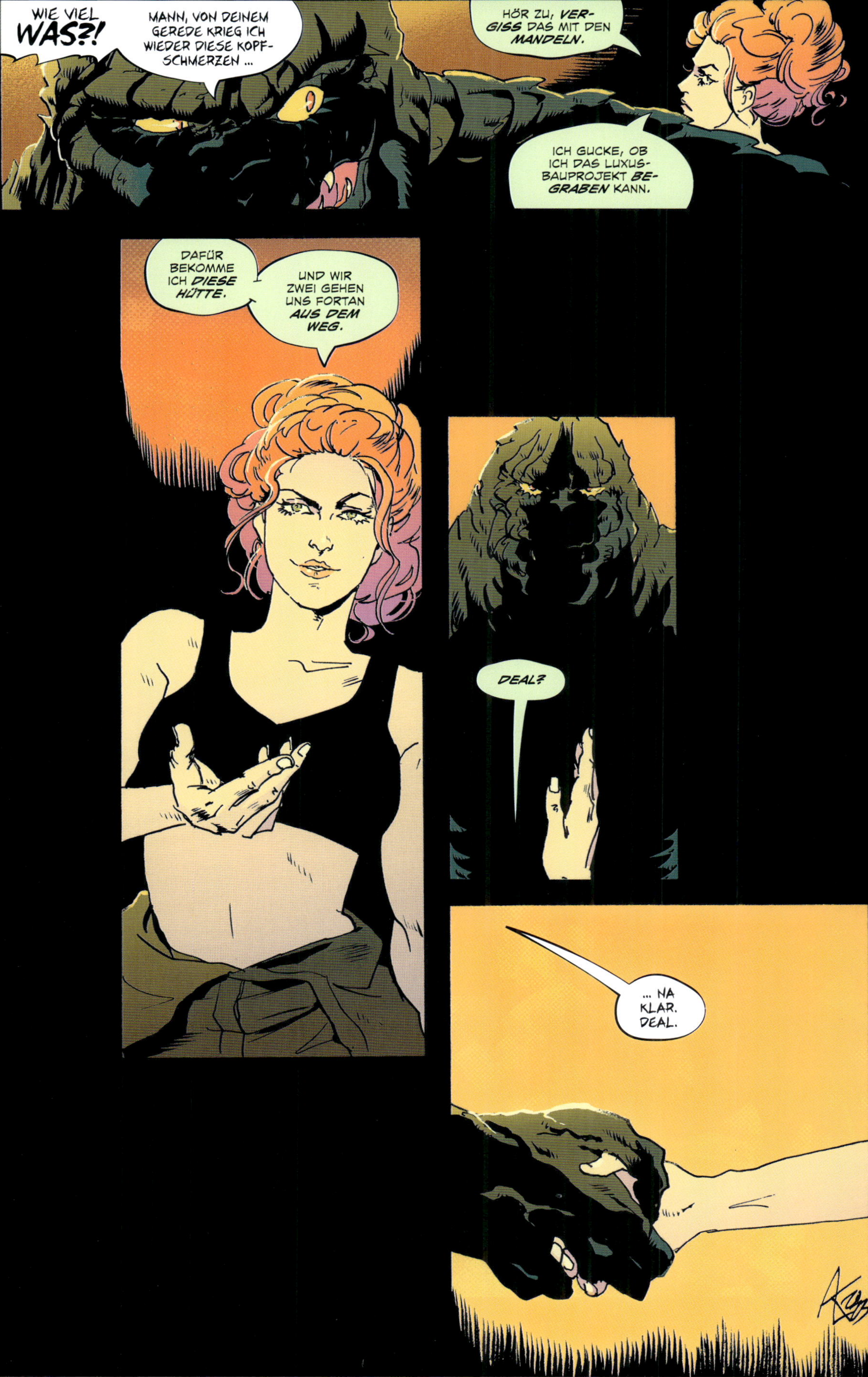
WIE VIEL WAS?!
MANN, VON DEINEM GEREDE KRIEG ICH WIEDER DIESE KOPF-SCHMERZEN ...
HÖR ZU, VERGISS DAS MIT DEN MANDELN.
ICH GUCKE, OB ICH DAS LUXUS-BAUPROJEKT BEGRABEN KANN.
DAFÜR BEKOMME ICH DIESE HÜTTE.
UND WIR ZWEI GEHEN UNS FORTAN AUS DEM WEG.
DEAL?
... NA KLAR. DEAL.

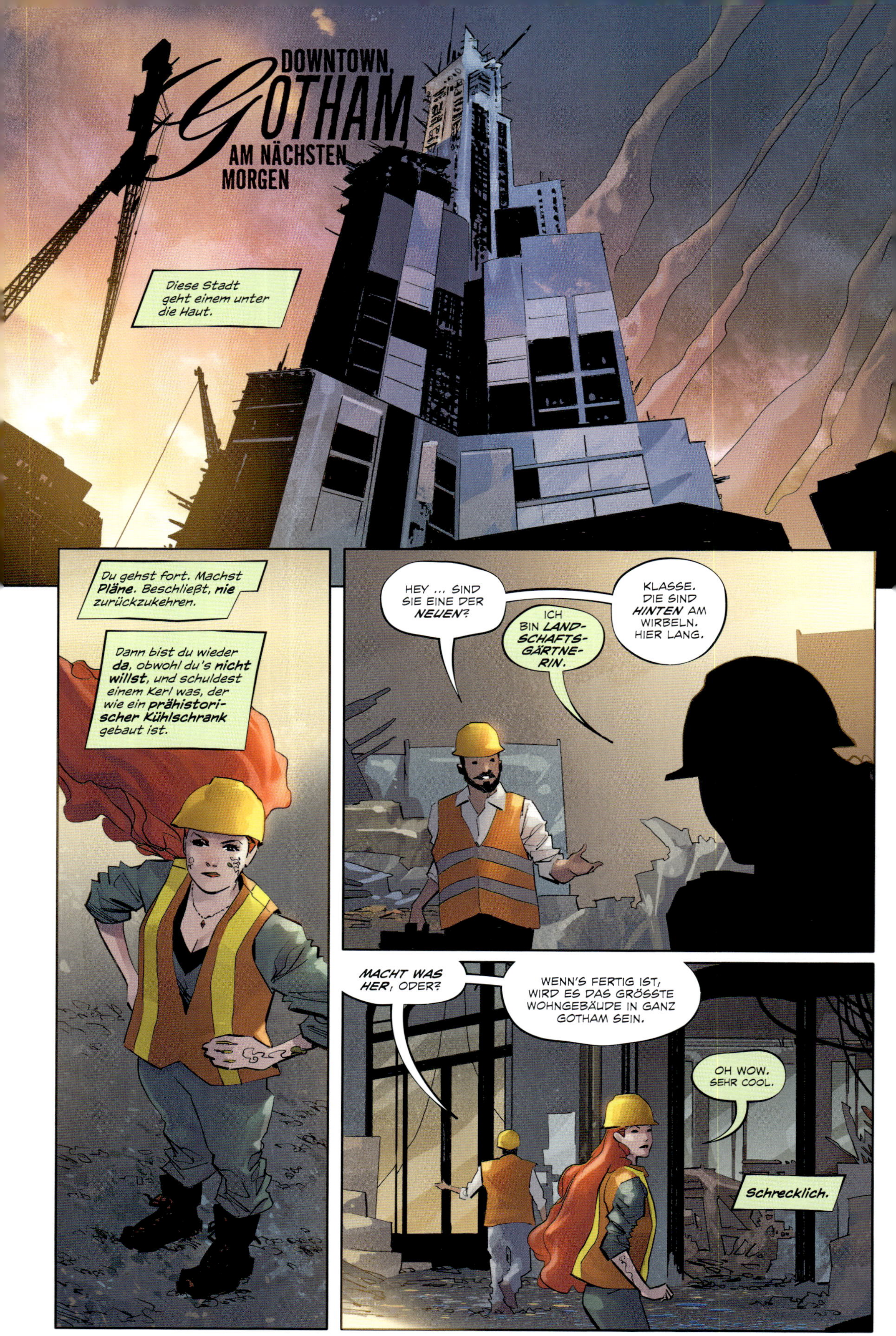

DOWNTOWN, GOTHAM
AM NÄCHSTEN MORGEN
Diese Stadt geht einem unter die Haut.
Du gehst fort. Machst **Pläne**. Beschließt, **nie** zurückzukehren.
Dann bist du wieder **da**, obwohl du's **nicht willst**, und schuldest einem Kerl was, der wie ein **prähistorischer Kühlschrank** gebaut ist.
HEY ... SIND SIE EINE DER ***NEUEN***?
ICH BIN ***LANDSCHAFTSGÄRTNERIN***.
KLASSE. DIE SIND ***HINTEN*** AM WIRBELN. HIER LANG.
MACHT WAS HER, ODER?
WENN'S FERTIG IST, WIRD ES DAS GRÖSSTE WOHNGEBÄUDE IN GANZ GOTHAM SEIN.
OH WOW. SEHR COOL.
Schrecklich.

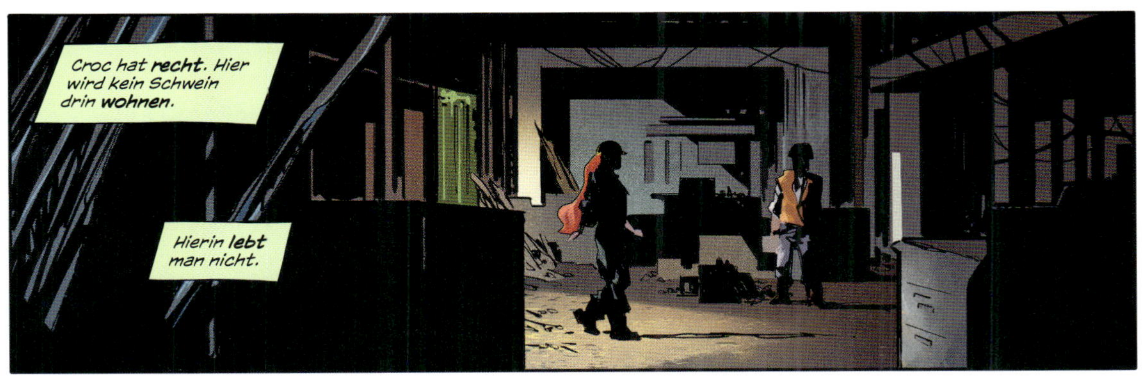
Croc hat recht. Hier wird kein Schwein drin wohnen.
Hierin lebt man nicht.

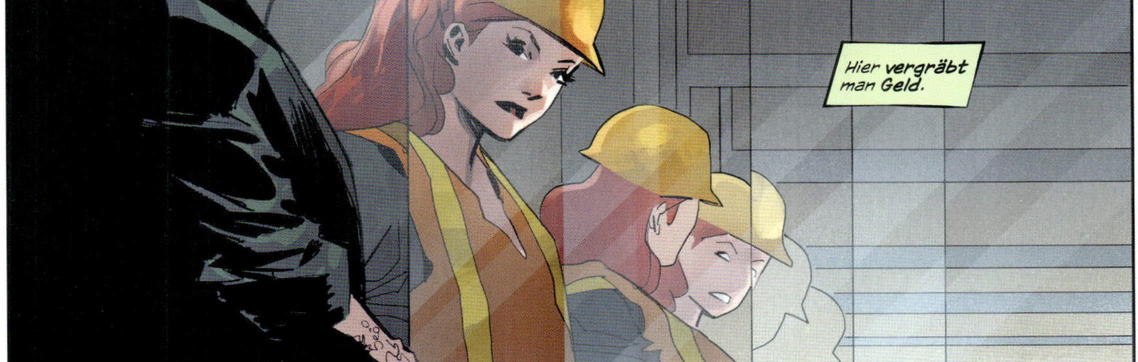
Hier vergräbt man Geld.

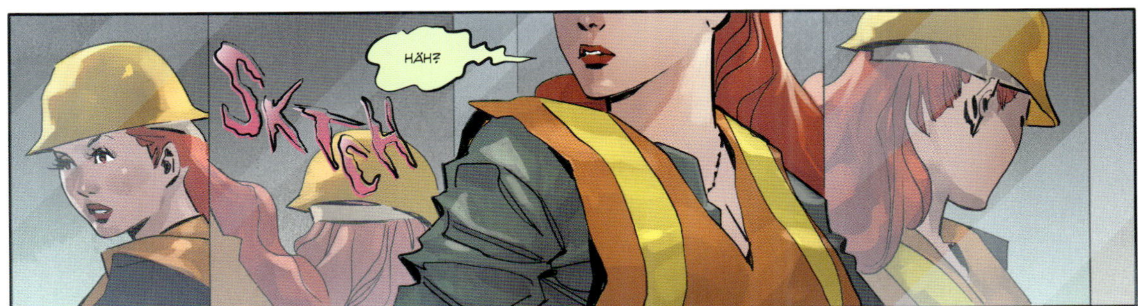
SKTCH
HÄH?

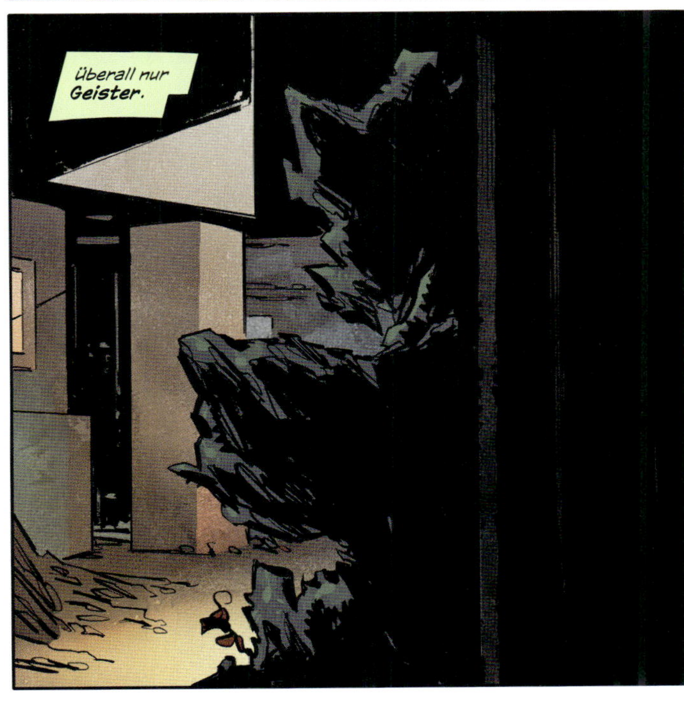
Überall nur Geister.

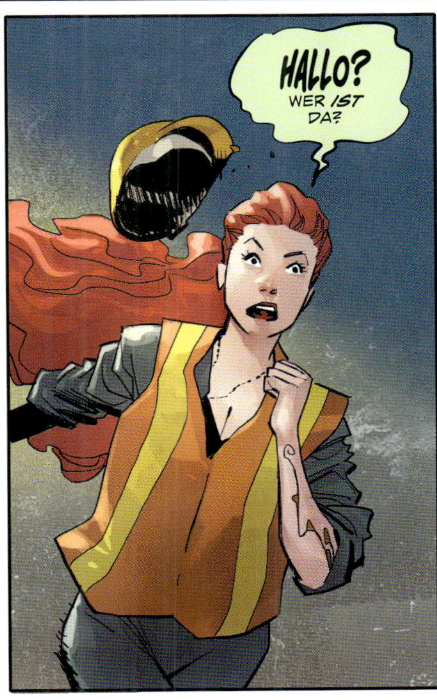
HALLO? WER IST DA?

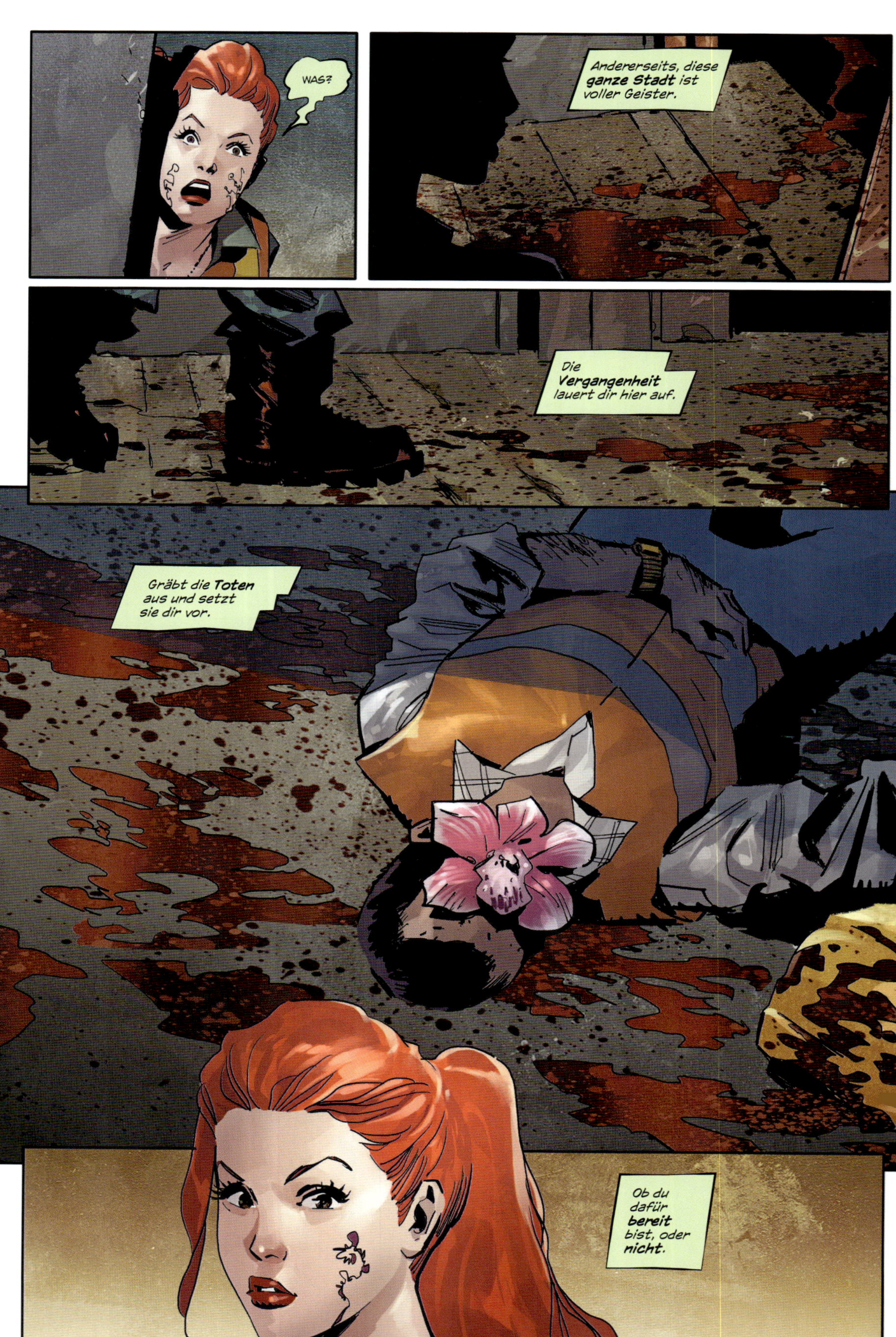
WAS?
Andererseits, diese **ganze Stadt** ist voller Geister.
Die **Vergangenheit** lauert dir hier auf.
Gräbt die **Toten** aus und setzt sie dir vor.
Ob du dafür **bereit** bist, oder **nicht**.

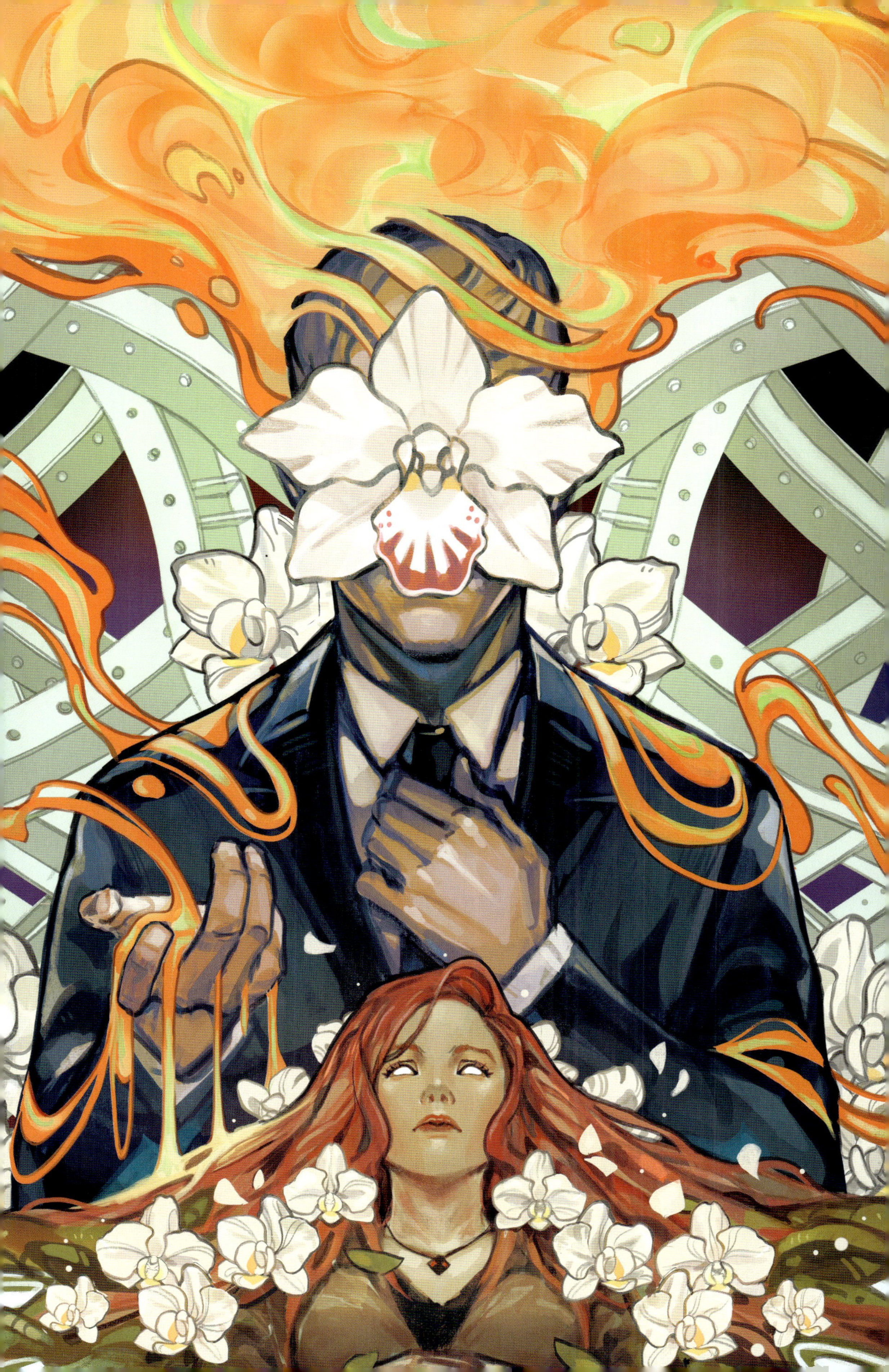

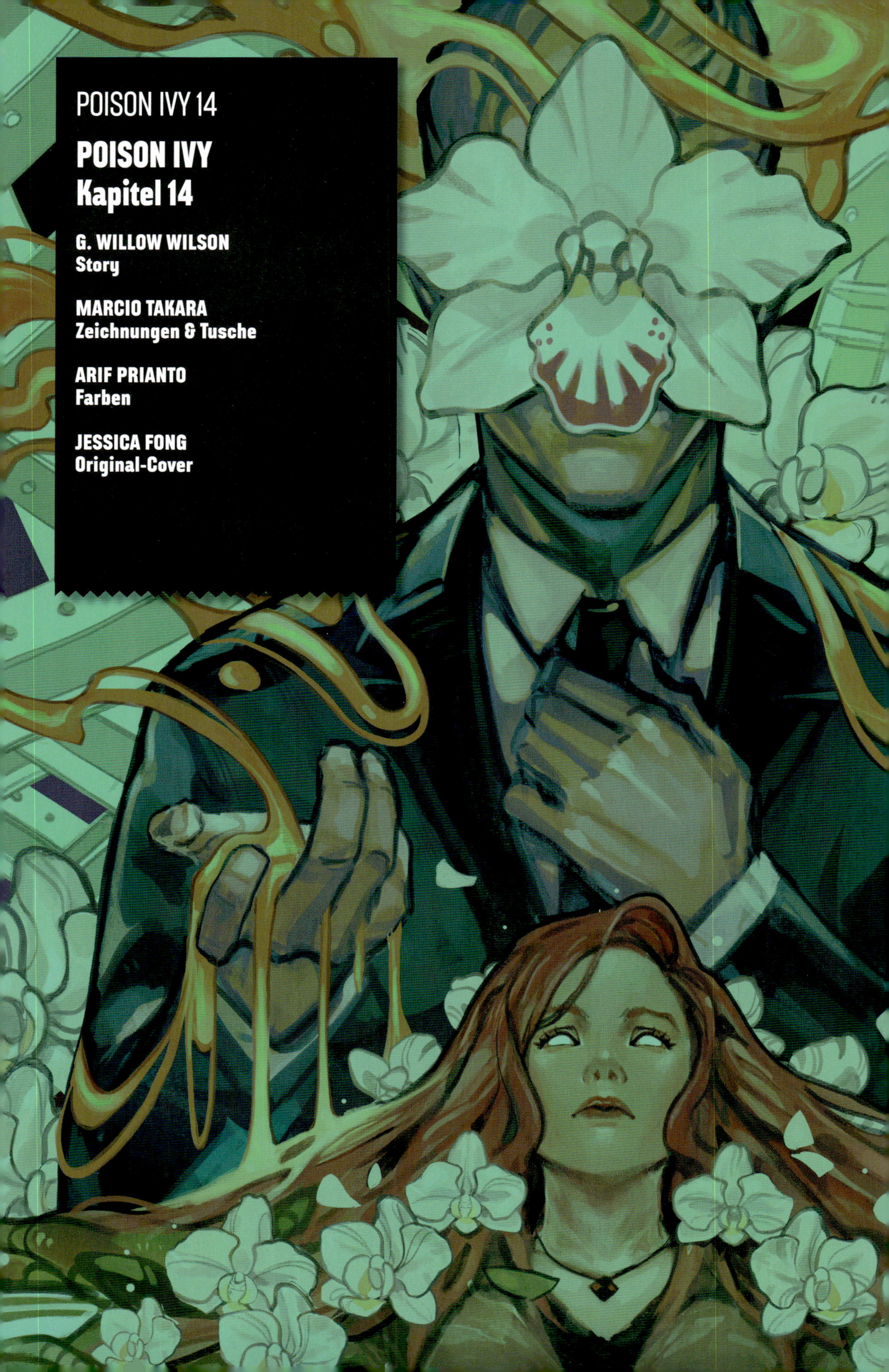
POISON IVY 14
POISON IVY
Kapitel 14
G. WILLOW WILSON
Story
MARCIO TAKARA
Zeichnungen & Tusche
ARIF PRIANTO
Farben
JESSICA FONG
Original-Cover

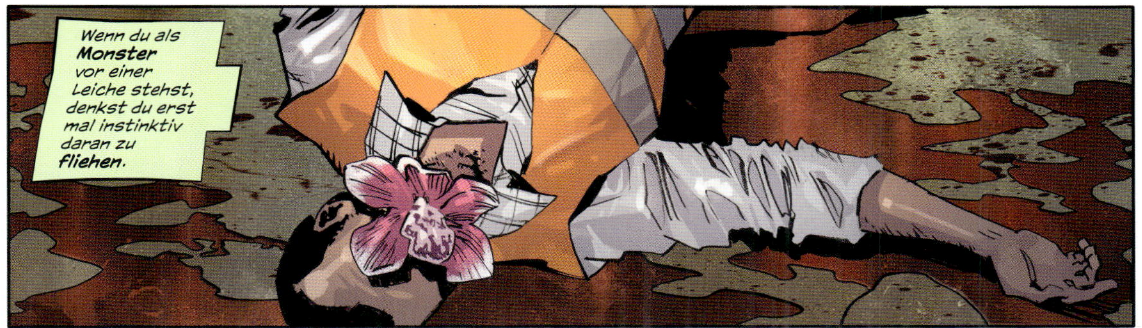
Wenn du als **Monster** vor einer Leiche stehst, denkst du erst mal instinktiv daran zu **fliehen**.

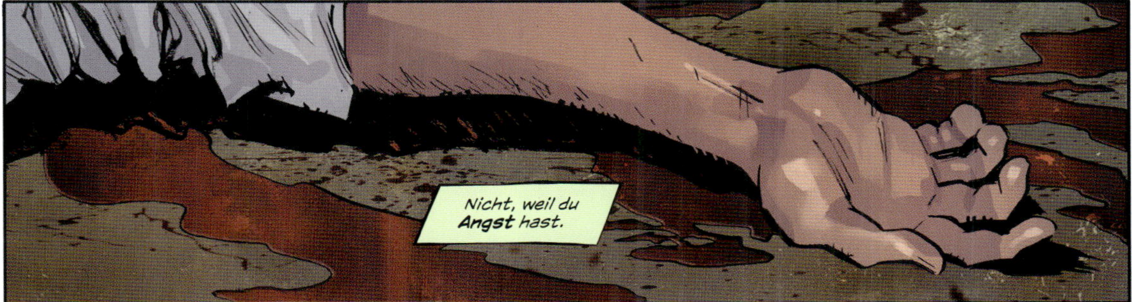
Nicht, weil du **Angst** hast.

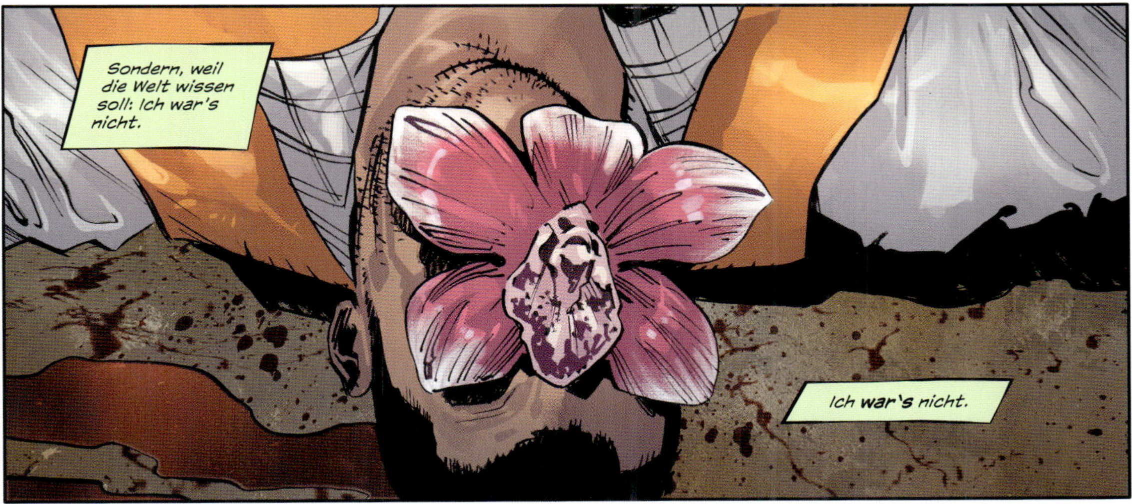
Sondern, weil die Welt wissen soll: Ich war's nicht.
Ich **war's** nicht.

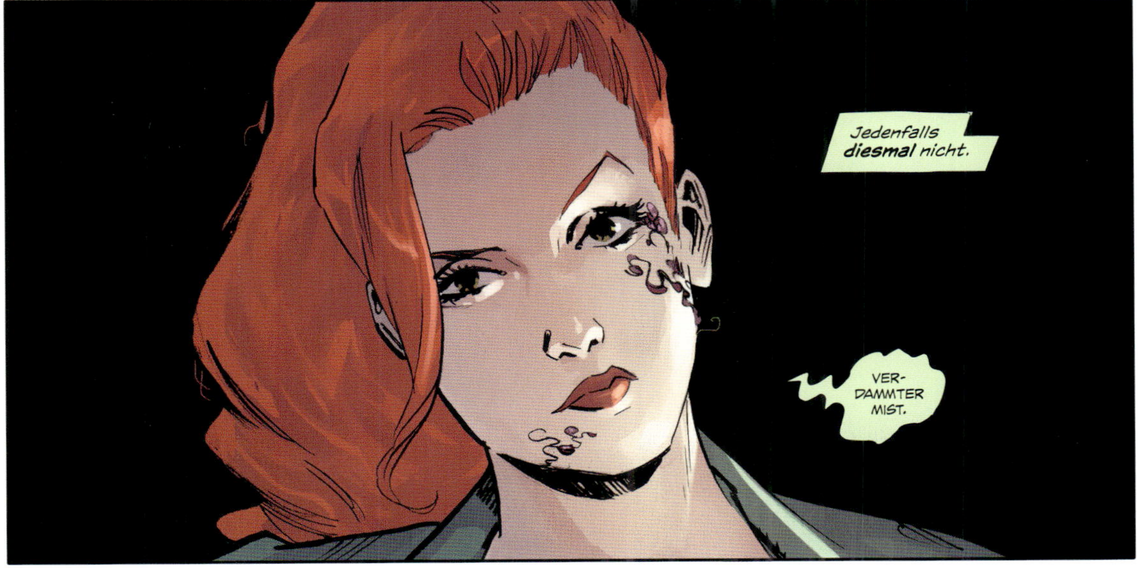
Jedenfalls **diesmal** nicht.
VER-DAMMTER MIST.

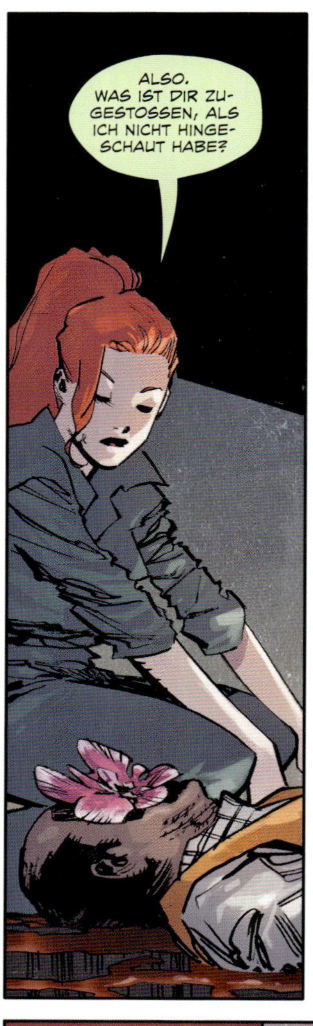
ALSO. WAS IST DIR ZUGESTOSSEN, ALS ICH NICHT HINGESCHAUT HABE?

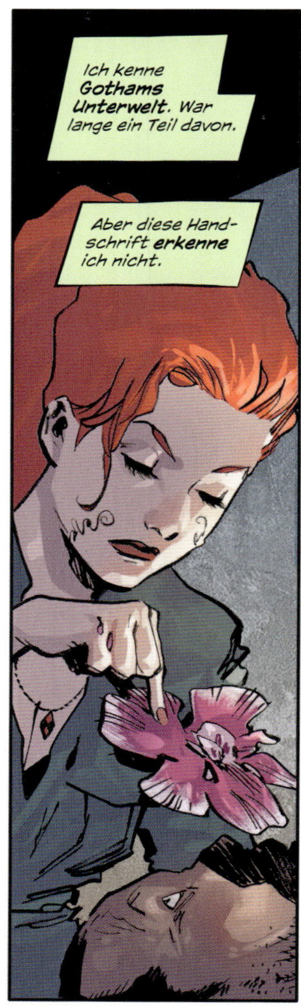
Ich kenne **Gothams Unterwelt**. War lange ein Teil davon.
Aber diese Handschrift **erkenne** ich nicht.

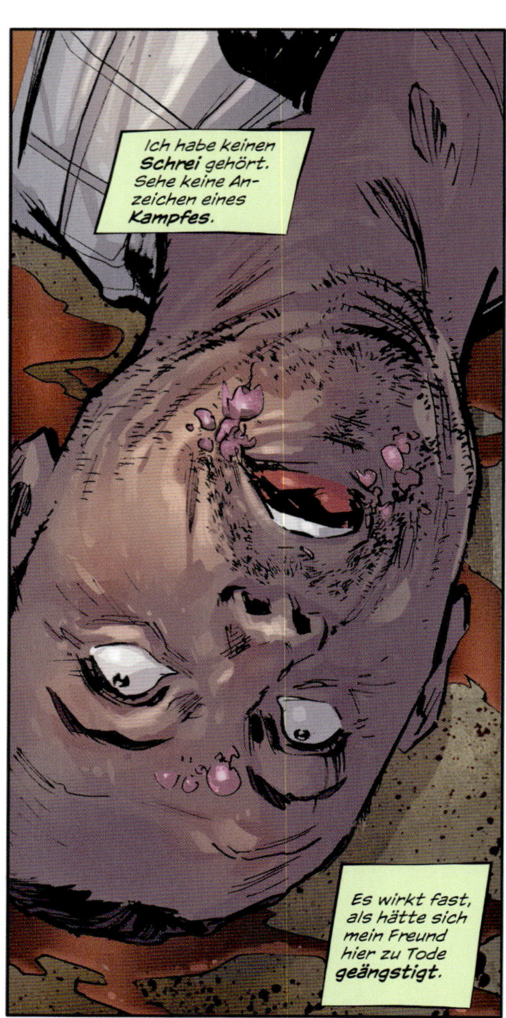
Ich habe keinen **Schrei** gehört. Sehe keine Anzeichen eines **Kampfes**.
Es wirkt fast, als hätte sich mein Freund hier zu Tode **geängstigt**.

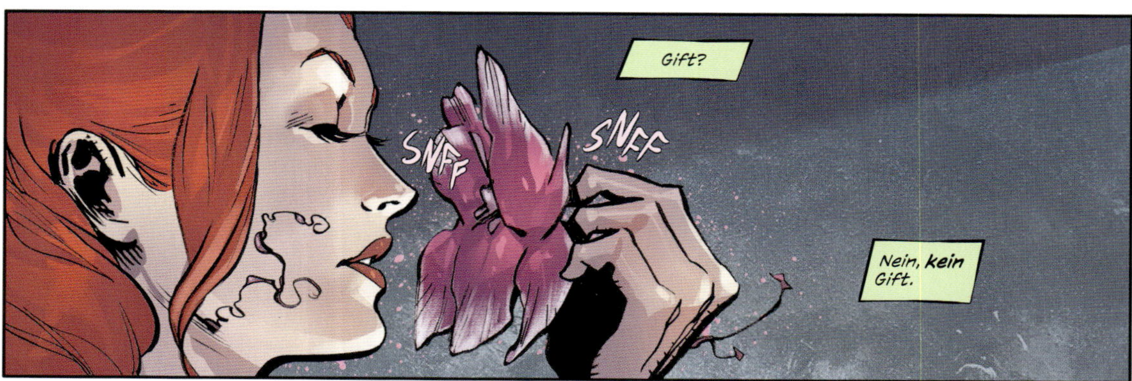
Gift?
SNFF
SNFF
Nein, **kein** Gift.

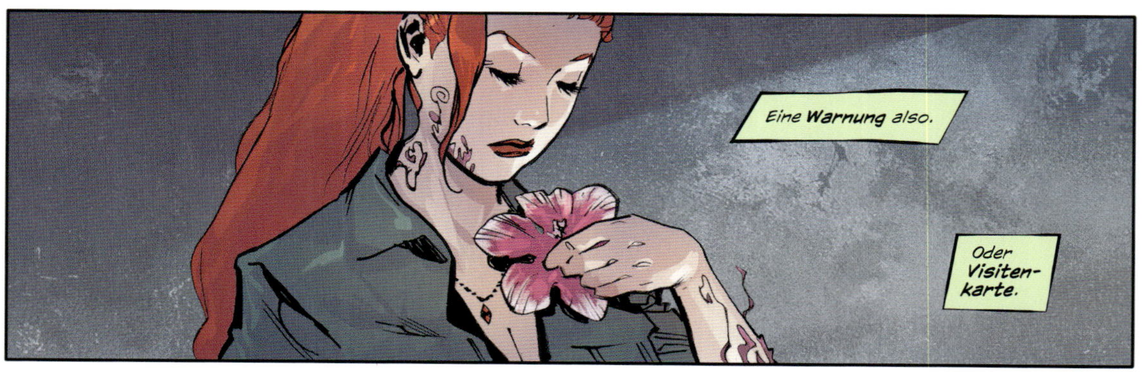
Eine **Warnung** also.
Oder **Visitenkarte**.

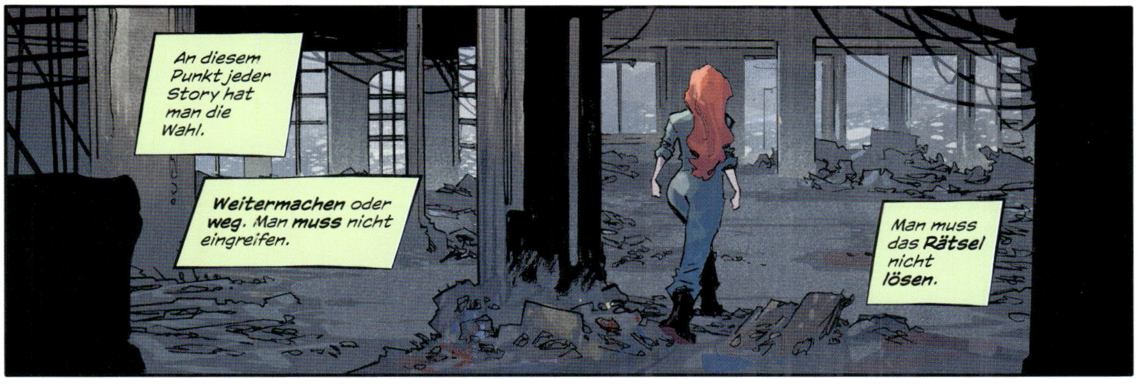
An diesem Punkt jeder Story hat man die Wahl.
Weitermachen oder **weg**. Man **muss** nicht eingreifen.
Man muss das **Rätsel** nicht **lösen**.
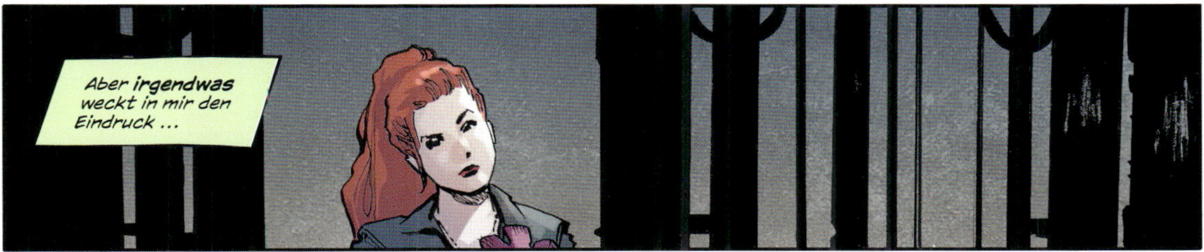
Aber **irgendwas** weckt in mir den Eindruck …
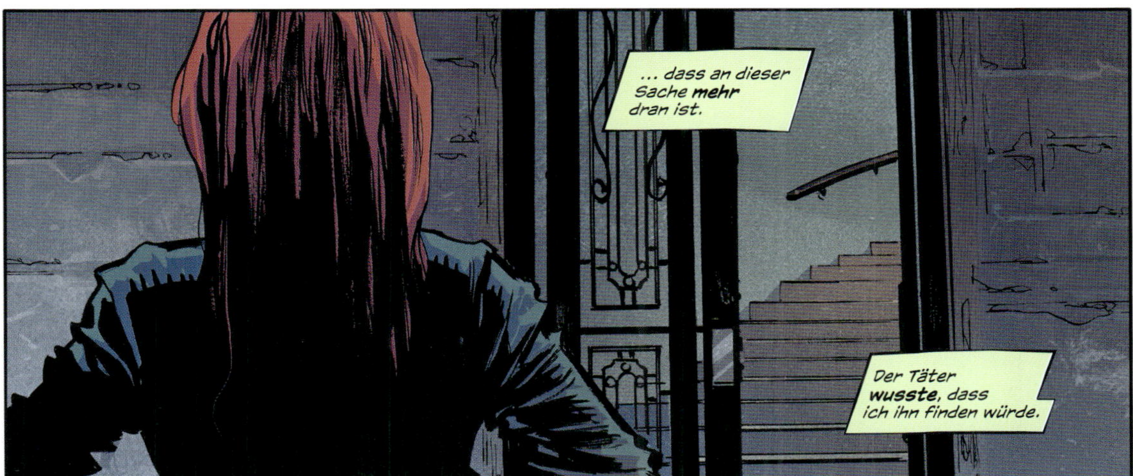
… dass an dieser Sache **mehr** dran ist.
Der Täter **wusste**, dass ich ihn finden würde.
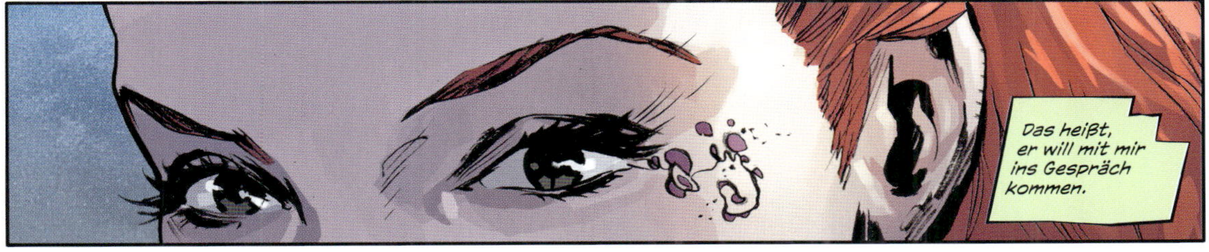
Das heißt, er will mit mir ins Gespräch kommen.
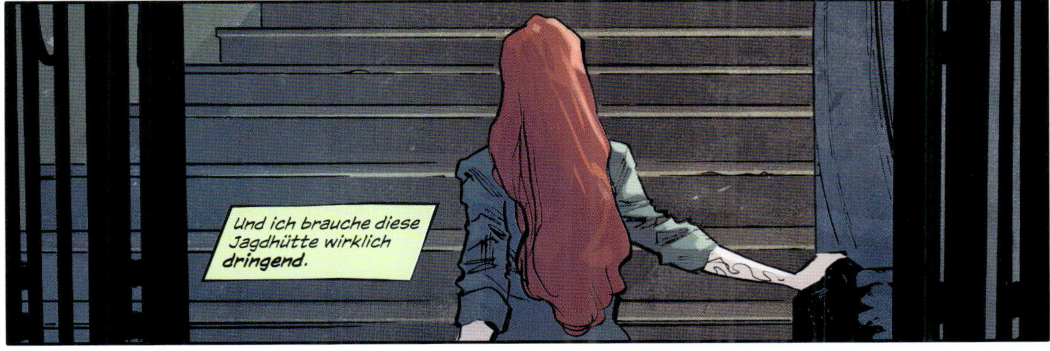
Und ich brauche diese Jagdhütte wirklich **dringend**.

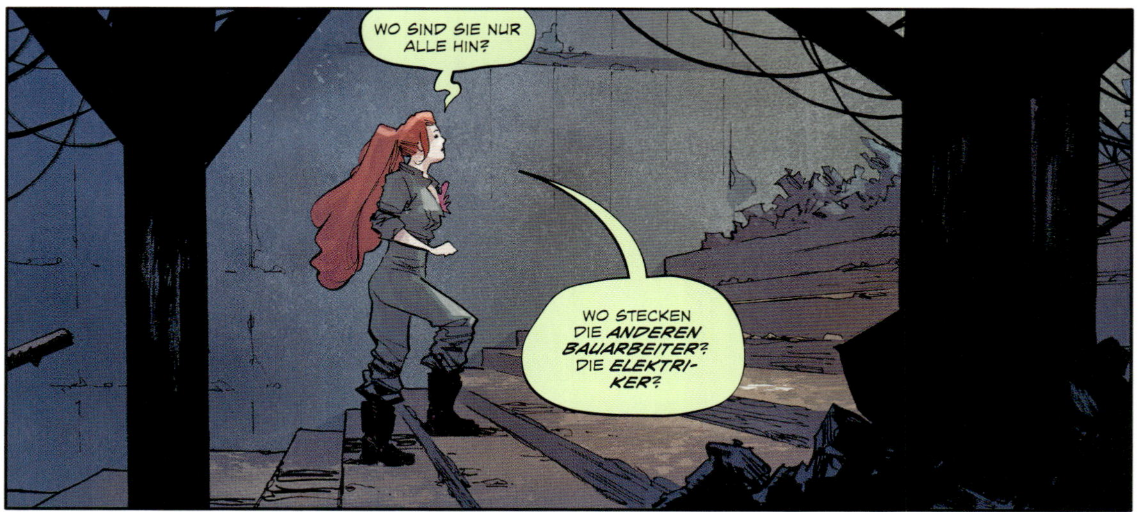
WO SIND SIE NUR ALLE HIN?
WO STECKEN DIE *ANDEREN BAUARBEITER*? DIE *ELEKTRI-KER*?

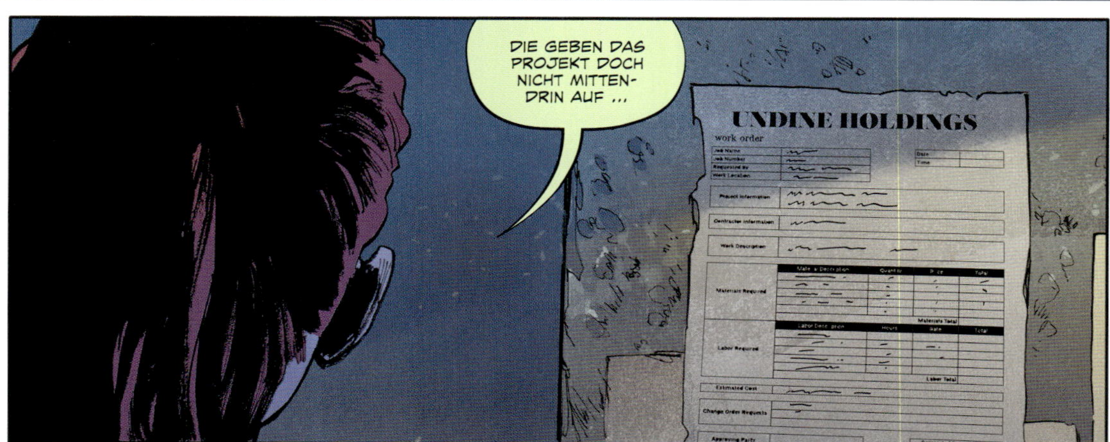
DIE GEBEN DAS PROJEKT DOCH NICHT MITTEN-DRIN AUF ...
UNDINE HOLDINGS
work order

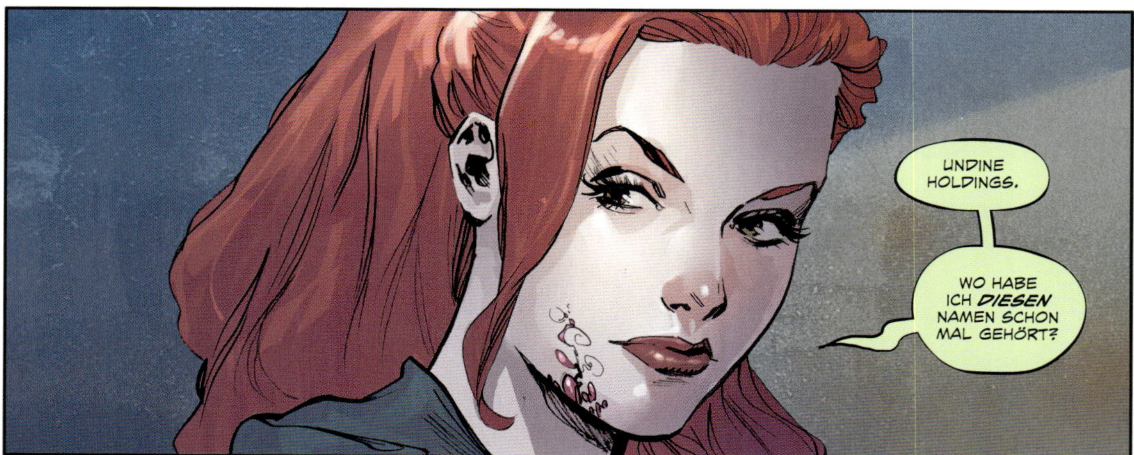
UNDINE HOLDINGS.
WO HABE ICH *DIESEN* NAMEN SCHON MAL GEHÖRT?

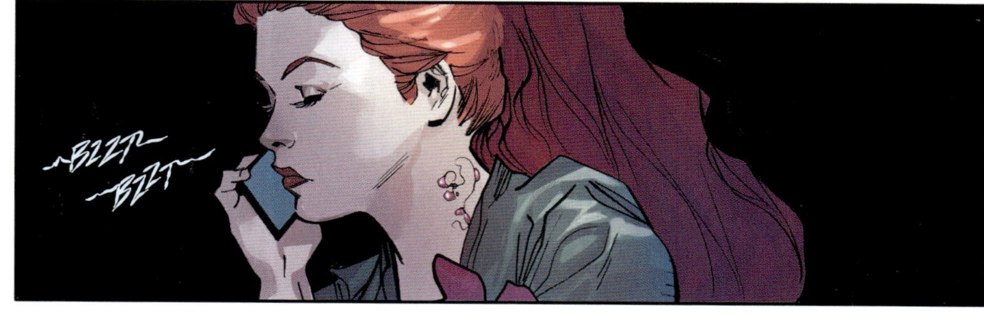
BZZT
BZZT

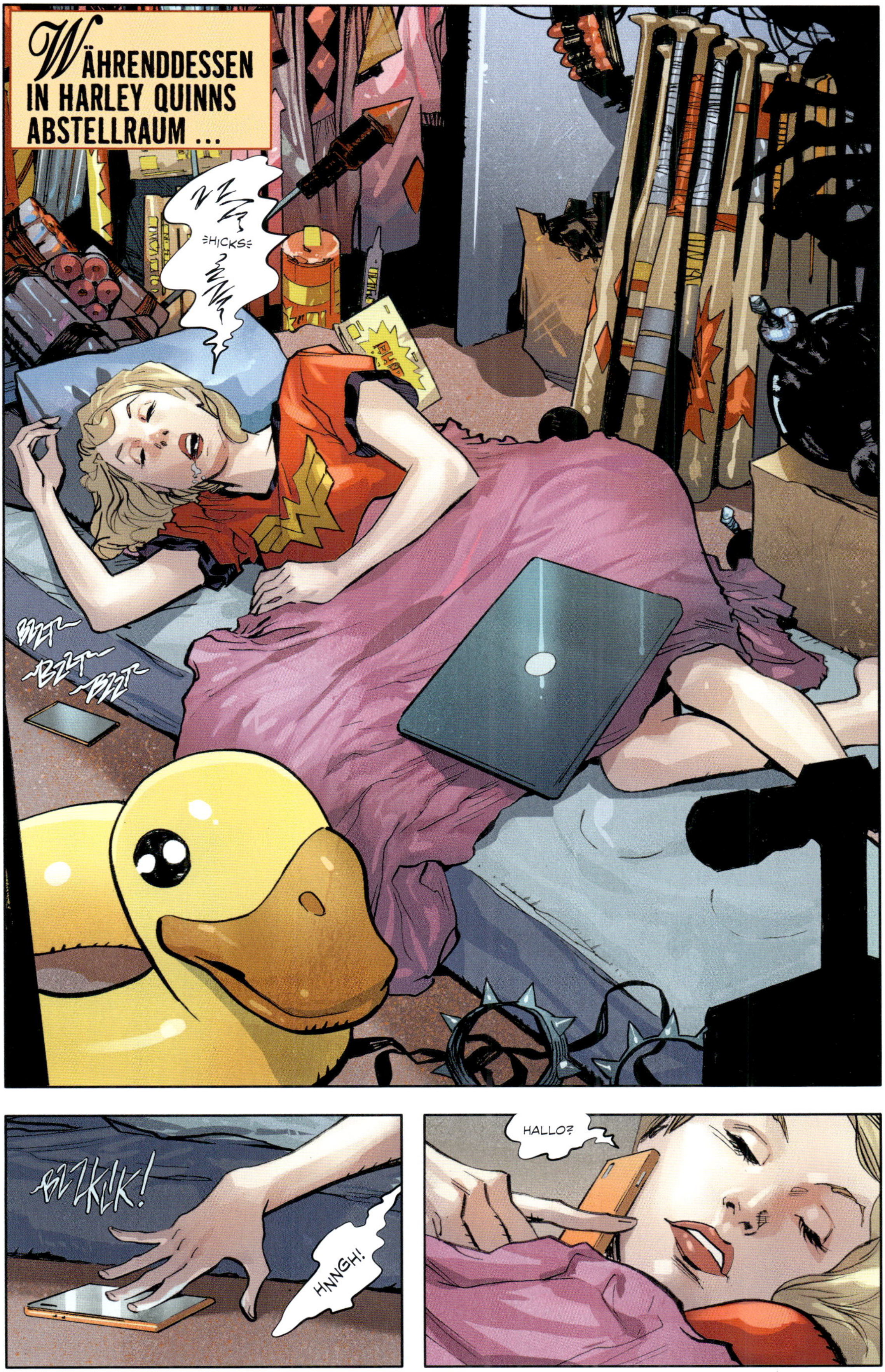

WÄHRENDDESSEN IN HARLEY QUINNS ABSTELLRAUM ...

ZZZ
=HICKS=
ZZZ

BZZT
BZZT
BZZT

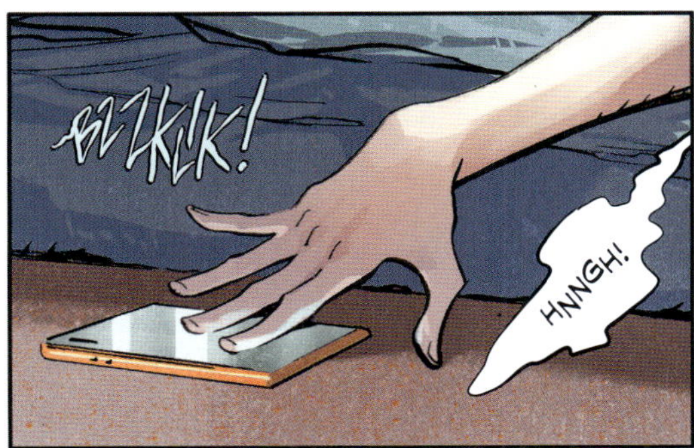

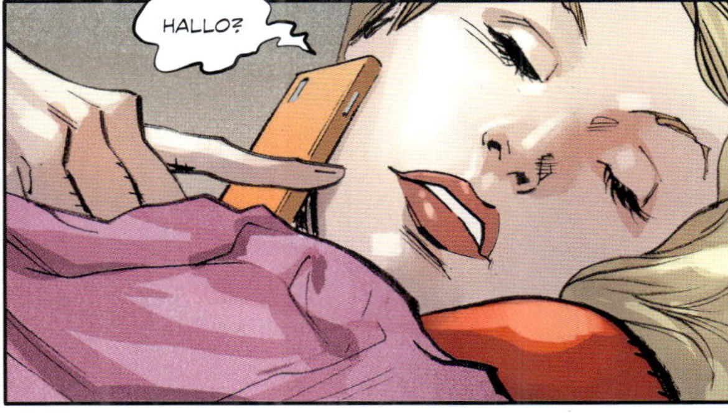

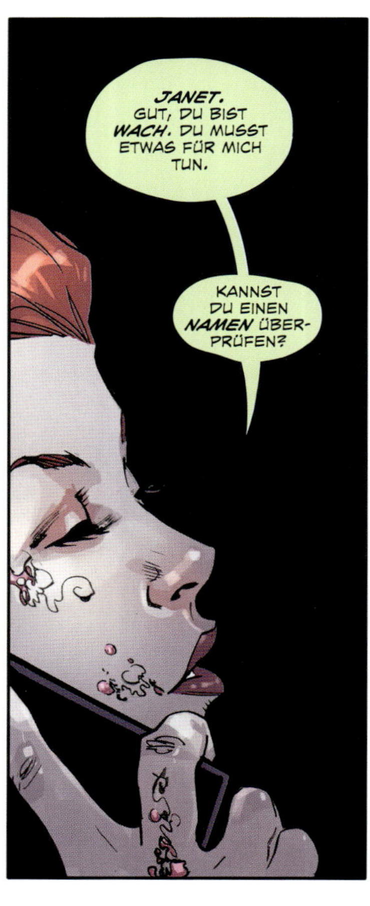
JANET. GUT, DU BIST WACH. DU MUSST ETWAS FÜR MICH TUN.
KANNST DU EINEN NAMEN ÜBERPRÜFEN?

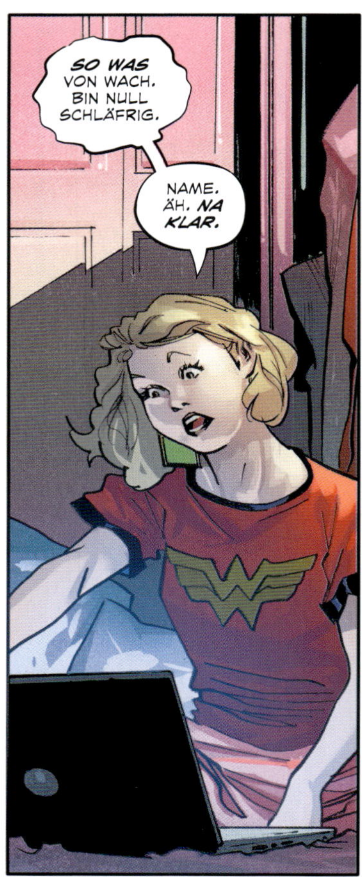
SO WAS VON WACH. BIN NULL SCHLÄFRIG.
NAME. ÄH. NA KLAR.

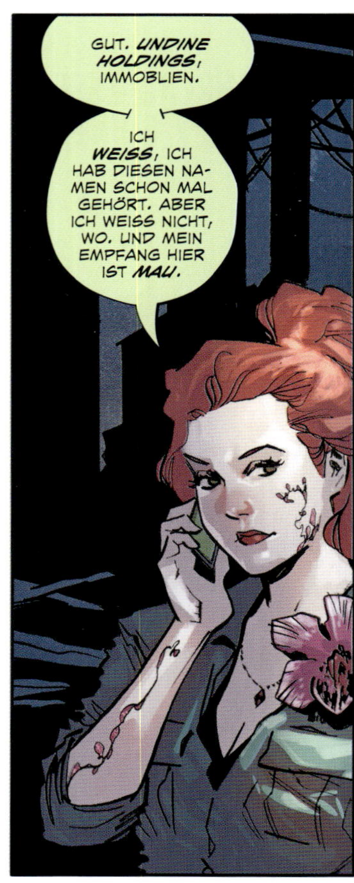
GUT. UNDINE HOLDINGS, IMMOBLIEN.
ICH WEISS, ICH HAB DIESEN NAMEN SCHON MAL GEHÖRT. ABER ICH WEISS NICHT, WO. UND MEIN EMPFANG HIER IST MAU.

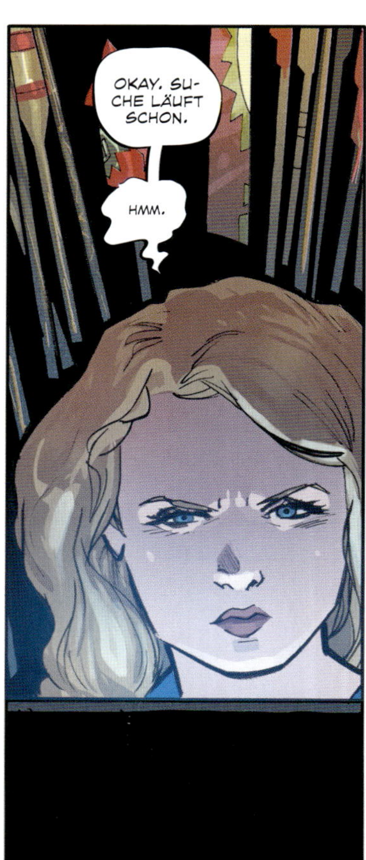
OKAY. SUCHE LÄUFT SCHON.
HMM.

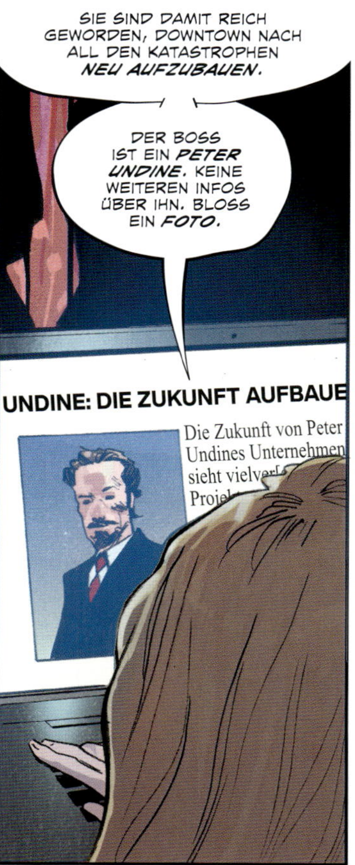
SIE SIND DAMIT REICH GEWORDEN, DOWNTOWN NACH ALL DEN KATASTROPHEN NEU AUFZUBAUEN.
DER BOSS IST EIN PETER UNDINE. KEINE WEITEREN INFOS ÜBER IHN. BLOSS EIN FOTO.
UNDINE: DIE ZUKUNFT AUFBAUE
Die Zukunft von Peter
Undines Unternehmen
sieht vielver

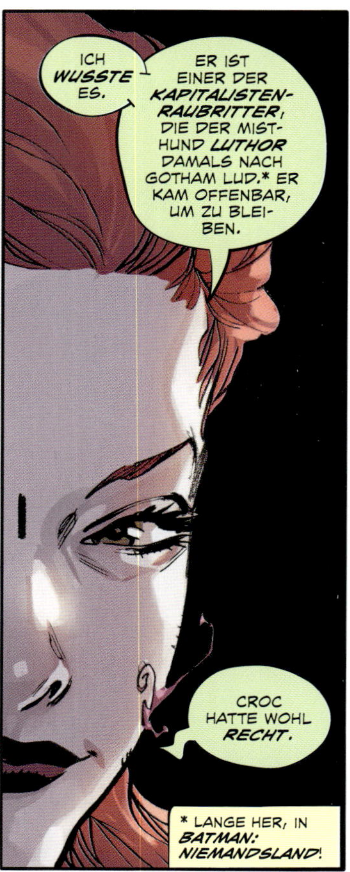
ICH WUSSTE ES.
ER IST EINER DER KAPITALISTEN-RAUBRITTER, DIE DER MISTHUND LUTHOR DAMALS NACH GOTHAM LUD.* ER KAM OFFENBAR, UM ZU BLEIBEN.
CROC HATTE WOHL RECHT.
* LANGE HER, IN BATMAN: NIEMANDSLAND!

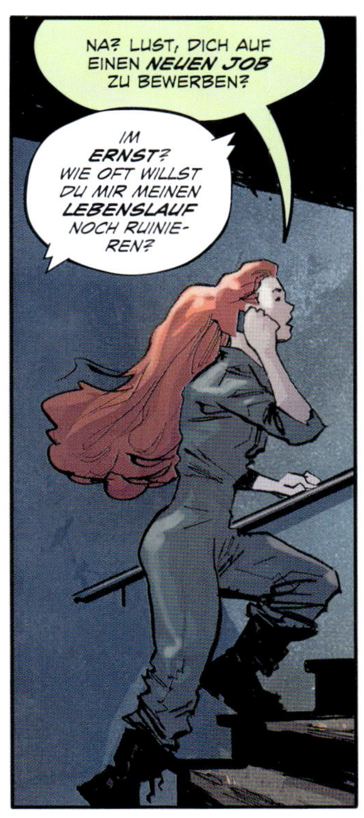
NA? LUST, DICH AUF EINEN NEUEN JOB ZU BEWERBEN?
IM ERNST? WIE OFT WILLST DU MIR MEINEN LEBENSLAUF NOCH RUINIEREN?

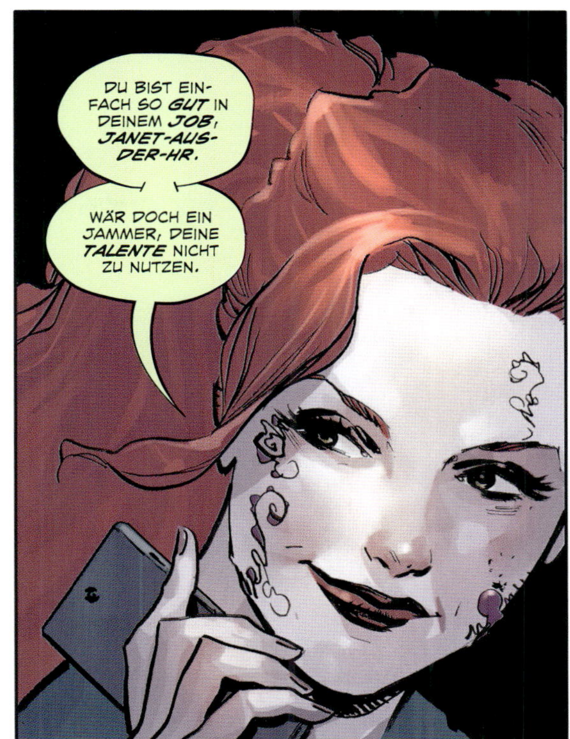
DU BIST EINFACH SO GUT IN DEINEM JOB, JANET-AUS-DER-HR.
WÄR DOCH EIN JAMMER, DEINE TALENTE NICHT ZU NUTZEN.

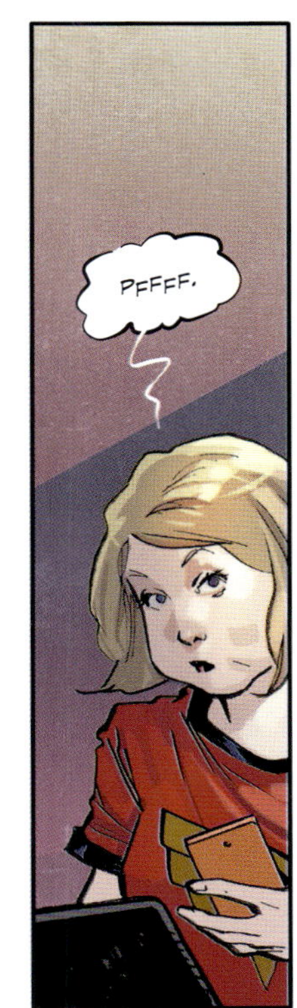
PFFFF.

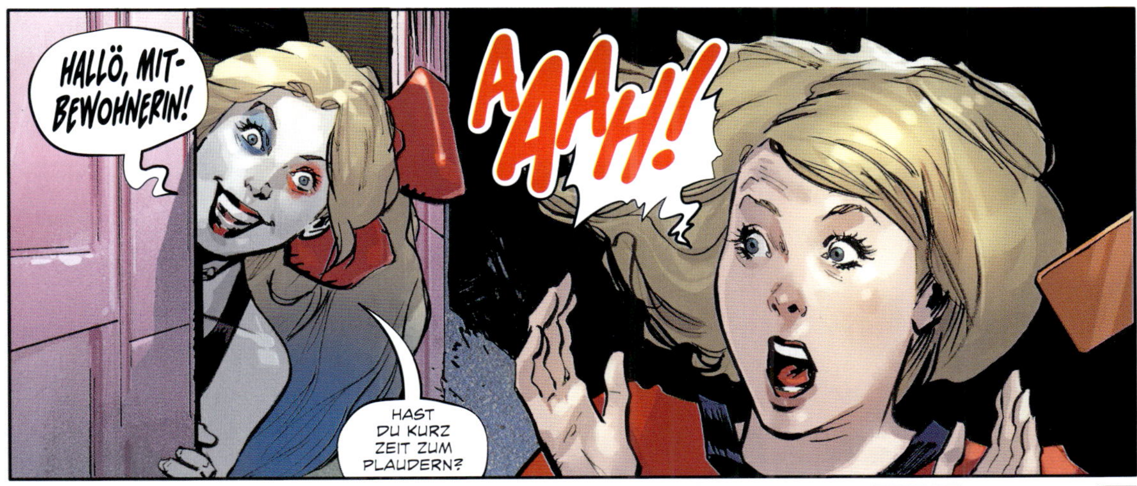
HALLÖ, MITBEWOHNERIN!
AAAH!
HAST DU KURZ ZEIT ZUM PLAUDERN?

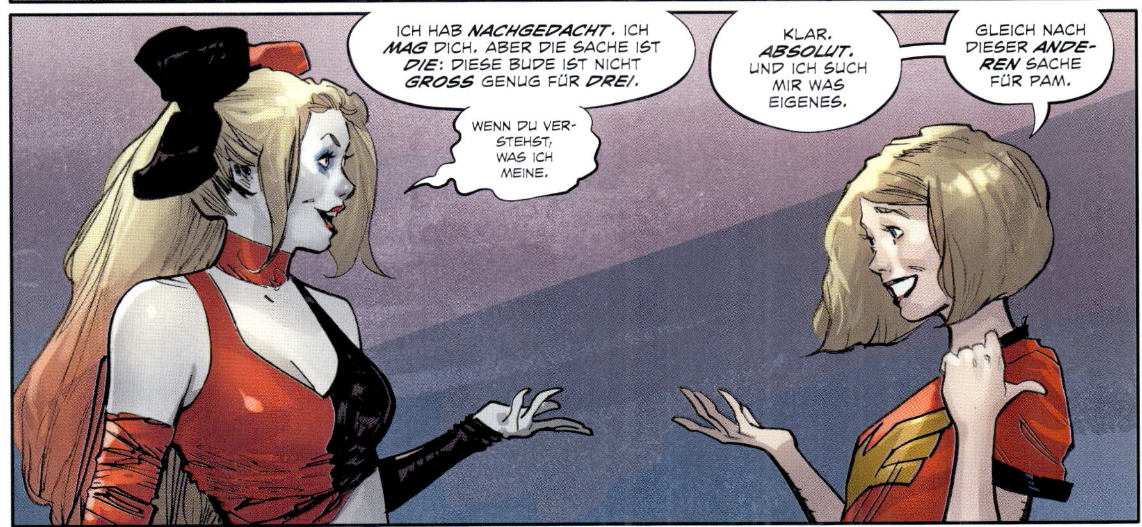
ICH HAB NACHGEDACHT. ICH MAG DICH. ABER DIE SACHE IST DIE: DIESE BUDE IST NICHT GROSS GENUG FÜR DREI.
WENN DU VERSTEHST, WAS ICH MEINE.
KLAR. ABSOLUT. UND ICH SUCH MIR WAS EIGENES.
GLEICH NACH DIESER ANDEREN SACHE FÜR PAM.

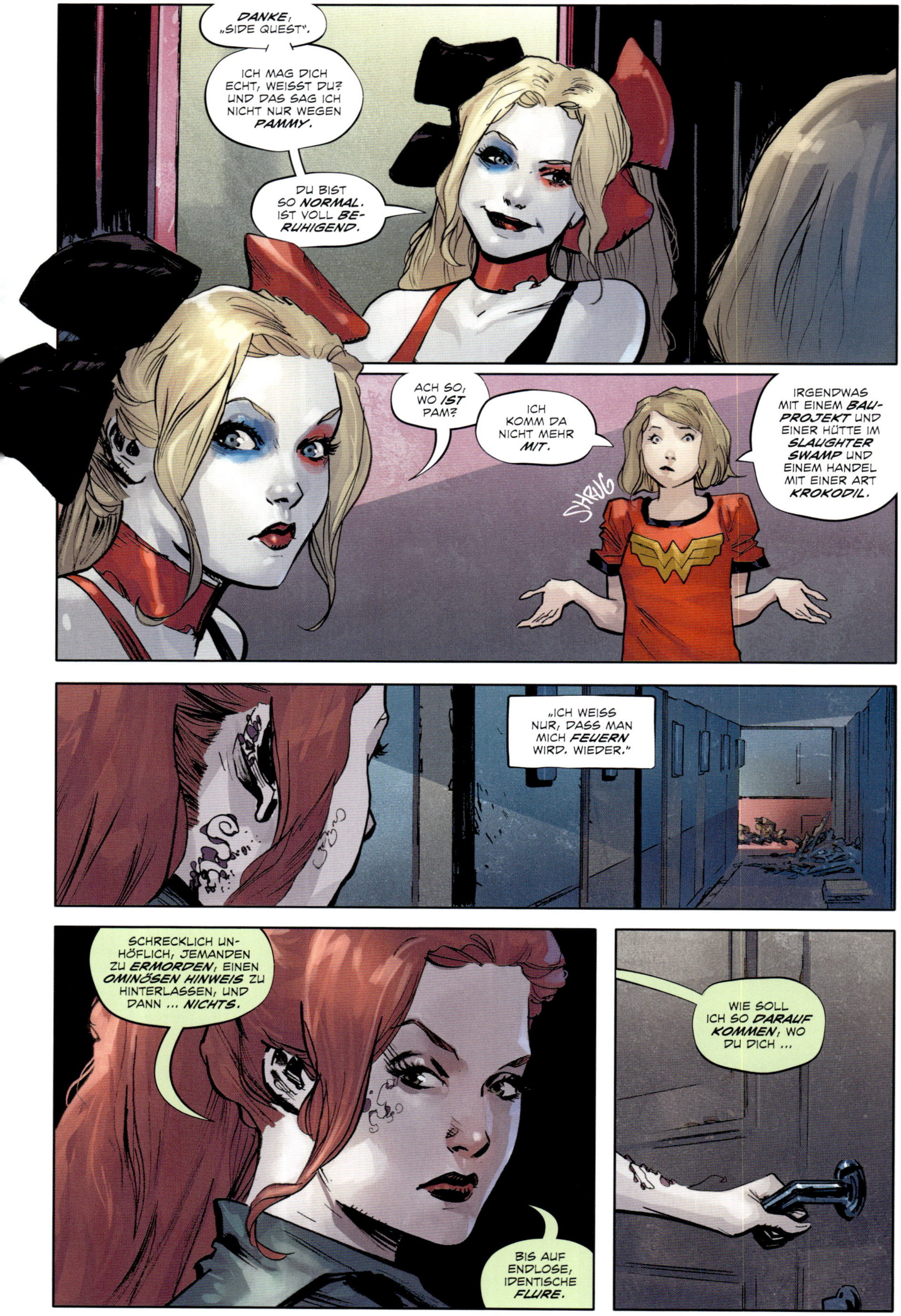

DANKE, „SIDE QUEST".
ICH MAG DICH ECHT, WEISST DU? UND DAS SAG ICH NICHT NUR WEGEN PAMMY.
DU BIST SO NORMAL. IST VOLL BERUHIGEND.

ACH SO, WO IST PAM?
ICH KOMM DA NICHT MEHR MIT.
IRGENDWAS MIT EINEM BAUPROJEKT UND EINER HÜTTE IM SLAUGHTER SWAMP UND EINEM HANDEL MIT EINER ART KROKODIL.
SHRUG

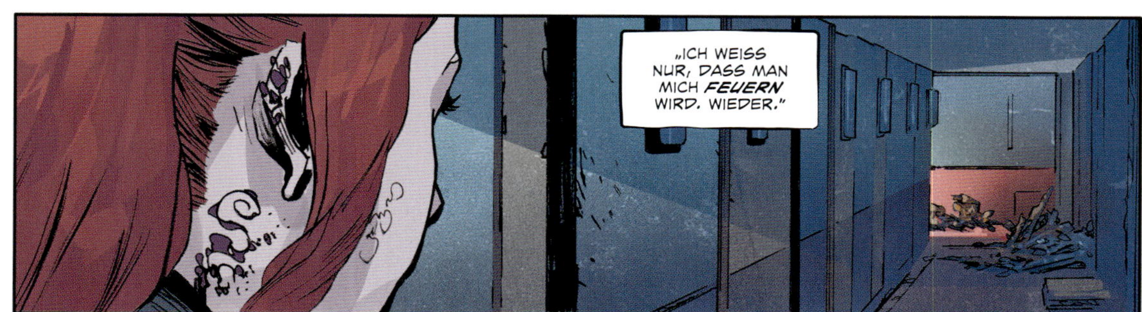

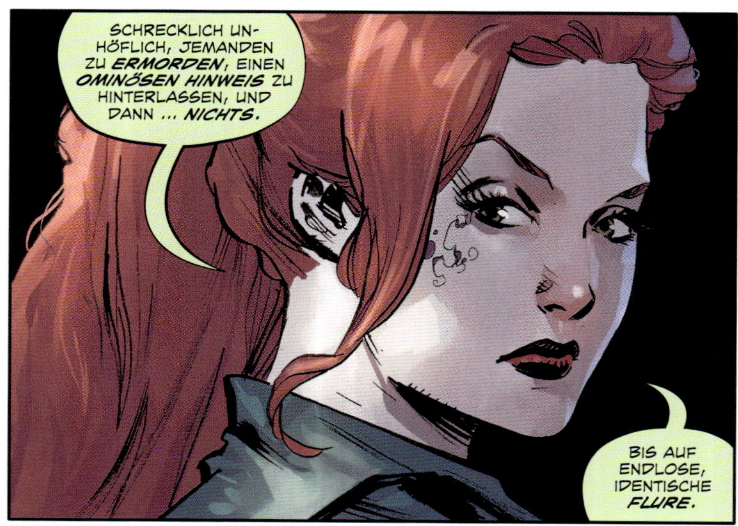

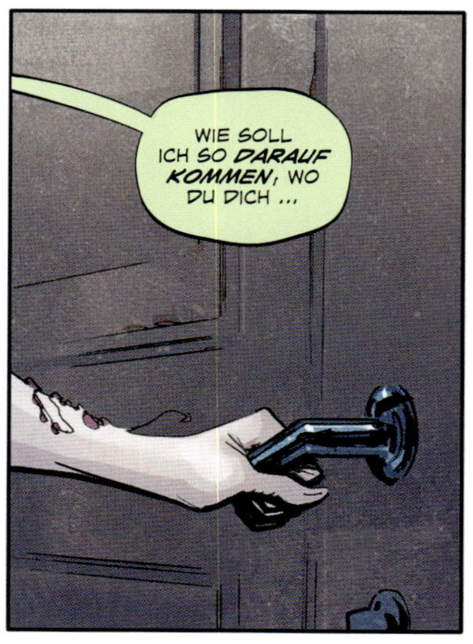

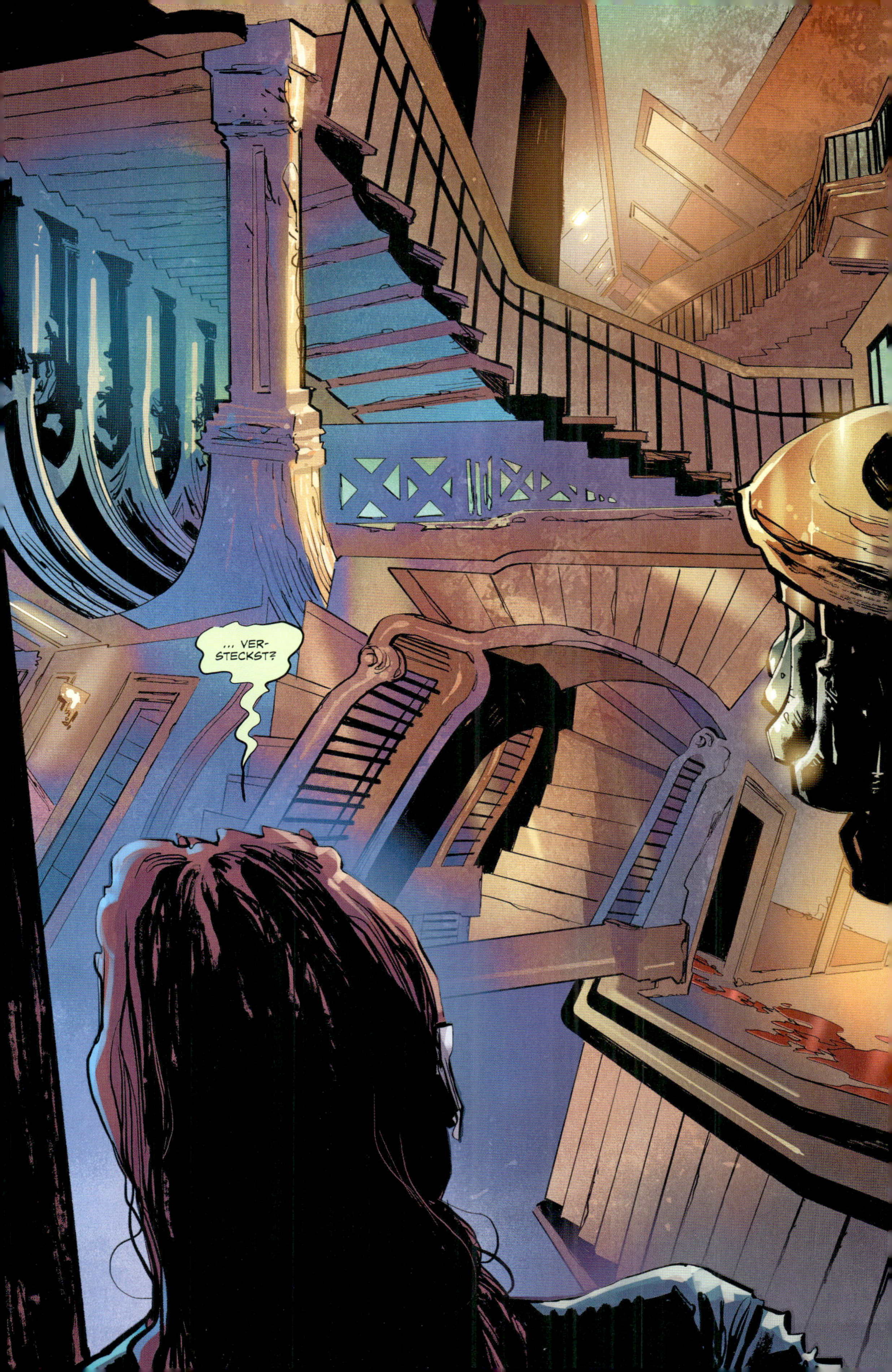
... VER-
STECKST?

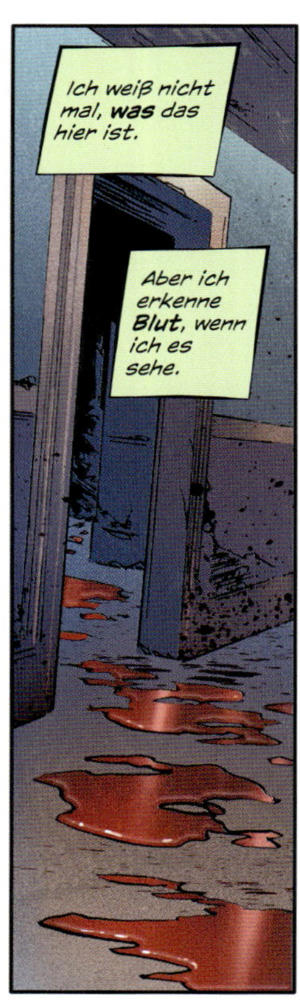
Ich weiß nicht mal, **was** das hier ist.
Aber ich erkenne **Blut**, wenn ich es sehe.

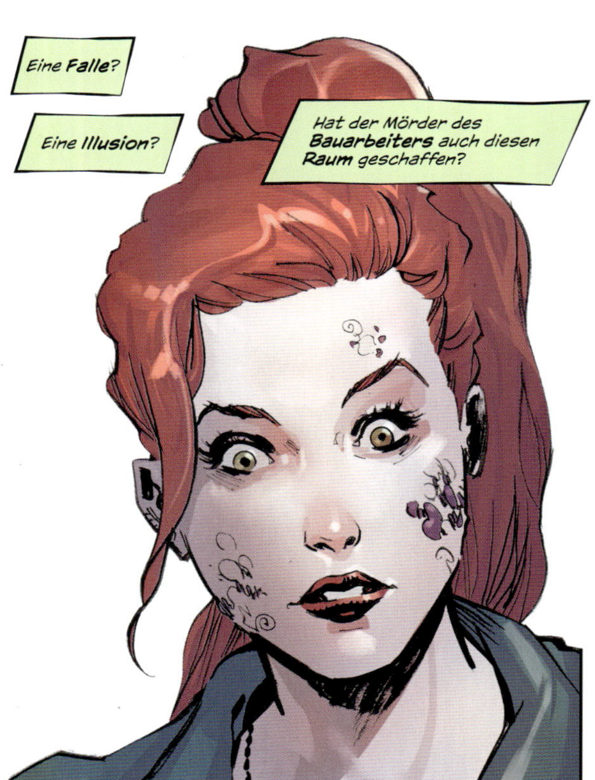
Eine **Falle**?
Eine **Illusion**?
Hat der Mörder des **Bauarbeiters** auch diesen **Raum** geschaffen?

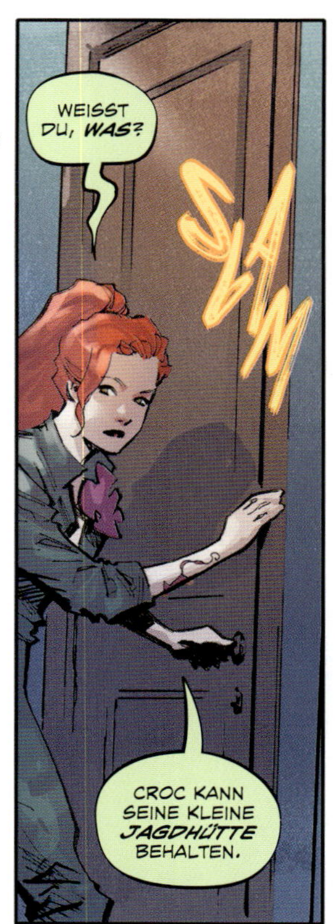
WEISST DU, **WAS**?
SLAM!
CROC KANN SEINE KLEINE ***JAGDHÜTTE*** BEHALTEN.

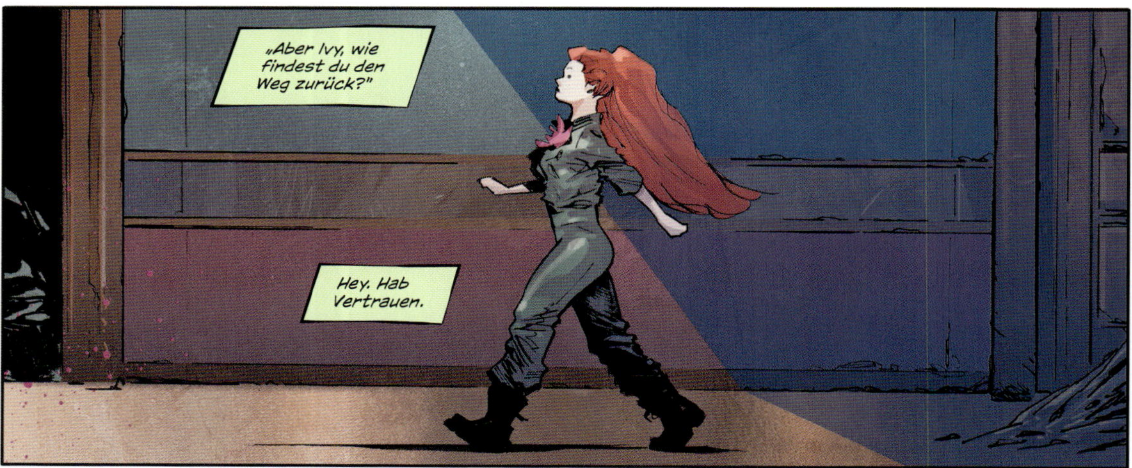
„Aber Ivy, wie findest du den Weg zurück?"
Hey. Hab Vertrauen.

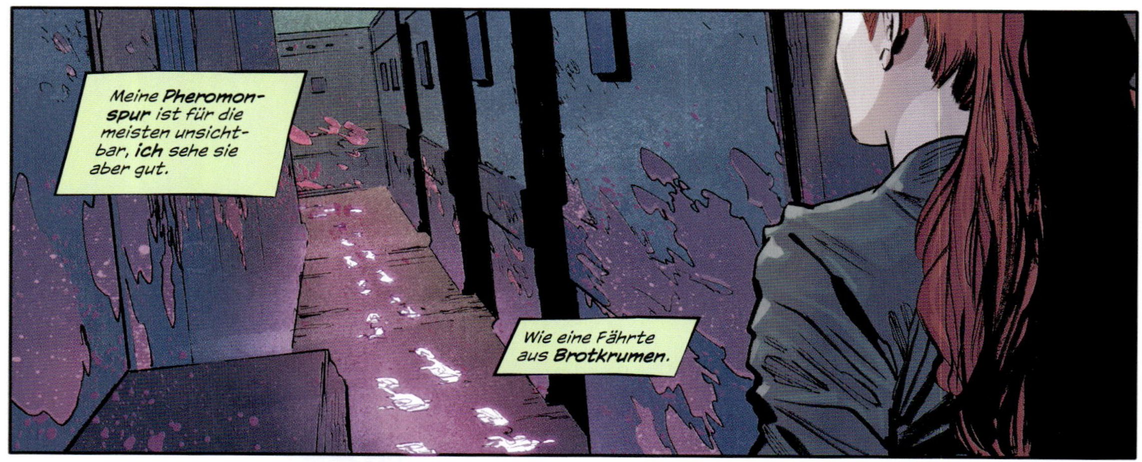
Meine **Pheromonspur** ist für die meisten unsichtbar, **ich** sehe sie aber gut.
Wie eine Fährte aus **Brotkrumen**.

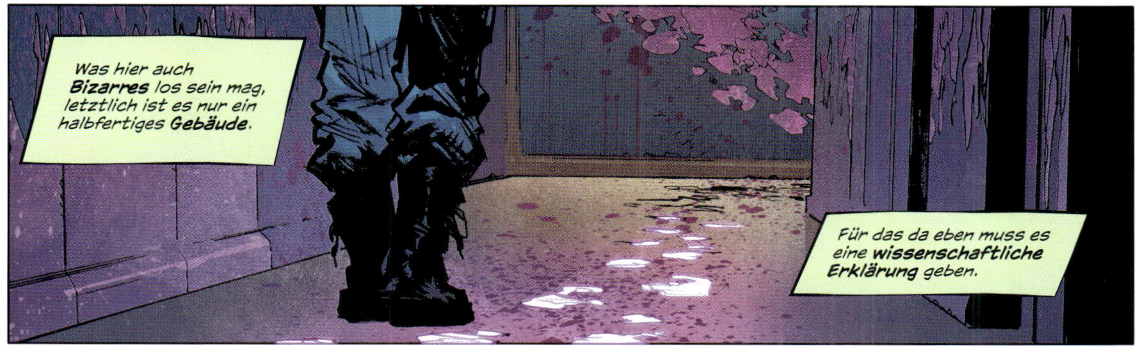
Was hier auch **Bizarres** los sein mag, letztlich ist es nur ein halbfertiges **Gebäude**.
Für das da eben muss es eine **wissenschaftliche Erklärung** geben.

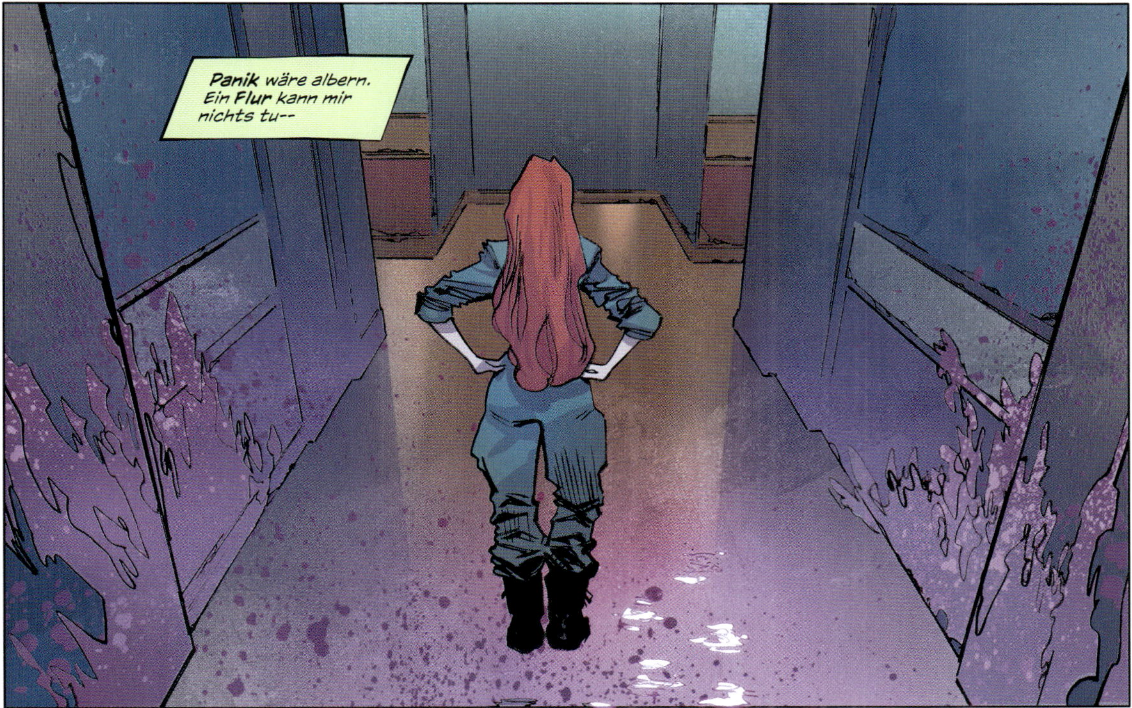
Panik wäre albern. Ein **Flur** kann mir nichts tu--

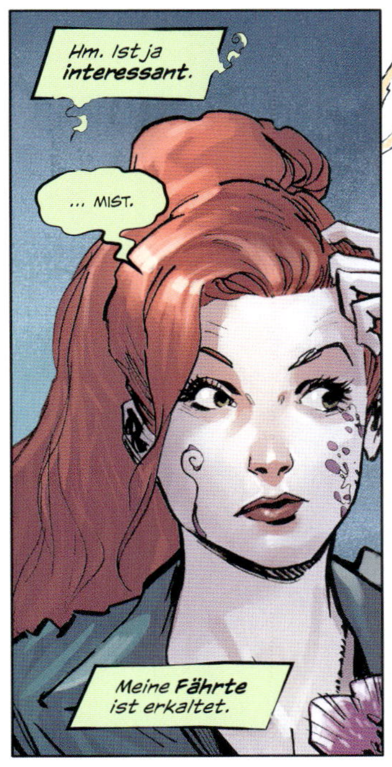
Hm. Ist ja **interessant**.
... MIST.
Meine **Fährte** ist erkaltet.

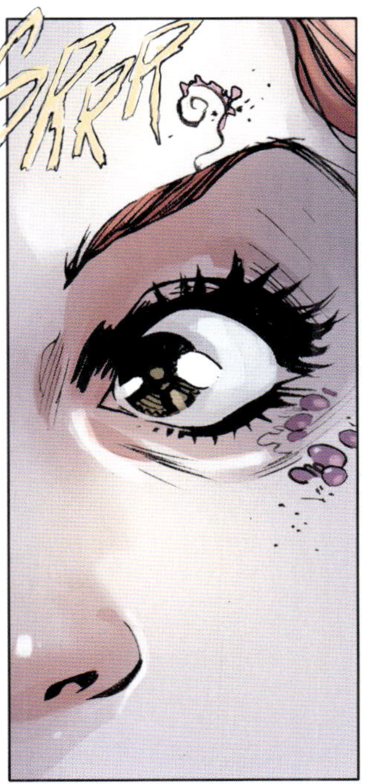
GRRR

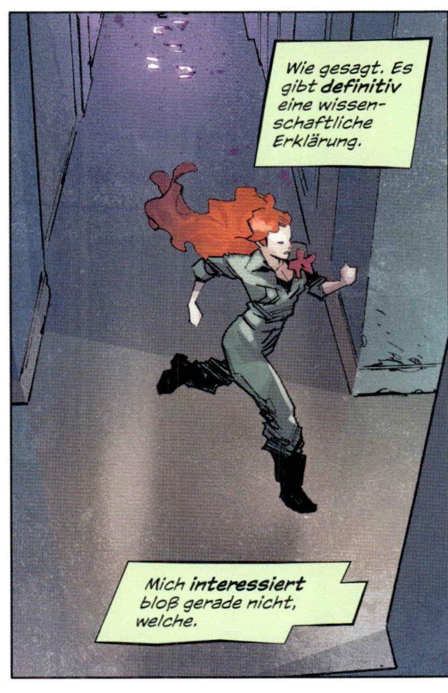
Wie gesagt. Es gibt **definitiv** eine wissenschaftliche Erklärung.
Mich **interessiert** bloß gerade nicht, welche.

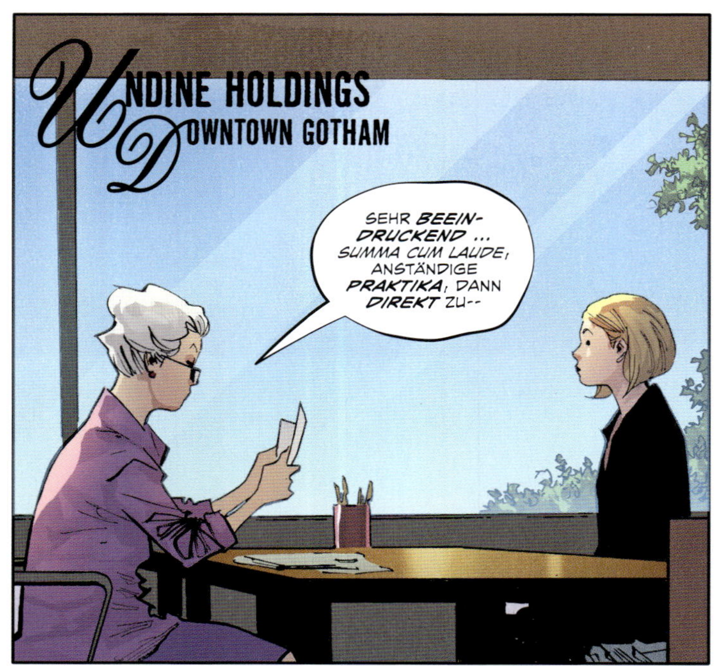
UNDINE HOLDINGS
DOWNTOWN GOTHAM
SEHR BEEINDRUCKEND ... SUMMA CUM LAUDE, ANSTÄNDIGE PRAKTIKA, DANN DIREKT ZU--

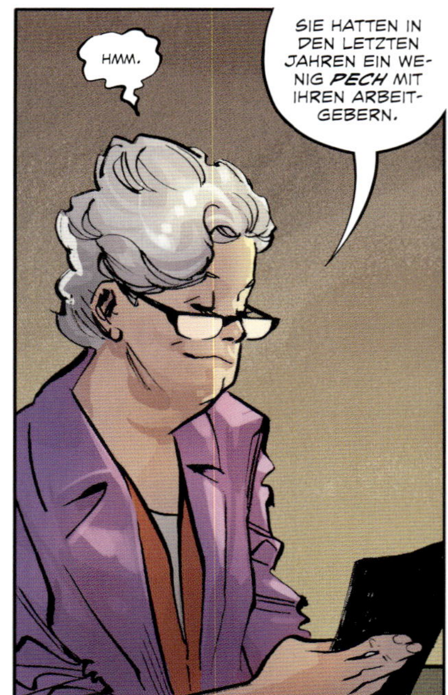
HMM.
SIE HATTEN IN DEN LETZTEN JAHREN EIN WENIG PECH MIT IHREN ARBEITGEBERN.

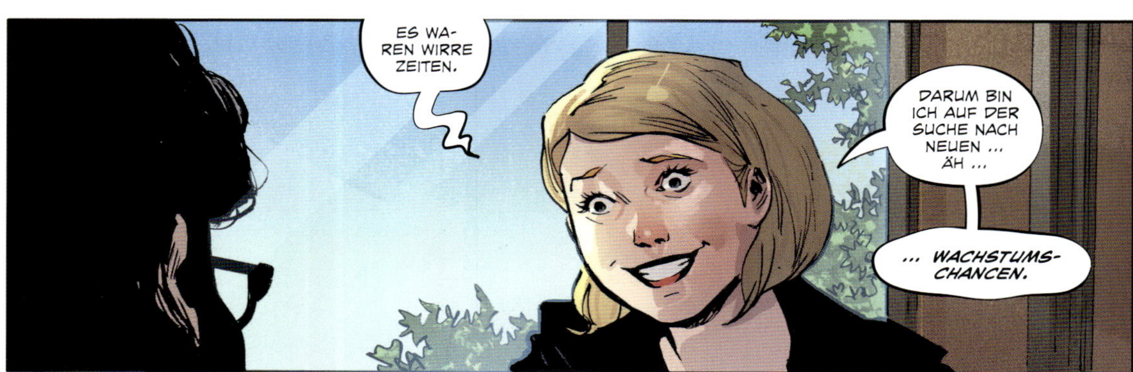
ES WAREN WIRRE ZEITEN.
DARUM BIN ICH AUF DER SUCHE NACH NEUEN ... ÄH ...
... WACHSTUMSCHANCEN.

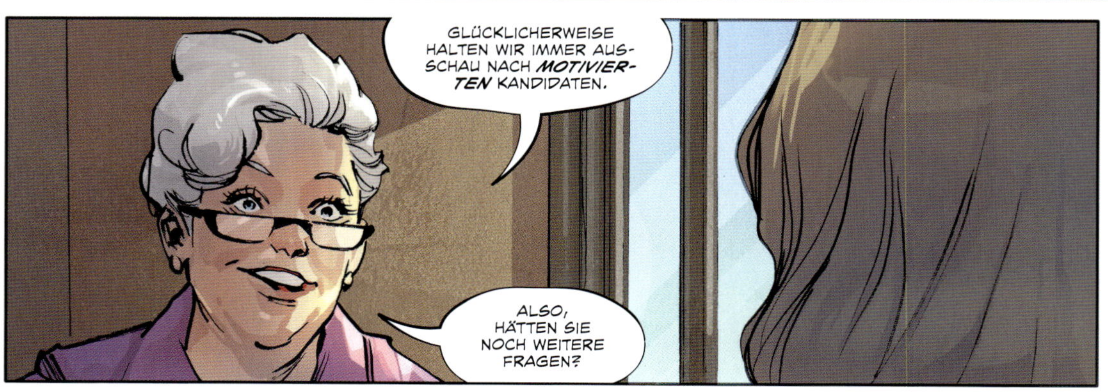
GLÜCKLICHERWEISE HALTEN WIR IMMER AUSSCHAU NACH MOTIVIERTEN KANDIDATEN.
ALSO, HÄTTEN SIE NOCH WEITERE FRAGEN?

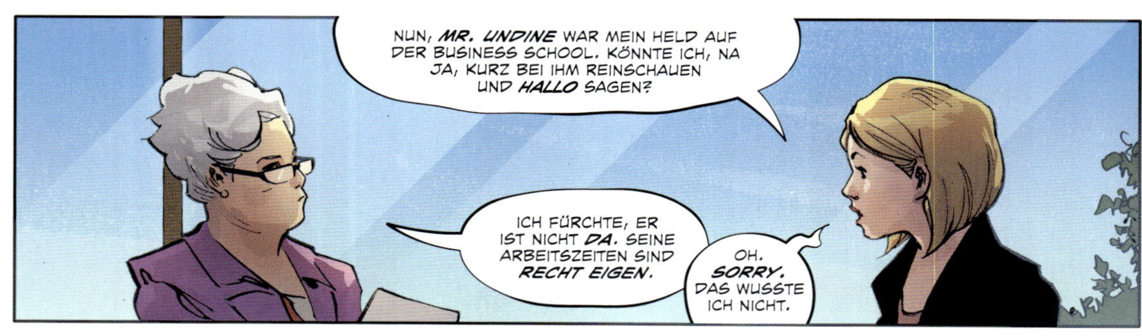
NUN, MR. UNDINE WAR MEIN HELD AUF DER BUSINESS SCHOOL. KÖNNTE ICH, NA JA, KURZ BEI IHM REINSCHAUEN UND HALLO SAGEN?
ICH FÜRCHTE, ER IST NICHT DA. SEINE ARBEITSZEITEN SIND RECHT EIGEN.
OH. SORRY. DAS WUSSTE ICH NICHT.

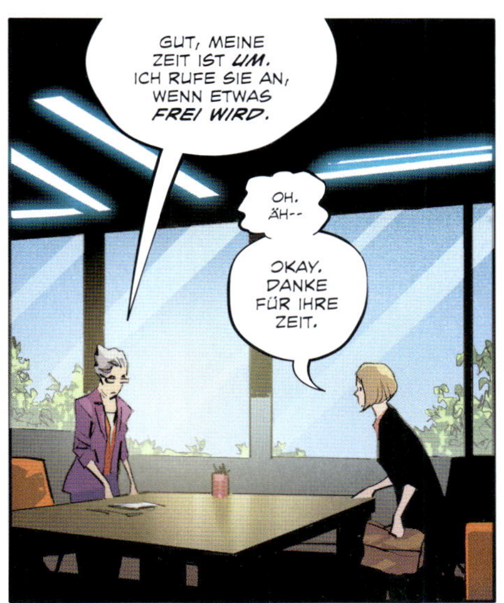
GUT, MEINE ZEIT IST UM. ICH RUFE SIE AN, WENN ETWAS FREI WIRD.
OH. ÄH--
OKAY. DANKE FÜR IHRE ZEIT.

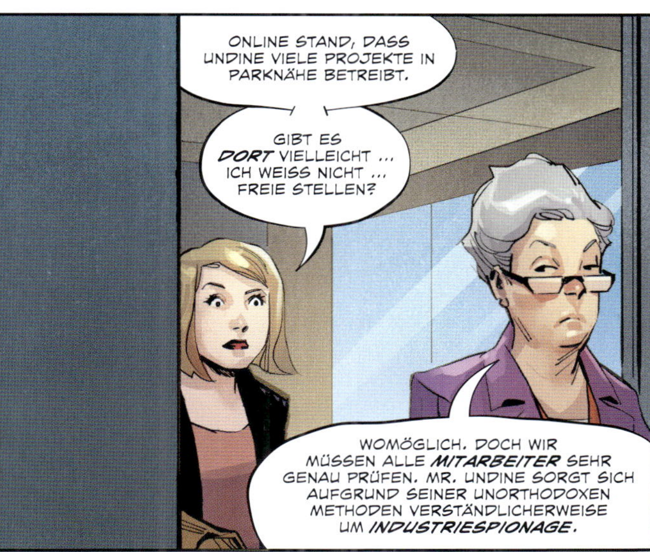
ONLINE STAND, DASS UNDINE VIELE PROJEKTE IN PARKNÄHE BETREIBT.
GIBT ES DORT VIELLEICHT ... ICH WEISS NICHT ... FREIE STELLEN?
WOMÖGLICH. DOCH WIR MÜSSEN ALLE MITARBEITER SEHR GENAU PRÜFEN. MR. UNDINE SORGT SICH AUFGRUND SEINER UNORTHODOXEN METHODEN VERSTÄNDLICHERWEISE UM INDUSTRIESPIONAGE.

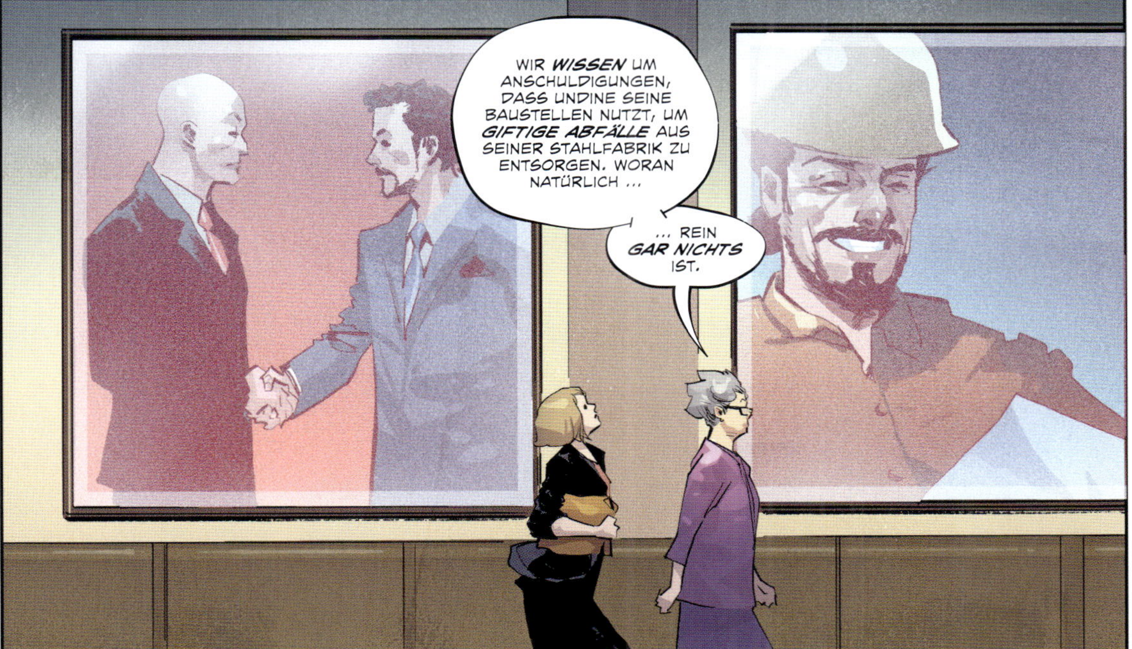
WIR WISSEN UM ANSCHULDIGUNGEN, DASS UNDINE SEINE BAUSTELLEN NUTZT, UM GIFTIGE ABFÄLLE AUS SEINER STAHLFABRIK ZU ENTSORGEN. WORAN NATÜRLICH ...
... REIN GAR NICHTS IST.

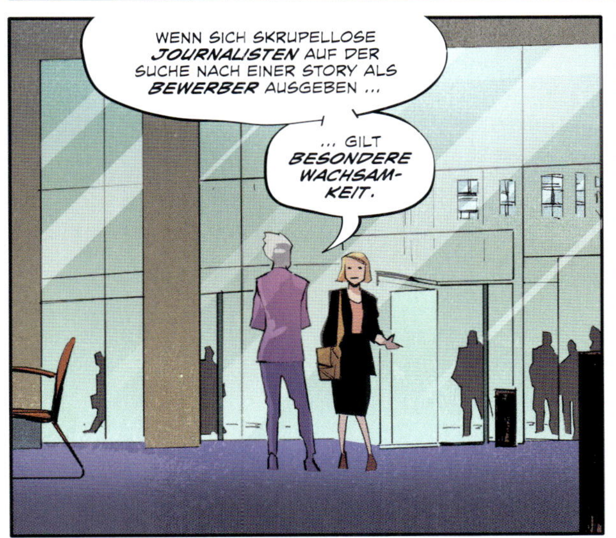
WENN SICH SKRUPELLOSE JOURNALISTEN AUF DER SUCHE NACH EINER STORY ALS BEWERBER AUSGEBEN ...
... GILT BESONDERE WACHSAM-KEIT.

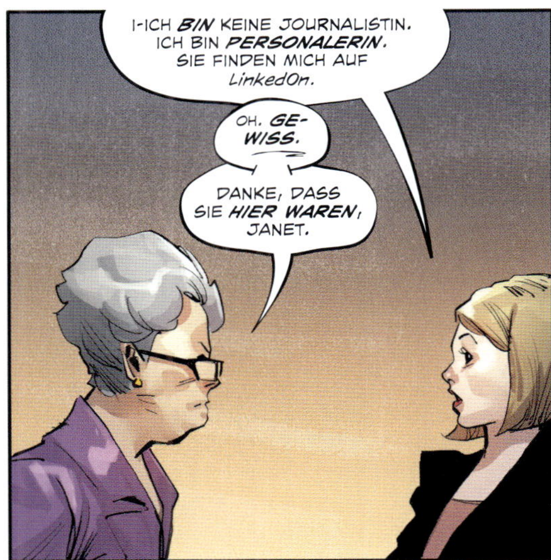
I-ICH BIN KEINE JOURNALISTIN. ICH BIN PERSONALERIN. SIE FINDEN MICH AUF LinkedOn.
OH. GE-WISS.
DANKE, DASS SIE HIER WAREN, JANET.

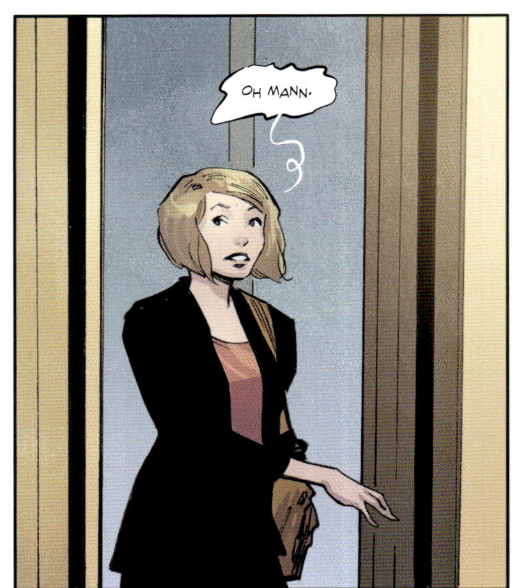
OH MANN.

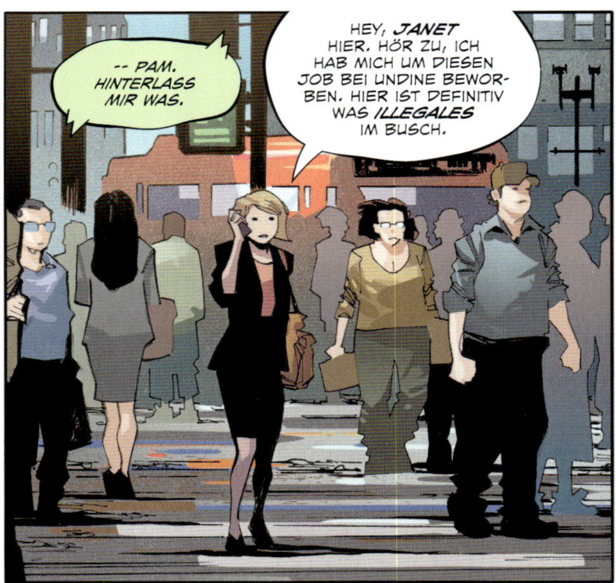
-- PAM. HINTERLASS MIR WAS.
HEY, JANET HIER. HÖR ZU, ICH HAB MICH UM DIESEN JOB BEI UNDINE BEWORBEN. HIER IST DEFINITIV WAS ILLEGALES IM BUSCH.

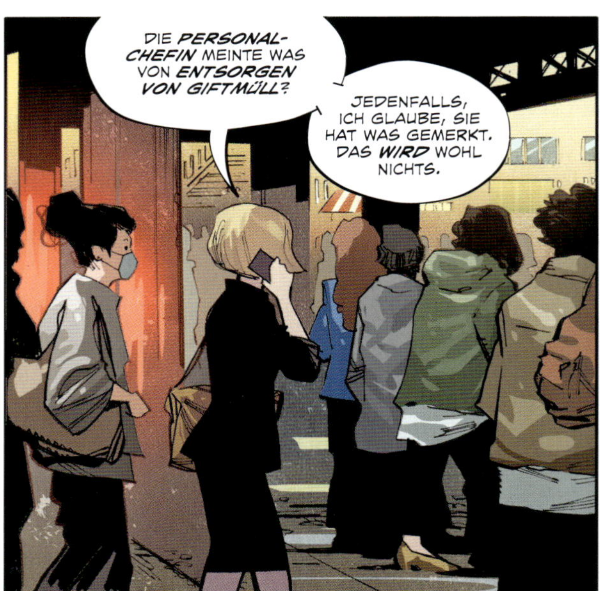
DIE PERSONALCHEFIN MEINTE WAS VON ENTSORGEN VON GIFTMÜLL?
JEDENFALLS, ICH GLAUBE, SIE HAT WAS GEMERKT. DAS WIRD WOHL NICHTS.

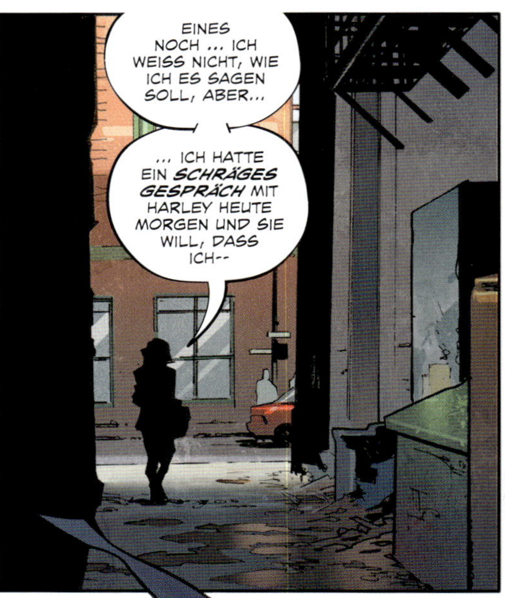
EINES NOCH ... ICH WEISS NICHT, WIE ICH ES SAGEN SOLL, ABER...
... ICH HATTE EIN SCHRÄGES GESPRÄCH MIT HARLEY HEUTE MORGEN UND SIE WILL, DASS ICH--

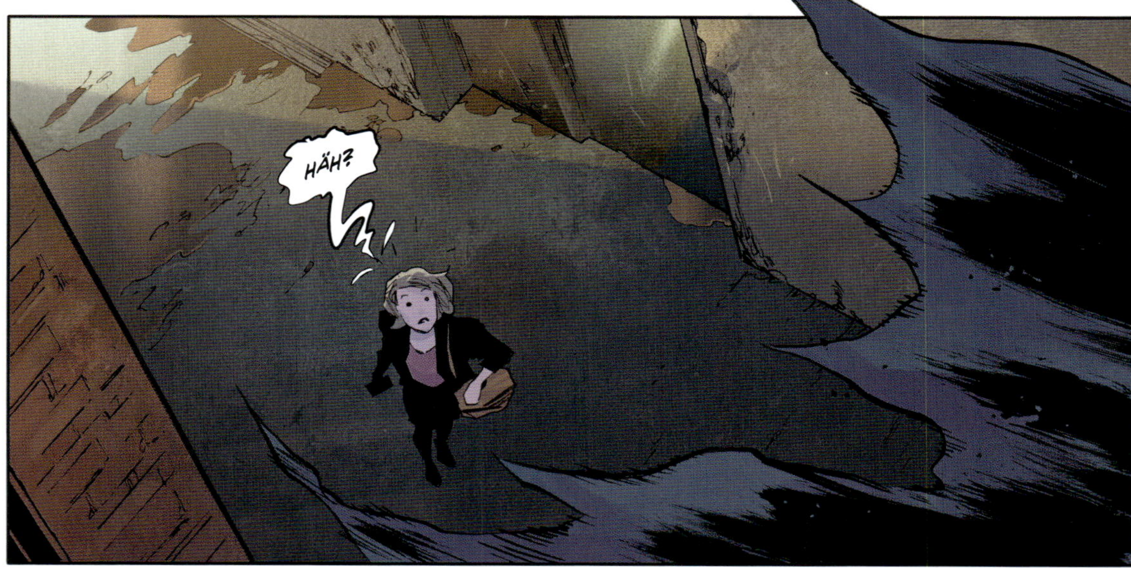
HÄH?

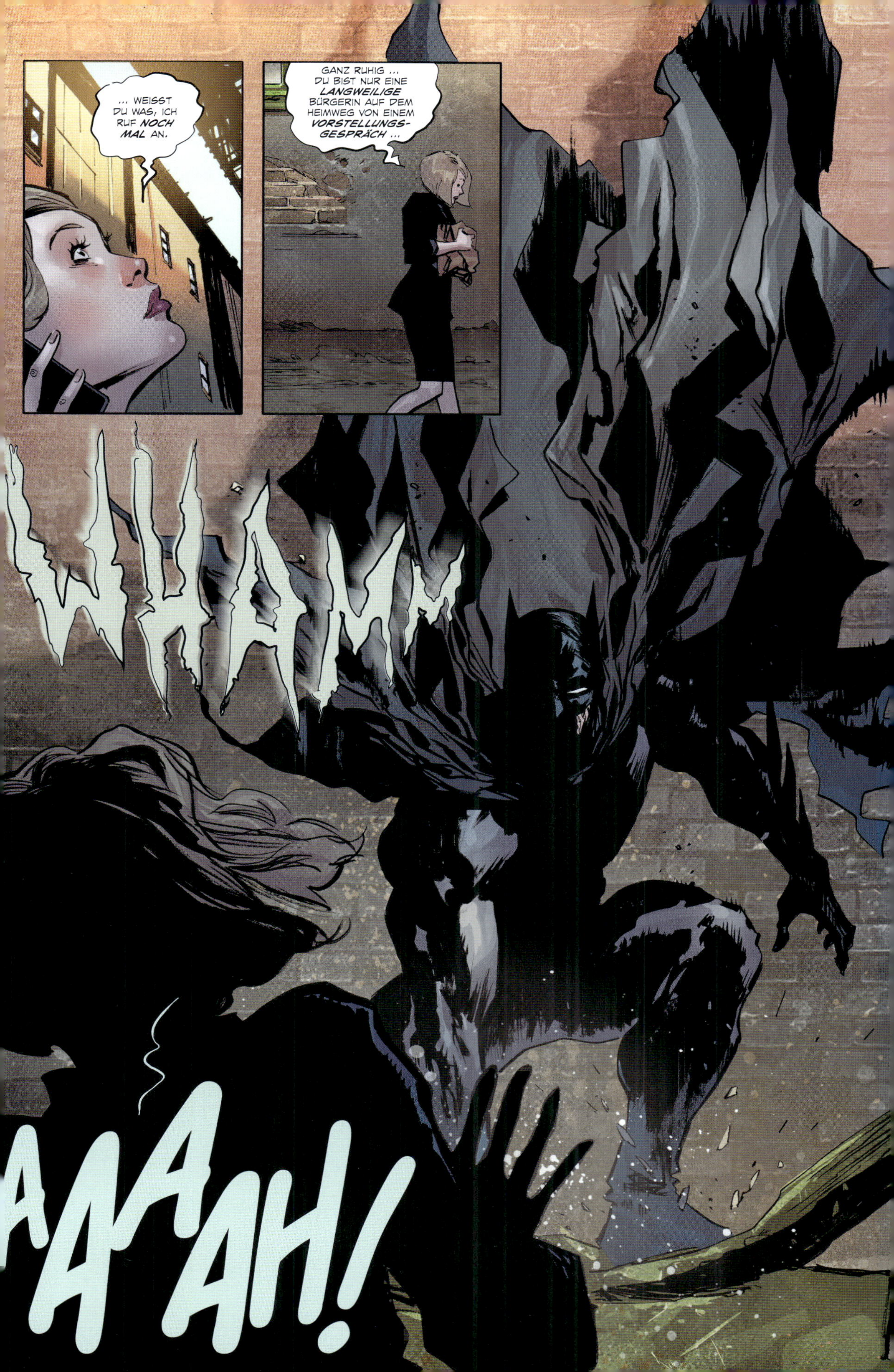
... WEISST DU WAS, ICH RUF NOCH MAL AN.
GANZ RUHIG ... DU BIST NUR EINE LANGWEILIGE BÜRGERIN AUF DEM HEIMWEG VON EINEM VORSTELLUNGS-GESPRÄCH ...
WHAM
AAAAH!

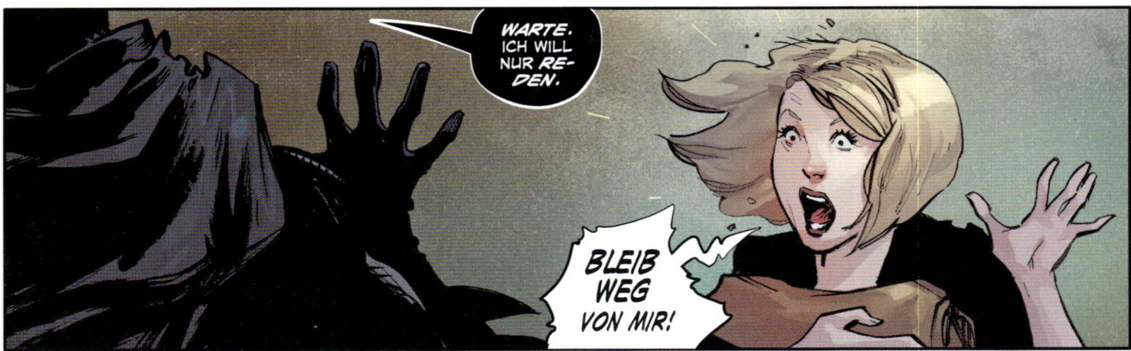
WARTE. ICH WILL NUR REDEN.
BLEIB WEG VON MIR!

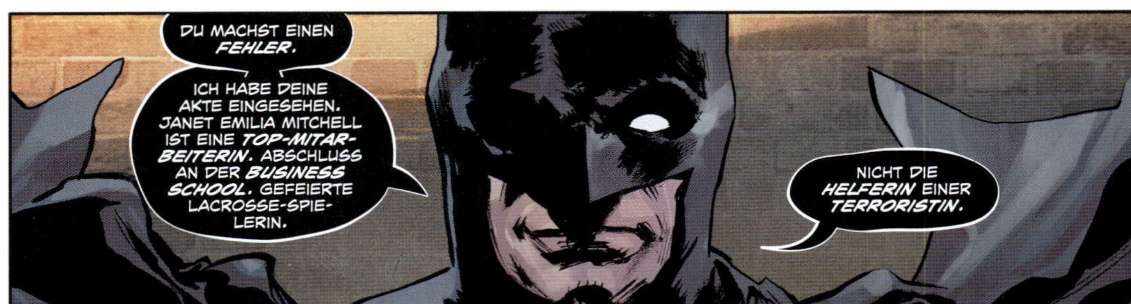
DU MACHST EINEN FEHLER.
ICH HABE DEINE AKTE EINGESEHEN. JANET EMILIA MITCHELL IST EINE TOP-MITARBEITERIN. ABSCHLUSS AN DER BUSINESS SCHOOL. GEFEIERTE LACROSSE-SPIELERIN.
NICHT DIE HELFERIN EINER TERRORISTIN.

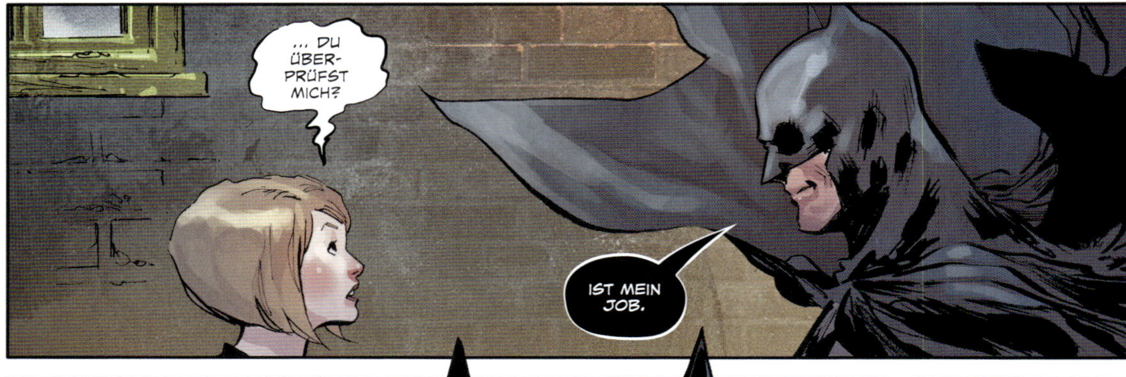
... DU ÜBERPRÜFST MICH?
IST MEIN JOB.

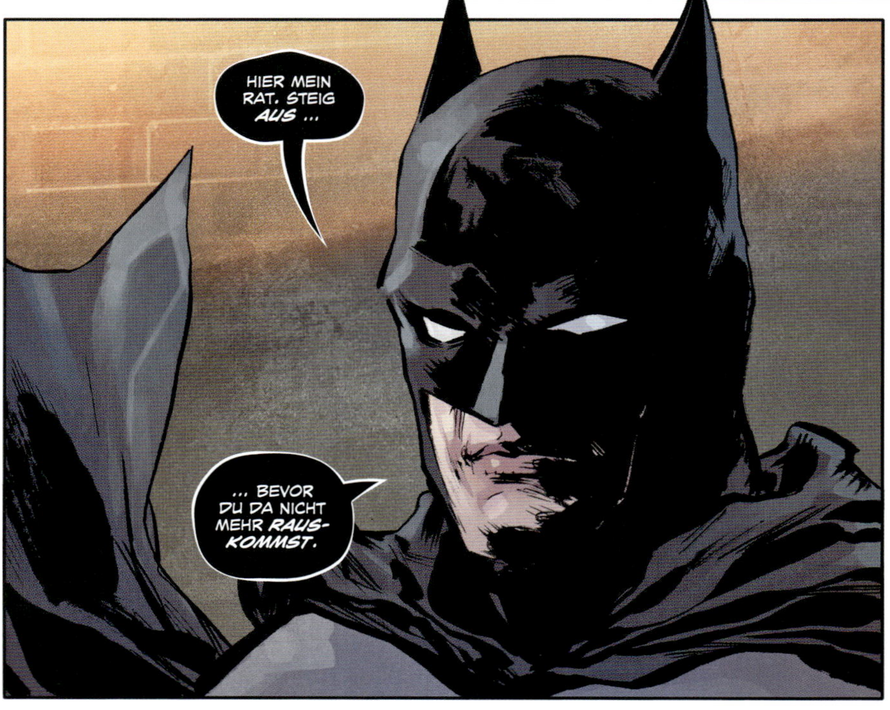
HIER MEIN RAT. STEIG AUS ...
... BEVOR DU DA NICHT MEHR RAUSKOMMST.

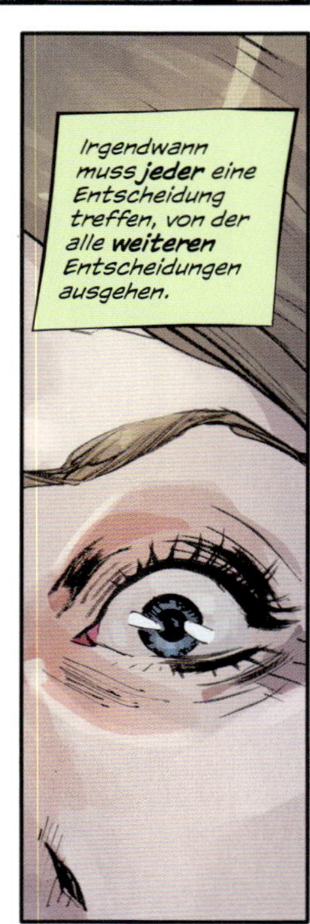
Irgendwann muss jeder eine Entscheidung treffen, von der alle weiteren Entscheidungen ausgehen.

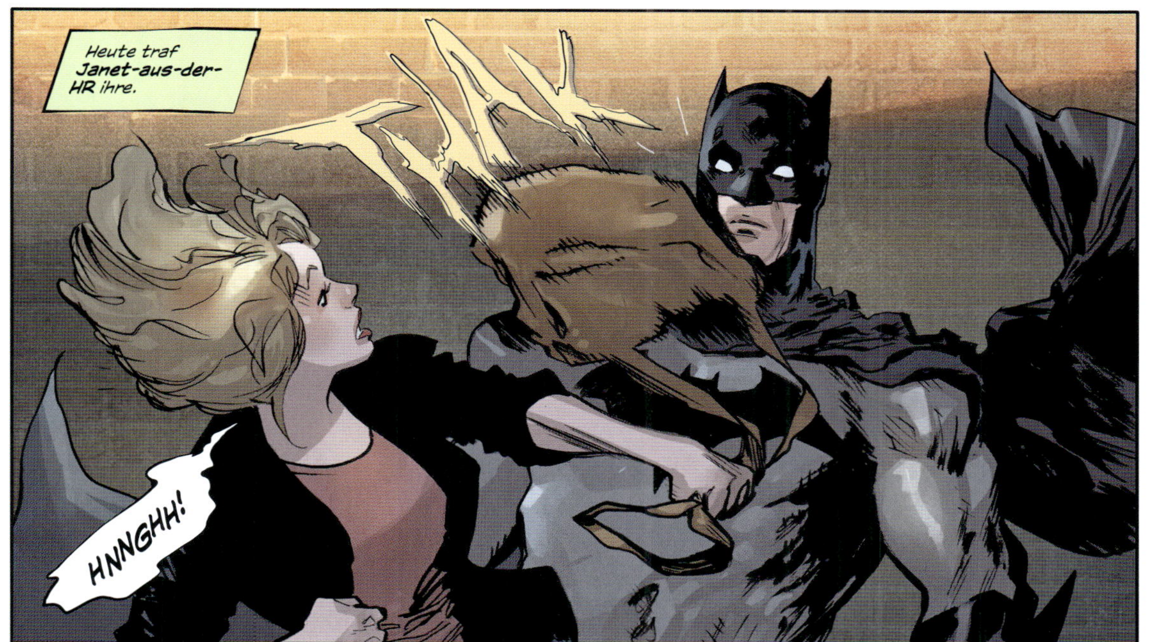
Heute traf Janet-aus-der-HR ihre.
THAK
HNNGHH!
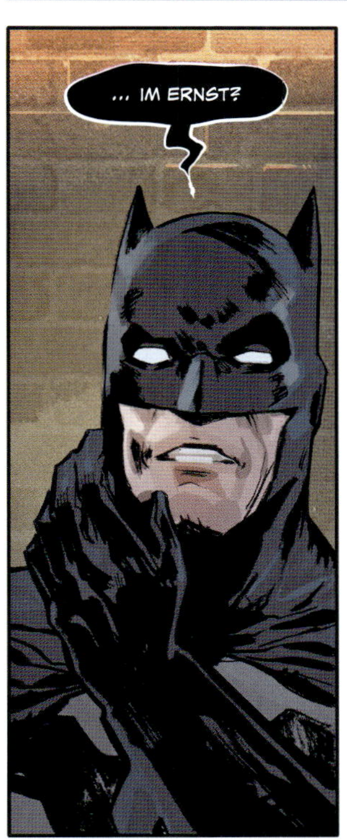
... IM ERNST?
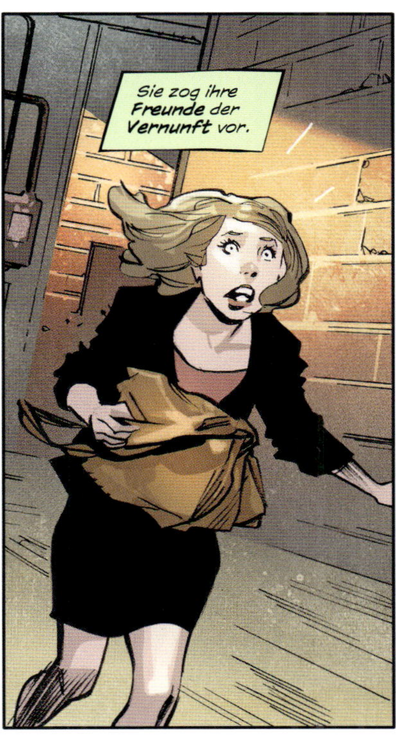
Sie zog ihre Freunde der Vernunft vor.
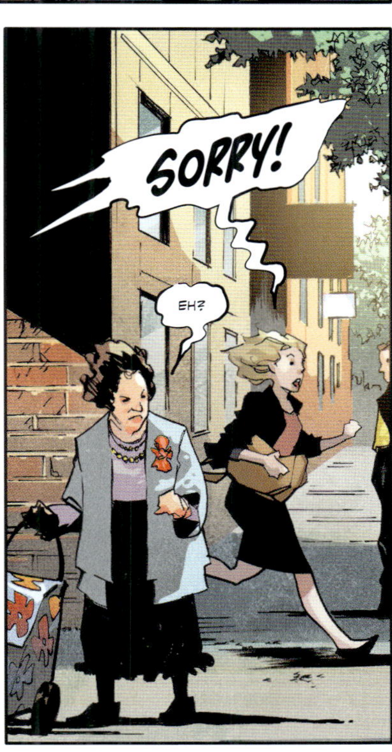
SORRY!
EH?
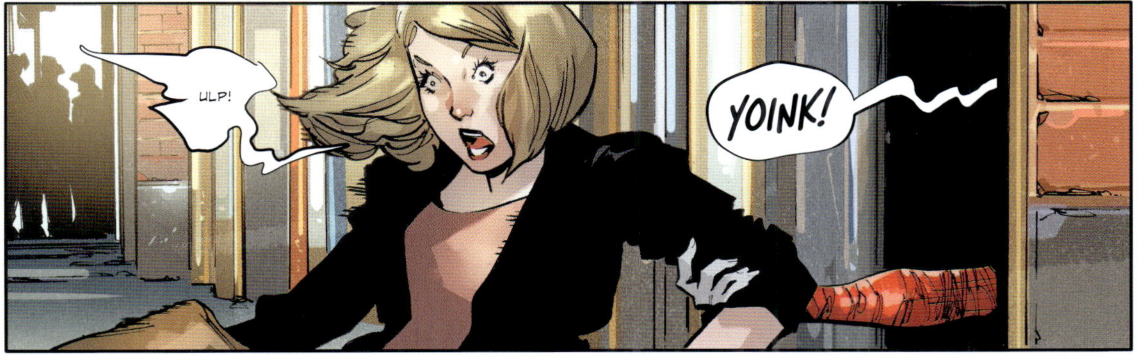
ULP!
YOINK!

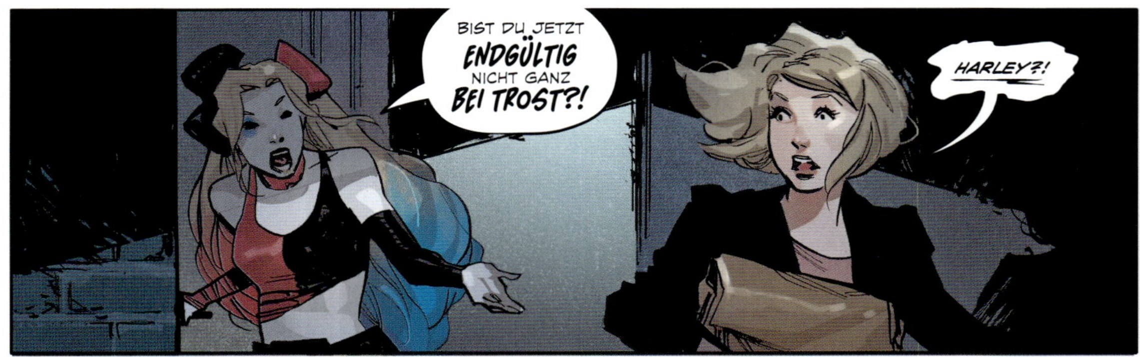
BIST DU JETZT ENDGÜLTIG NICHT GANZ BEI TROST?!
HARLEY?!

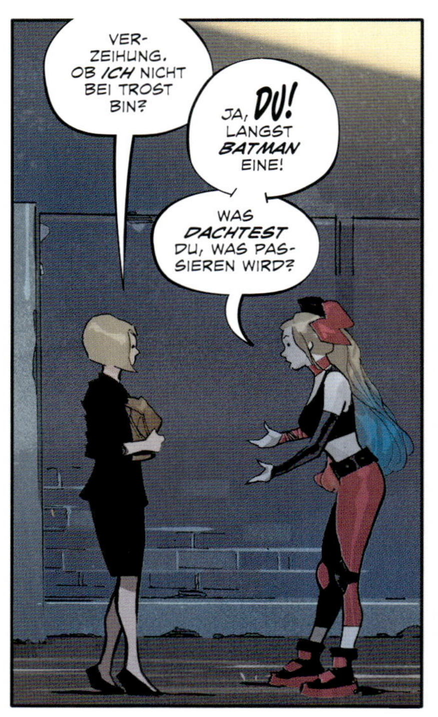
VER-ZEIHUNG. OB ICH NICHT BEI TROST BIN?
JA, DU! LANGST BATMAN EINE!
WAS DACHTEST DU, WAS PAS-SIEREN WIRD?

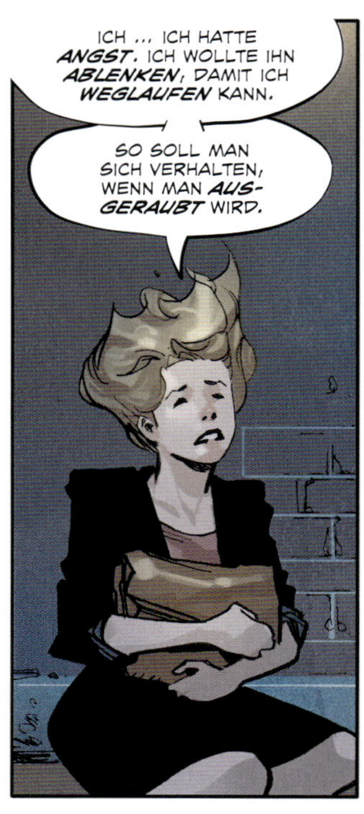
ICH ... ICH HATTE ANGST. ICH WOLLTE IHN ABLENKEN, DAMIT ICH WEGLAUFEN KANN.
SO SOLL MAN SICH VERHALTEN, WENN MAN AUS-GERAUBT WIRD.

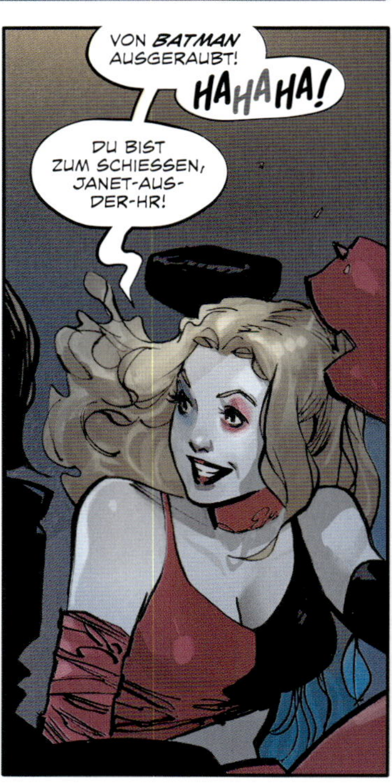
VON BATMAN AUSGERAUBT!
HAHAHA!
DU BIST ZUM SCHIESSEN, JANET-AUS-DER-HR!

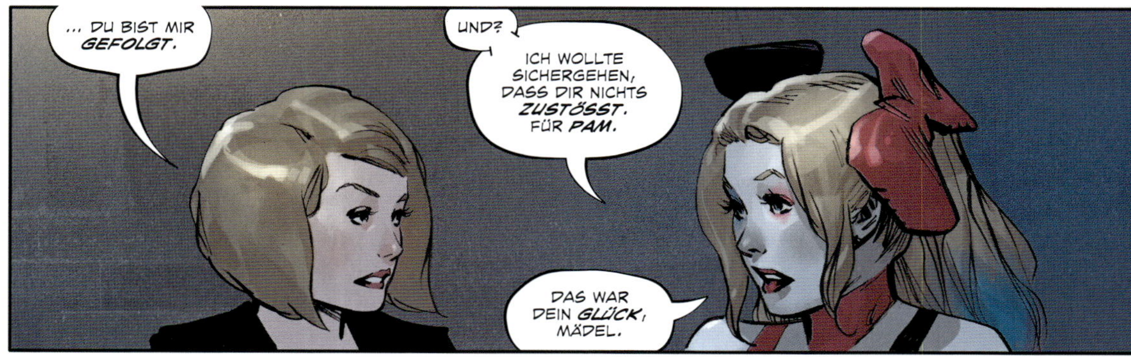
... DU BIST MIR GEFOLGT.
UND?
ICH WOLLTE SICHERGEHEN, DASS DIR NICHTS ZUSTÖSST. FÜR PAM.
DAS WAR DEIN GLÜCK, MÄDEL.

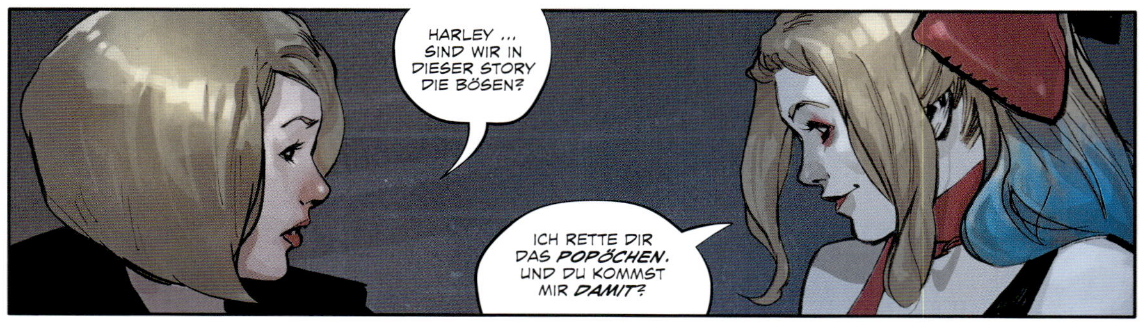
HARLEY ... SIND WIR IN DIESER STORY DIE BÖSEN?
ICH RETTE DIR DAS POPÖCHEN. UND DU KOMMST MIR DAMIT?

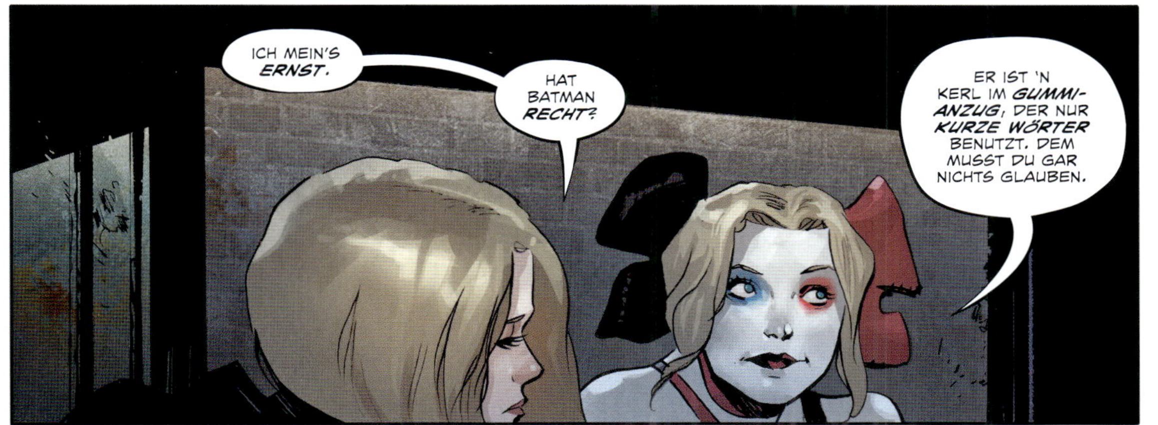

ICH MEIN'S ERNST.
HAT BATMAN RECHT?
ER IST 'N KERL IM GUMMI-ANZUG, DER NUR KURZE WÖRTER BENUTZT. DEM MUSST DU GAR NICHTS GLAUBEN.

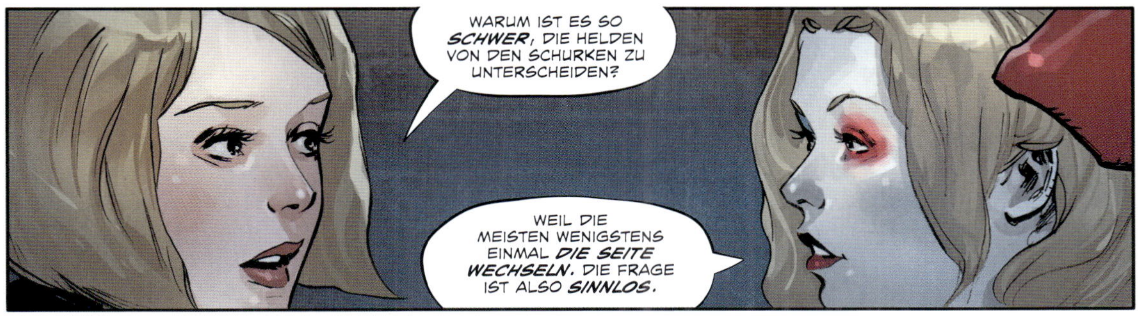

WARUM IST ES SO SCHWER, DIE HELDEN VON DEN SCHURKEN ZU UNTERSCHEIDEN?
WEIL DIE MEISTEN WENIGSTENS EINMAL DIE SEITE WECHSELN. DIE FRAGE IST ALSO SINNLOS.

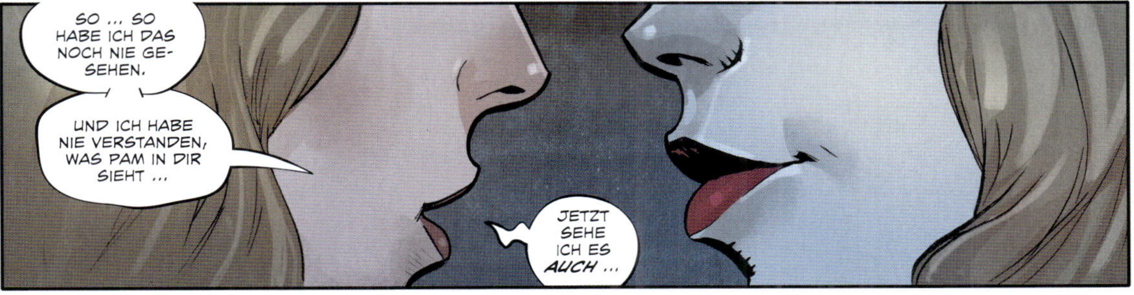

SO ... SO HABE ICH DAS NOCH NIE GE-SEHEN.
UND ICH HABE NIE VERSTANDEN, WAS PAM IN DIR SIEHT ...
JETZT SEHE ICH ES AUCH ...

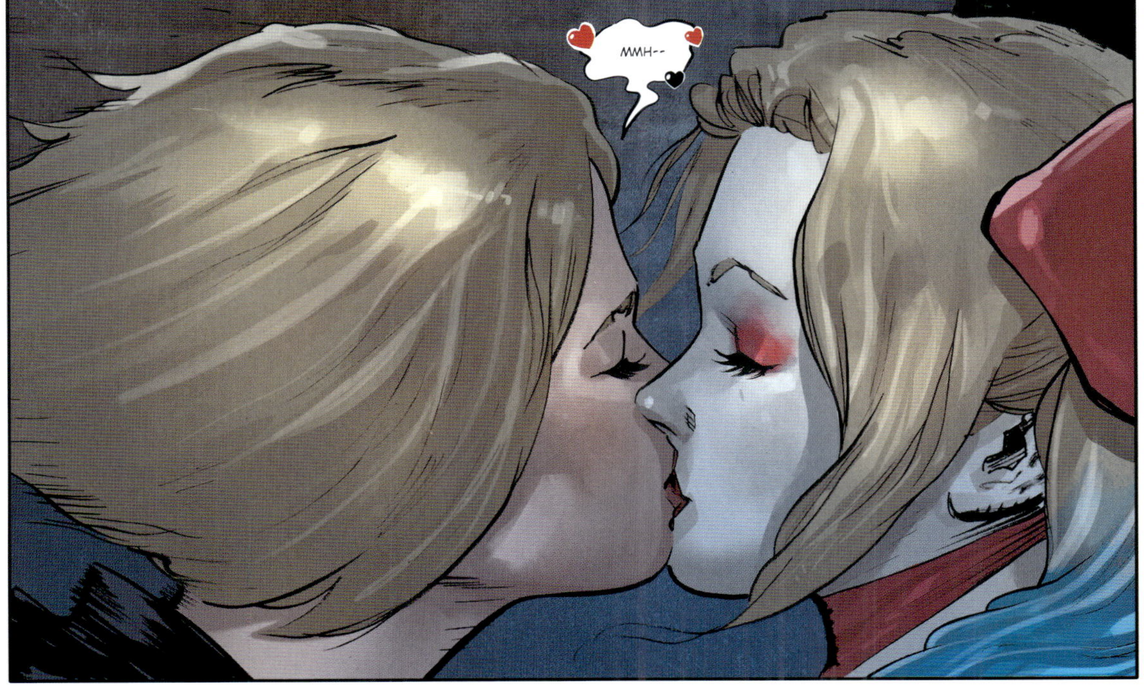

MMH--

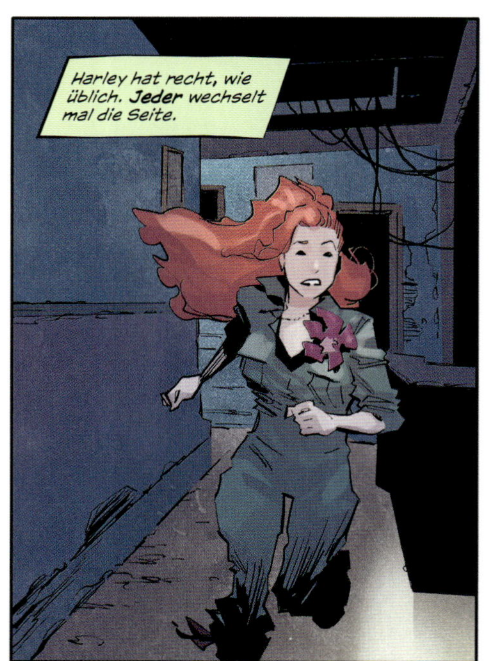
Harley hat recht, wie üblich. **Jeder** wechselt mal die Seite.

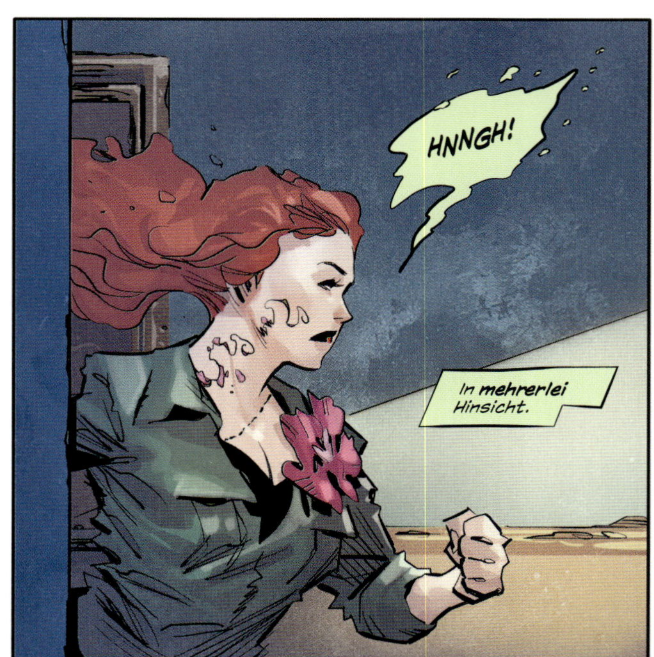
HNNGH!
In **mehrerlei** Hinsicht.

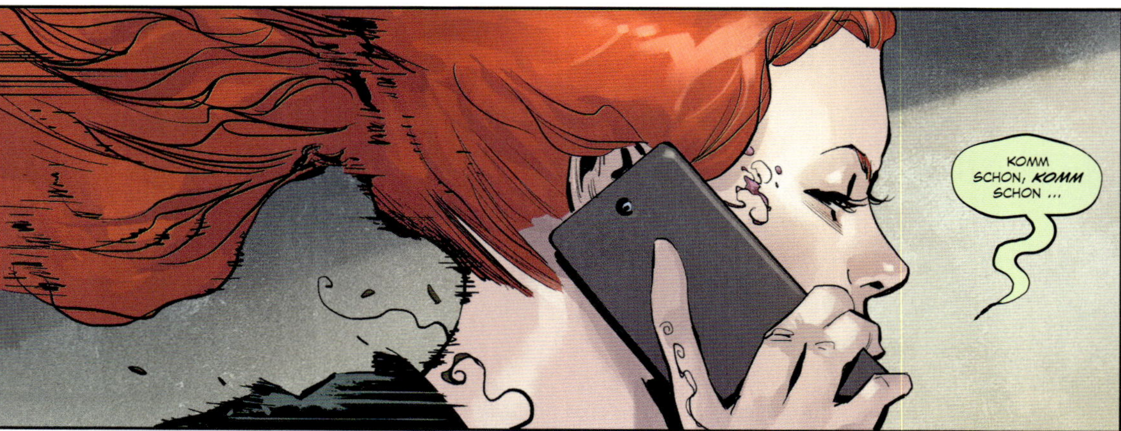
KOMM SCHON, ***KOMM*** SCHON ...

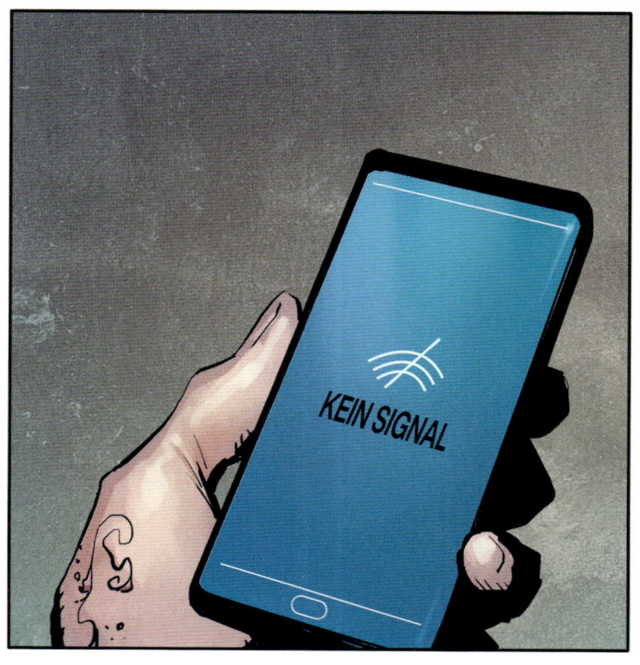
KEIN SIGNAL

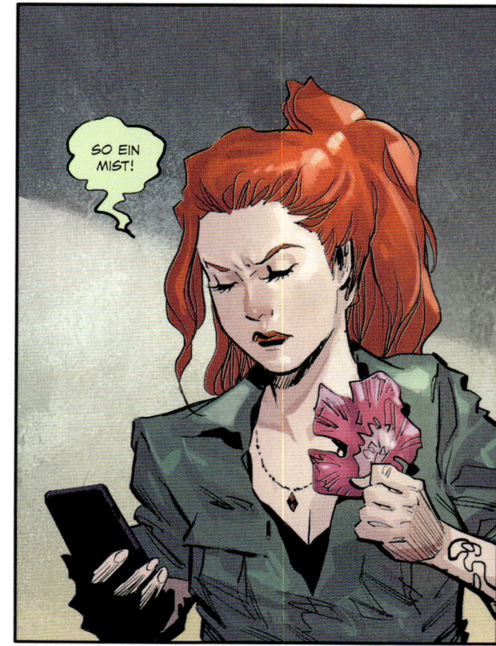
SO EIN MIST!

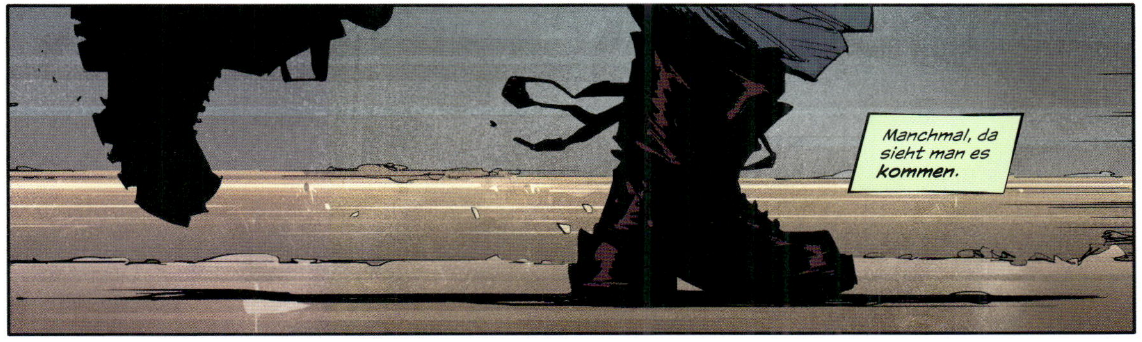

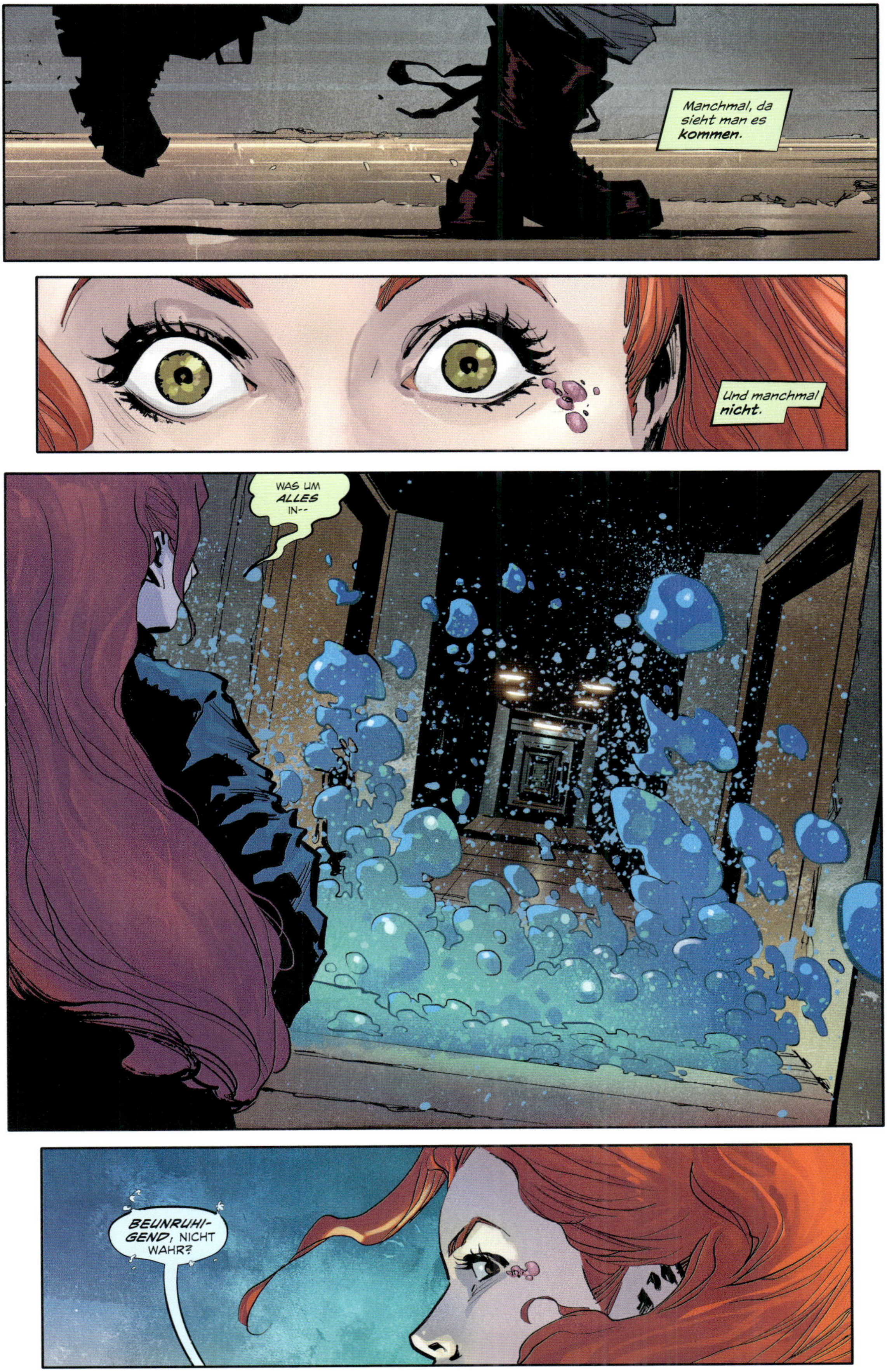

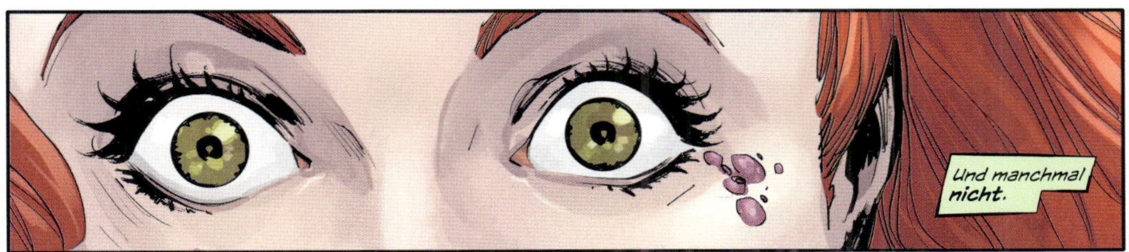

WAS UM ALLES IN--

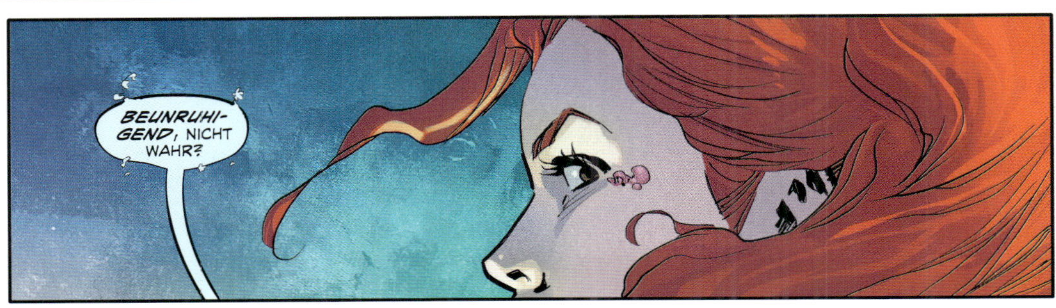

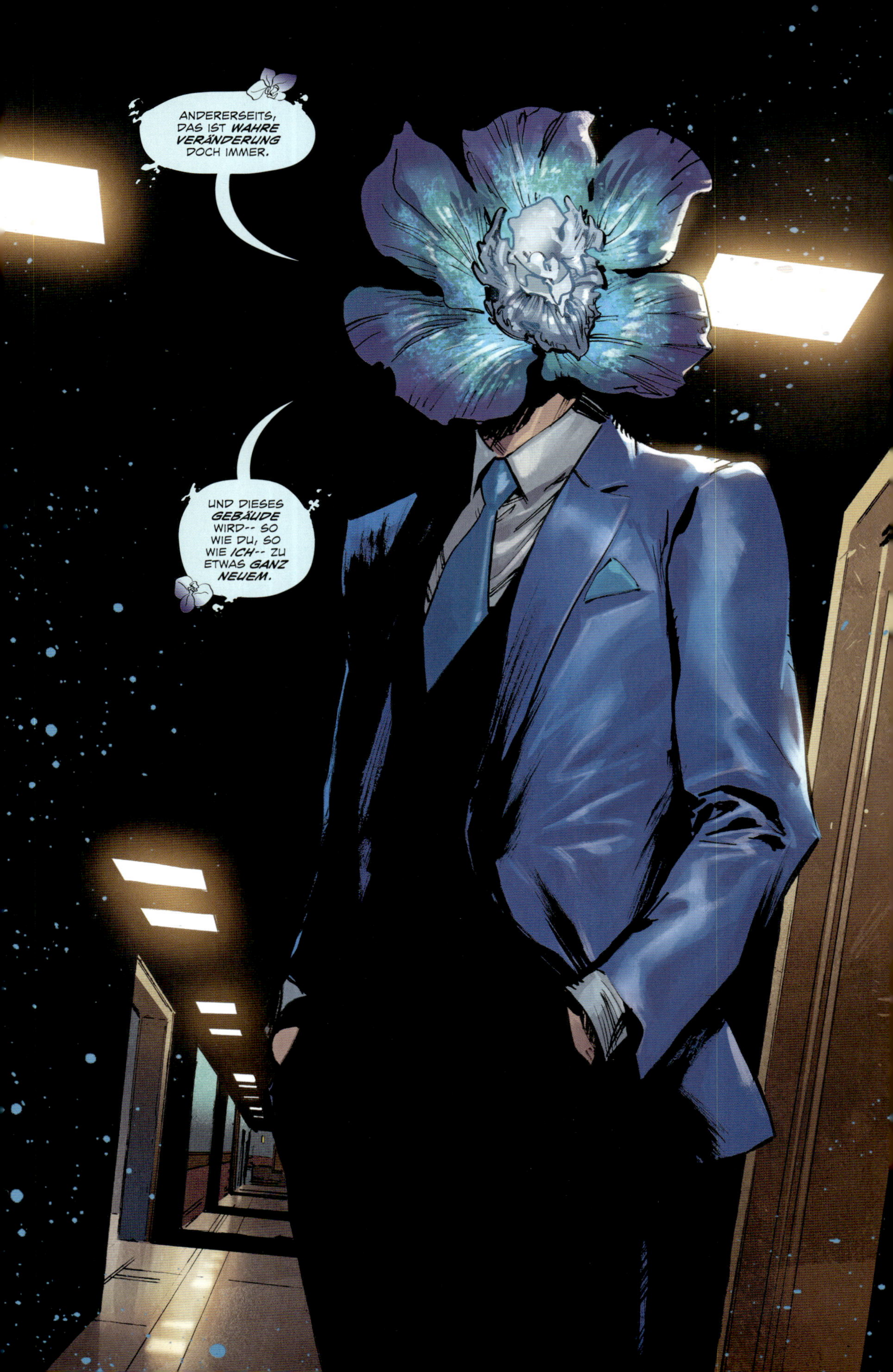
ANDERERSEITS, DAS IST WAHRE VERÄNDERUNG DOCH IMMER.
UND DIESES GEBÄUDE WIRD-- SO WIE DU, SO WIE ICH-- ZU ETWAS GANZ NEUEM.

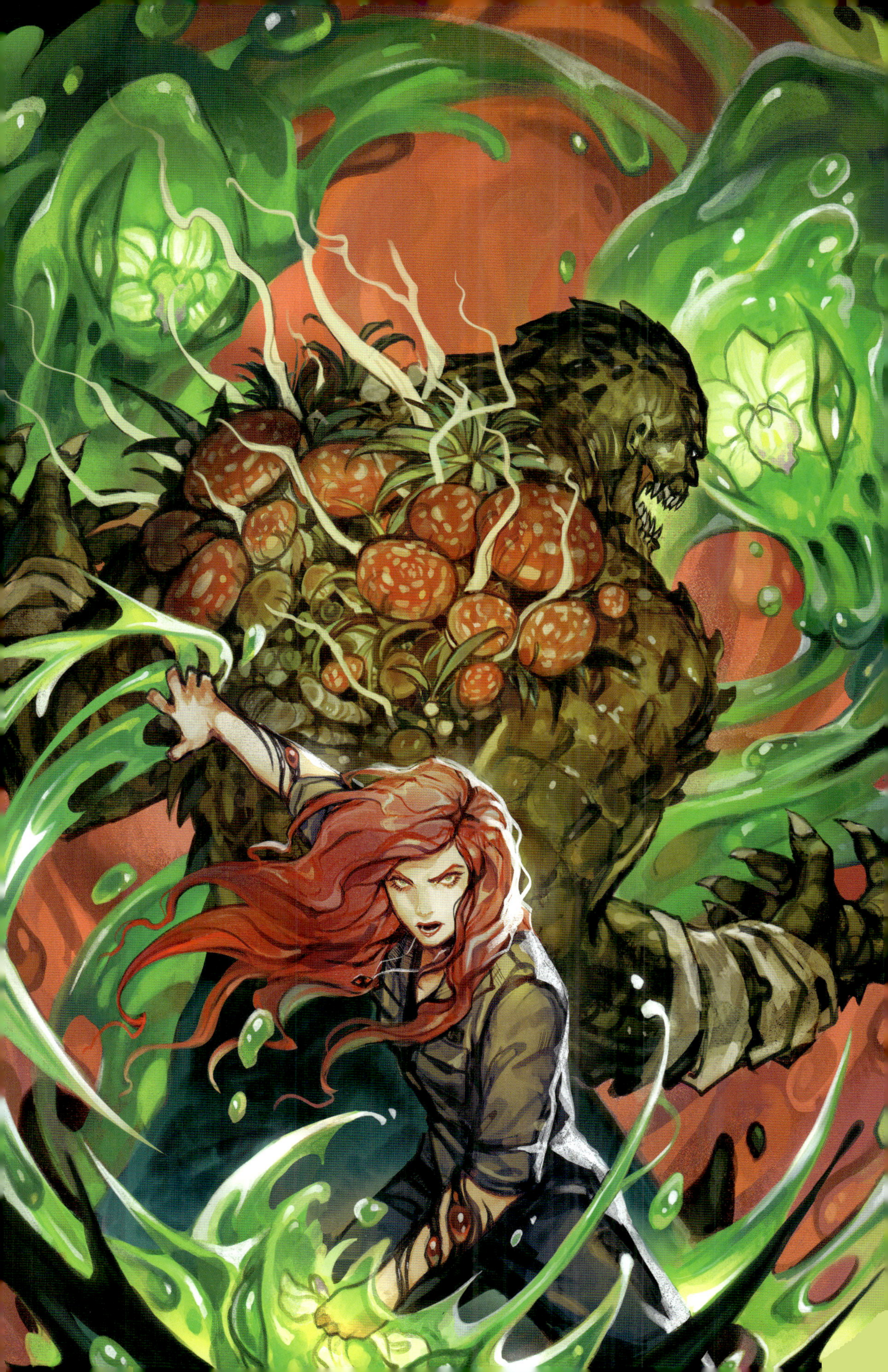

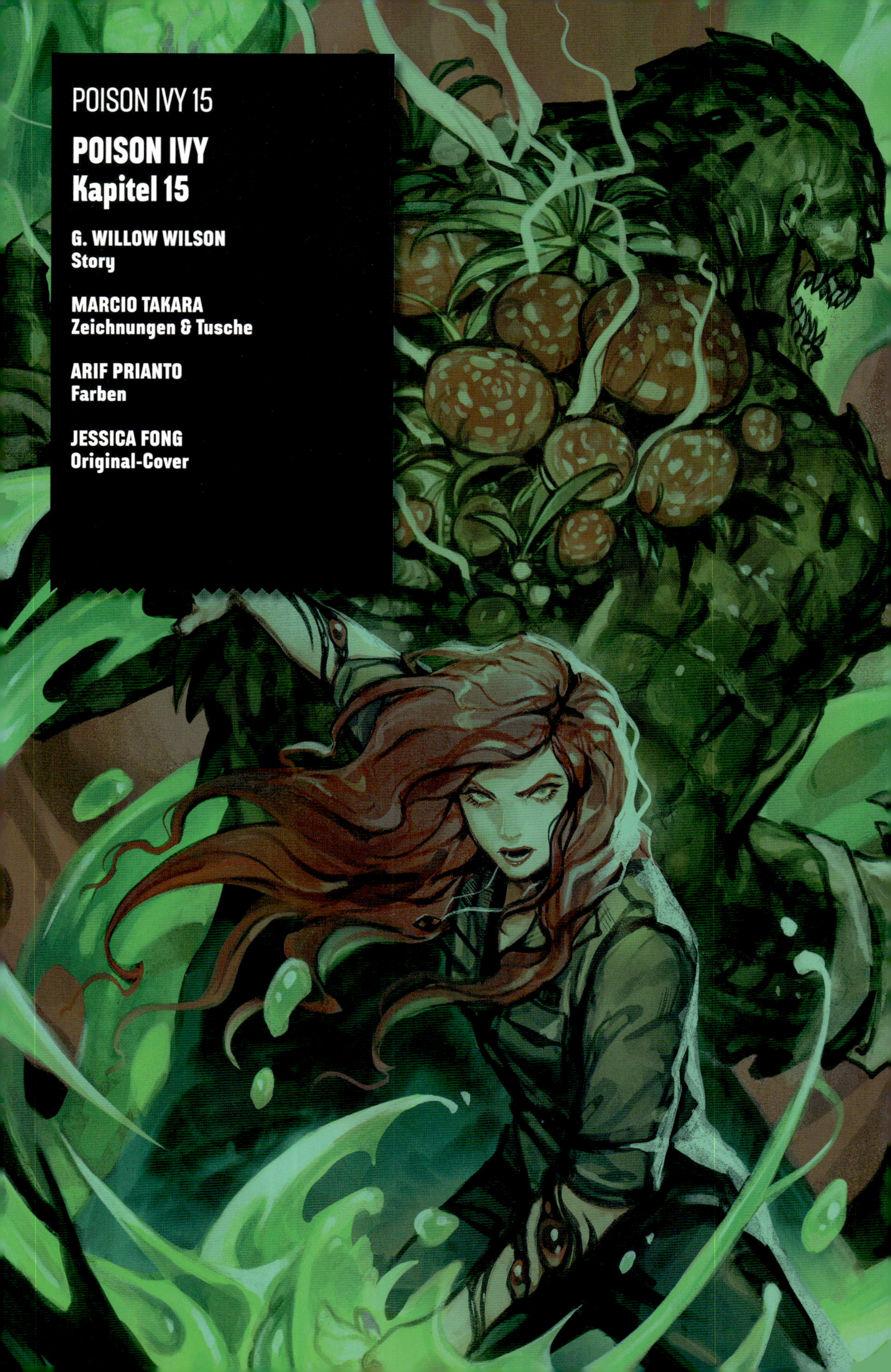
POISON IVY 15
POISON IVY
Kapitel 15
G. WILLOW WILSON
Story
MARCIO TAKARA
Zeichnungen & Tusche
ARIF PRIANTO
Farben
JESSICA FONG
Original-Cover

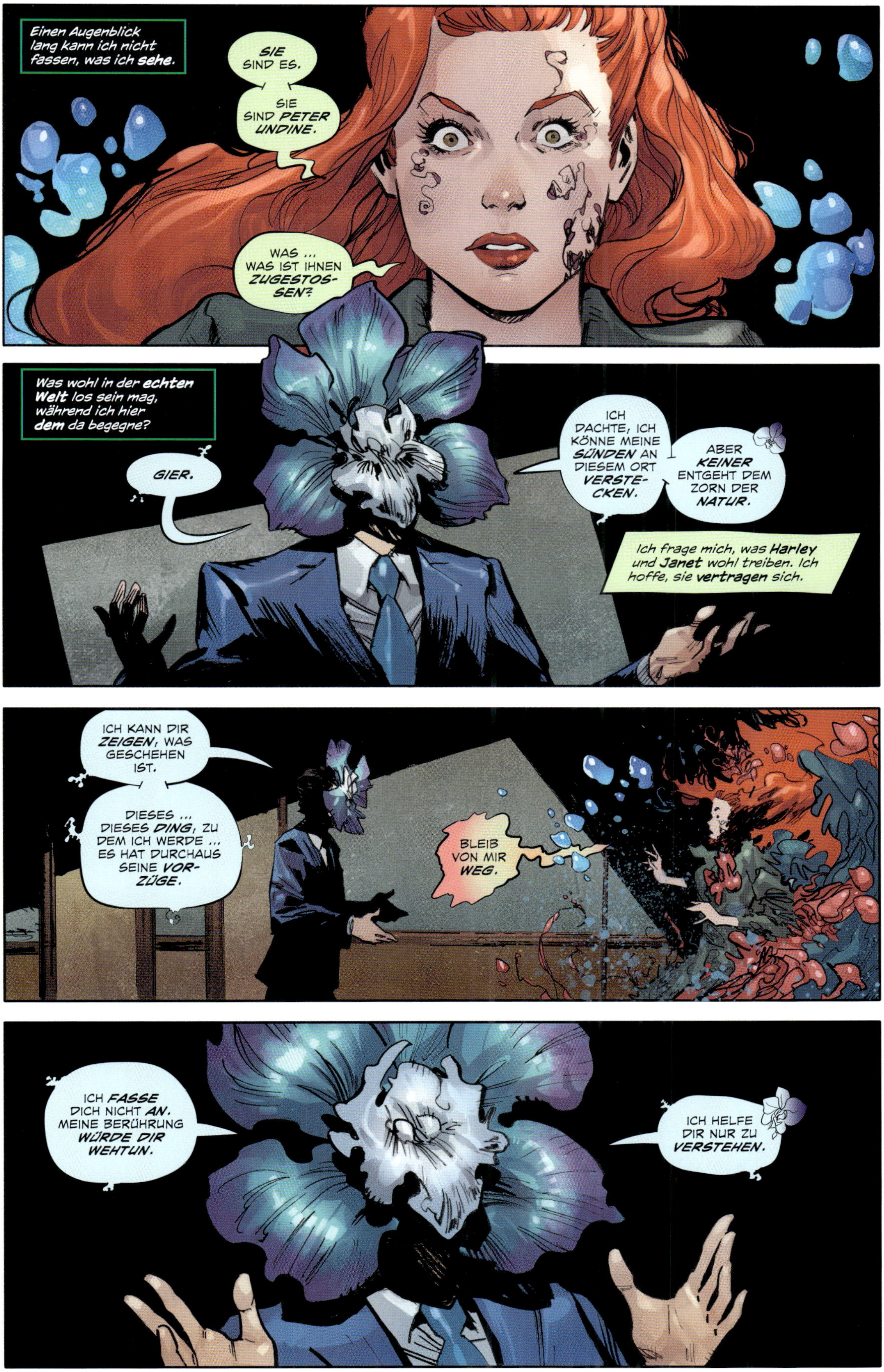

Einen Augenblick lang kann ich nicht fassen, was ich **sehe**.

SIE SIND ES.

SIE SIND ***PETER UNDINE***.

WAS ... WAS IST IHNEN ***ZUGESTOSSEN***?

Was wohl in der **echten Welt** los sein mag, während ich hier **dem** da begegne?

GIER.

ICH DACHTE, ICH KÖNNE MEINE ***SÜNDEN*** AN DIESEM ORT ***VERSTECKEN***.

ABER ***KEINER*** ENTGEHT DEM ZORN DER ***NATUR***.

Ich frage mich, was **Harley** und **Janet** wohl treiben. Ich hoffe, sie **vertragen** sich.

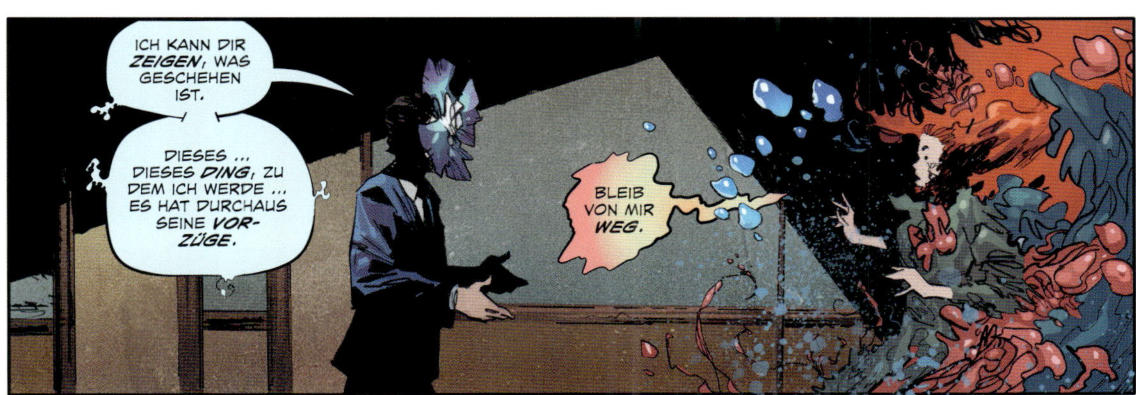

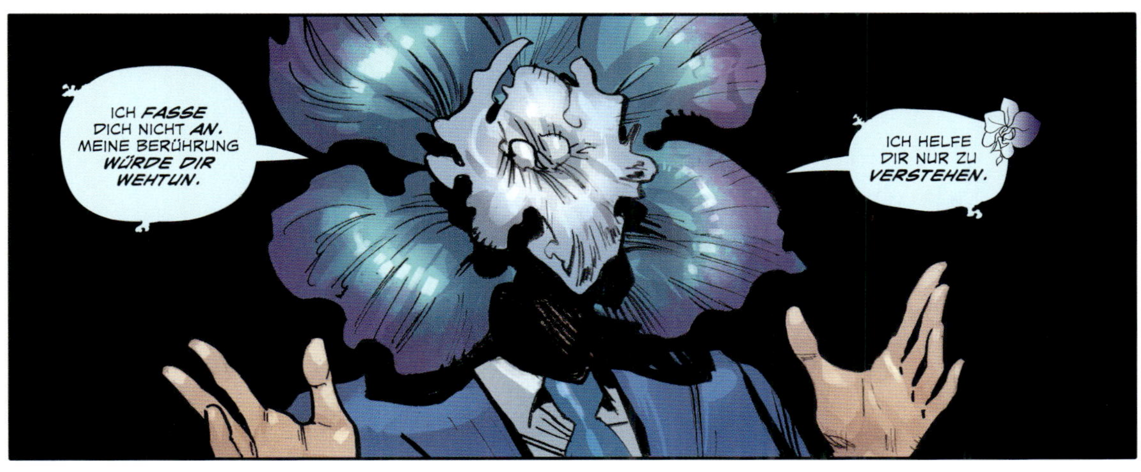

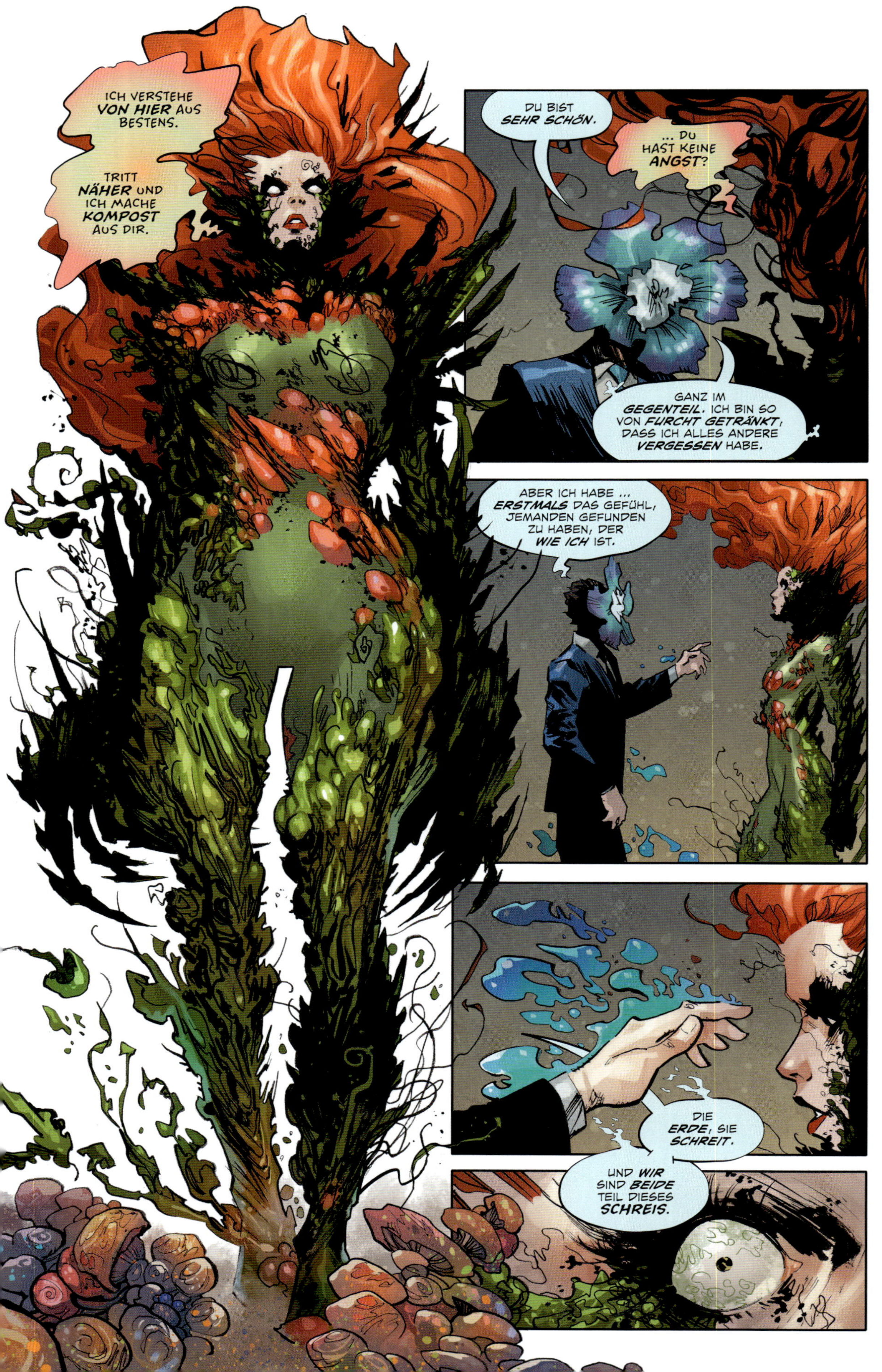

ICH VERSTEHE VON HIER AUS BESTENS.
TRITT NÄHER UND ICH MACHE KOMPOST AUS DIR.
DU BIST SEHR SCHÖN.
... DU HAST KEINE ANGST?
GANZ IM GEGENTEIL. ICH BIN SO VON FURCHT GETRÄNKT, DASS ICH ALLES ANDERE VERGESSEN HABE.
ABER ICH HABE ... ERSTMALS DAS GEFÜHL, JEMANDEN GEFUNDEN ZU HABEN, DER WIE ICH IST.
DIE ERDE, SIE SCHREIT.
UND WIR SIND BEIDE TEIL DIESES SCHREIS.

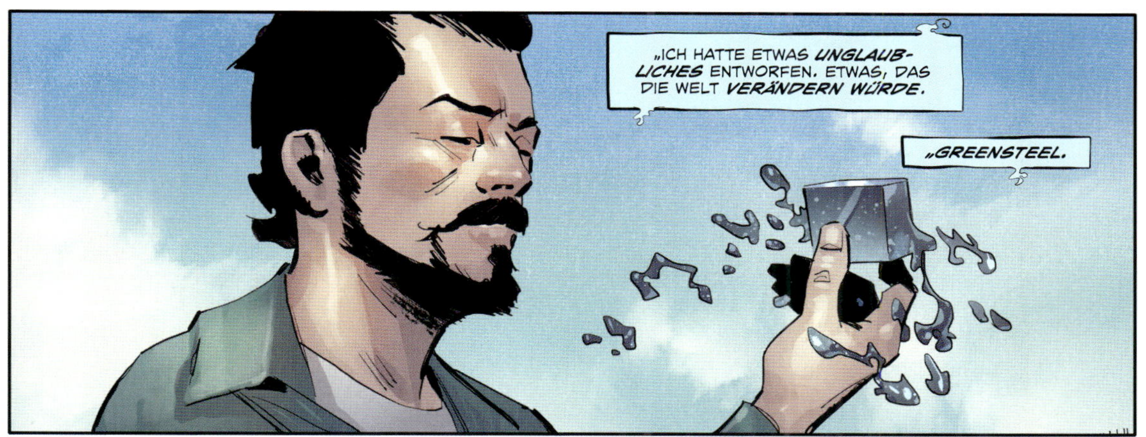
„ICH HATTE ETWAS UNGLAUBLICHES ENTWORFEN. ETWAS, DAS DIE WELT VERÄNDERN WÜRDE.
„GREENSTEEL.

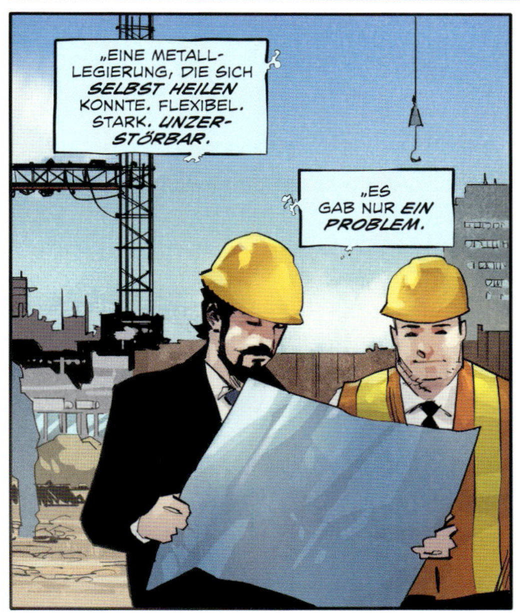
„EINE METALLLEGIERUNG, DIE SICH SELBST HEILEN KONNTE. FLEXIBEL. STARK. UNZERSTÖRBAR.
„ES GAB NUR EIN PROBLEM.

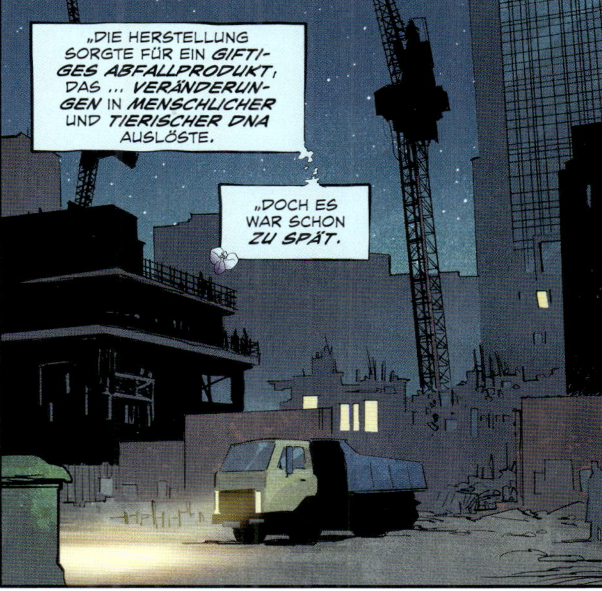
„DIE HERSTELLUNG SORGTE FÜR EIN GIFTIGES ABFALLPRODUKT, DAS ... VERÄNDERUNGEN IN MENSCHLICHER UND TIERISCHER DNA AUSLÖSTE.
„DOCH ES WAR SCHON ZU SPÄT.

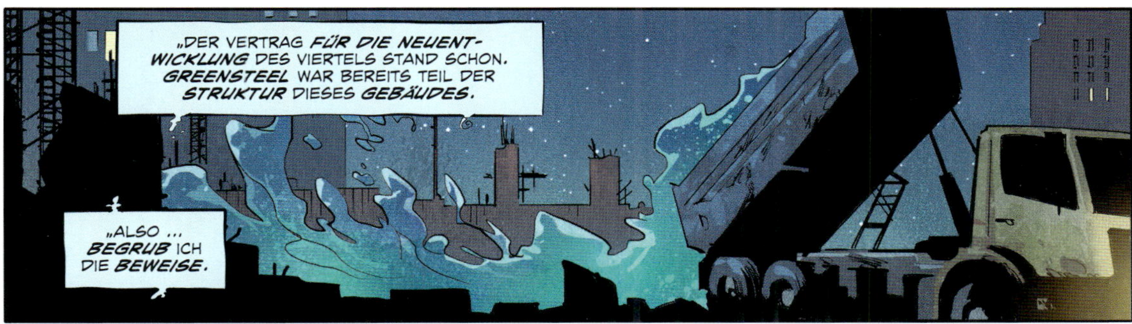
„DER VERTRAG FÜR DIE NEUENTWICKLUNG DES VIERTELS STAND SCHON. GREENSTEEL WAR BEREITS TEIL DER STRUKTUR DIESES GEBÄUDES.
„ALSO ... BEGRUB ICH DIE BEWEISE.

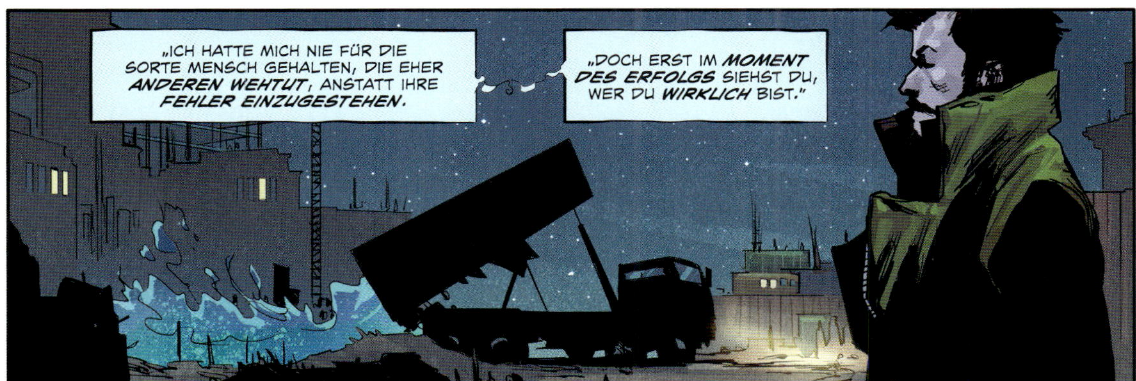
„ICH HATTE MICH NIE FÜR DIE SORTE MENSCH GEHALTEN, DIE EHER ANDEREN WEHTUT, ANSTATT IHRE FEHLER EINZUGESTEHEN.
„DOCH ERST IM MOMENT DES ERFOLGS SIEHST DU, WER DU WIRKLICH BIST."

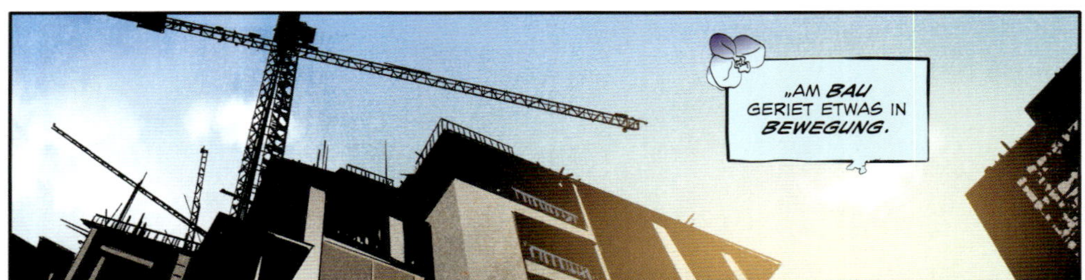
„AM BAU GERIET ETWAS IN BEWEGUNG.

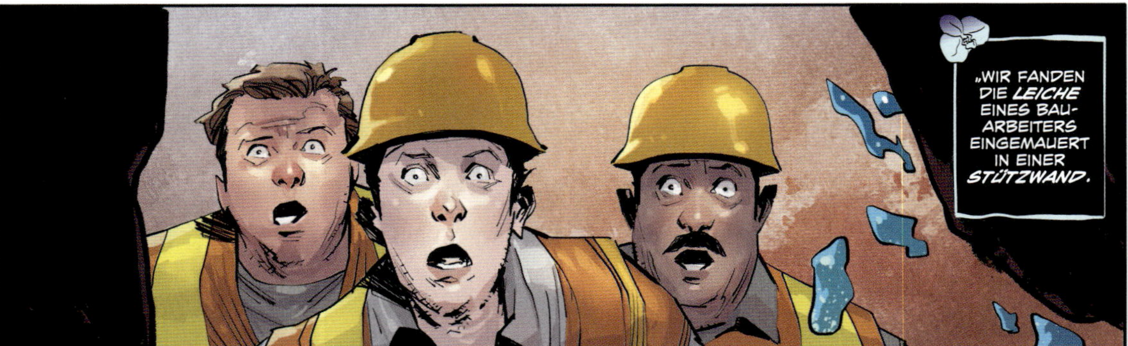
„WIR FANDEN DIE LEICHE EINES BAU-ARBEITERS EINGEMAUERT IN EINER STÜTZWAND.

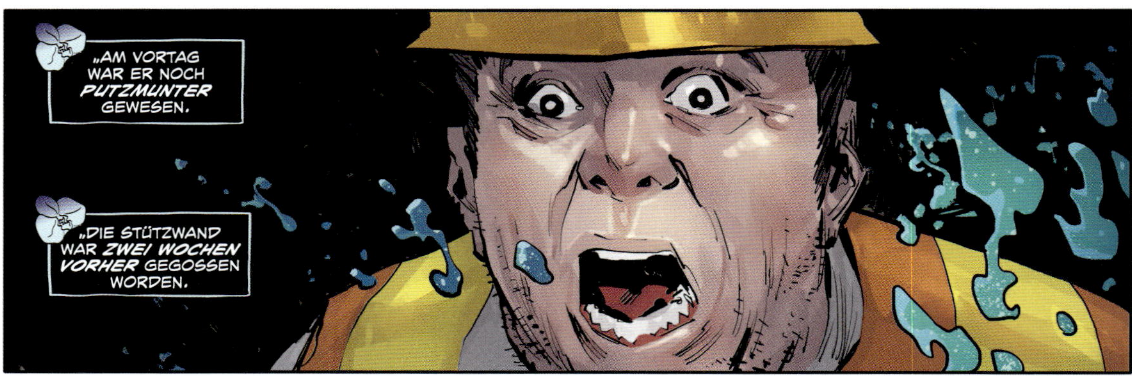
„AM VORTAG WAR ER NOCH PUTZMUNTER GEWESEN.
„DIE STÜTZWAND WAR ZWEI WOCHEN VORHER GEGOSSEN WORDEN.

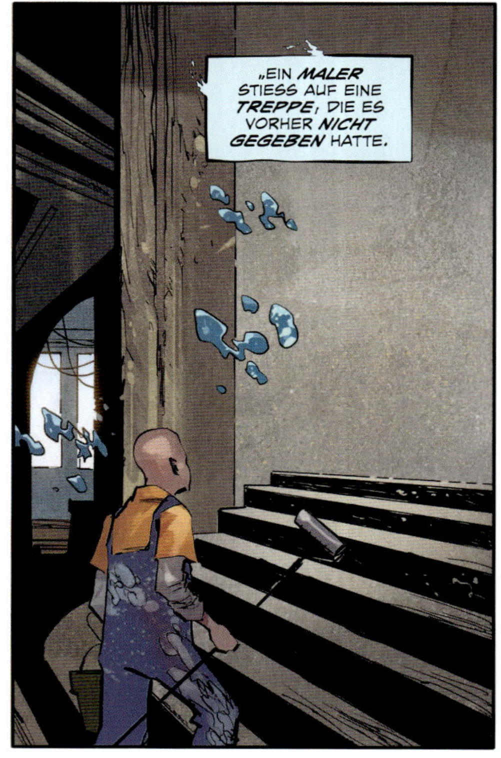
„EIN MALER STIESS AUF EINE TREPPE, DIE ES VORHER NICHT GEGEBEN HATTE.

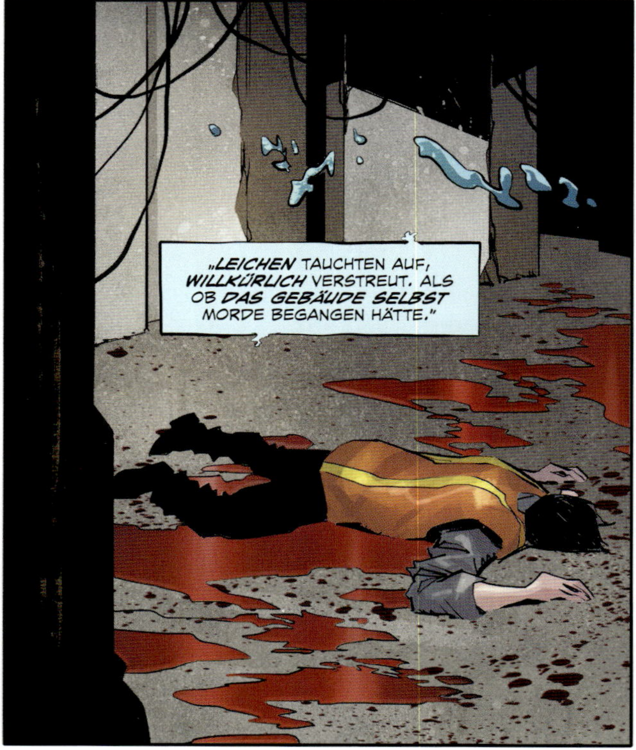
„LEICHEN TAUCHTEN AUF, WILLKÜRLICH VERSTREUT. ALS OB DAS GEBÄUDE SELBST MORDE BEGANGEN HÄTTE."

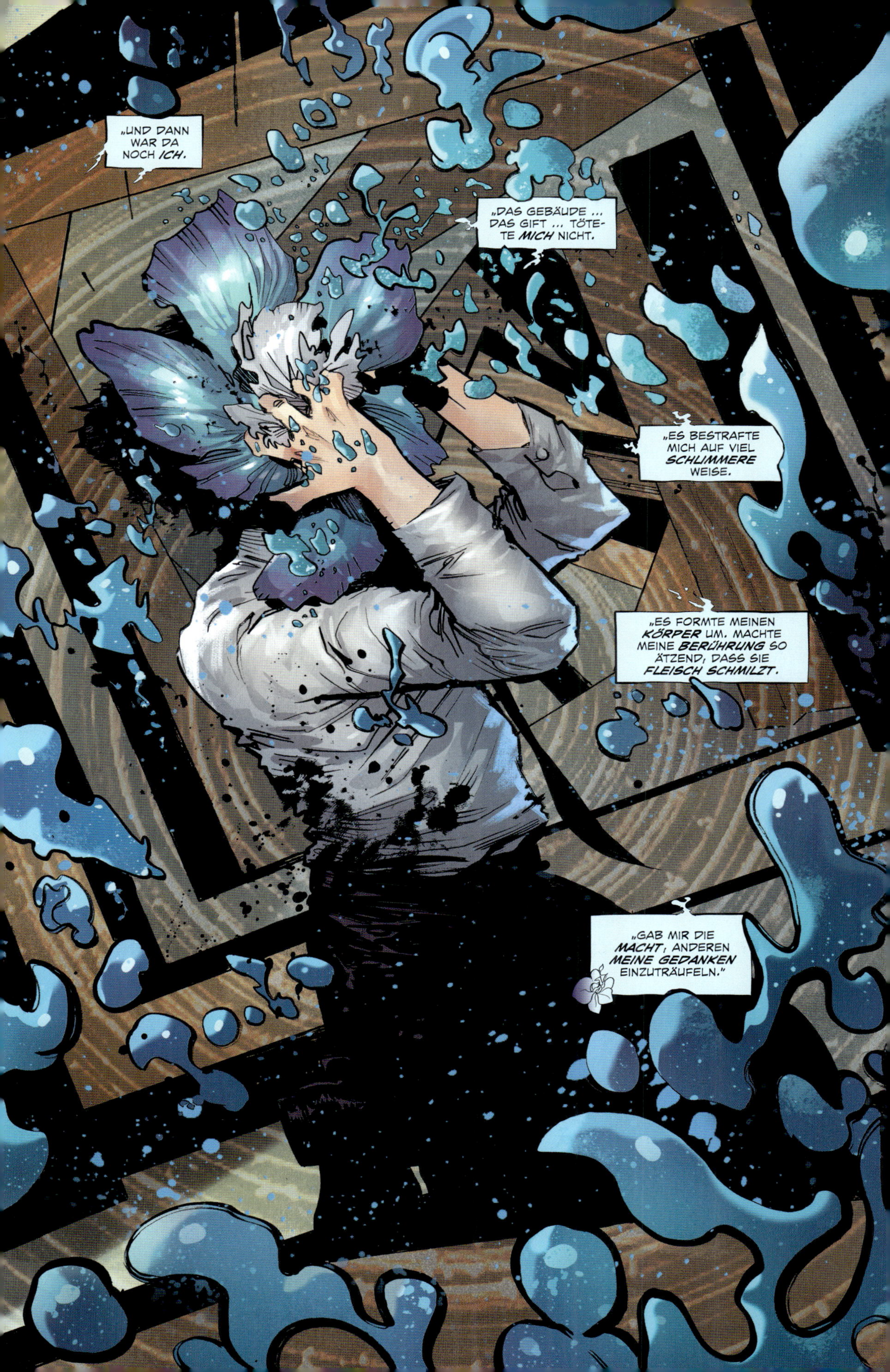
„UND DANN WAR DA NOCH ICH.
„DAS GEBÄUDE ... DAS GIFT ... TÖTETE MICH NICHT.
„ES BESTRAFTE MICH AUF VIEL SCHLIMMERE WEISE.
„ES FORMTE MEINEN KÖRPER UM. MACHTE MEINE BERÜHRUNG SO ÄTZEND, DASS SIE FLEISCH SCHMILZT.
„GAB MIR DIE MACHT, ANDEREN MEINE GEDANKEN EINZUTRÄUFELN."

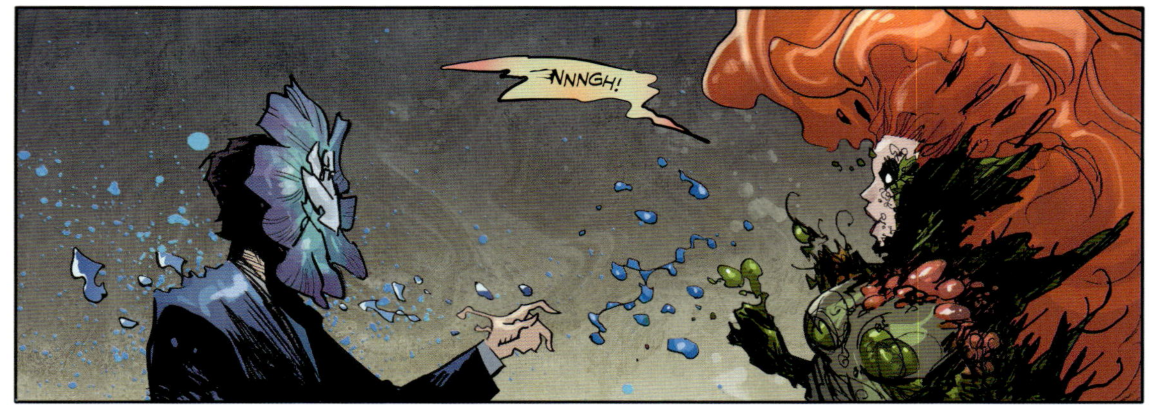
NNNGH!

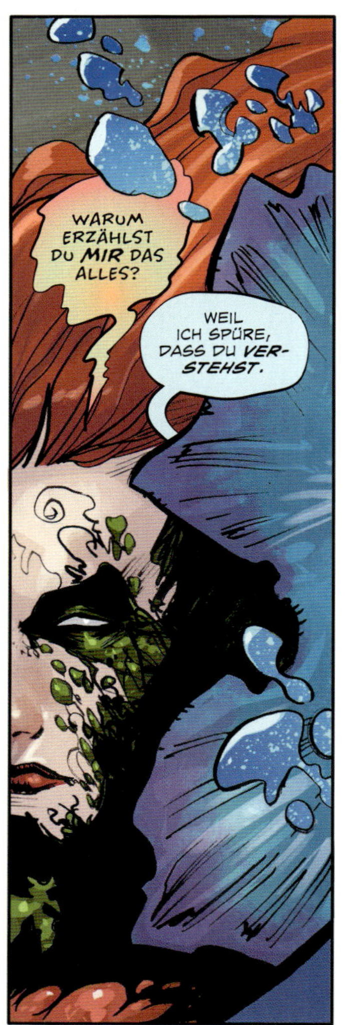
WARUM ERZÄHLST DU MIR DAS ALLES?
WEIL ICH SPÜRE, DASS DU VERSTEHST.

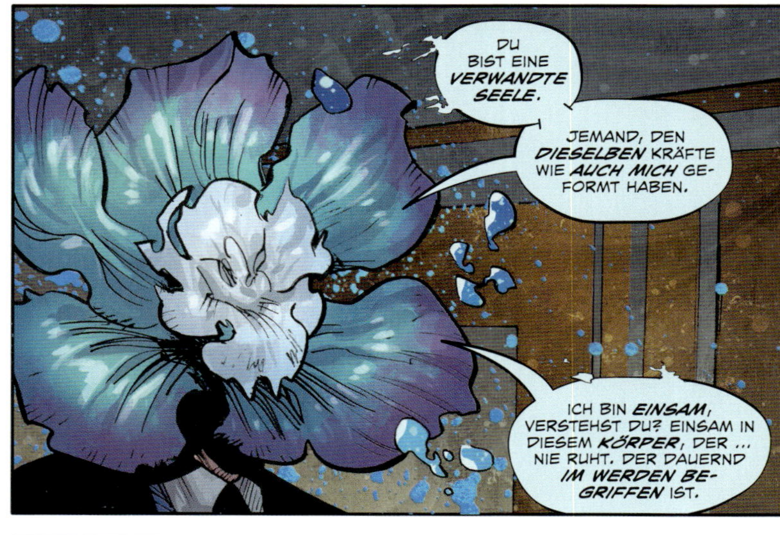
DU BIST EINE VERWANDTE SEELE.
JEMAND, DEN DIESELBEN KRÄFTE WIE AUCH MICH GEFORMT HABEN.
ICH BIN EINSAM, VERSTEHST DU? EINSAM IN DIESEM KÖRPER, DER ... NIE RUHT. DER DAUERND IM WERDEN BEGRIFFEN IST.

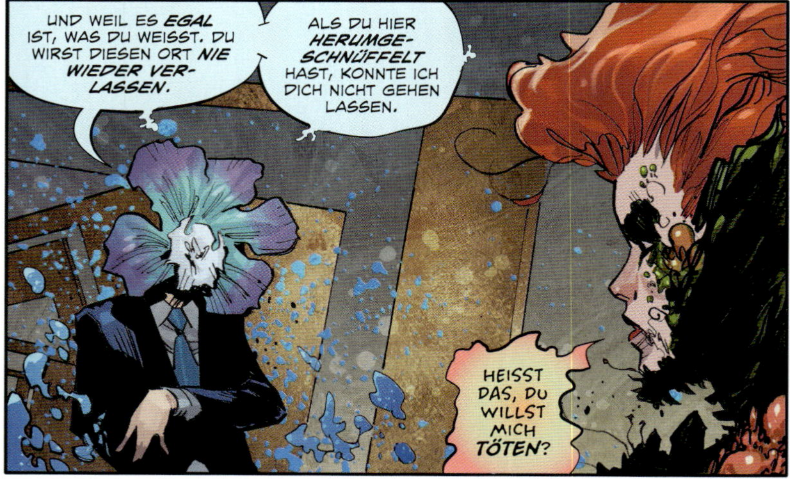
ALS DU HIER HERUMGESCHNÜFFELT HAST, KONNTE ICH DICH NICHT GEHEN LASSEN.
UND WEIL ES EGAL IST, WAS DU WEISST. DU WIRST DIESEN ORT NIE WIEDER VERLASSEN.
HEISST DAS, DU WILLST MICH TÖTEN?

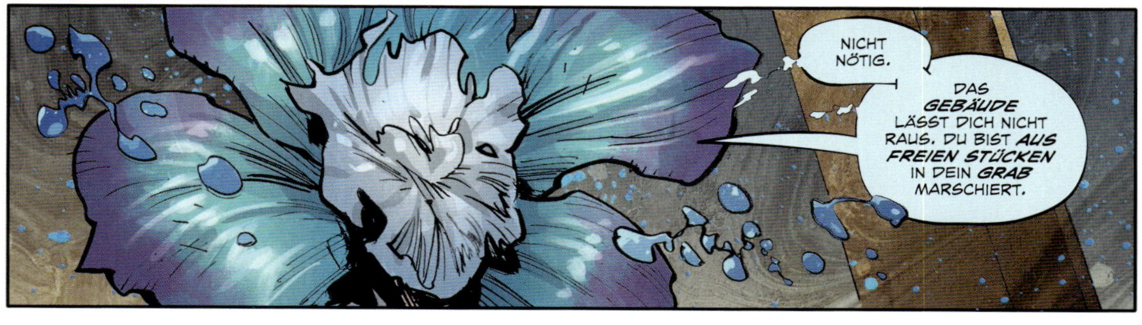
NICHT NÖTIG.
DAS GEBÄUDE LÄSST DICH NICHT RAUS. DU BIST AUS FREIEN STÜCKEN IN DEIN GRAB MARSCHIERT.

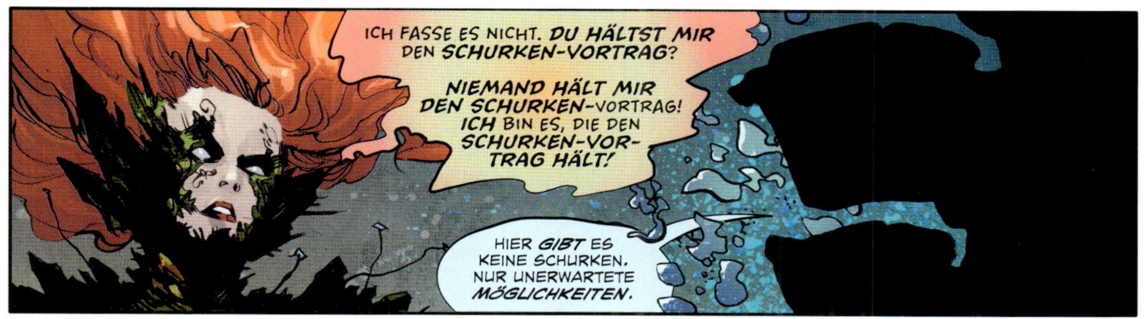
ICH FASSE ES NICHT. DU HÄLTST MIR DEN SCHURKEN-VORTRAG?
NIEMAND HÄLT MIR DEN SCHURKEN-VORTRAG! ICH BIN ES, DIE DEN SCHURKEN-VORTRAG HÄLT!
HIER GIBT ES KEINE SCHURKEN. NUR UNERWARTETE MÖGLICHKEITEN.
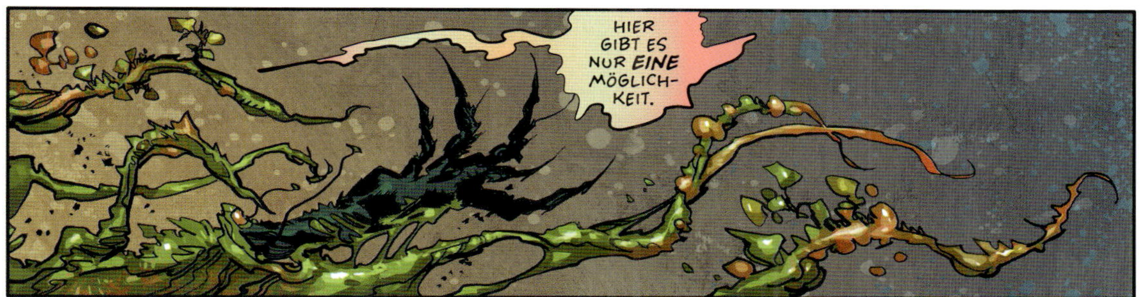
HIER GIBT ES NUR EINE MÖGLICHKEIT.
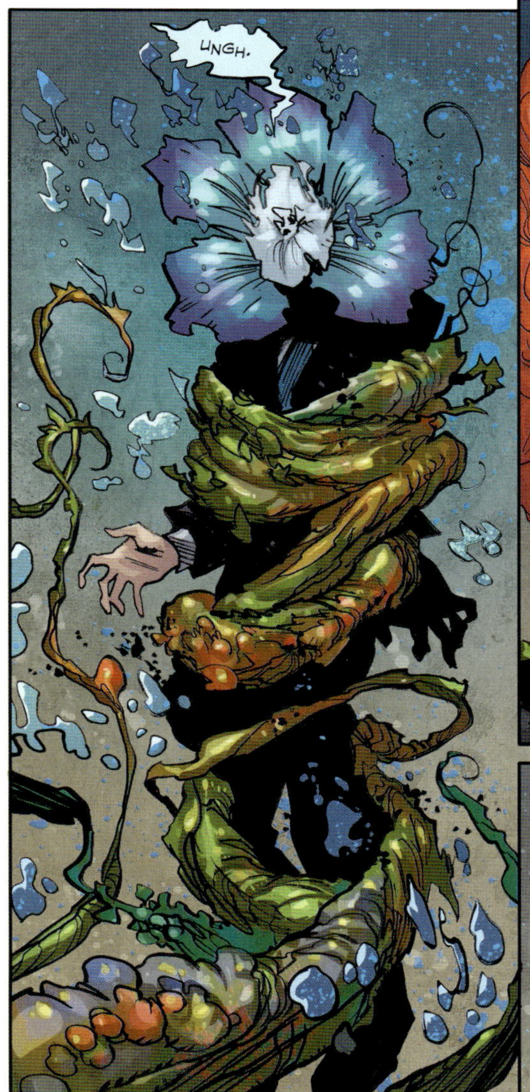
UNGH.
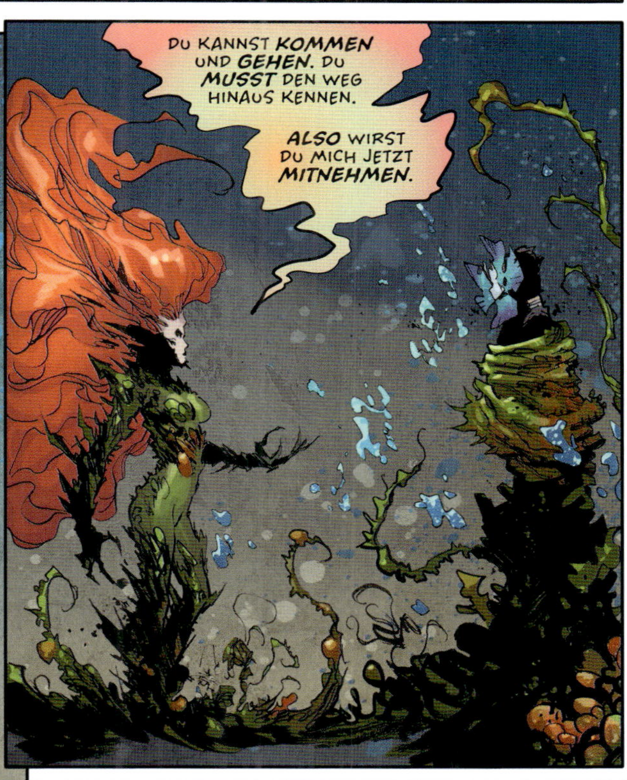
DU KANNST KOMMEN UND GEHEN. DU MUSST DEN WEG HINAUS KENNEN.
ALSO WIRST DU MICH JETZT MITNEHMEN.
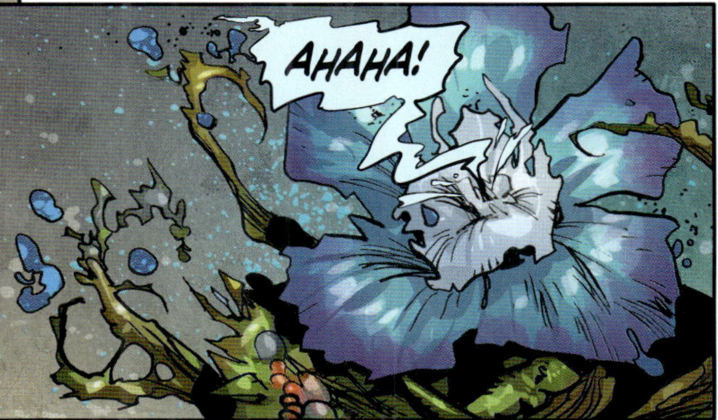
AHAHA!

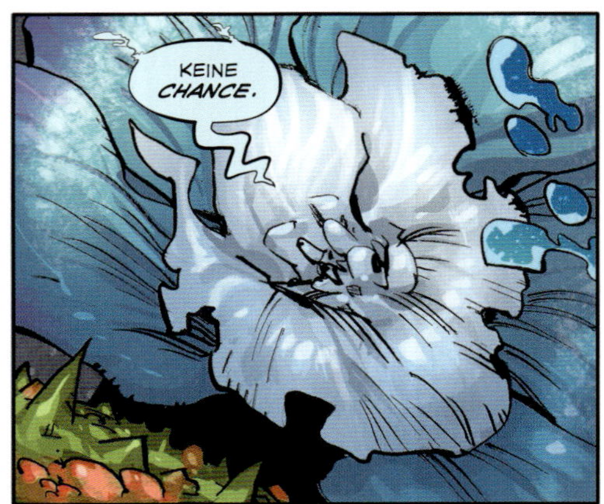
KEINE CHANCE.

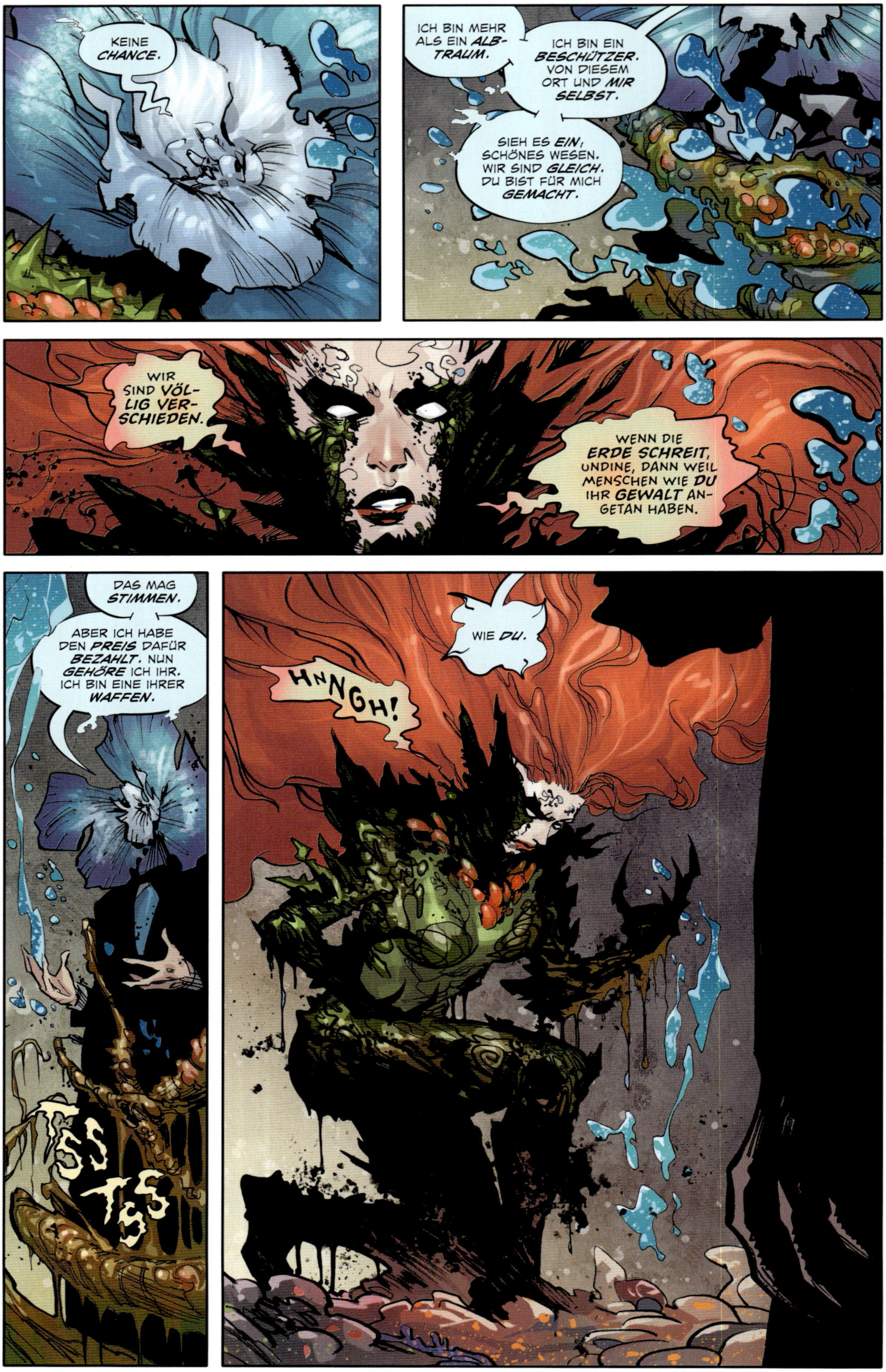

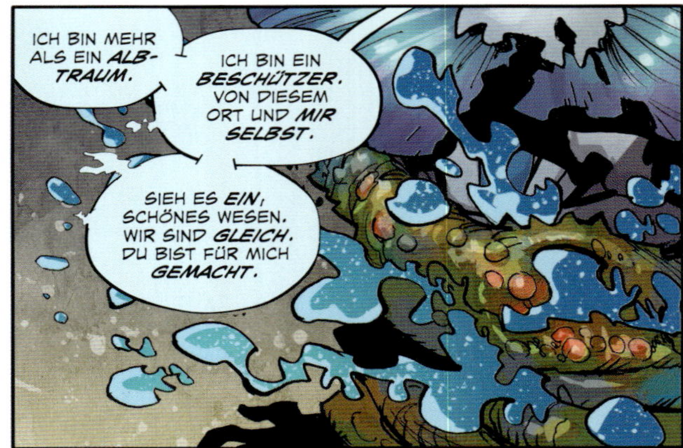
ICH BIN MEHR ALS EIN ALBTRAUM.
ICH BIN EIN BESCHÜTZER. VON DIESEM ORT UND MIR SELBST.
SIEH ES EIN, SCHÖNES WESEN. WIR SIND GLEICH. DU BIST FÜR MICH GEMACHT.

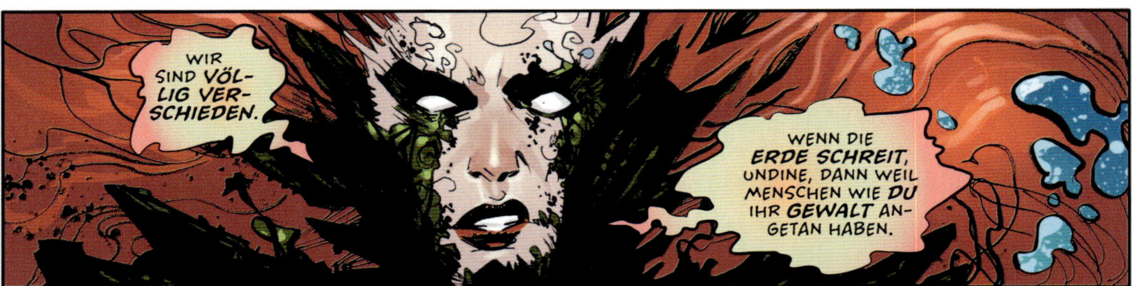
WIR SIND VÖLLIG VERSCHIEDEN.
WENN DIE ERDE SCHREIT, UNDINE, DANN WEIL MENSCHEN WIE DU IHR GEWALT ANGETAN HABEN.

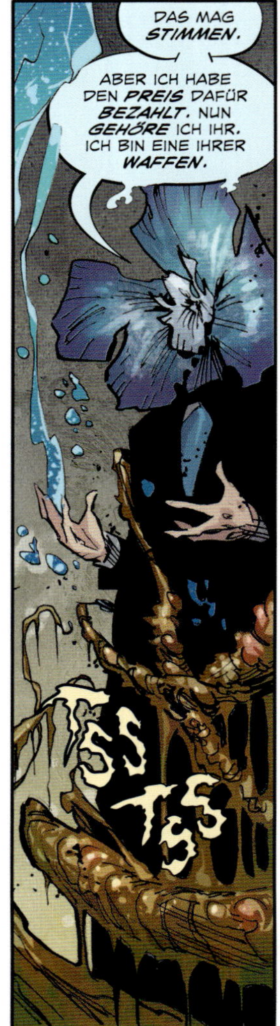
DAS MAG STIMMEN.
ABER ICH HABE DEN PREIS DAFÜR BEZAHLT. NUN GEHÖRE ICH IHR. ICH BIN EINE IHRER WAFFEN.
TSS
TSS

WIE DU.

HNNGH!

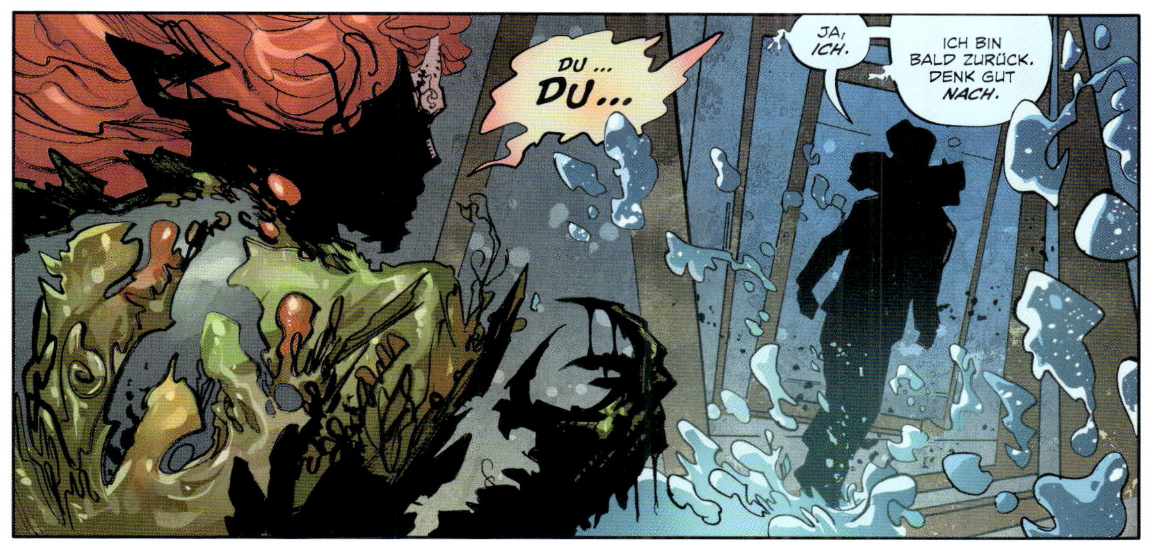
DU ... DU ...
JA, ICH.
ICH BIN BALD ZURÜCK. DENK GUT NACH.

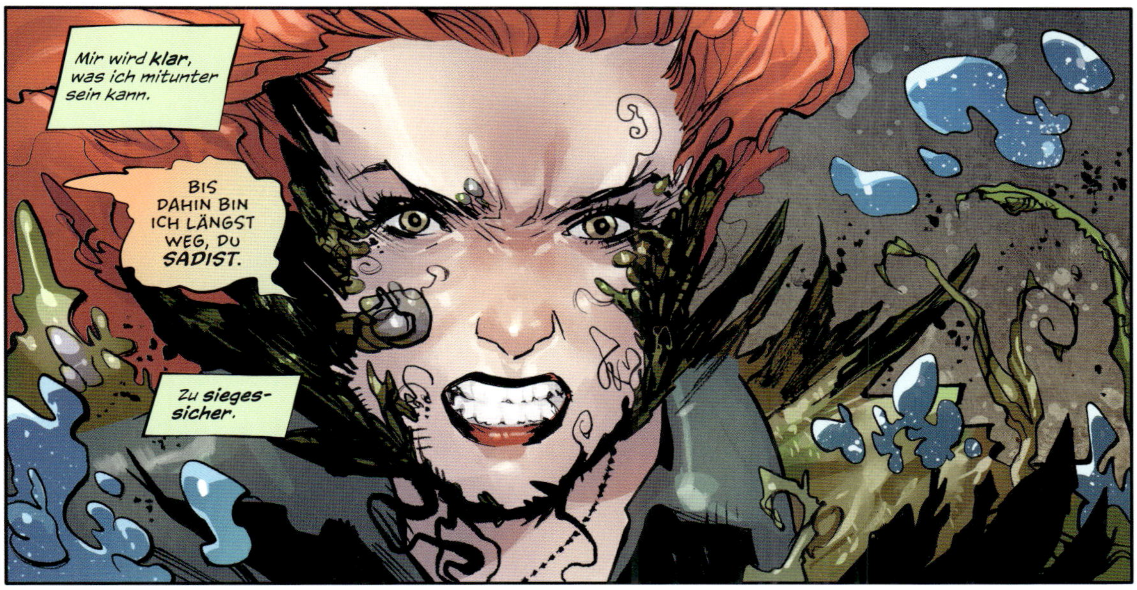
Mir wird klar, was ich mitunter sein kann.
BIS DAHIN BIN ICH LÄNGST WEG, DU SADIST.
Zu siegessicher.

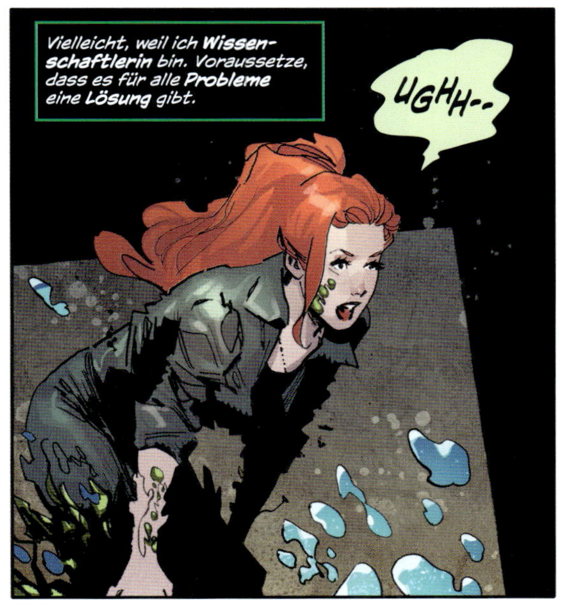
Vielleicht, weil ich Wissenschaftlerin bin. Voraussetze, dass es für alle Probleme eine Lösung gibt.
UGHH-.

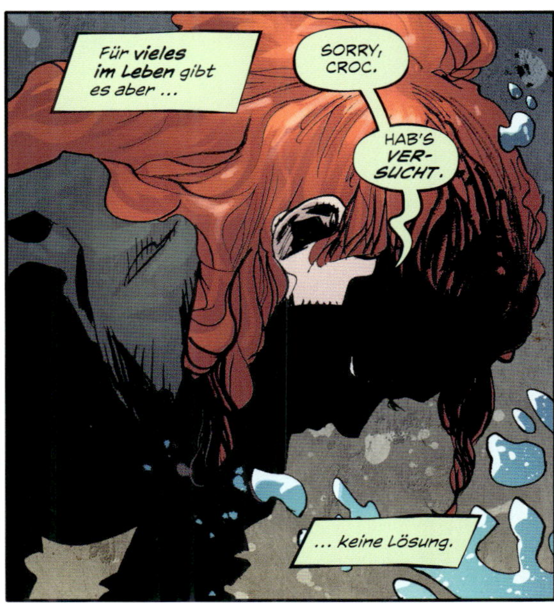
Für vieles im Leben gibt es aber ...
SORRY, CROC.
HAB'S VERSUCHT.
... keine Lösung.

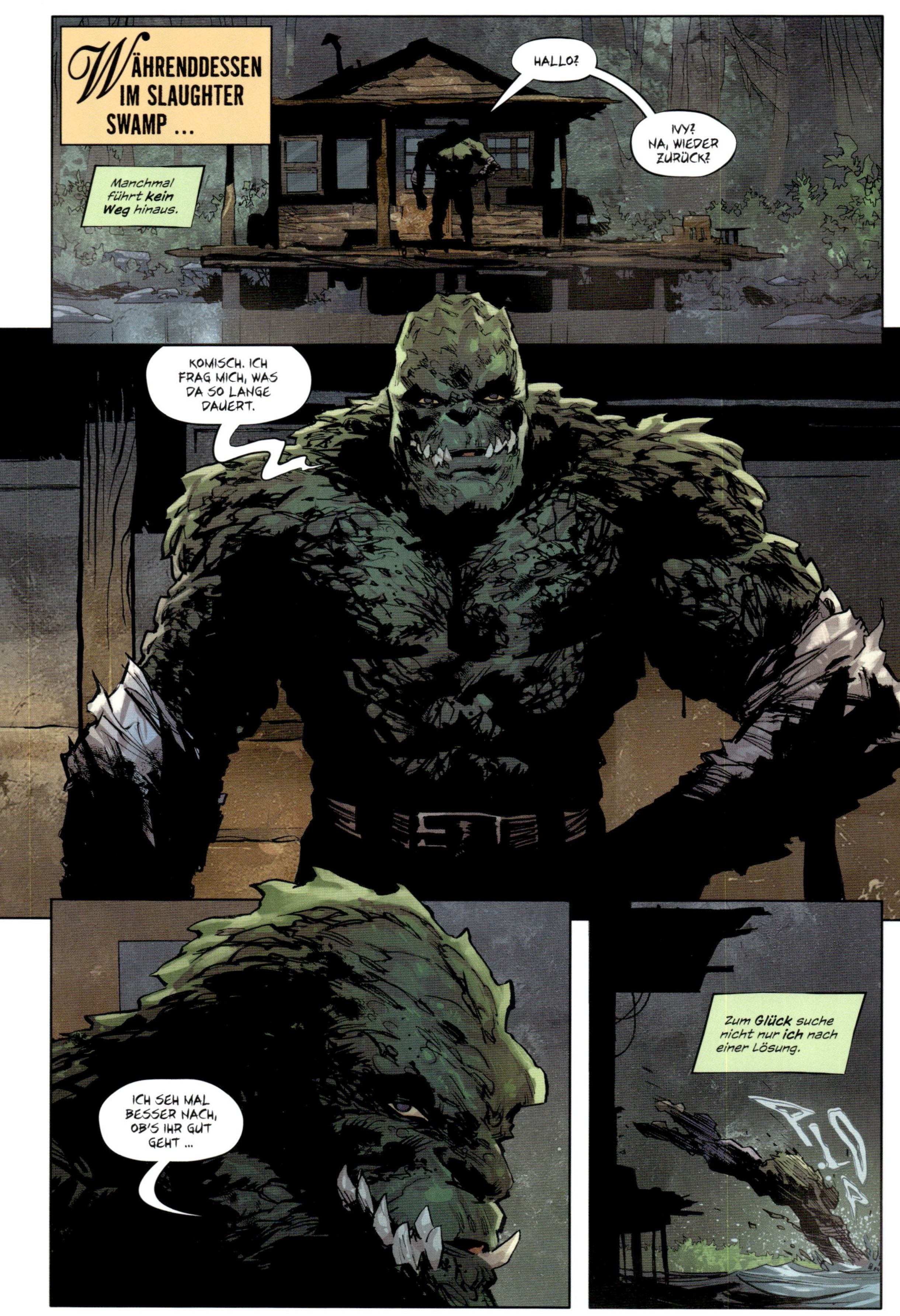
WÄHRENDDESSEN IM SLAUGHTER SWAMP ...
Manchmal führt **kein Weg** hinaus.
HALLO?
IVY? NA, WIEDER ZURÜCK?
KOMISCH. ICH FRAG MICH, WAS DA SO LANGE DAUERT.
ICH SEH MAL BESSER NACH, OB'S IHR GUT GEHT ...
Zum **Glück** suche nicht nur **ich** nach einer Lösung.

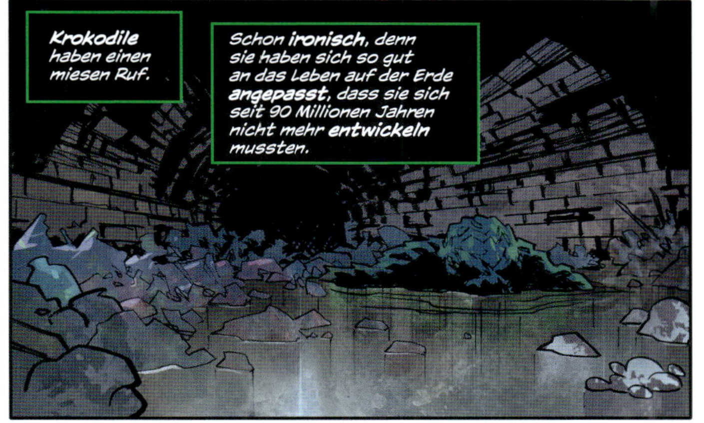

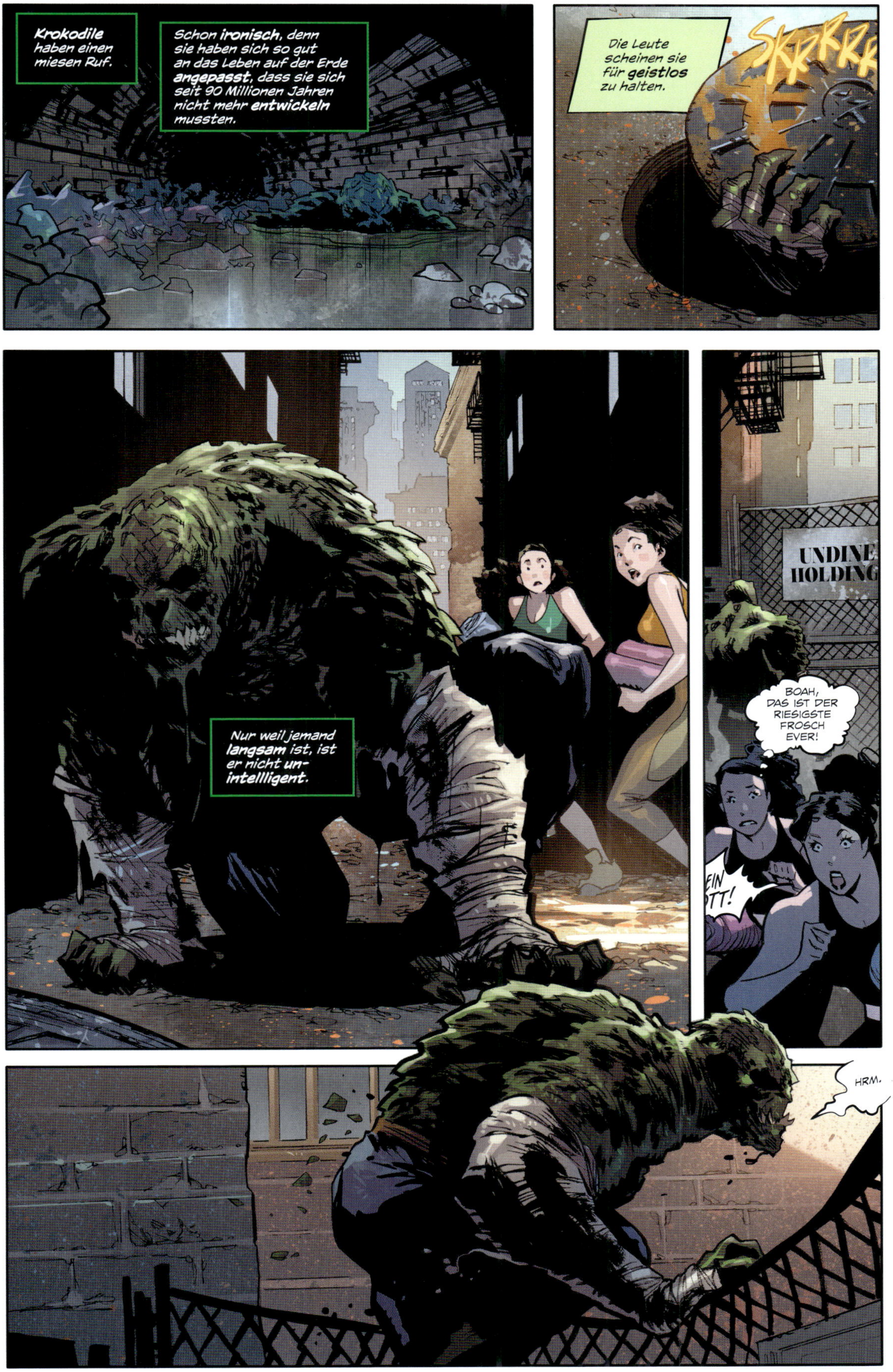

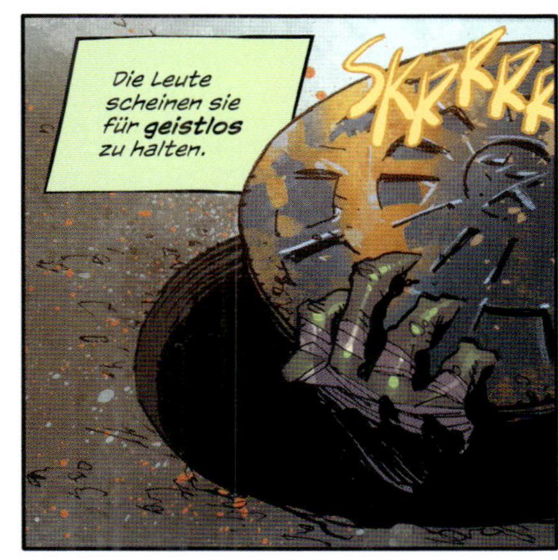

Nur weil jemand **langsam** ist, ist er nicht **un-intelligent**.

UNDINE HOLDING

BOAH, DAS IST DER RIESIGSTE FROSCH EVER!

HRM.

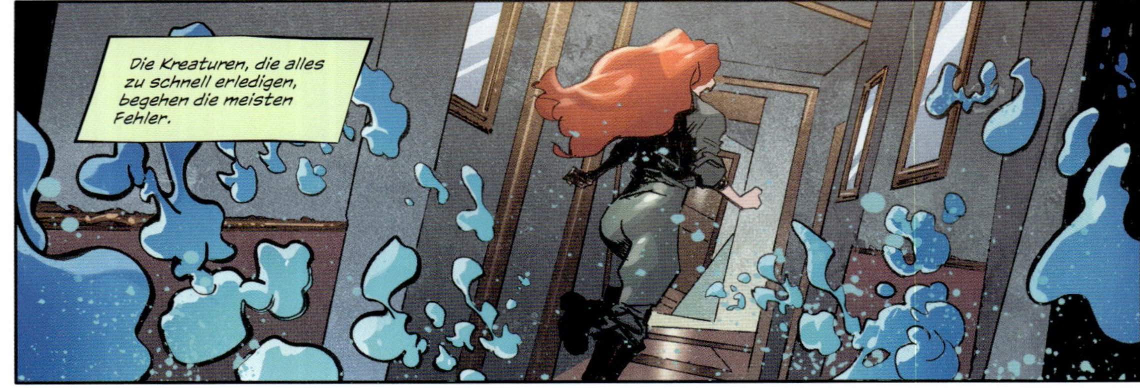
Die Kreaturen, die alles zu schnell erledigen, begehen die meisten Fehler.

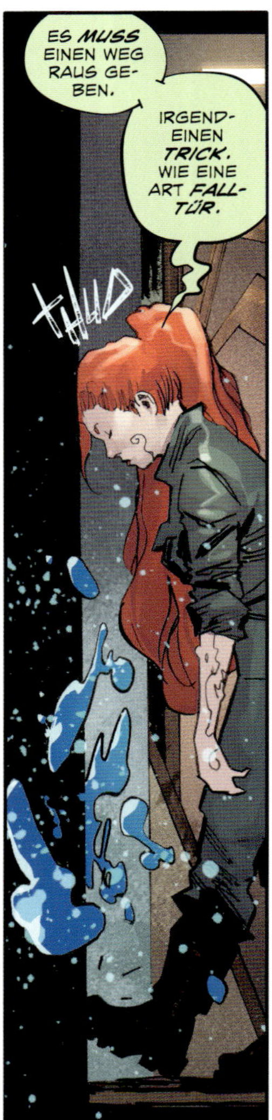
ES MUSS EINEN WEG RAUS GE-BEN.
IRGEND-EINEN TRICK. WIE EINE ART FALL-TÜR.
THUD

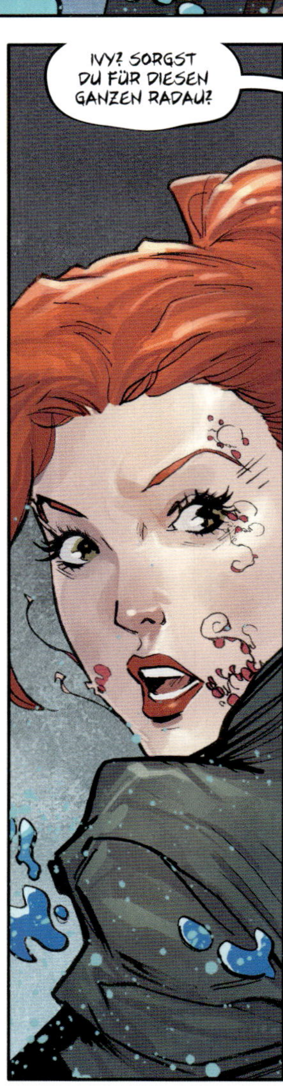
IVY? SORGST DU FÜR DIESEN GANZEN RADAU?

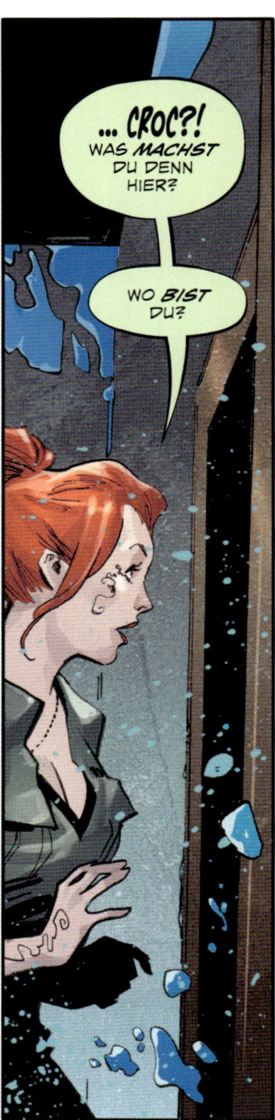
... CROC?! WAS MACHST DU DENN HIER?
WO BIST DU?

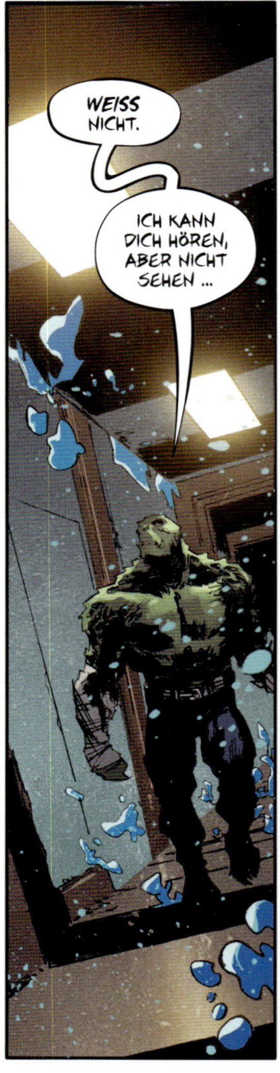
WEISS NICHT.
ICH KANN DICH HÖREN, ABER NICHT SEHEN ...

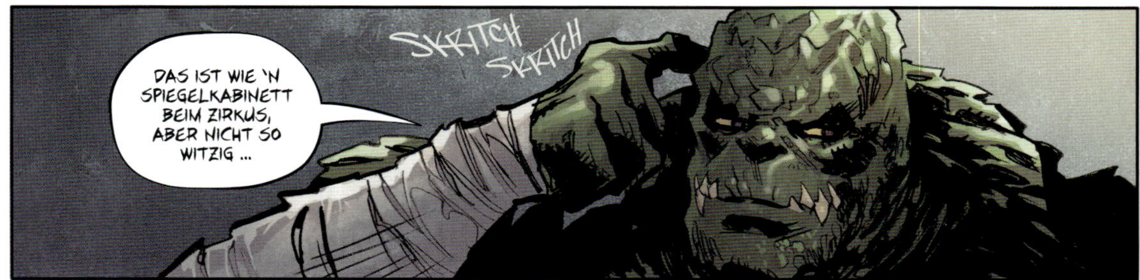
SKRITCH SKRITCH
DAS IST WIE 'N SPIEGELKABINETT BEIM ZIRKUS, ABER NICHT SO WITZIG ...

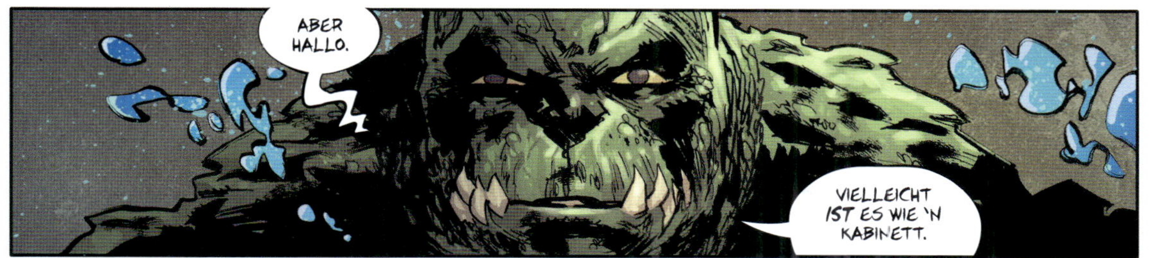
ABER HALLO.
VIELLEICHT IST ES WIE 'N KABINETT.

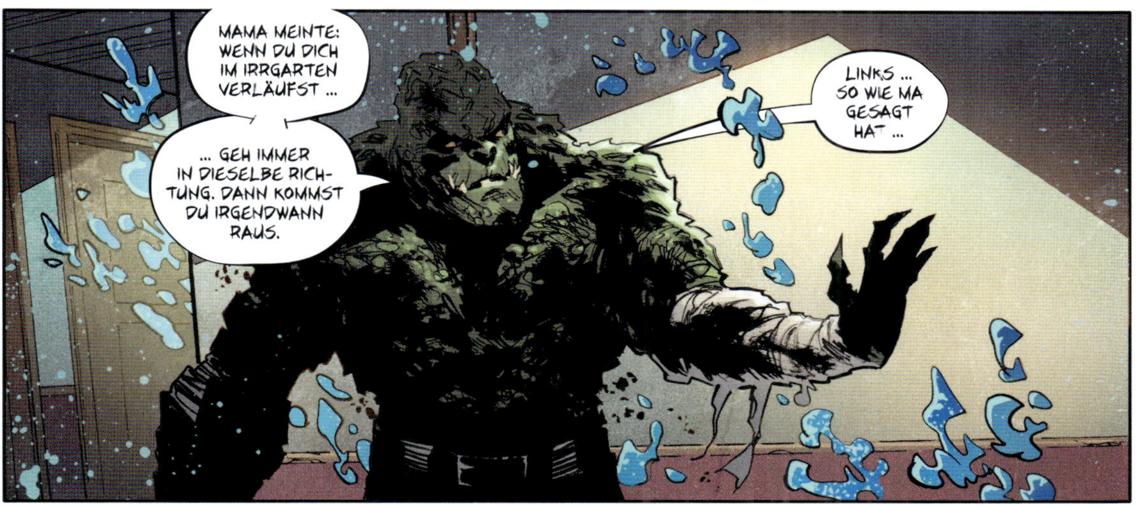
MAMA MEINTE: WENN DU DICH IM IRRGARTEN VERLÄUFST ...
... GEH IMMER IN DIESELBE RICHTUNG. DANN KOMMST DU IRGENDWANN RAUS.
LINKS ... SO WIE MA GESAGT HAT ...

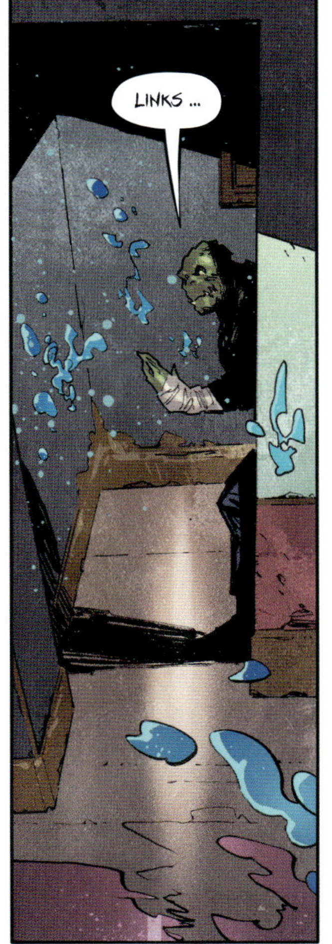
LINKS ...

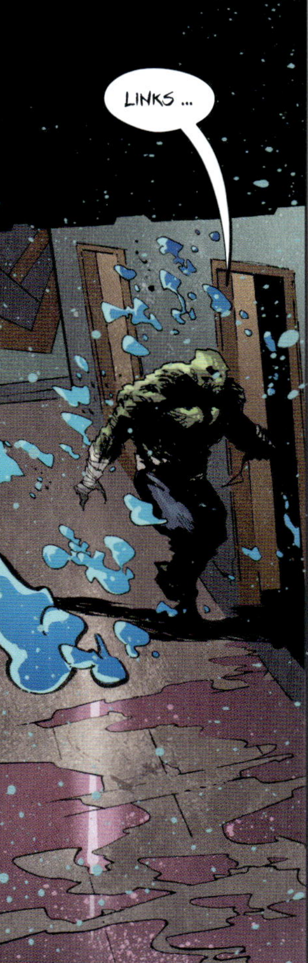
LINKS ...

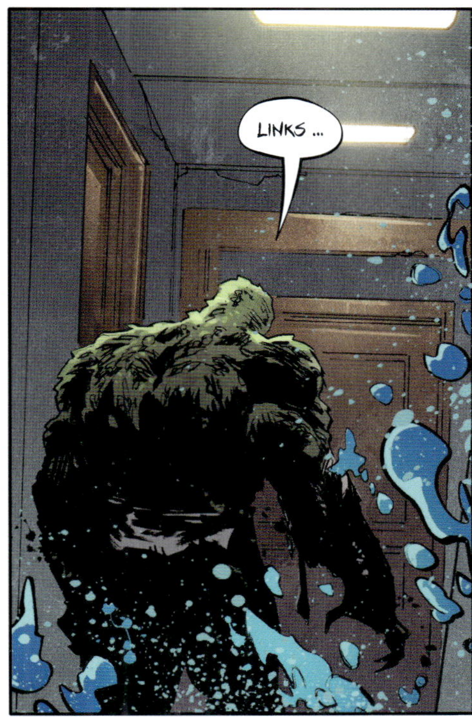
LINKS ...

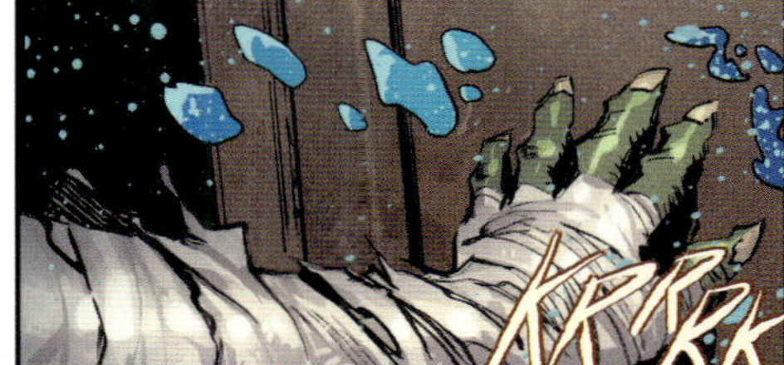
KRRRKK

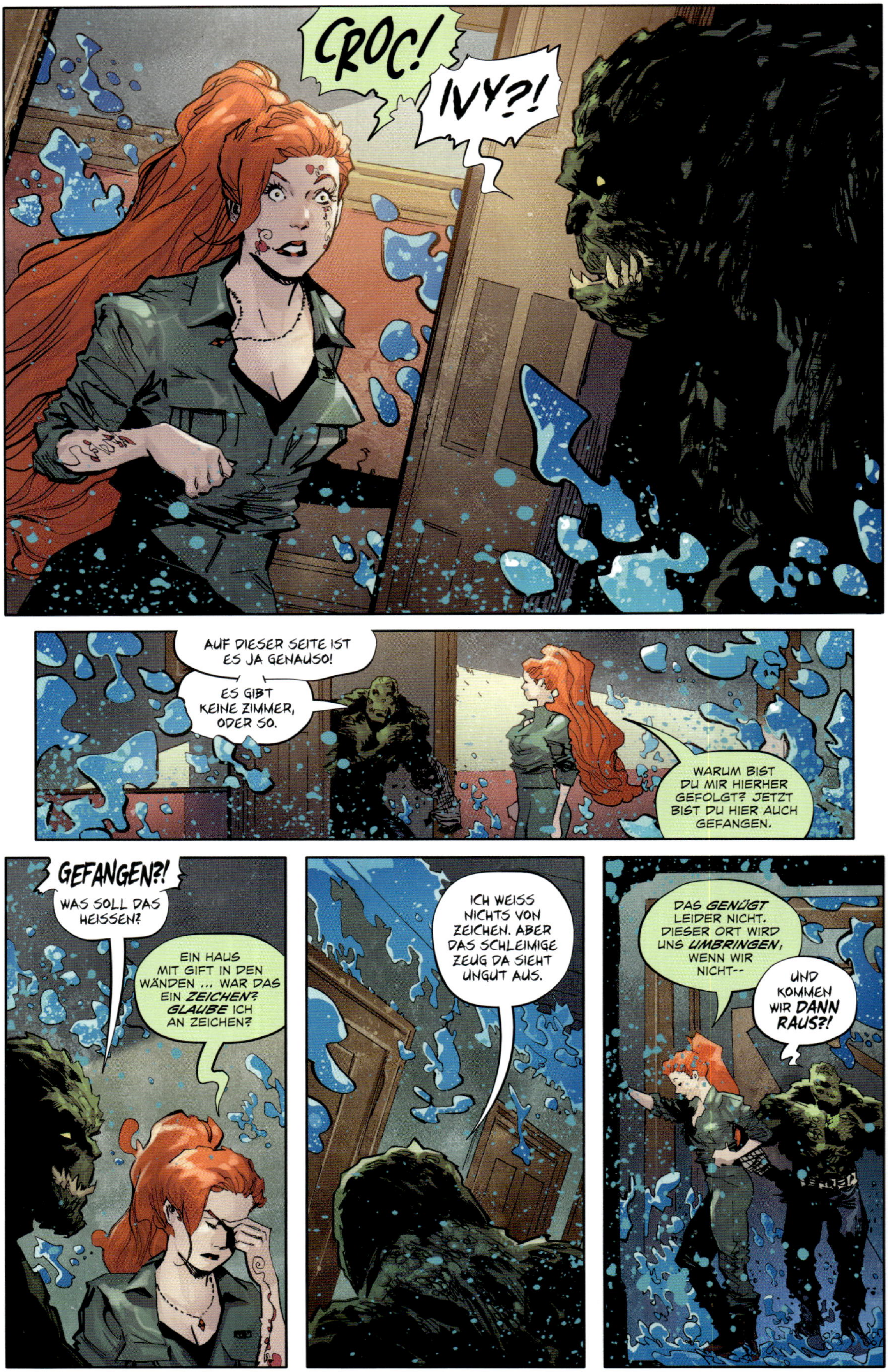

CROC!
IVY?!

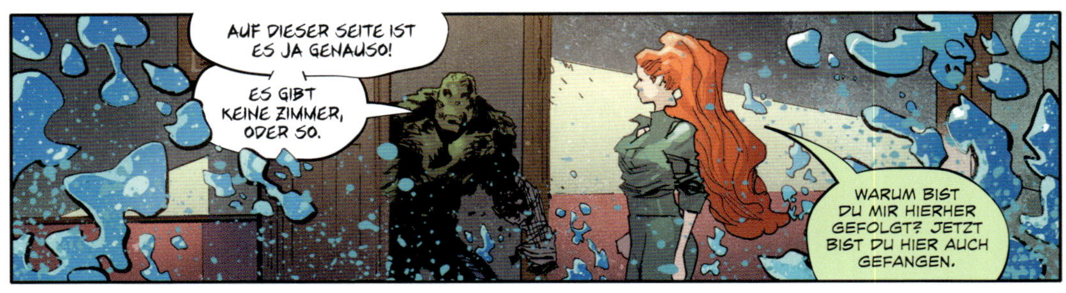
AUF DIESER SEITE IST ES JA GENAUSO!
ES GIBT KEINE ZIMMER, ODER SO.
WARUM BIST DU MIR HIERHER GEFOLGT? JETZT BIST DU HIER AUCH GEFANGEN.

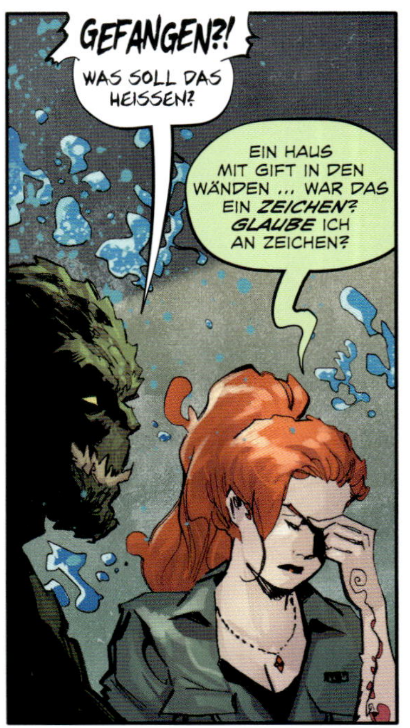
GEFANGEN?! WAS SOLL DAS HEISSEN?
EIN HAUS MIT GIFT IN DEN WÄNDEN ... WAR DAS EIN *ZEICHEN*? *GLAUBE* ICH AN ZEICHEN?

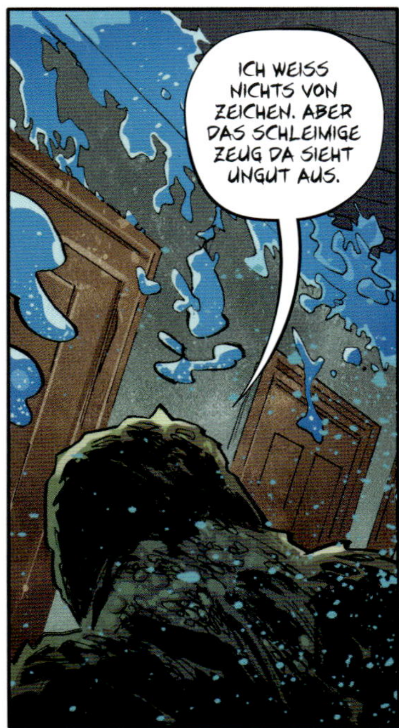
ICH WEISS NICHTS VON ZEICHEN. ABER DAS SCHLEIMIGE ZEUG DA SIEHT UNGUT AUS.

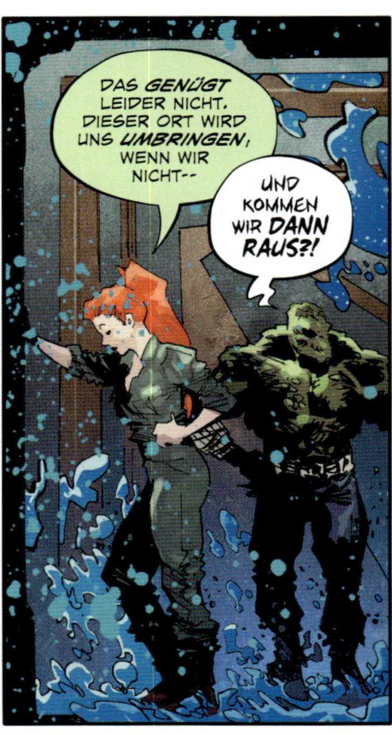
DAS *GENÜGT* LEIDER NICHT. DIESER ORT WIRD UNS *UMBRINGEN*, WENN WIR NICHT--
UND KOMMEN WIR **DANN RAUS?!**

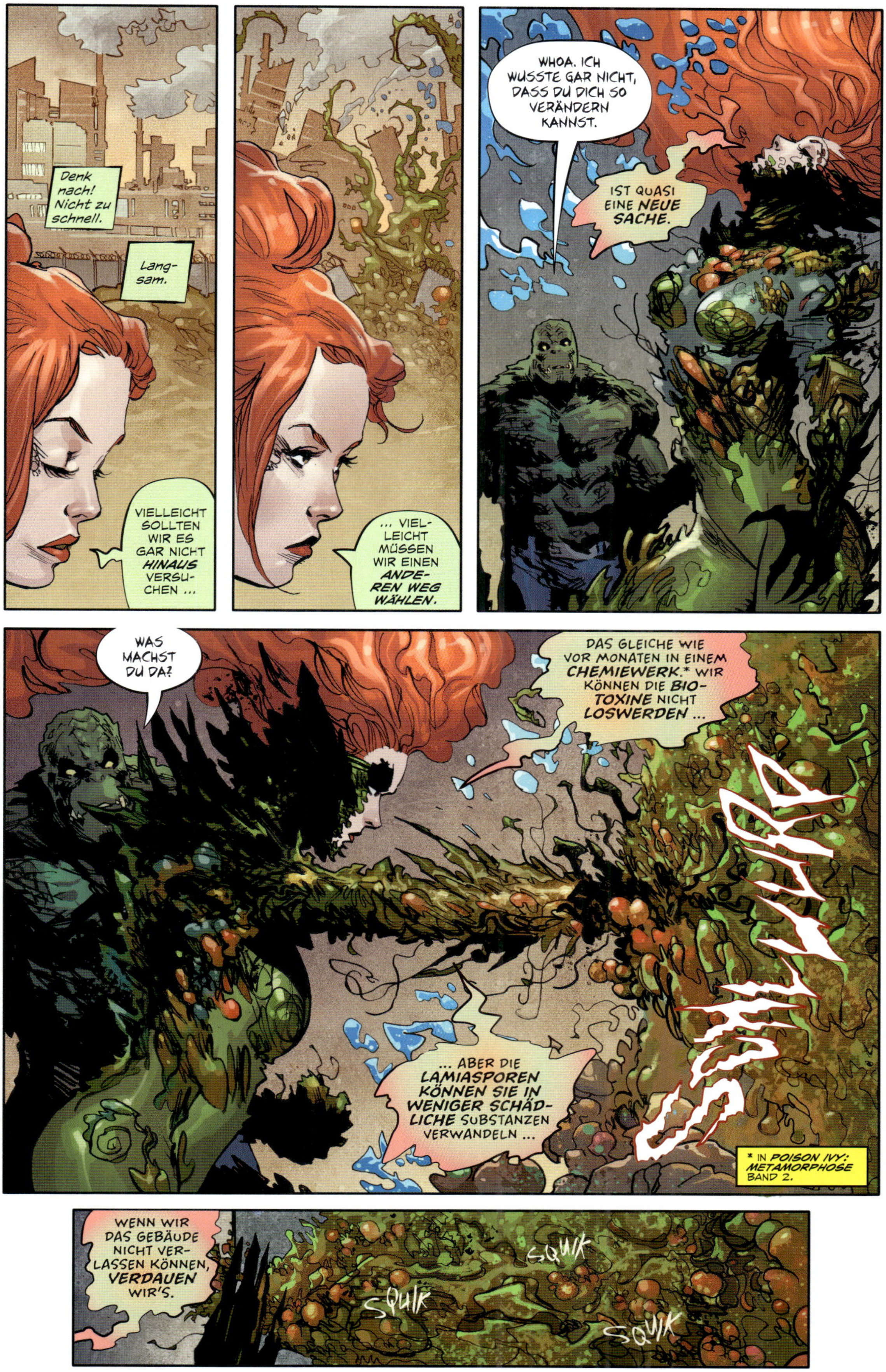

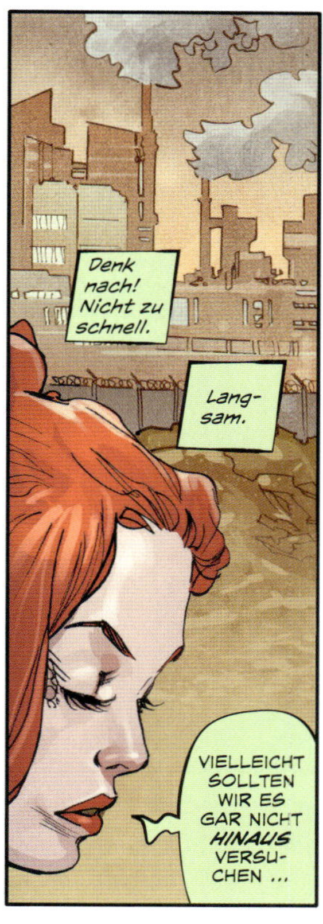

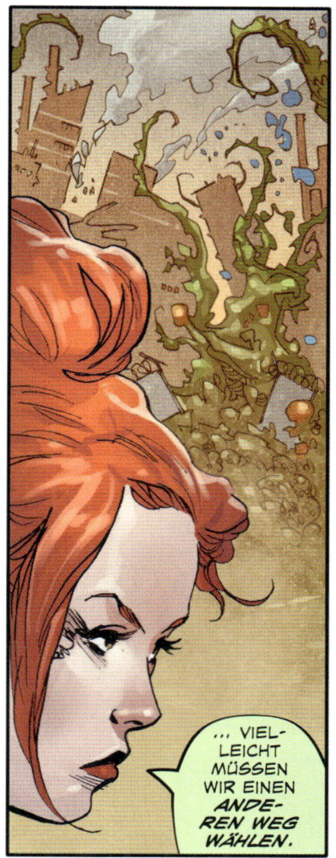

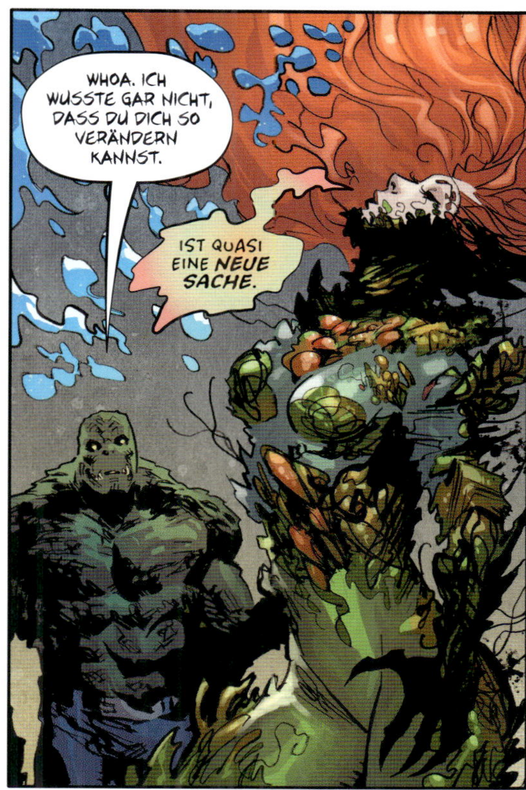

WAS MACHST DU DA?

DAS GLEICHE WIE VOR MONATEN IN EINEM **CHEMIEWERK.*** WIR KÖNNEN DIE **BIOTOXINE** NICHT **LOSWERDEN** ...

... ABER DIE **LAMIASPOREN KÖNNEN SIE IN WENIGER SCHÄDLICHE** SUBSTANZEN VERWANDELN ...

SCHLURP

* IN ***POISON IVY: METAMORPHOSE*** BAND 2.

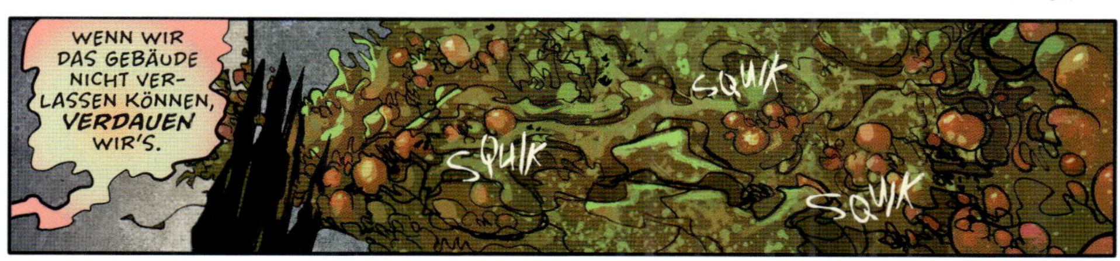

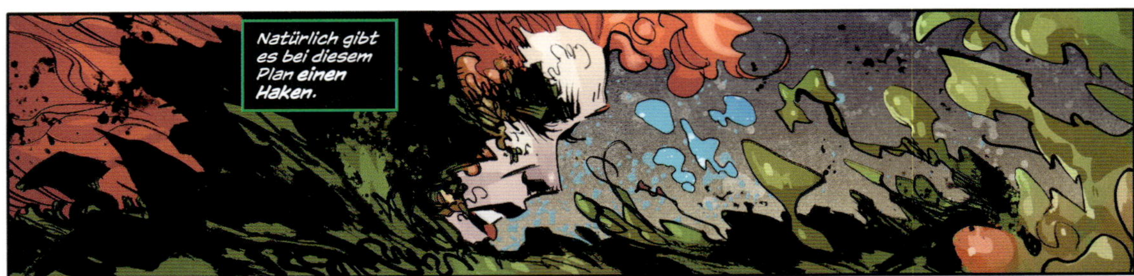
Natürlich gibt es bei diesem Plan einen Haken.

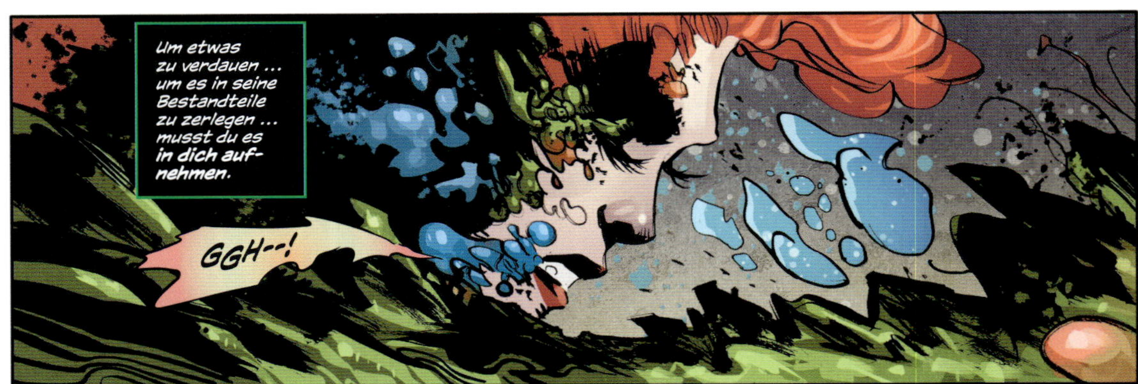
Um etwas zu verdauen … um es in seine Bestandteile zu zerlegen … musst du es in dich aufnehmen.
GGH--!

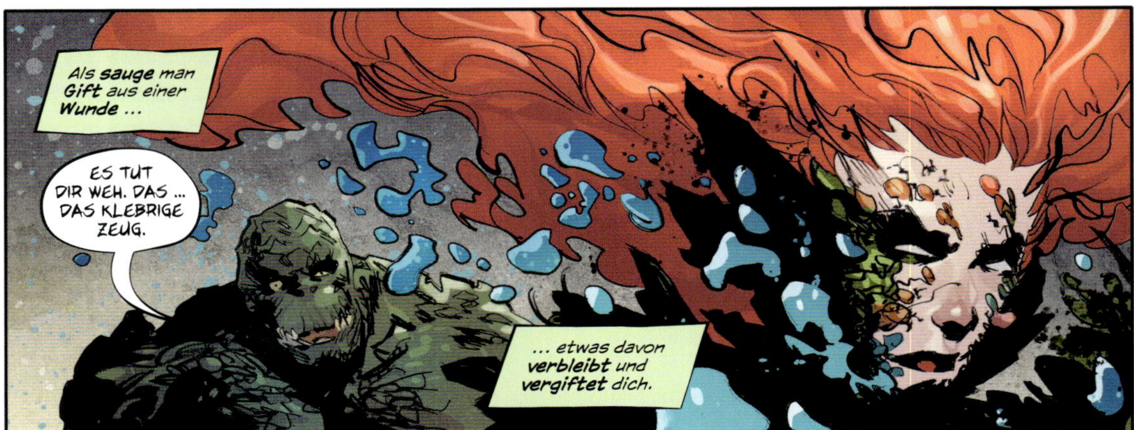
Als sauge man Gift aus einer Wunde …
ES TUT DIR WEH. DAS … DAS KLEBRIGE ZEUG.
… etwas davon verbleibt und vergiftet dich.

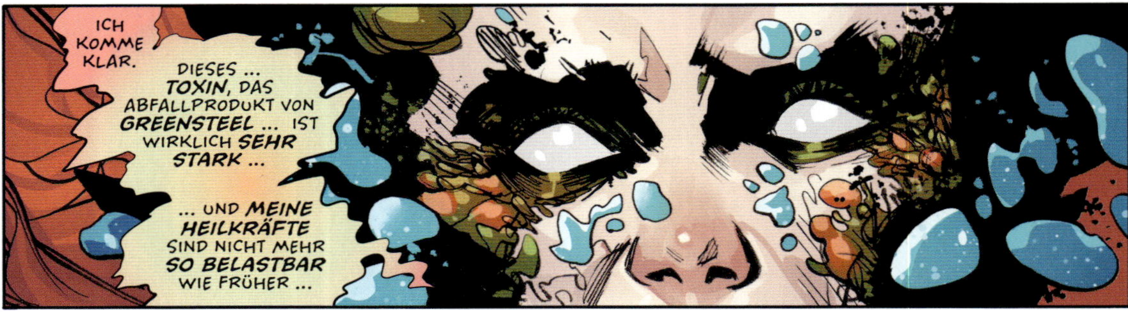
ICH KOMME KLAR.
DIESES … TOXIN, DAS ABFALLPRODUKT VON GREENSTEEL … IST WIRKLICH SEHR STARK …
… UND MEINE HEILKRÄFTE SIND NICHT MEHR SO BELASTBAR WIE FRÜHER …

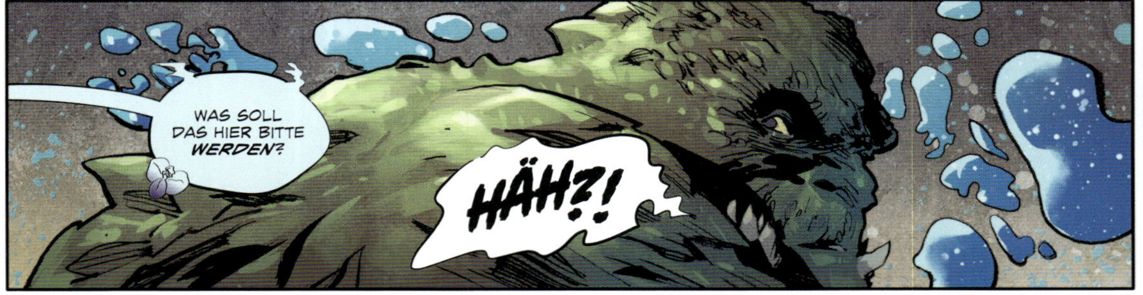
WAS SOLL DAS HIER BITTE WERDEN?
HÄH?!

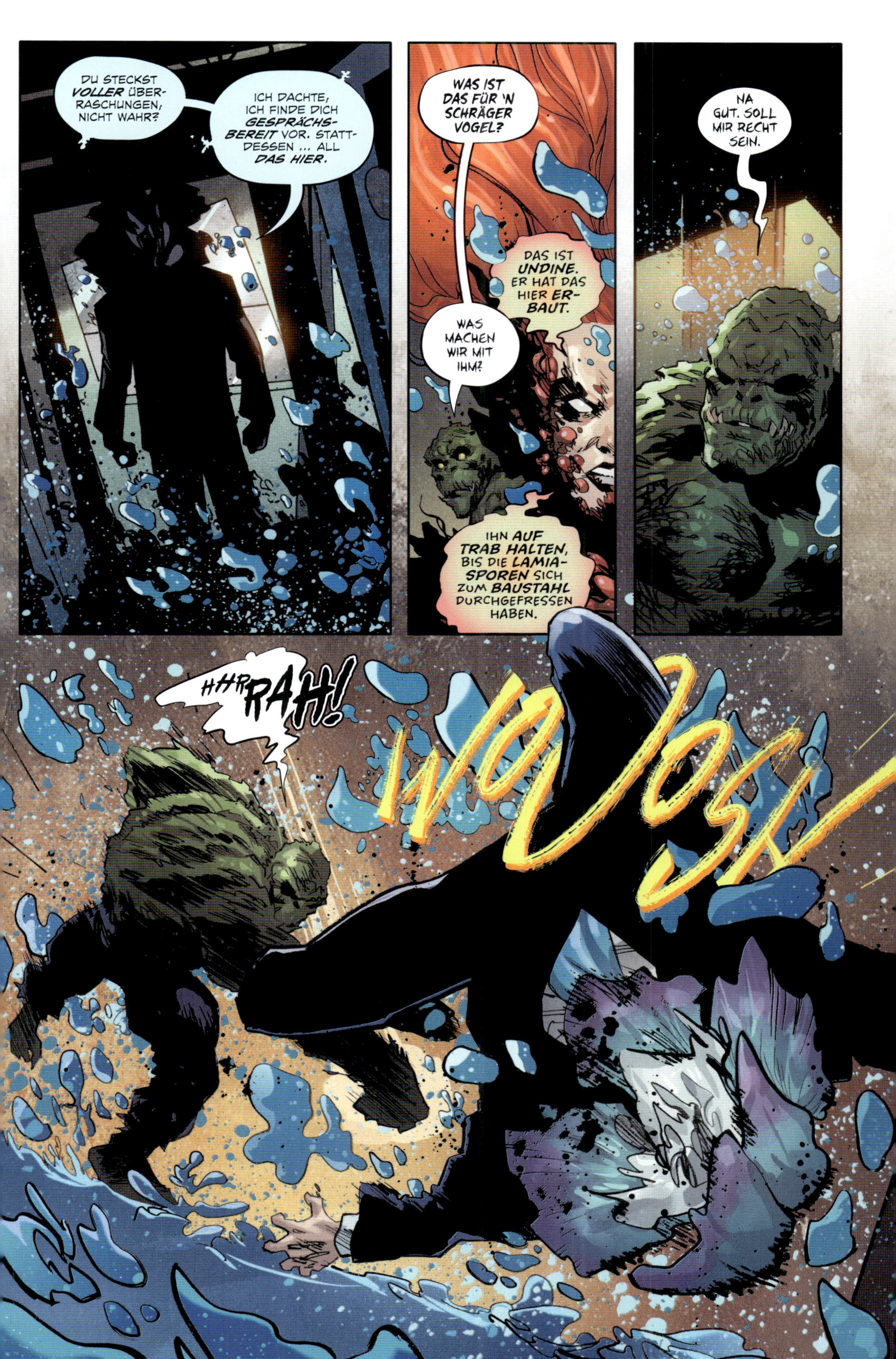
DU STECKST VOLLER ÜBERRASCHUNGEN, NICHT WAHR?
ICH DACHTE, ICH FINDE DICH GESPRÄCHSBEREIT VOR. STATTDESSEN ... ALL DAS HIER.
WAS IST DAS FÜR 'N SCHRÄGER VOGEL?
DAS IST UNDINE. ER HAT DAS HIER ERBAUT.
WAS MACHEN WIR MIT IHM?
IHN AUF TRAB HALTEN, BIS DIE LAMIASPOREN SICH ZUM BAUSTAHL DURCHGEFRESSEN HABEN.
NA GUT. SOLL MIR RECHT SEIN.
HHRRAH!
WOOSH!

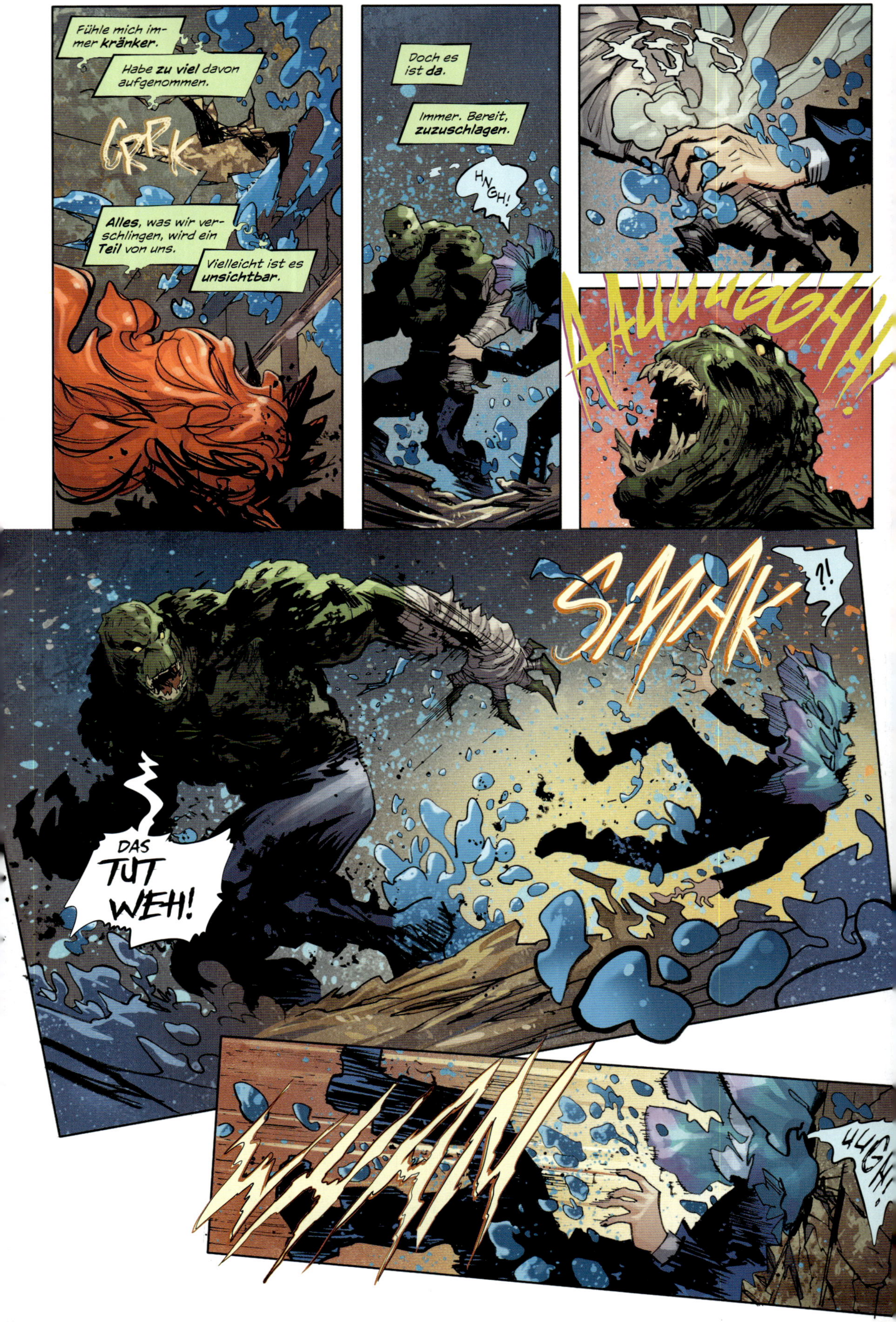

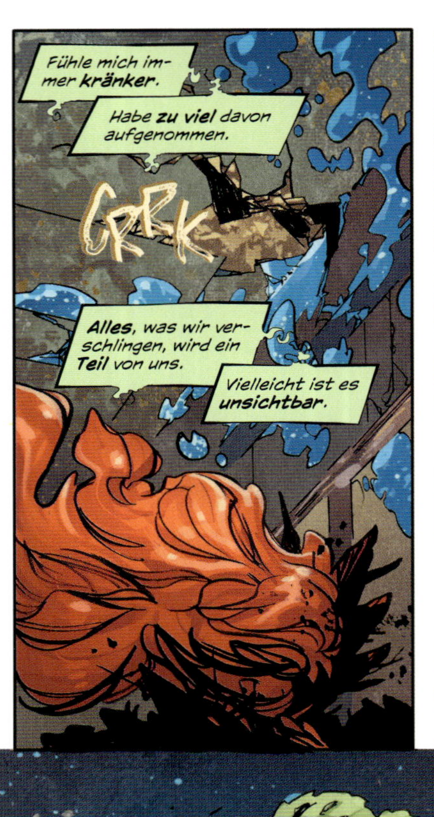

Fühle mich immer **kränker**.
Habe **zu viel** davon aufgenommen.
GRRK
Alles, was wir verschlingen, wird ein **Teil** von uns.
Vielleicht ist es **unsichtbar**.

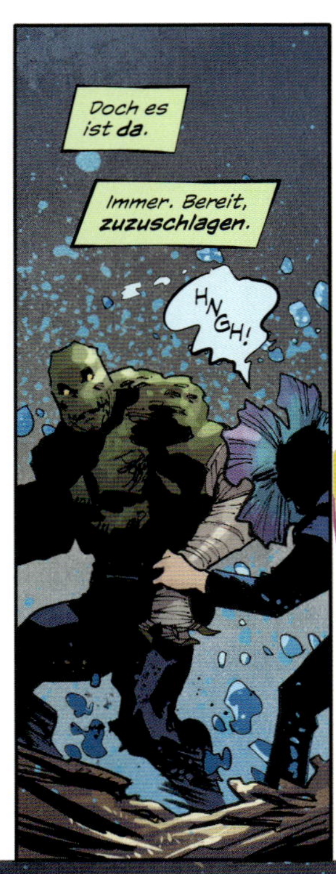

Doch es ist **da**.
Immer. Bereit, **zuzuschlagen**.
HNGH!

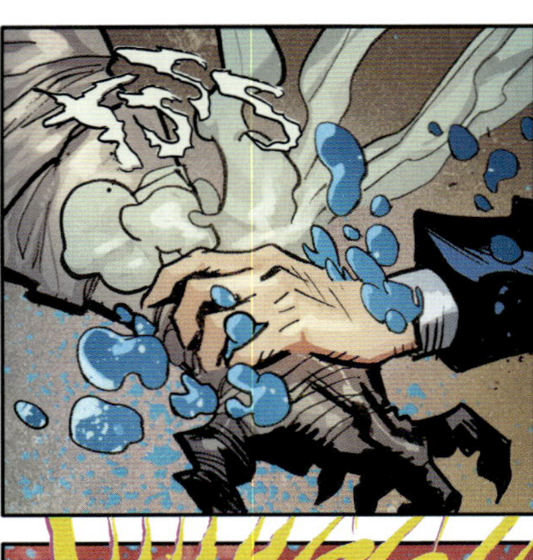

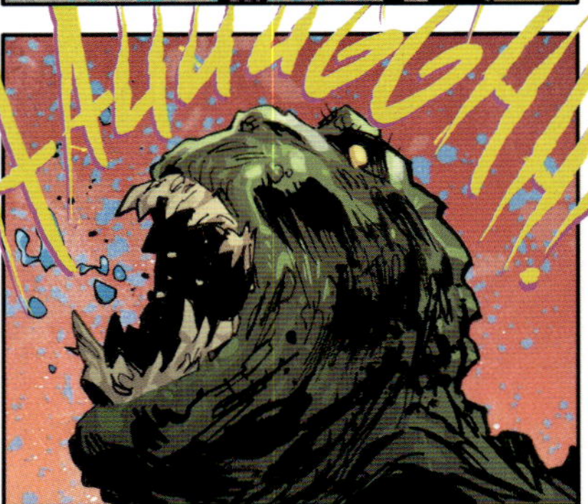

AAUUUGGHH!

SMAK
?!
DAS TUT WEH!
WHAM
UGH!

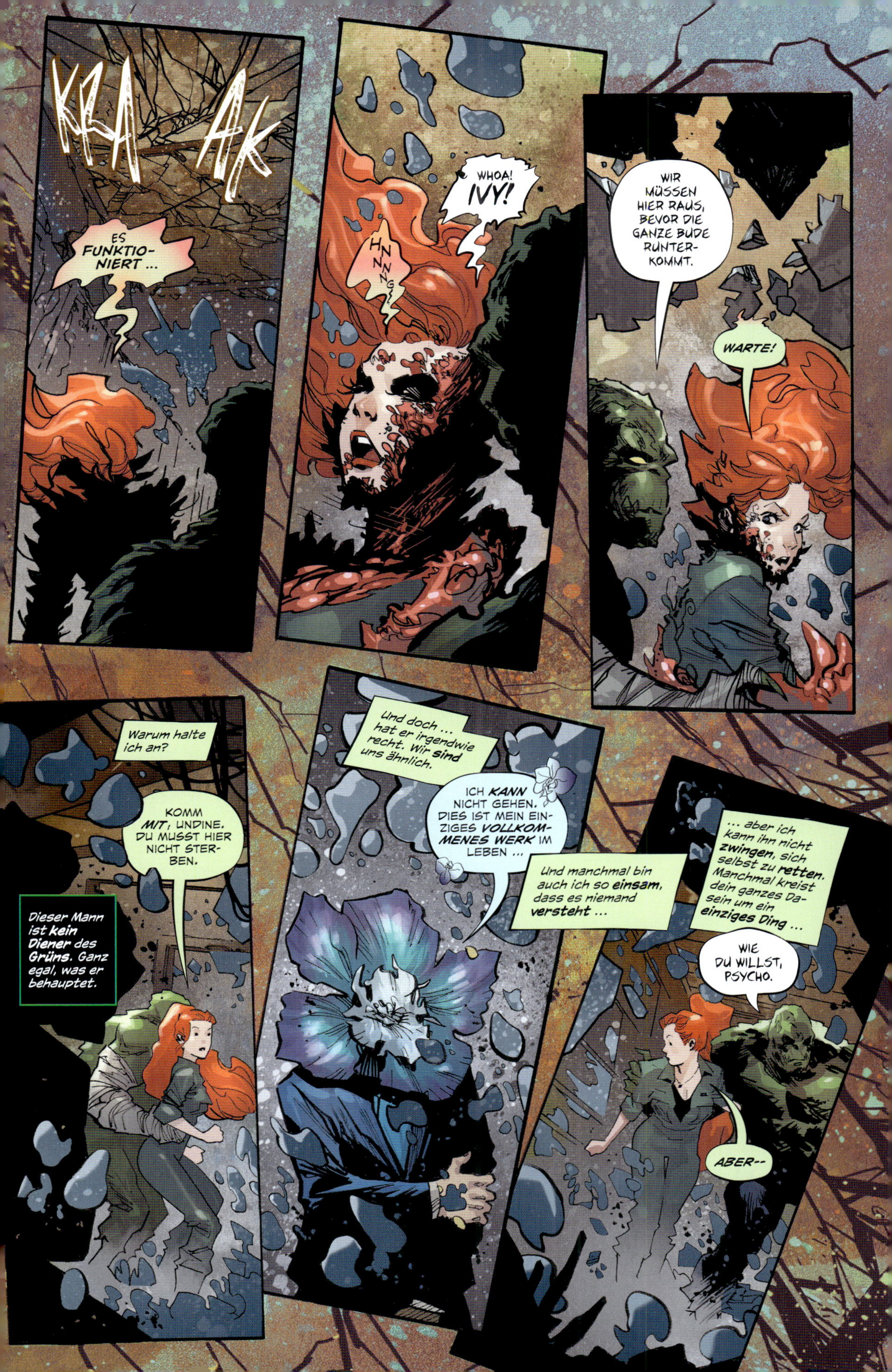
KRA-AK
ES FUNKTIONIERT ...
WHOA! IVY!
HNNNG!
WIR MÜSSEN HIER RAUS, BEVOR DIE GANZE BUDE RUNTERKOMMT.
WARTE!
Warum halte ich an?
KOMM MIT, UNDINE. DU MUSST HIER NICHT STERBEN.
Dieser Mann ist kein Diener des Grüns. Ganz egal, was er behauptet.
Und doch ... hat er irgendwie recht. Wir sind uns ähnlich.
ICH KANN NICHT GEHEN. DIES IST MEIN EINZIGES VOLLKOMMENES WERK IM LEBEN ...
Und manchmal bin auch ich so einsam, dass es niemand versteht ...
... aber ich kann ihn nicht zwingen, sich selbst zu retten. Manchmal kreist dein ganzes Dasein um ein einziges Ding ...
WIE DU WILLST, PSYCHO.
ABER--

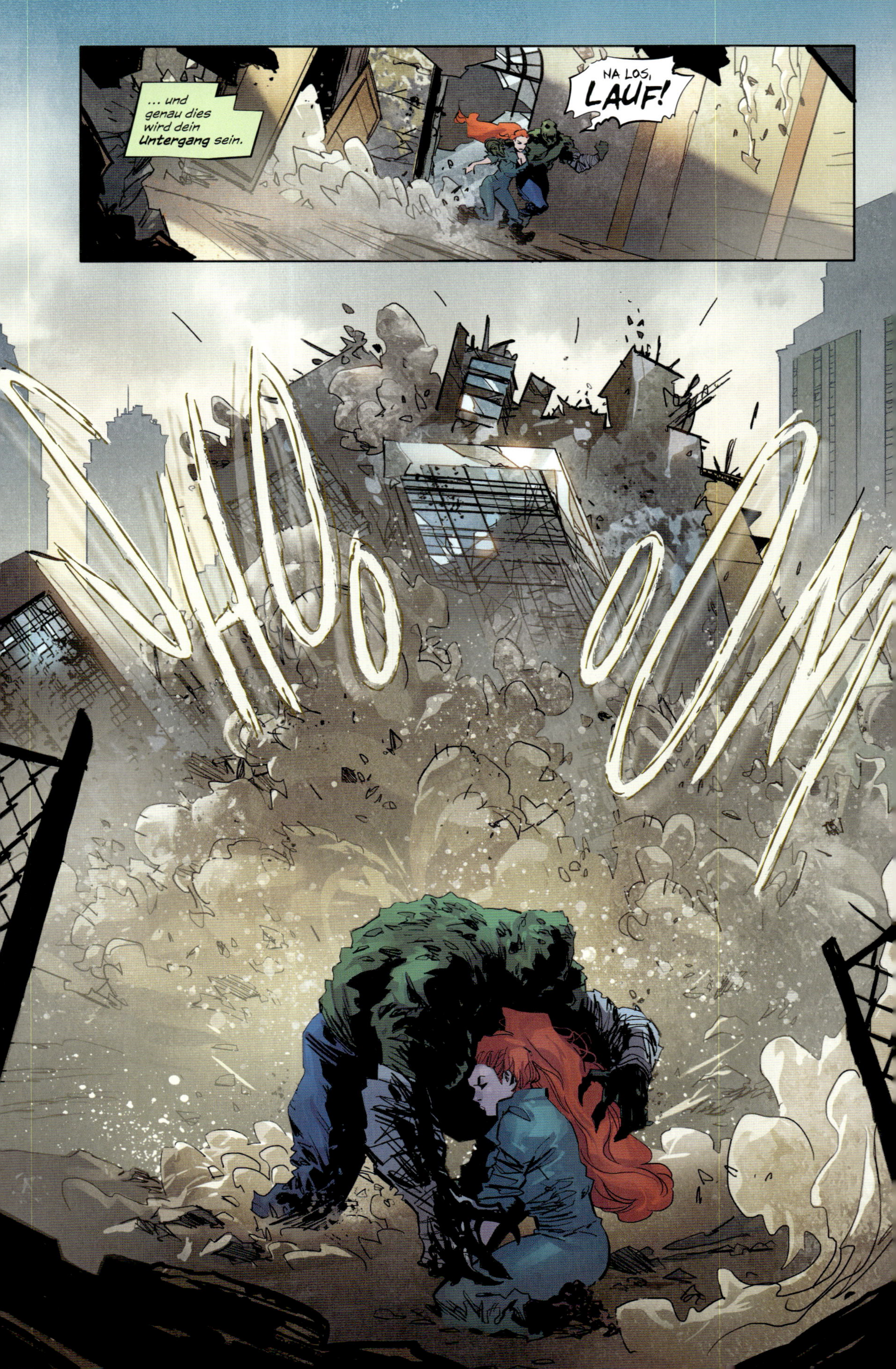
... und genau dies wird dein Untergang sein.
NA LOS, LAUF!
WHOOOOM

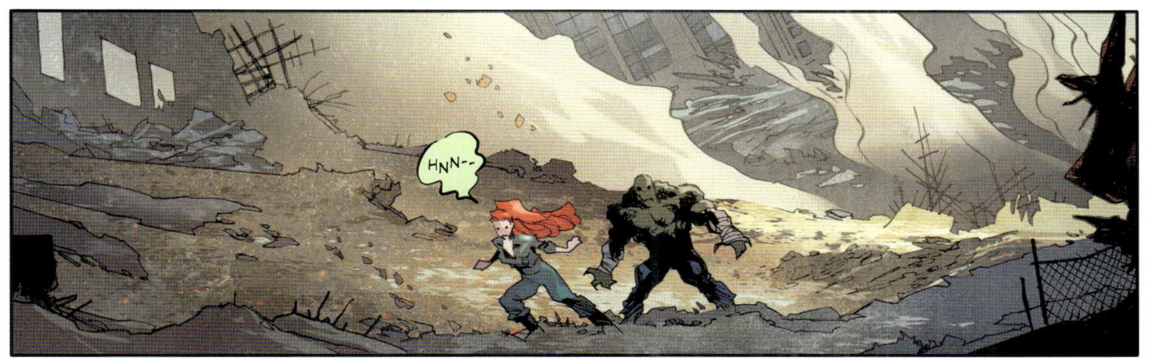
HNN--

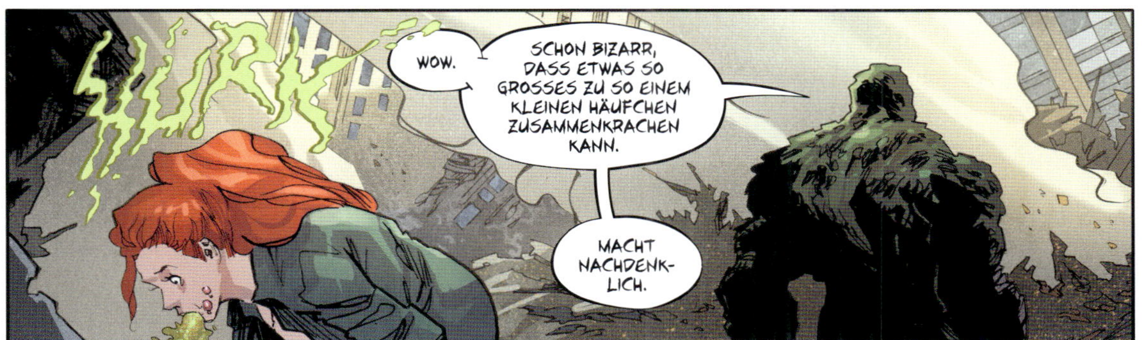
HURK
WOW.
SCHON BIZARR, DASS ETWAS SO GROSSES ZU SO EINEM KLEINEN HÄUFCHEN ZUSAMMENKRACHEN KANN.
MACHT NACHDENK-LICH.

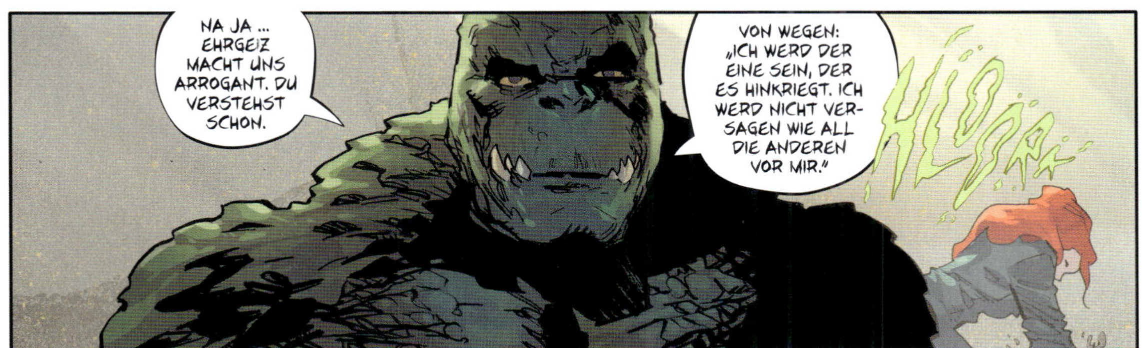
NA JA ... EHRGEIZ MACHT UNS ARROGANT. DU VERSTEHST SCHON.
VON WEGEN: „ICH WERD DER EINE SEIN, DER ES HINKRIEGT. ICH WERD NICHT VERSAGEN WIE ALL DIE ANDEREN VOR MIR."

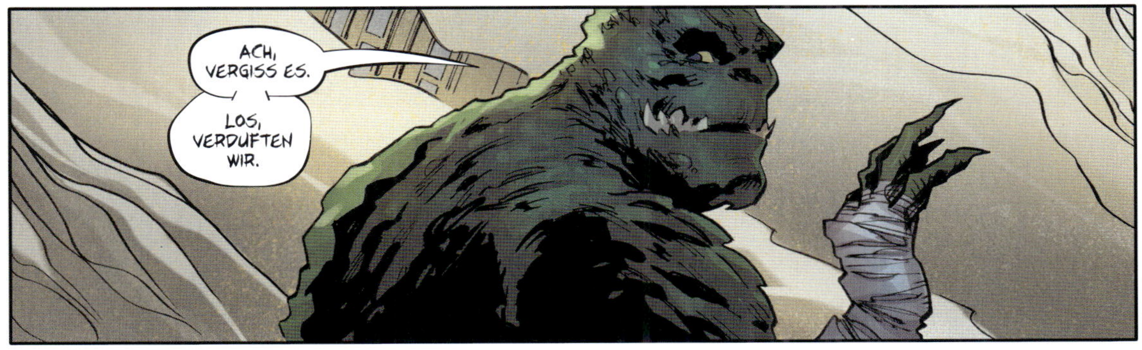
ACH, VERGISS ES.
LOS, VERDUFTEN WIR.

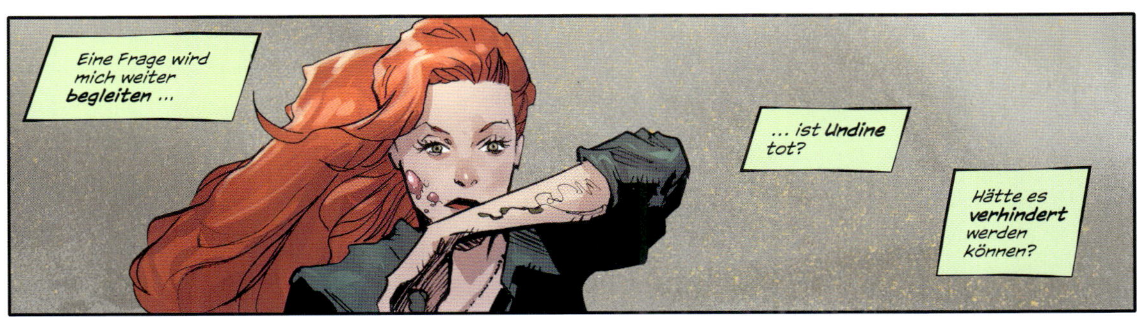
Eine Frage wird mich weiter **begleiten** ...
... ist **Undine** tot?
Hätte es **verhindert** werden können?

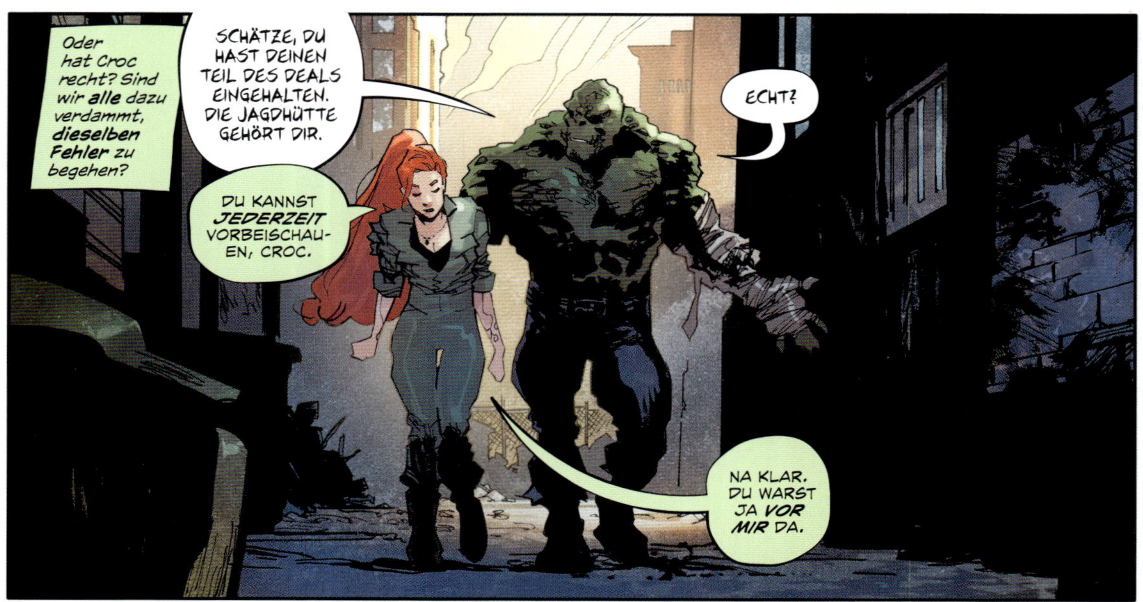
Oder hat Croc recht? Sind wir **alle** dazu verdammt, **dieselben Fehler** zu begehen?
SCHÄTZE, DU HAST DEINEN TEIL DES DEALS EINGEHALTEN. DIE JAGDHÜTTE GEHÖRT DIR.
DU KANNST ***JEDERZEIT*** VORBEISCHAU-EN, CROC.
ECHT?
NA KLAR. DU WARST JA ***VOR MIR*** DA.

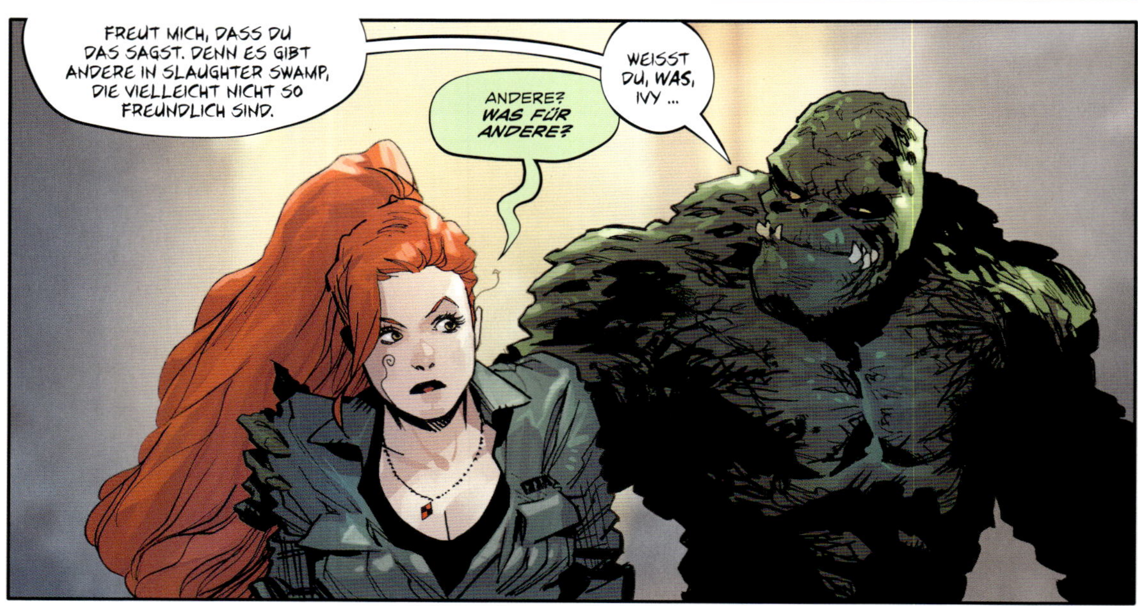
FREUT MICH, DASS DU DAS SAGST. DENN ES GIBT ANDERE IN SLAUGHTER SWAMP, DIE VIELLEICHT NICHT SO FREUNDLICH SIND.
ANDERE? ***WAS FÜR ANDERE?***
WEISST DU, **WAS**, IVY ...

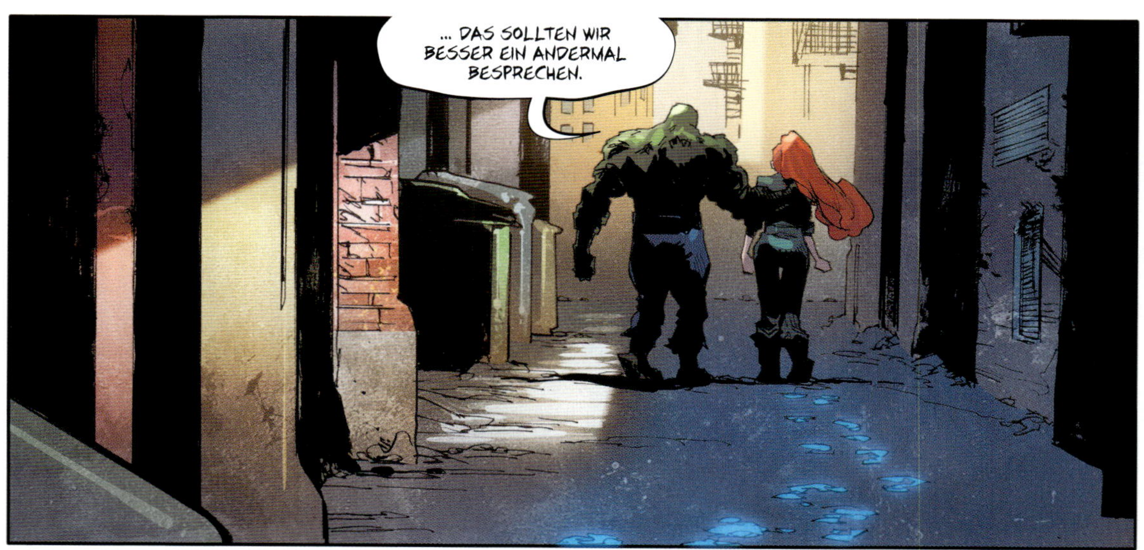
... DAS SOLLTEN WIR BESSER EIN ANDERMAL BESPRECHEN.

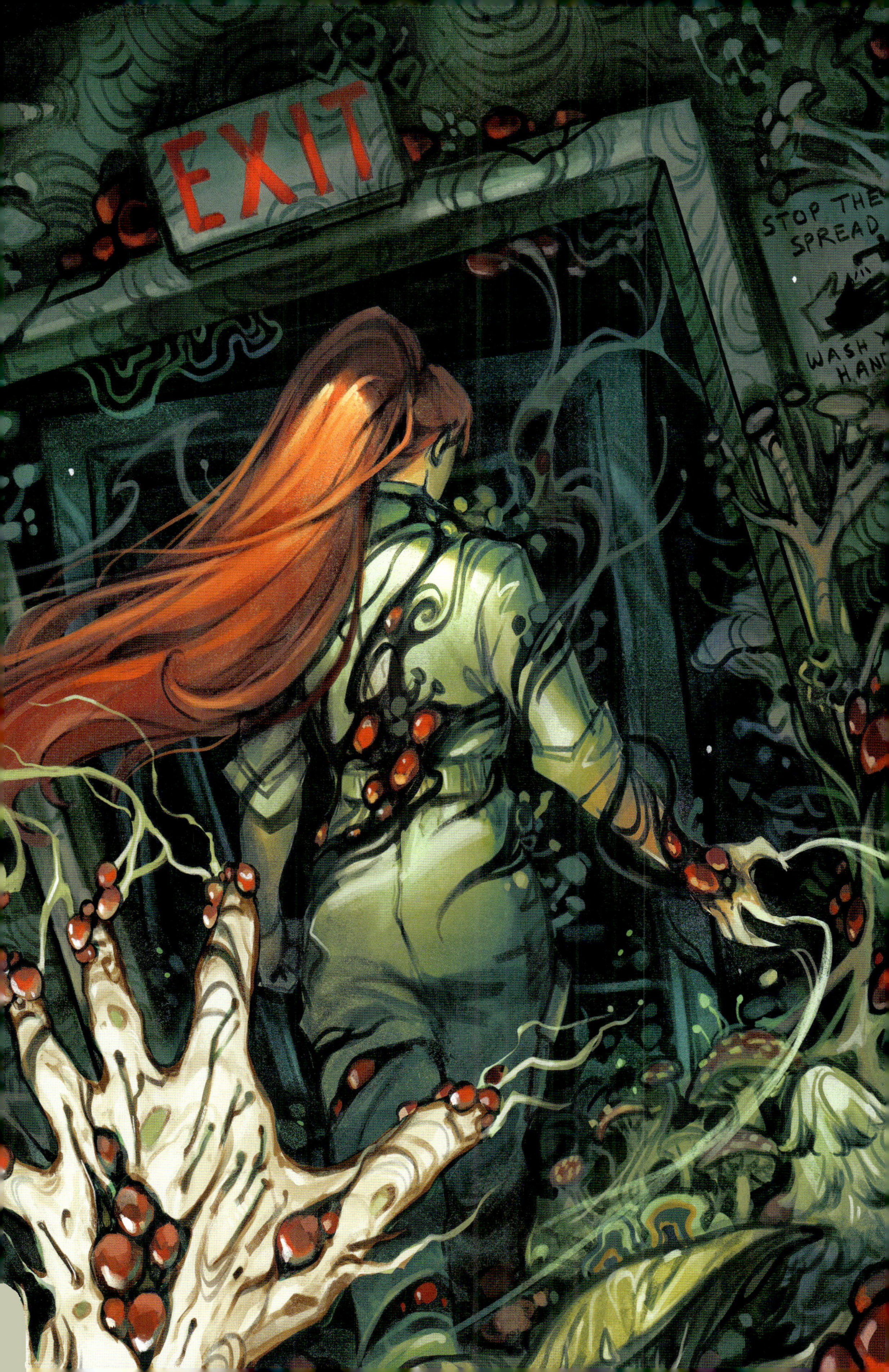
EXIT
STOP THE SPREAD
WASH

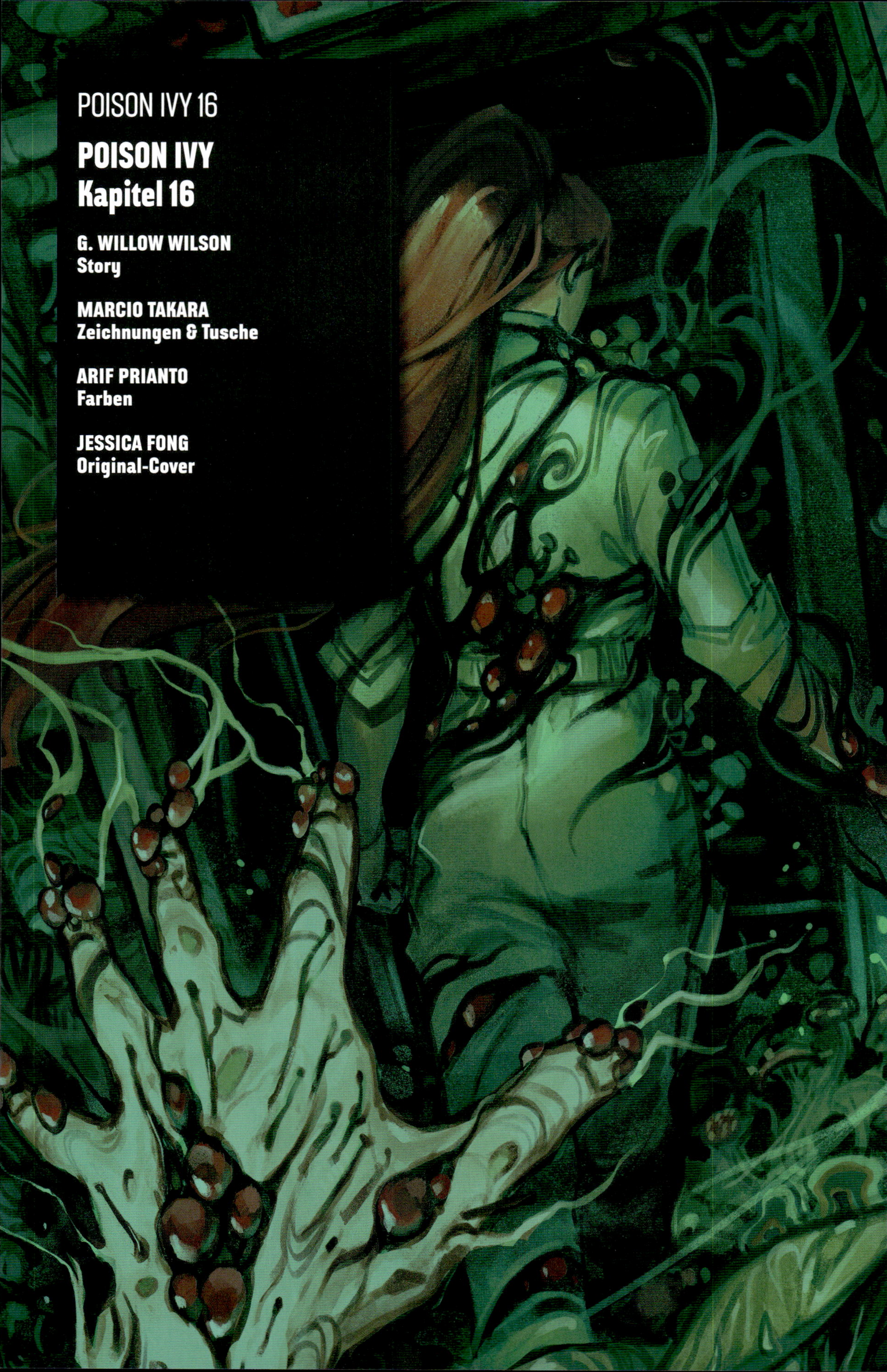

POISON IVY 16

POISON IVY
Kapitel 16

G. WILLOW WILSON
Story

MARCIO TAKARA
Zeichnungen & Tusche

ARIF PRIANTO
Farben

JESSICA FONG
Original-Cover

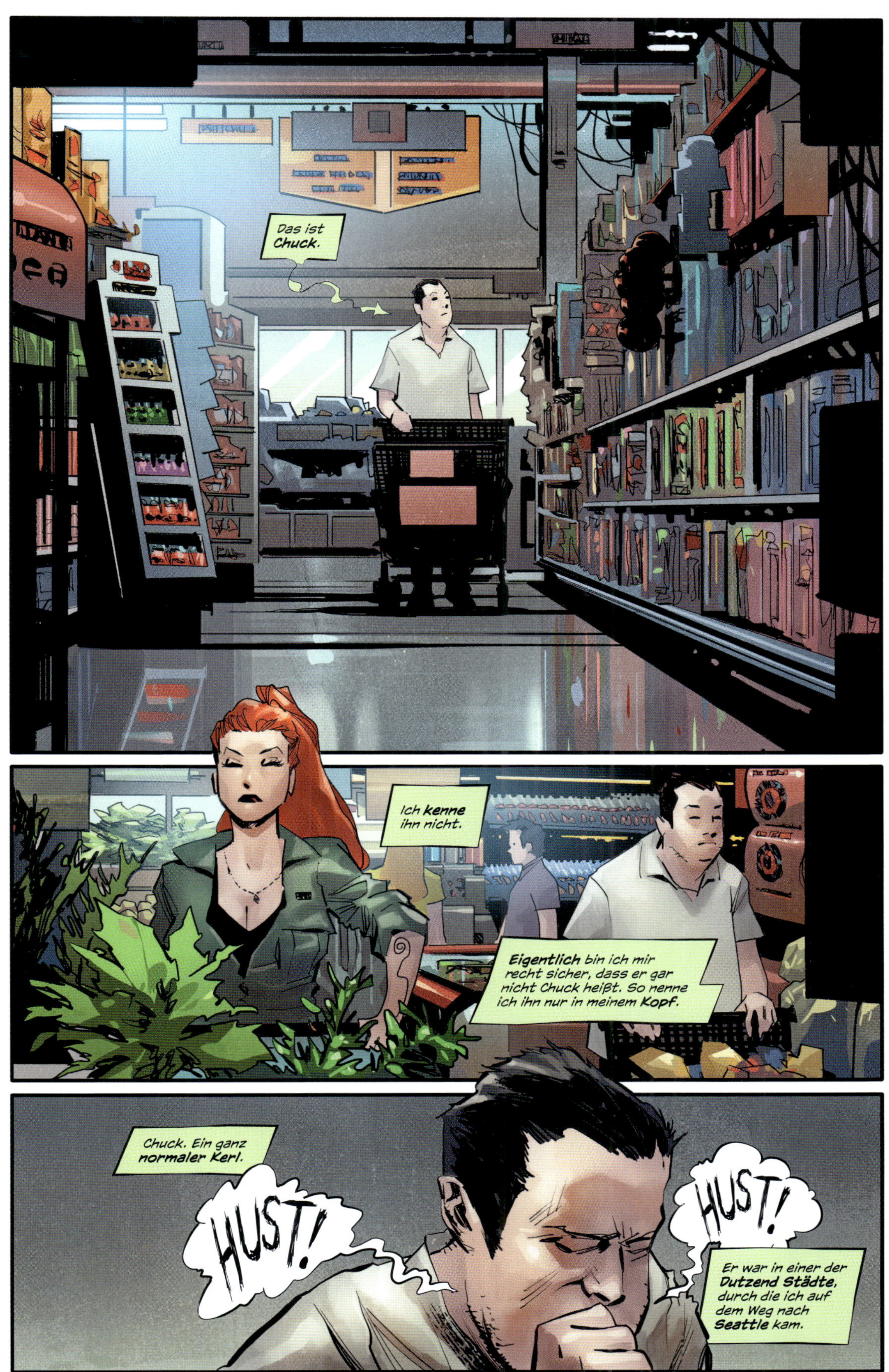
Das ist Chuck.
Ich kenne ihn nicht.
Eigentlich bin ich mir recht sicher, dass er gar nicht Chuck heißt. So nenne ich ihn nur in meinem Kopf.
Chuck. Ein ganz normaler Kerl.
HUST!
HUST!
Er war in einer der Dutzend Städte, durch die ich auf dem Weg nach Seattle kam.

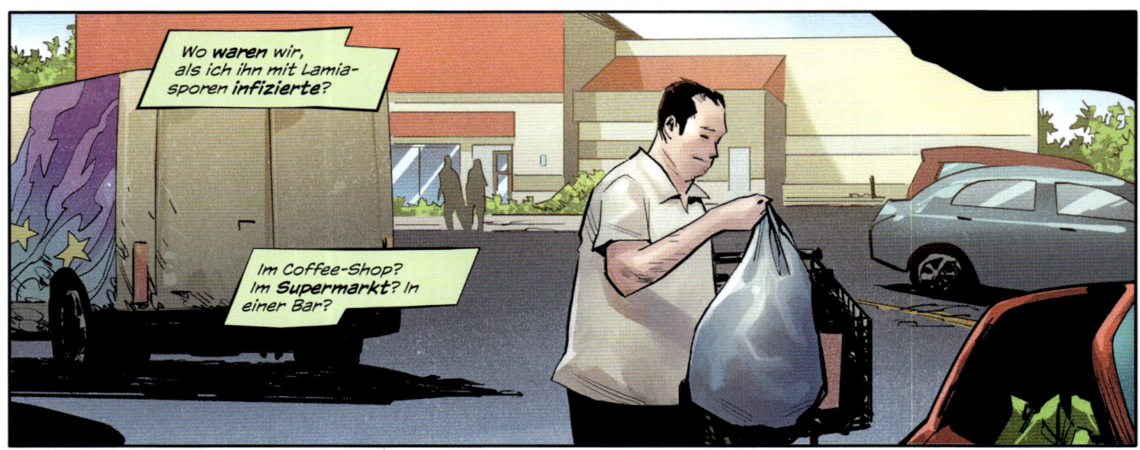
Wo waren wir, als ich ihn mit Lamia-sporen infizierte?
Im Coffee-Shop? Im Supermarkt? In einer Bar?

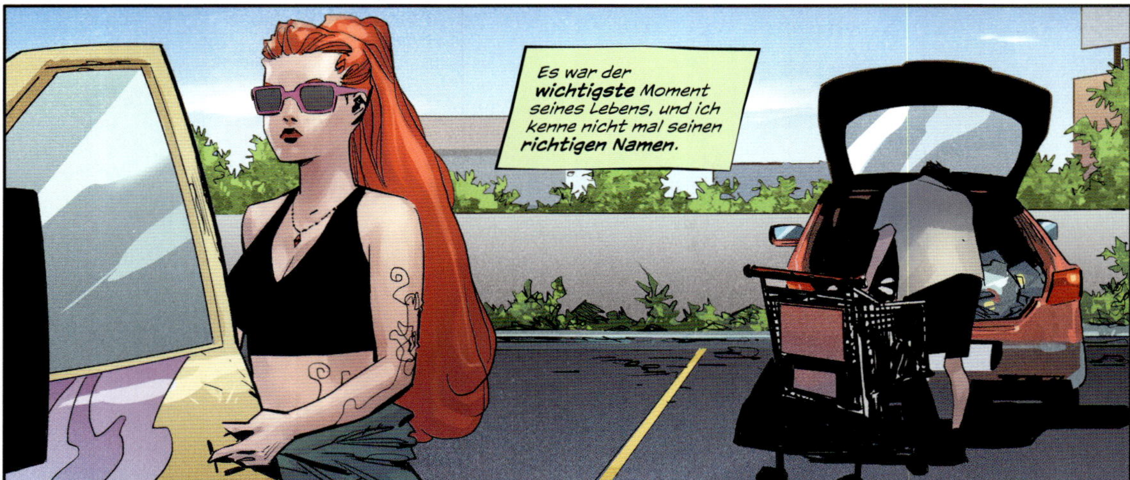
Es war der wichtigste Moment seines Lebens, und ich kenne nicht mal seinen richtigen Namen.

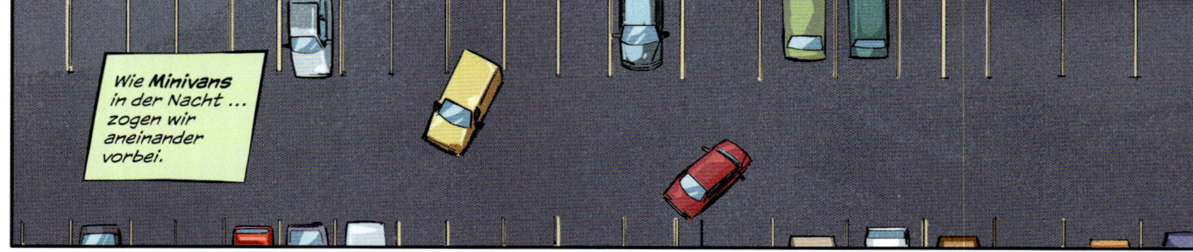
Wie Minivans in der Nacht ... zogen wir aneinander vorbei.

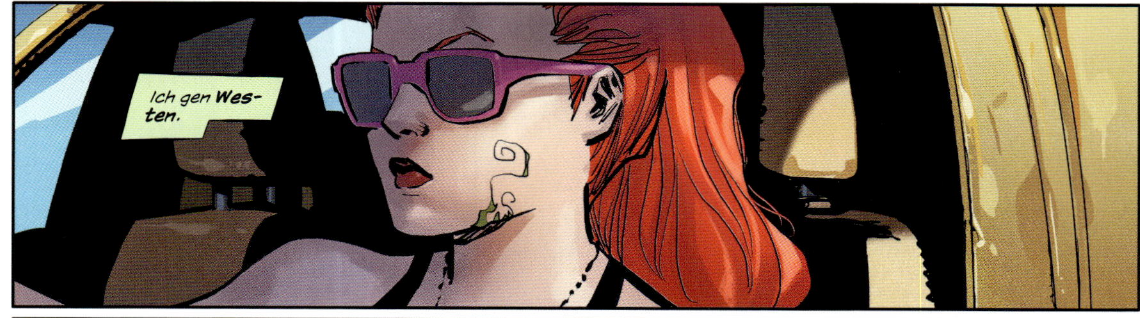
Ich gen Wes-ten.

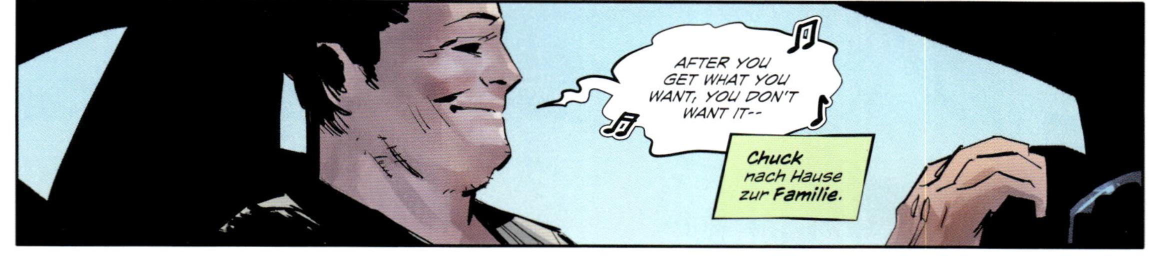
AFTER YOU GET WHAT YOU WANT, YOU DON'T WANT IT--
Chuck nach Hause zur Familie.

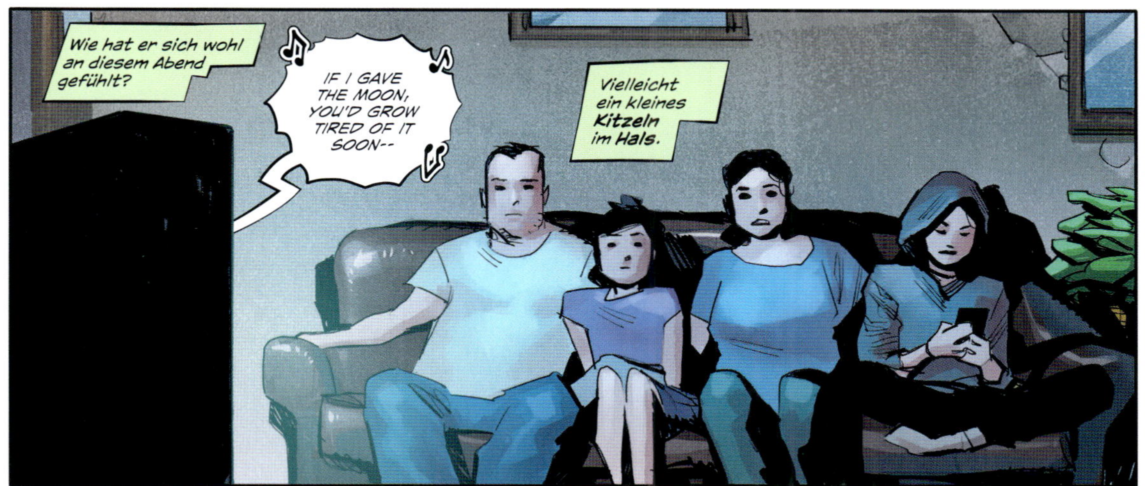

Wie hat er sich wohl an diesem Abend gefühlt?
IF I GAVE THE MOON, YOU'D GROW TIRED OF IT SOON--
Vielleicht ein kleines **Kitzeln im Hals.**

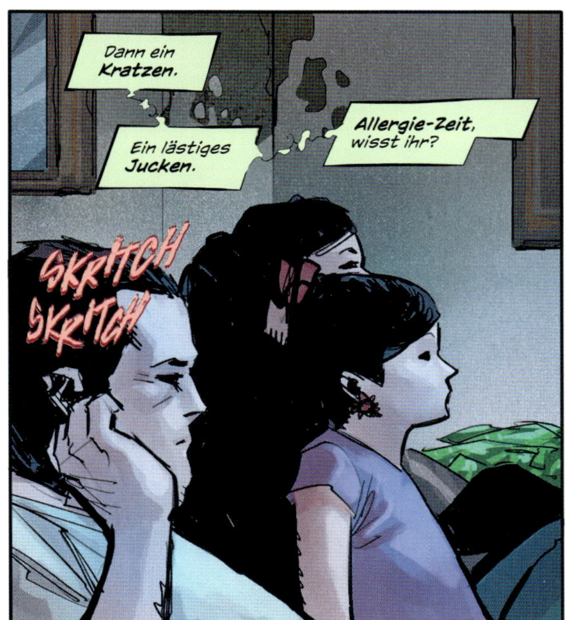

Dann ein **Kratzen.**
Ein lästiges **Jucken.**
Allergie-Zeit, wisst ihr?
SKRITCH SKRITCH

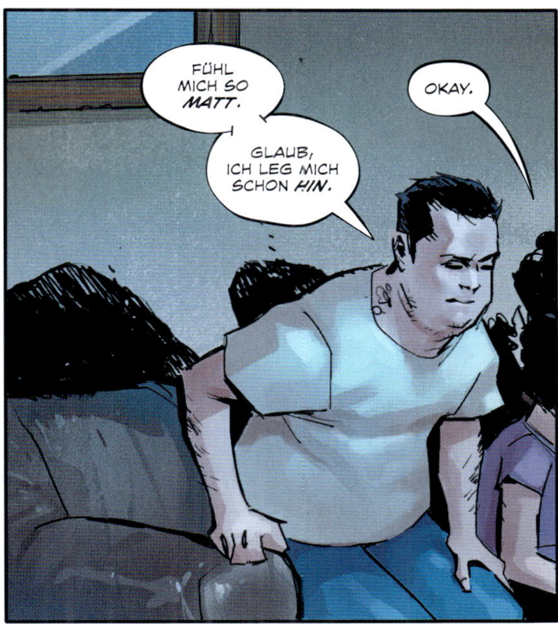

FÜHL MICH SO ***MATT.***
GLAUB, ICH LEG MICH SCHON ***HIN.***
OKAY.

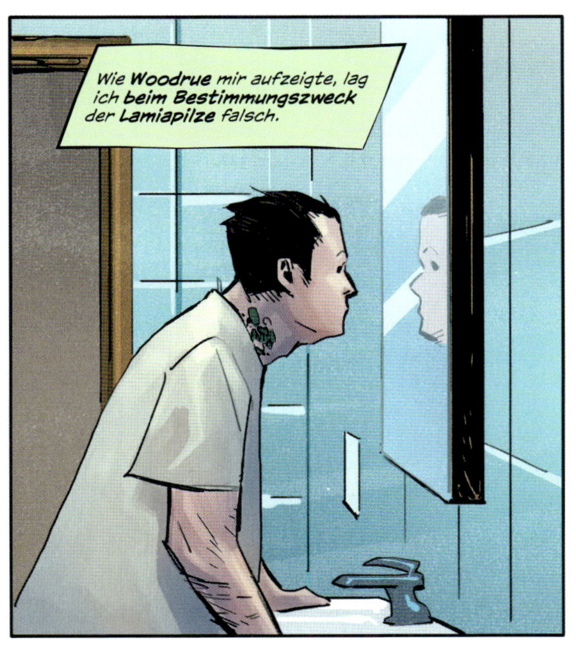

Wie **Woodrue** mir aufzeigte, lag ich **beim Bestimmungszweck** der **Lamiapilze** falsch.

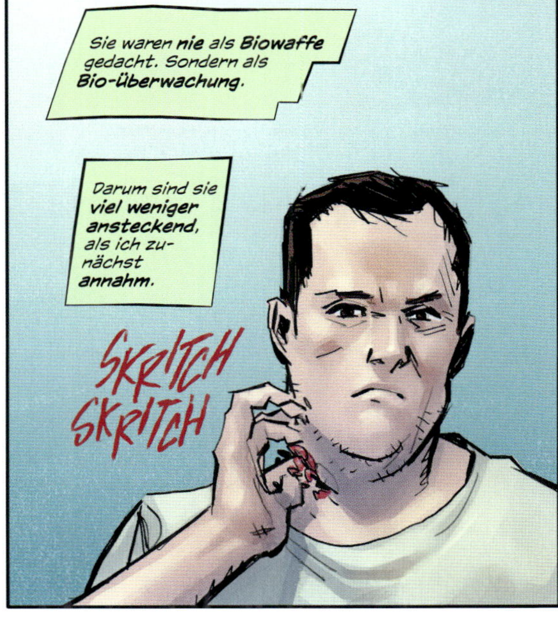

Sie waren **nie** als **Biowaffe** gedacht. Sondern als **Bio-Überwachung.**
Darum sind sie **viel weniger ansteckend,** als ich zunächst **annahm.**
SKRITCH SKRITCH

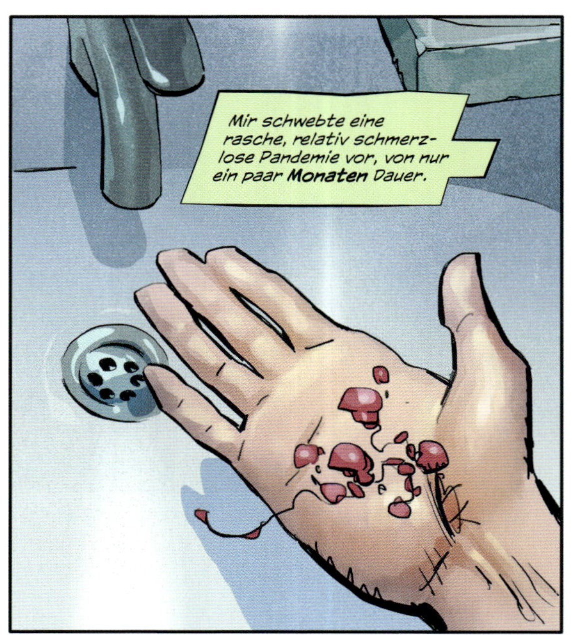
Mir schwebte eine rasche, relativ schmerz-lose Pandemie vor, von nur ein paar Monaten Dauer.

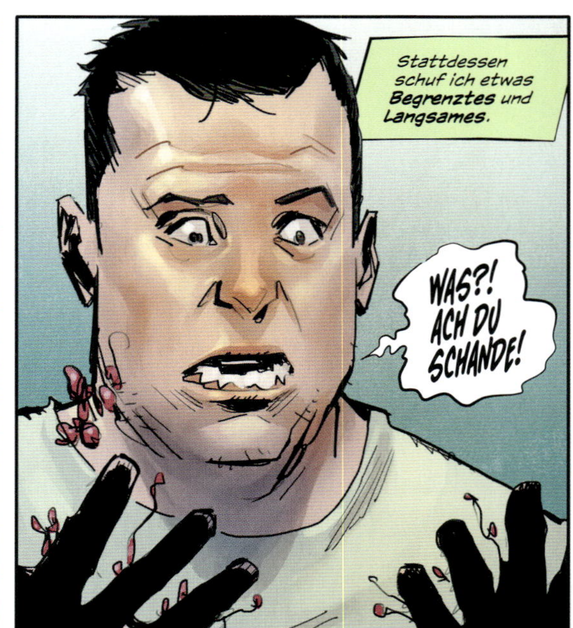
Stattdessen schuf ich etwas Begrenztes und Langsames.
WAS?! ACH DU SCHANDE!

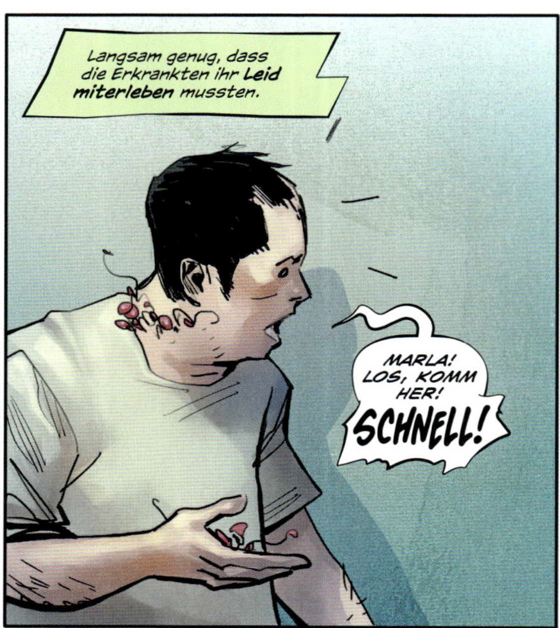
Langsam genug, dass die Erkrankten ihr Leid miterleben mussten.
MARLA! LOS, KOMM HER! SCHNELL!

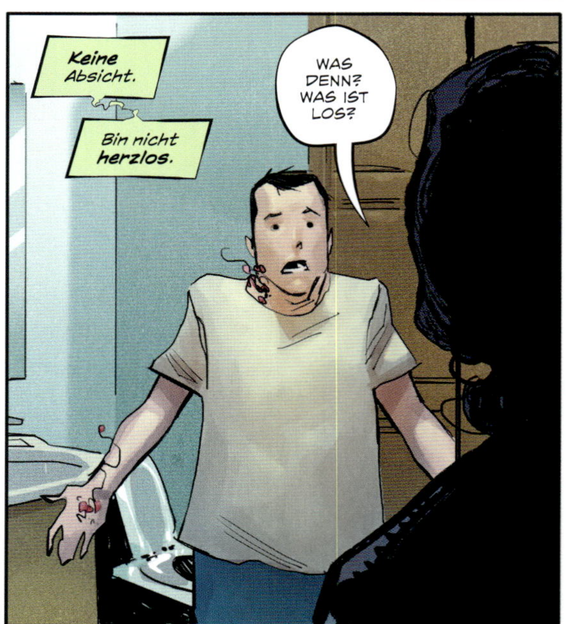
Keine Absicht.
WAS DENN? WAS IST LOS?
Bin nicht herzlos.

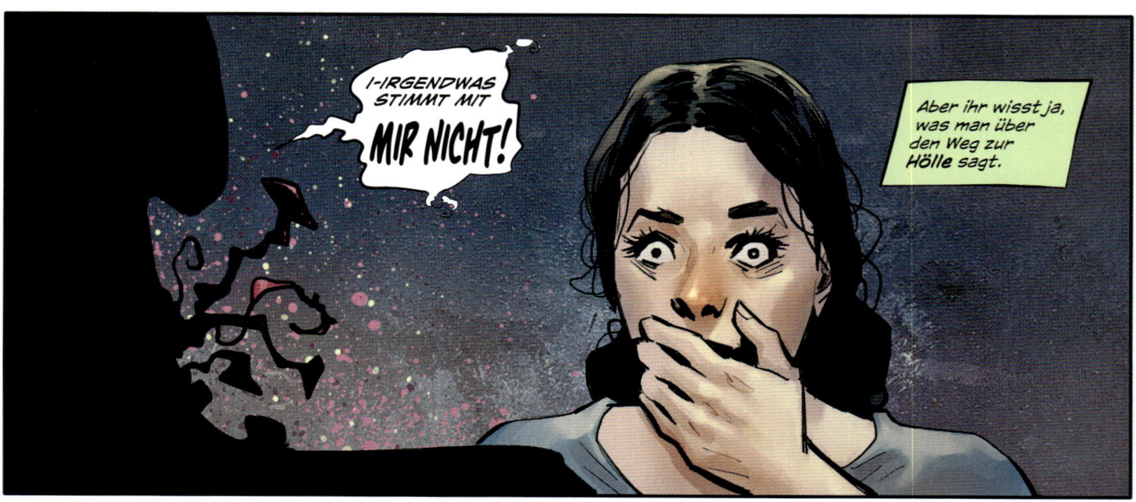
I-IRGENDWAS STIMMT MIT MIR NICHT!
Aber ihr wisst ja, was man über den Weg zur Hölle sagt.

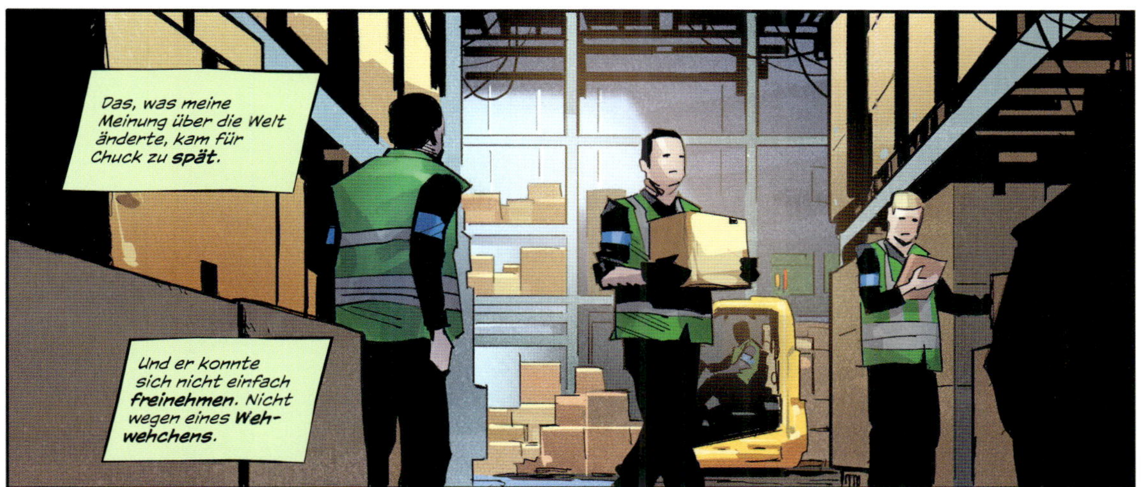
Das, was meine Meinung über die Welt änderte, kam für Chuck zu **spät**.
Und er konnte sich nicht einfach **freinehmen**. Nicht wegen eines **Wehwehchens**.

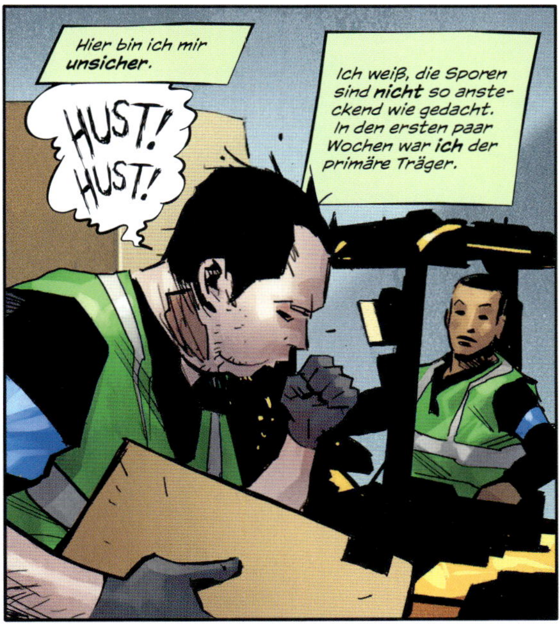
Hier bin ich mir **unsicher**.
HUST! HUST!
Ich weiß, die Sporen sind **nicht** so ansteckend wie gedacht. In den ersten paar Wochen war **ich** der primäre Träger.

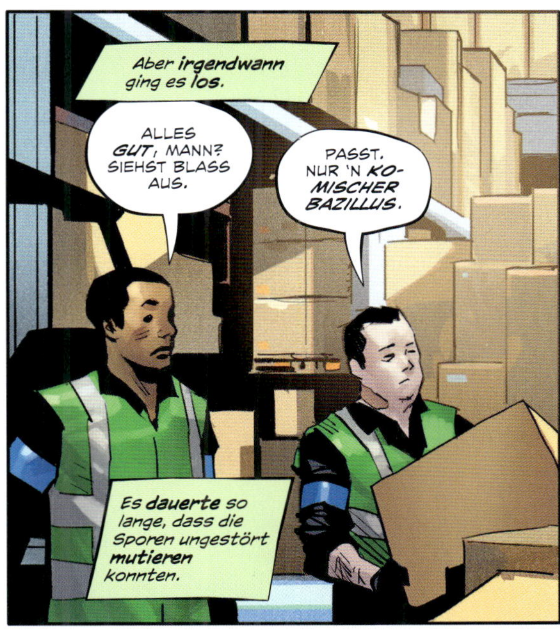
Aber **irgendwann** ging es **los**.
ALLES *GUT*, MANN? SIEHST BLASS AUS.
PASST. NUR 'N ***KOMISCHER BAZILLUS***.
Es **dauerte** so lange, dass die Sporen ungestört **mutieren** konnten.

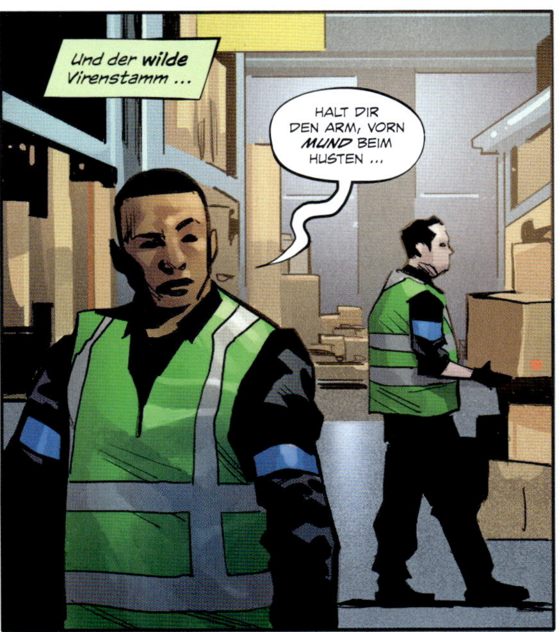
Und der **wilde** Virenstamm ...
HALT DIR DEN ARM, VORN *MUND* BEIM HUSTEN ...

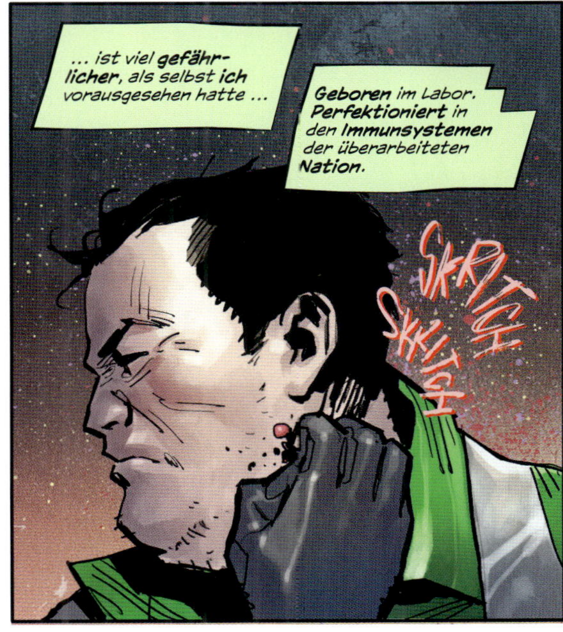
... ist viel **gefährlicher**, als selbst **ich** vorausgesehen hatte ...
Geboren im Labor. **Perfektioniert** in den **Immunsystemen** der überarbeiteten **Nation**.
SKRITCH SKRITCH

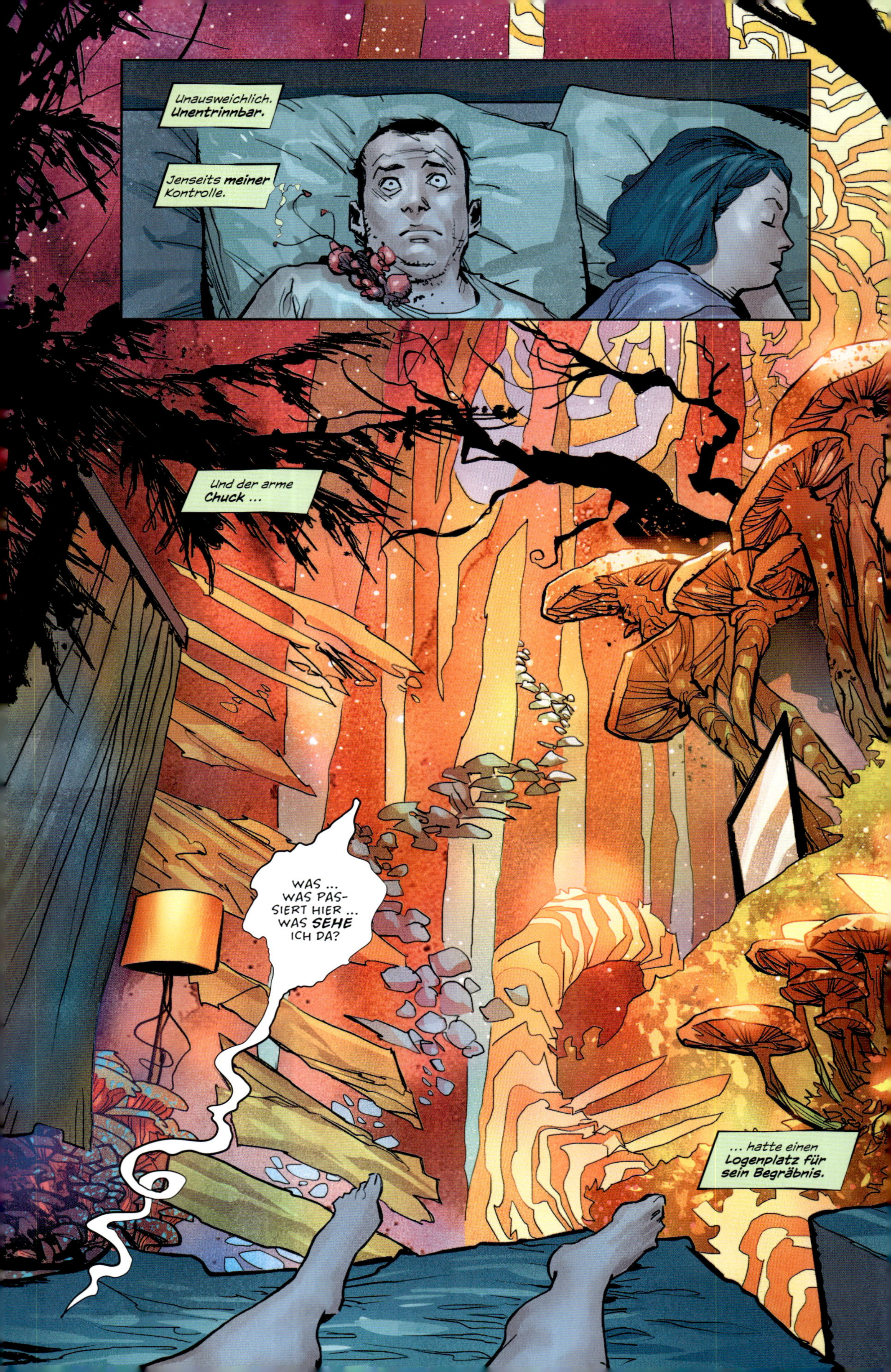
Unausweichlich. Unentrinnbar.
Jenseits meiner Kontrolle.
Und der arme Chuck ...
WAS ... WAS PASSIERT HIER ... WAS SEHE ICH DA?
... hatte einen Logenplatz für sein Begräbnis.

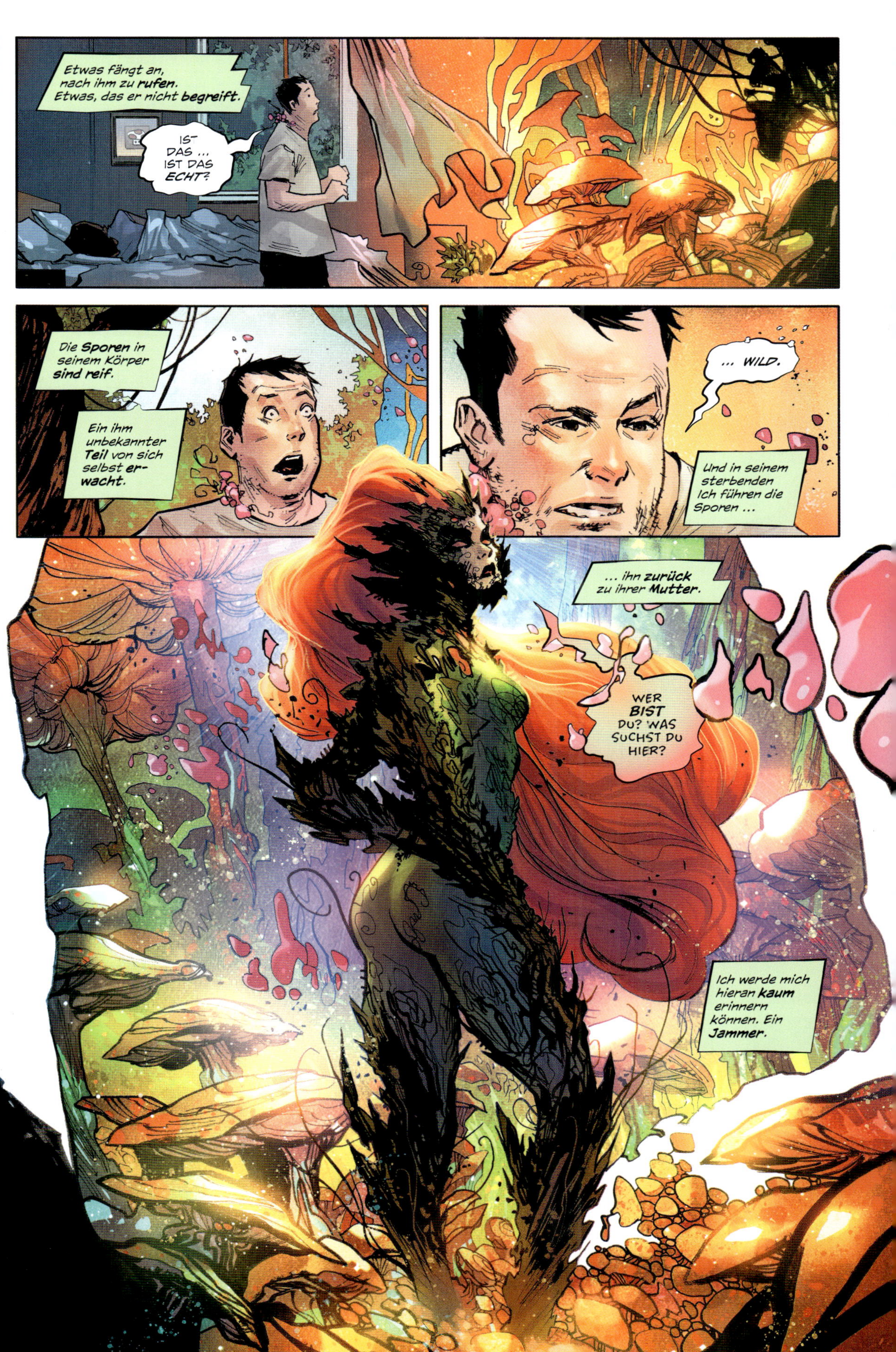
Etwas fängt an, nach ihm zu **rufen**. Etwas, das er nicht **begreift**.
IST DAS ... IST DAS *ECHT*?
Die **Sporen** in seinem Körper **sind reif**.
Ein ihm unbekannter **Teil** von sich selbst **erwacht**.
... WILD.
Und in seinem sterbenden Ich führen die Sporen ...
... ihn **zurück** zu ihrer **Mutter**.
WER **BIST** DU? WAS SUCHST DU HIER?
Ich werde mich hieran **kaum** erinnern können. Ein **Jammer**.

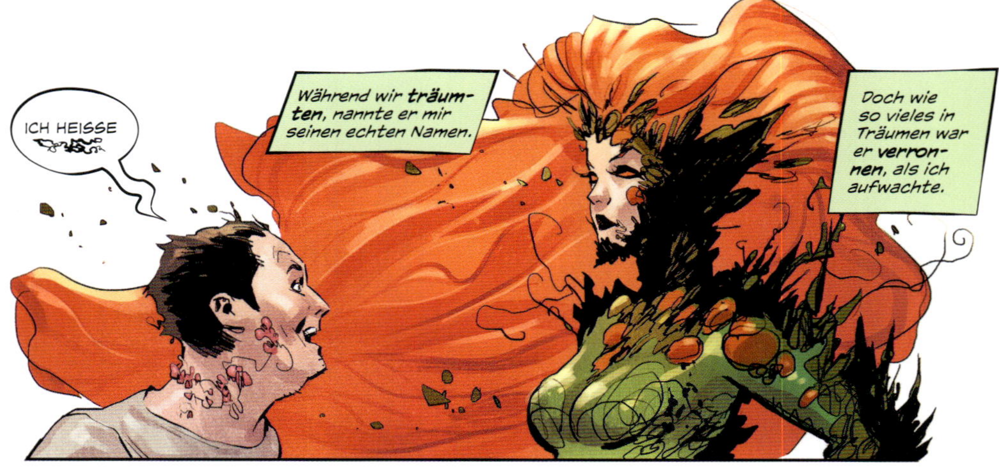
ICH HEISSE
Während wir **träumten**, nannte er mir seinen echten Namen.
Doch wie so vieles in Träumen war er **verronnen**, als ich aufwachte.

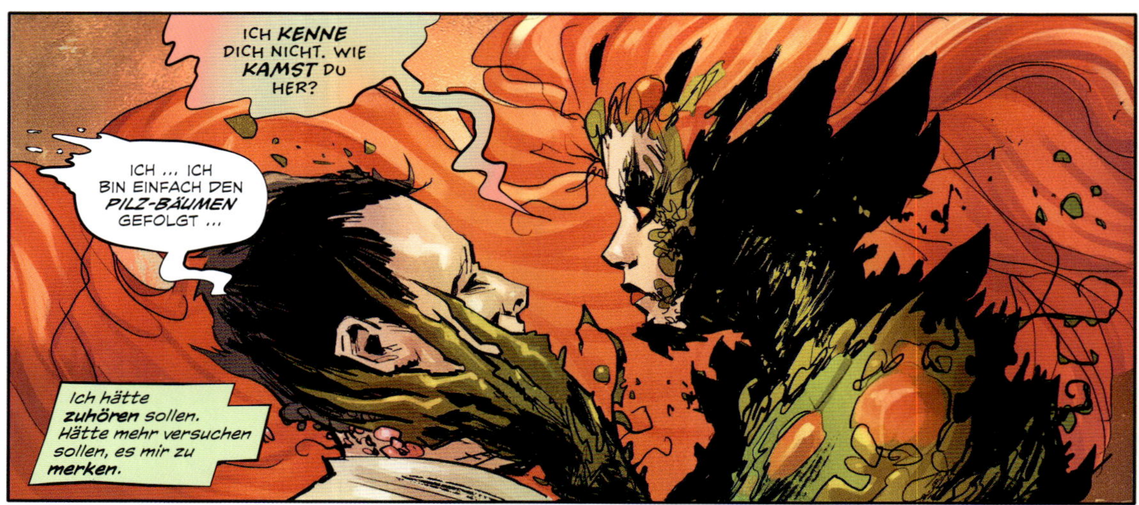
ICH **KENNE** DICH NICHT. WIE **KAMST** DU HER?
ICH ... ICH BIN EINFACH DEN **PILZ-BÄUMEN** GEFOLGT ...
Ich hätte **zuhören** sollen. Hätte mehr versuchen sollen, es mir zu **merken**.

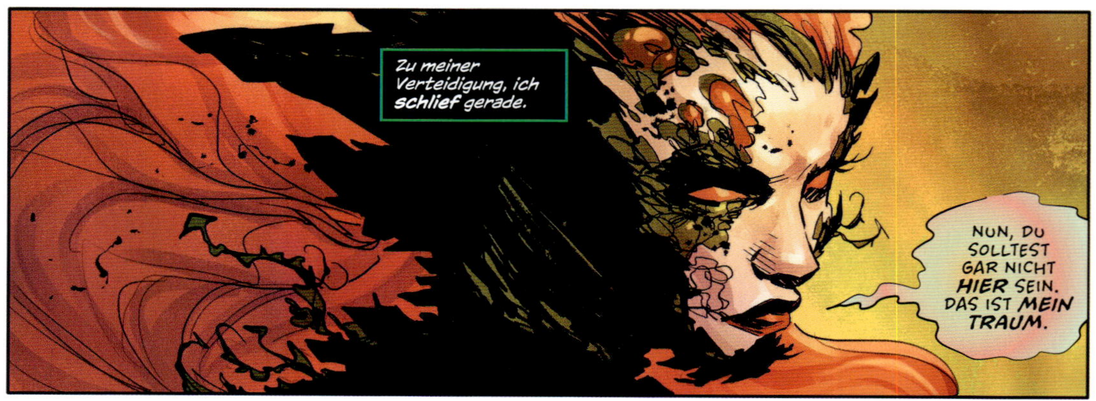
Zu meiner Verteidigung, ich **schlief** gerade.
NUN, DU SOLLTEST GAR NICHT **HIER** SEIN. DAS IST **MEIN TRAUM**.

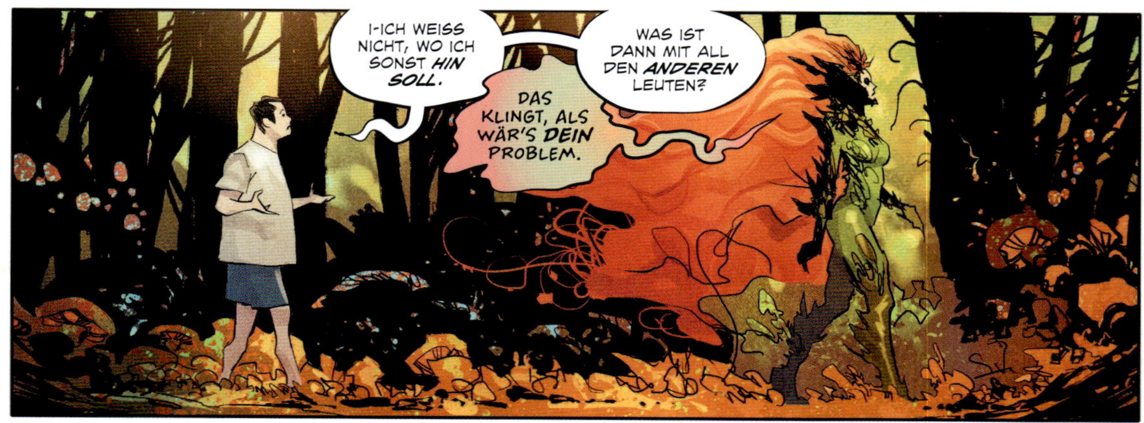
I-ICH WEISS NICHT, WO ICH SONST **HIN SOLL**.
WAS IST DANN MIT ALL DEN **ANDEREN** LEUTEN?
DAS KLINGT, ALS WÄR'S **DEIN** PROBLEM.

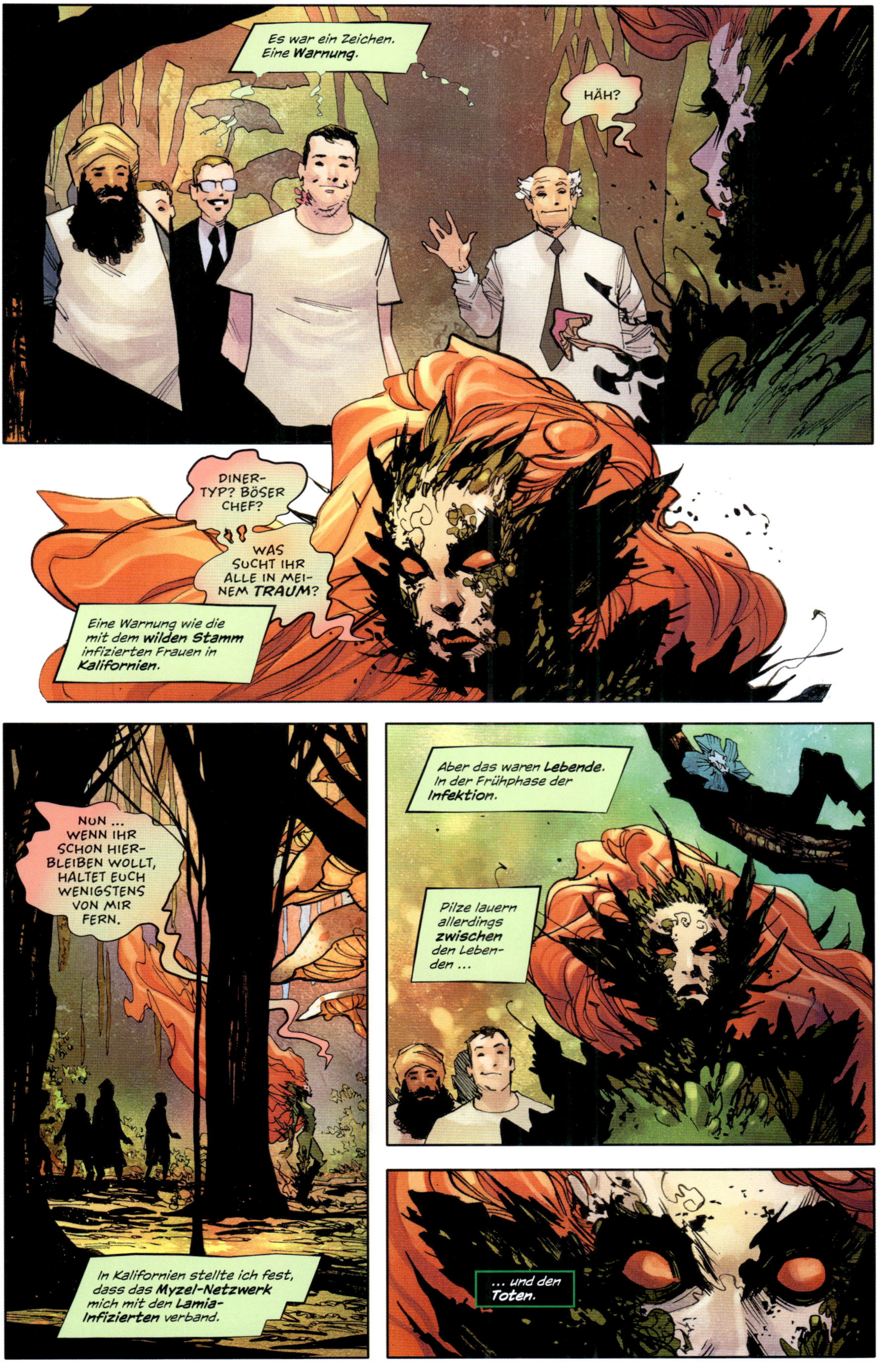

Es war ein Zeichen. Eine **Warnung**.

HÄH?

DINER-TYP? BÖSER CHEF?

WAS SUCHT IHR ALLE IN MEINEM **TRAUM**?

Eine Warnung wie die mit dem **wilden Stamm** infizierten Frauen in **Kalifornien**.

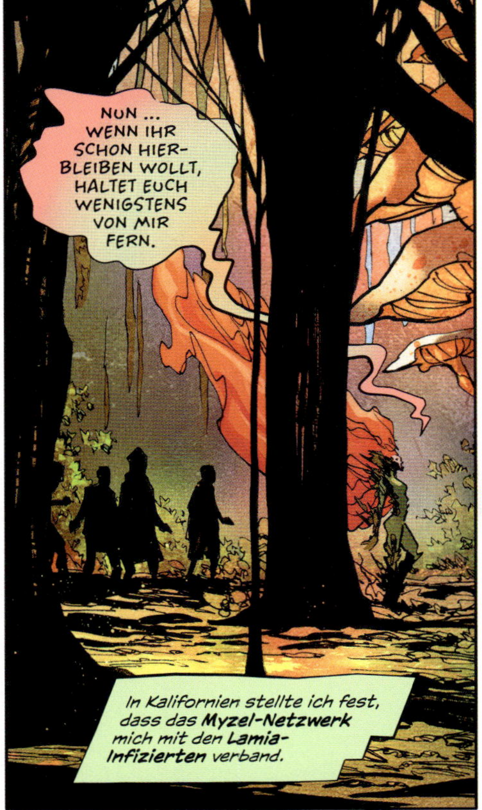

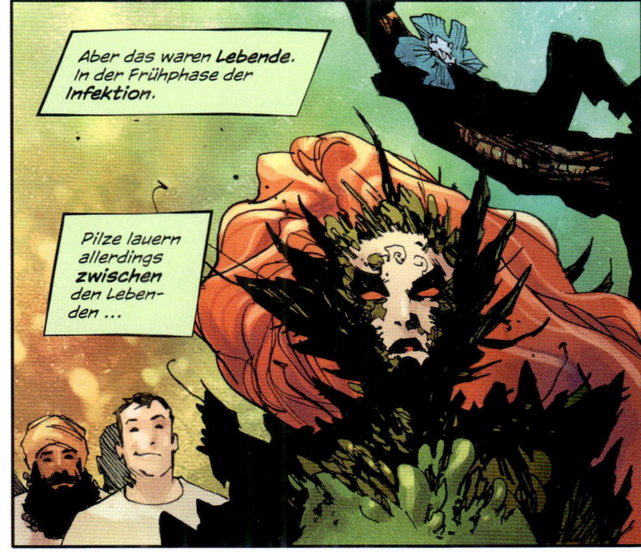

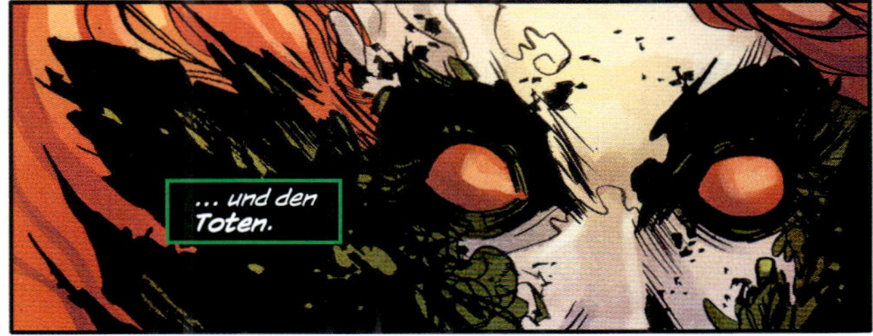

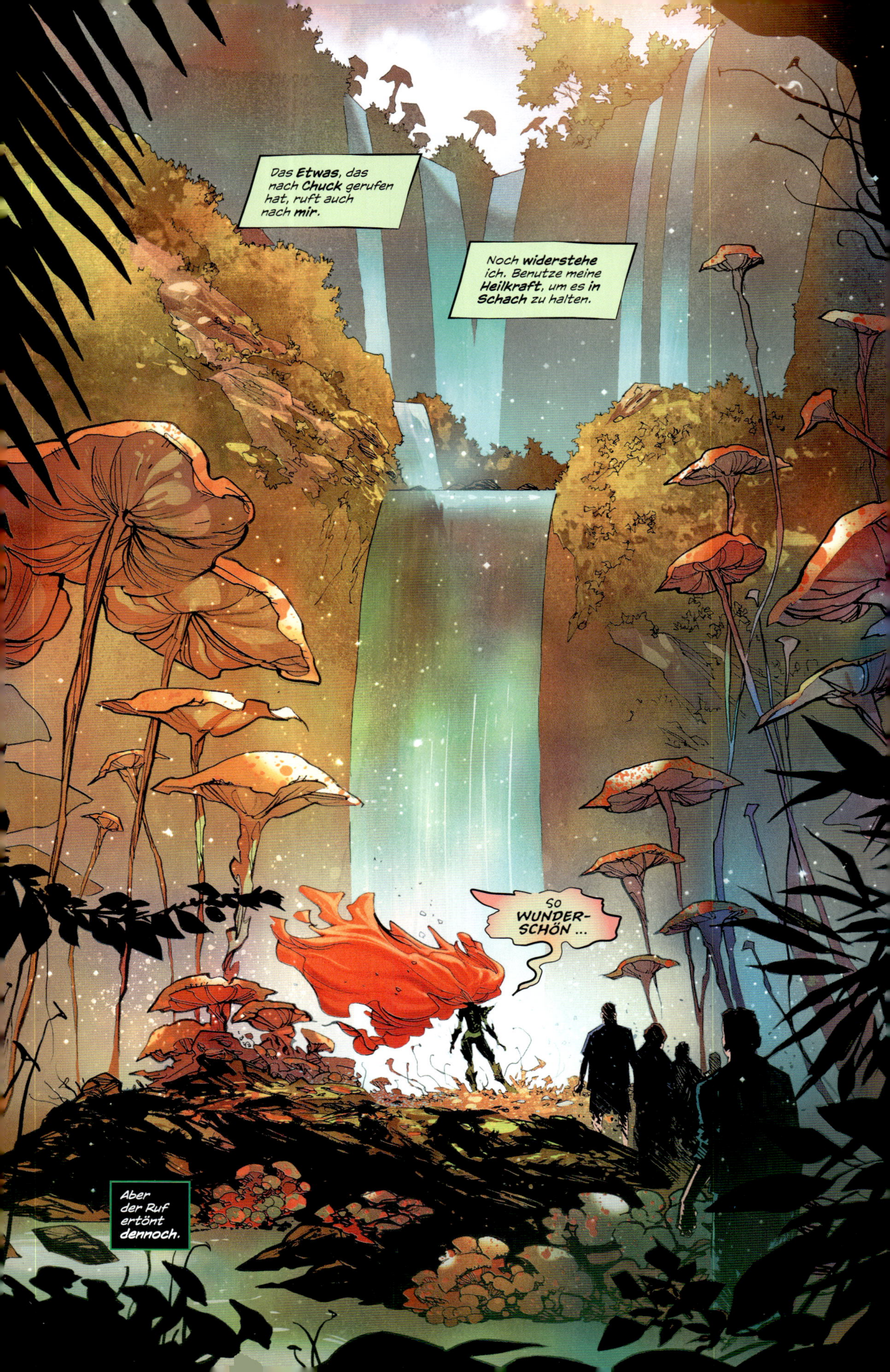
Das Etwas, das nach Chuck gerufen hat, ruft auch nach mir.
Noch widerstehe ich. Benutze meine Heilkraft, um es in Schach zu halten.
So WUNDERSCHÖN ...
Aber der Ruf ertönt dennoch.

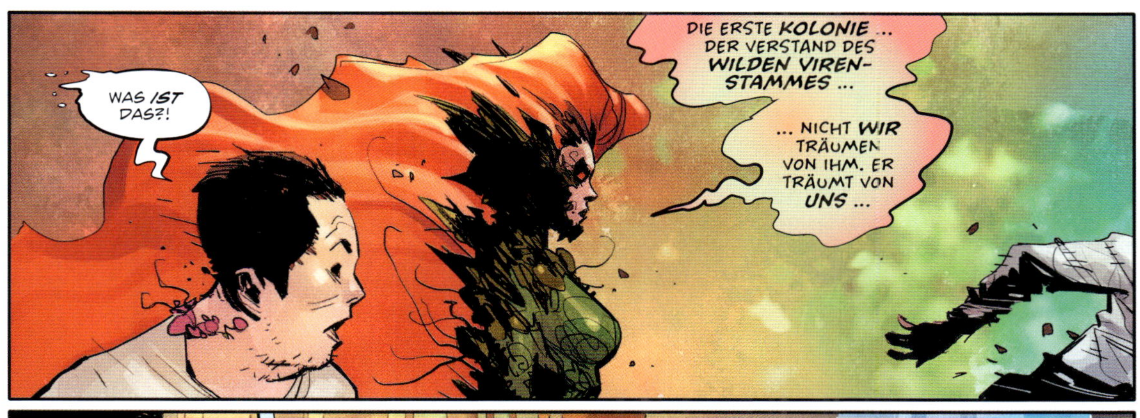
WAS *IST* DAS?!
DIE ERSTE **KOLONIE** ... DER VERSTAND DES **WILDEN VIREN-STAMMES** ...
... NICHT **WIR** TRÄUMEN VON IHM. ER TRÄUMT VON **UNS** ...

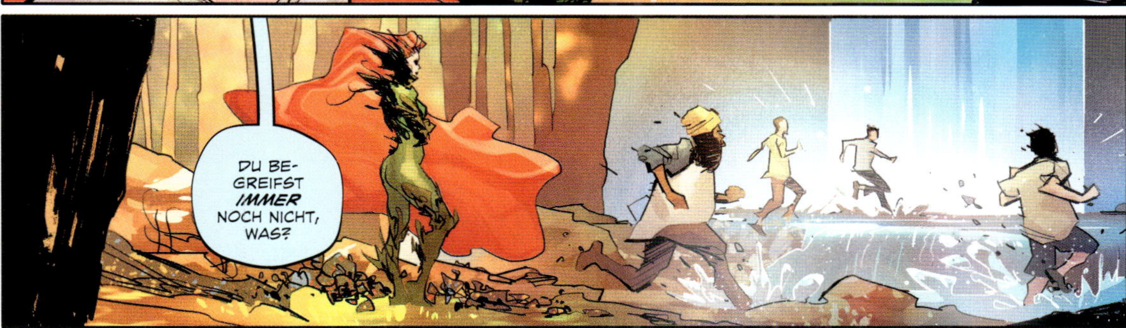
DU BEGREIFST *IMMER* NOCH NICHT, WAS?

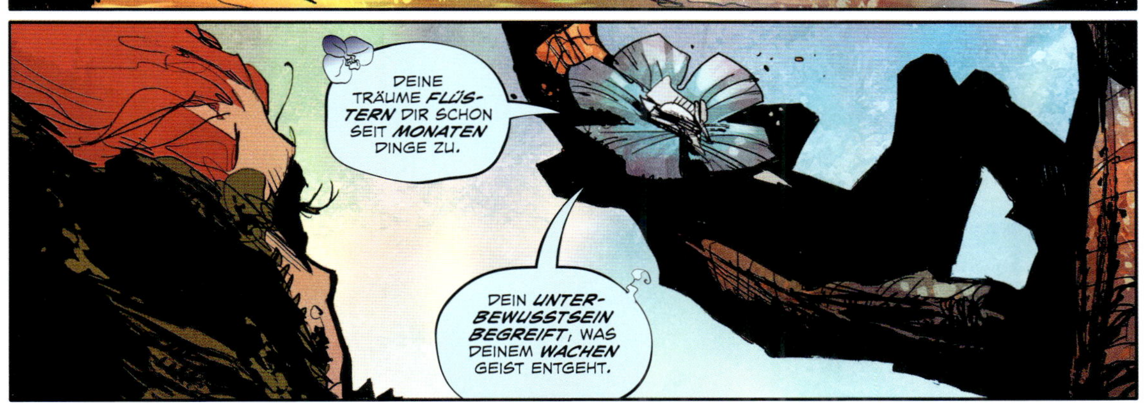
DEINE TRÄUME ***FLÜSTERN*** DIR SCHON SEIT ***MONATEN*** DINGE ZU.
DEIN ***UNTERBEWUSSTSEIN BEGREIFT***, WAS DEINEM ***WACHEN*** GEIST ENTGEHT.

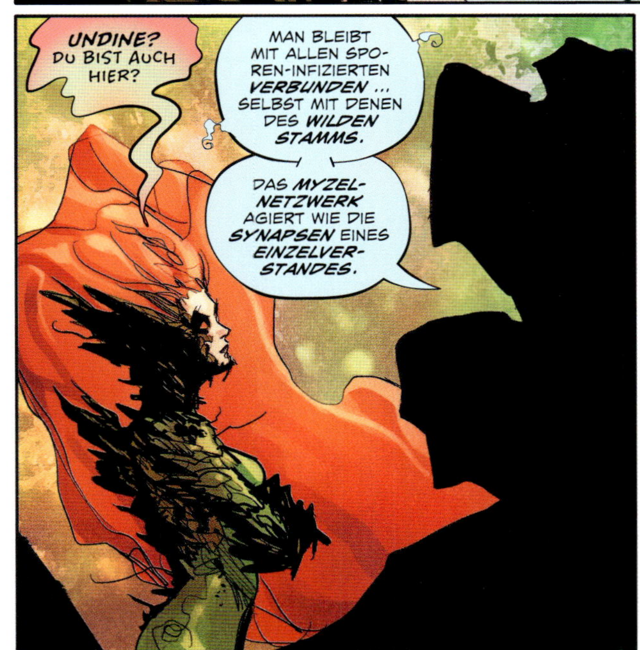
UNDINE? DU BIST AUCH HIER?
MAN BLEIBT MIT ALLEN SPOREN-INFIZIERTEN ***VERBUNDEN*** ... SELBST MIT DENEN DES ***WILDEN STAMMS.***
DAS ***MYZELNETZWERK*** AGIERT WIE DIE ***SYNAPSEN*** EINES ***EINZELVERSTANDES.***

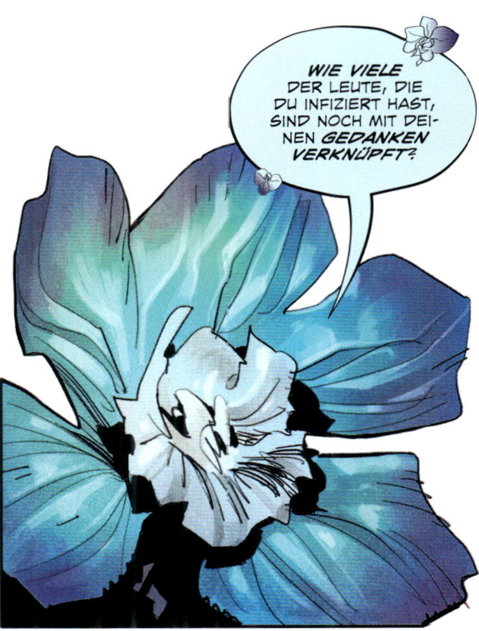
WIE VIELE DER LEUTE, DIE DU INFIZIERT HAST, SIND NOCH MIT DEINEN ***GEDANKEN VERKNÜPFT?***

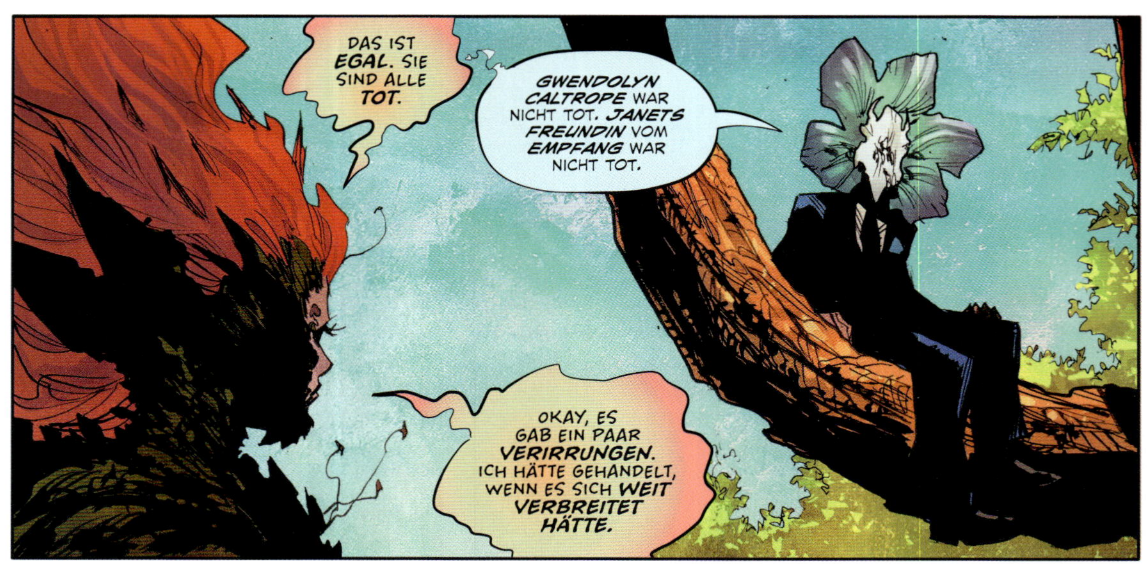
DAS IST EGAL. SIE SIND ALLE TOT.
GWENDOLYN CALTROPE WAR NICHT TOT. JANETS FREUNDIN VOM EMPFANG WAR NICHT TOT.
OKAY, ES GAB EIN PAAR VERIRRUNGEN. ICH HÄTTE GEHANDELT, WENN ES SICH WEIT VERBREITET HÄTTE.

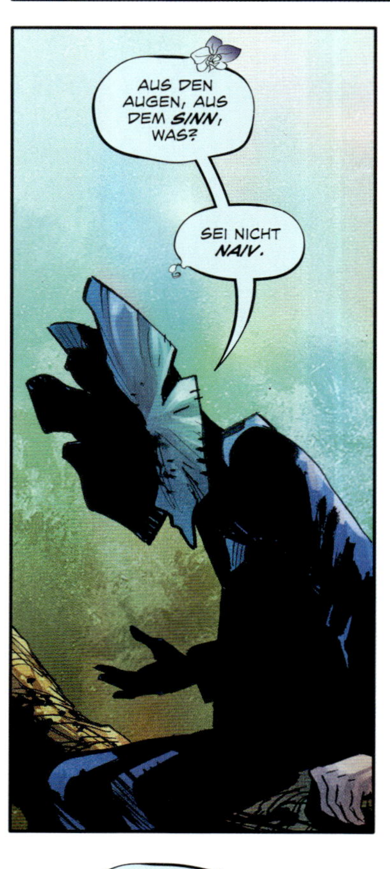
AUS DEN AUGEN, AUS DEM SINN, WAS?
SEI NICHT NAIV.

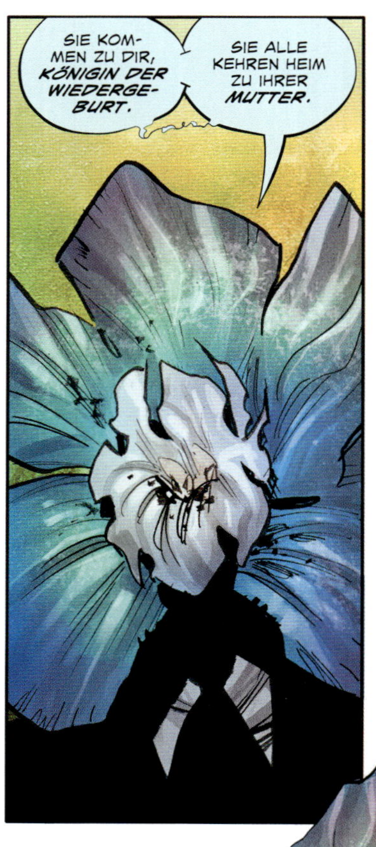
SIE KOMMEN ZU DIR, KÖNIGIN DER WIEDERGEBURT.
SIE ALLE KEHREN HEIM ZU IHRER MUTTER.

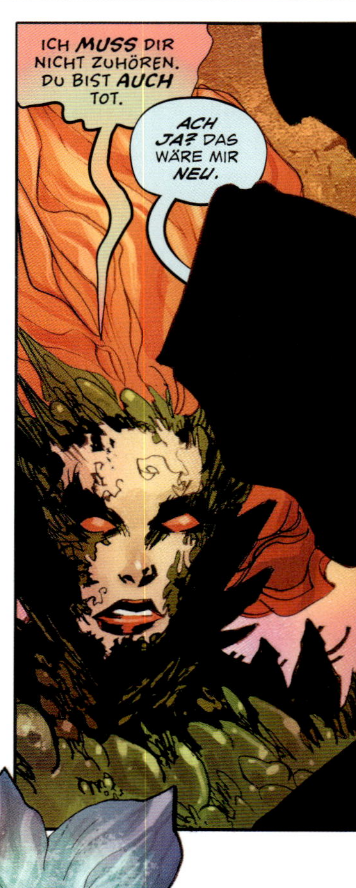
ICH MUSS DIR NICHT ZUHÖREN. DU BIST AUCH TOT.
ACH JA? DAS WÄRE MIR NEU.

SOLCH EINE MACHT ZU VERGEUDEN.
ICH MUSS MICH FRAGEN, WIE DIE SPOREN DEIN GEHIRN BEEINFLUSSEN. DEINE SINNE TRÜBEN.
ES IST UNNATÜRLICH, FREIWILLIG SO LANGE MIT EINEM PARASITÄREN PILZBEFALL ZU LEBEN.

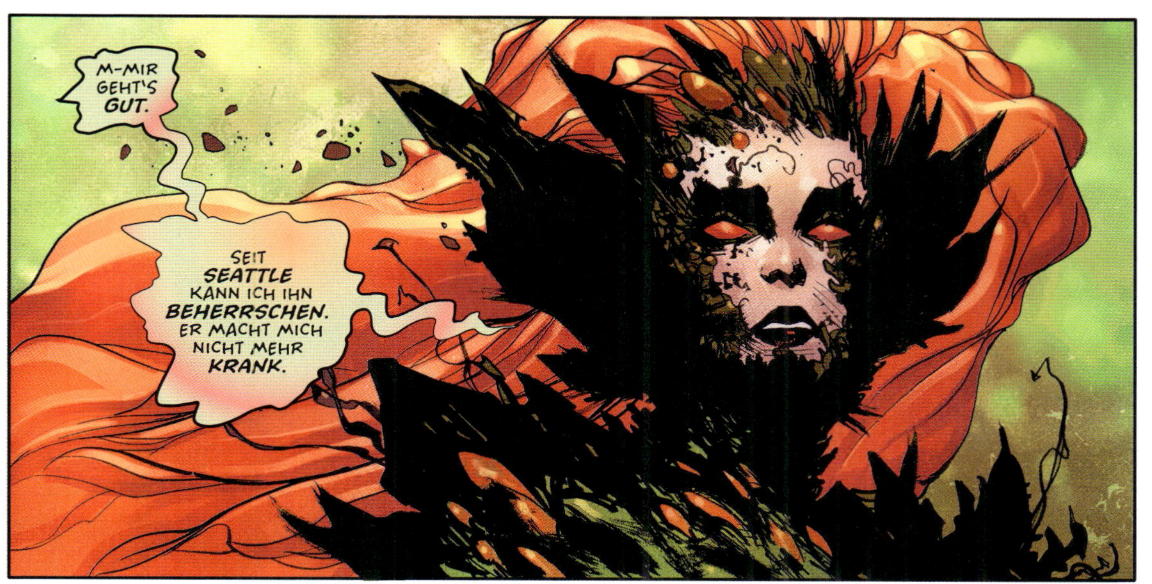
M-MIR GEHT'S GUT.
SEIT SEATTLE KANN ICH IHN BEHERRSCHEN. ER MACHT MICH NICHT MEHR KRANK.

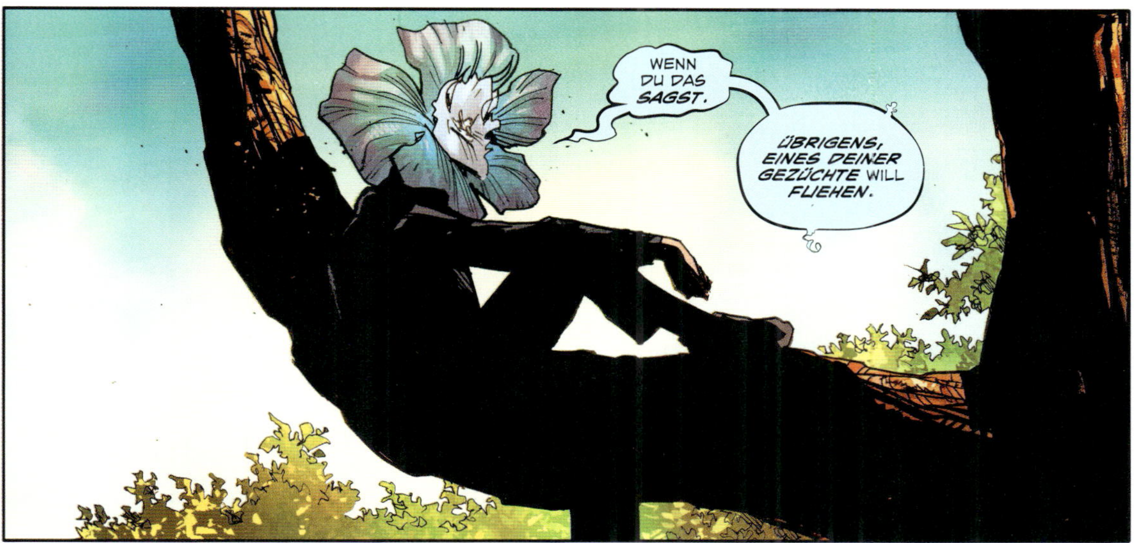
WENN DU DAS SAGST.
ÜBRIGENS, EINES DEINER GEZÜCHTE WILL FLIEHEN.

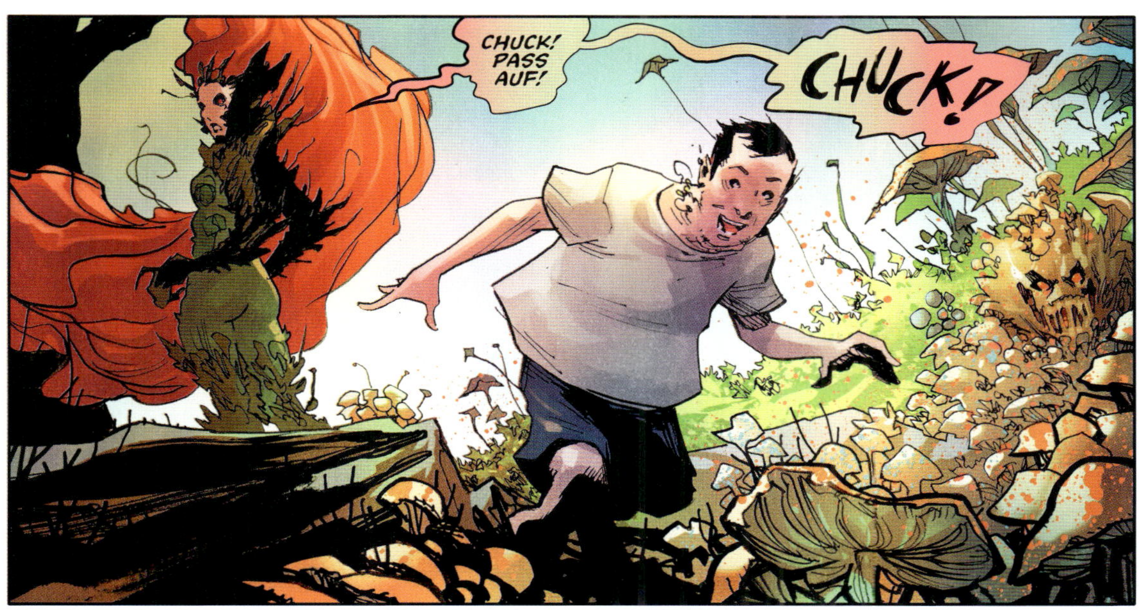
CHUCK! PASS AUF!
CHUCK!

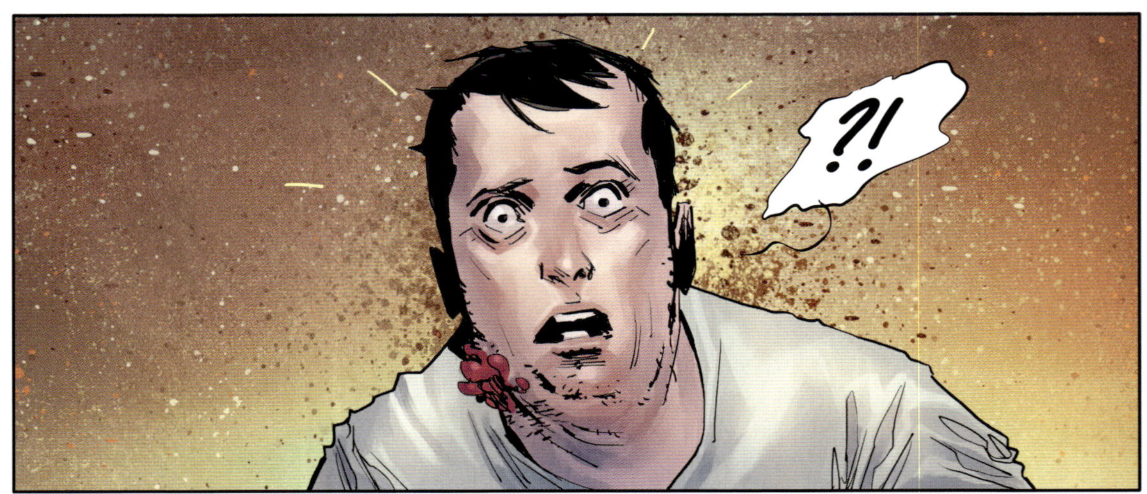
?!

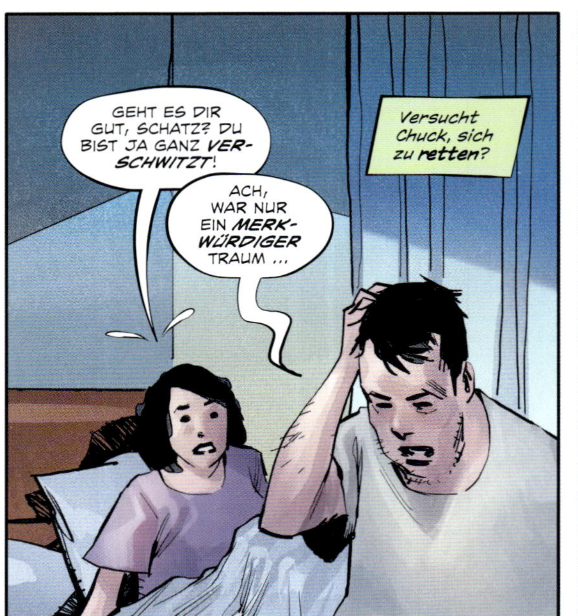
GEHT ES DIR GUT, SCHATZ? DU BIST JA GANZ VERSCHWITZT!
Versucht Chuck, sich zu retten?
ACH, WAR NUR EIN MERKWÜRDIGER TRAUM ...

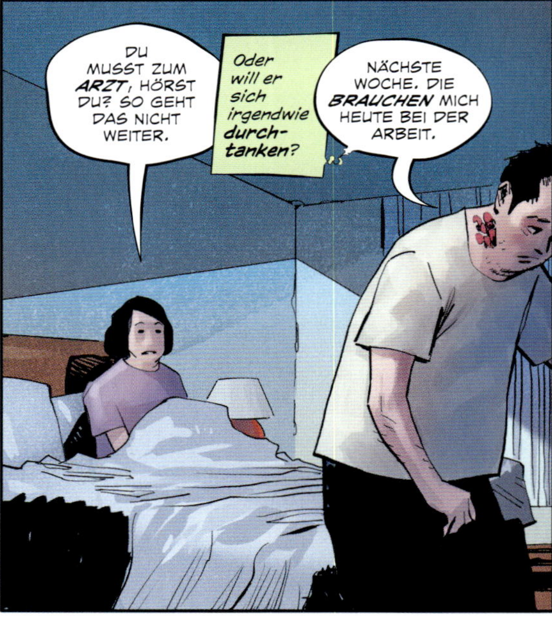
DU MUSST ZUM ARZT, HÖRST DU? SO GEHT DAS NICHT WEITER.
Oder will er sich irgendwie durchtanken?
NÄCHSTE WOCHE. DIE BRAUCHEN MICH HEUTE BEI DER ARBEIT.

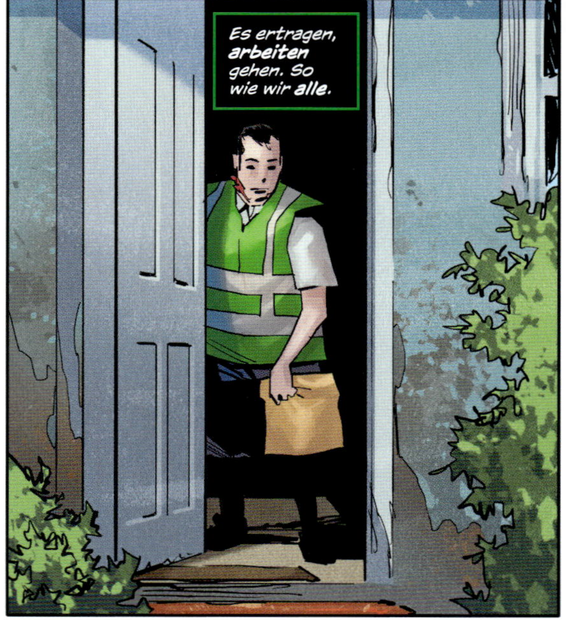
Es ertragen, arbeiten gehen. So wie wir alle.

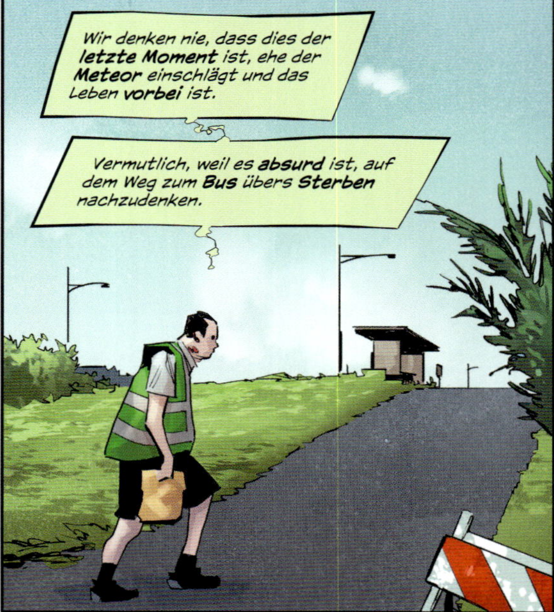
Wir denken nie, dass dies der letzte Moment ist, ehe der Meteor einschlägt und das Leben vorbei ist.
Vermutlich, weil es absurd ist, auf dem Weg zum Bus übers Sterben nachzudenken.

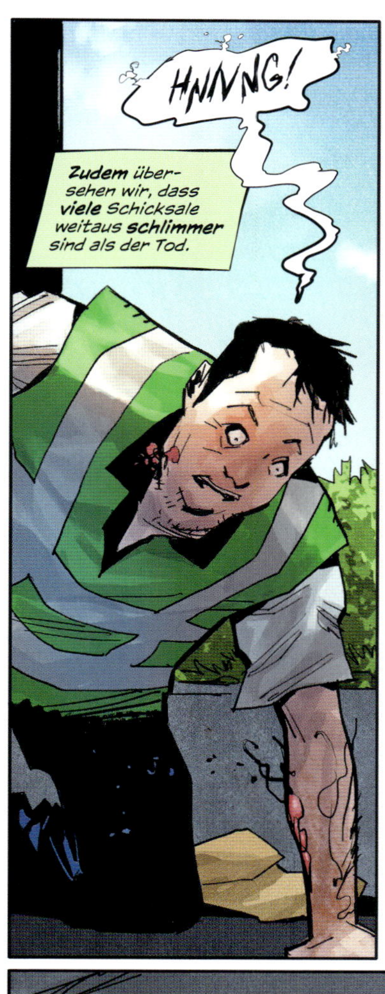
HNNNG!
Zudem übersehen wir, dass viele Schicksale weitaus schlimmer sind als der Tod.

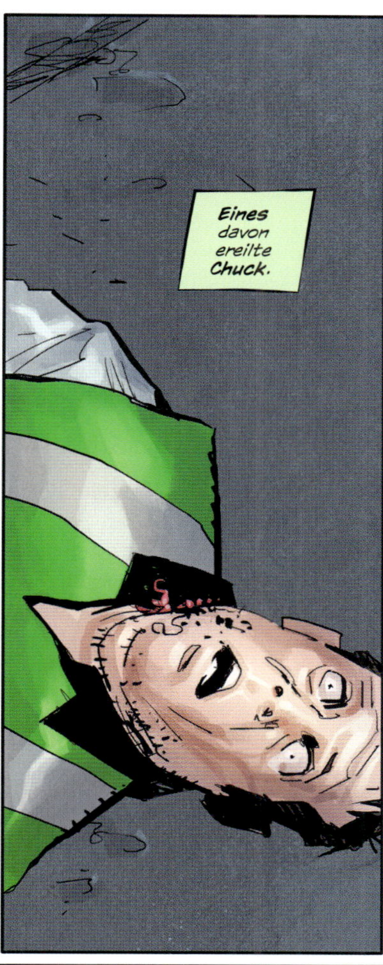
Eines davon ereilte Chuck.

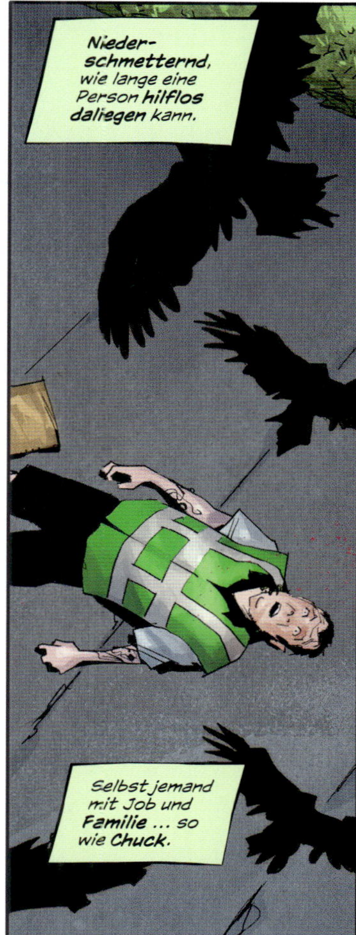
Niederschmetternd, wie lange eine Person hilflos daliegen kann.
Selbst jemand mit Job und Familie ... so wie Chuck.

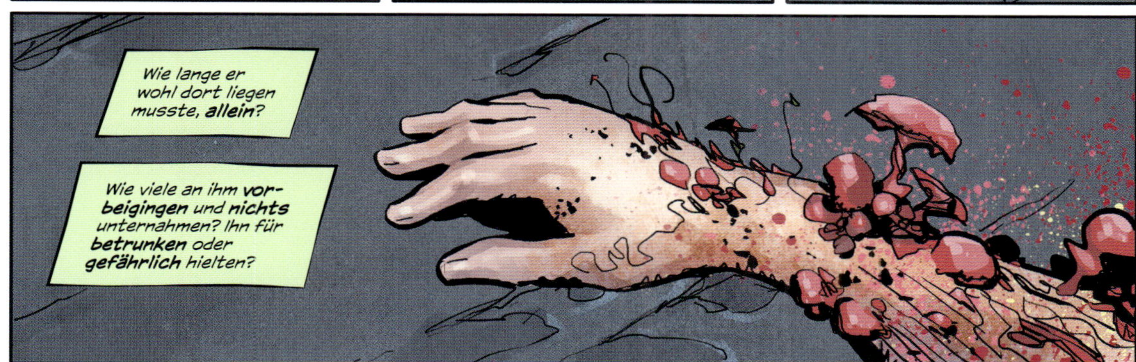
Wie lange er wohl dort liegen musste, allein?
Wie viele an ihm vorbeigingen und nichts unternahmen? Ihn für betrunken oder gefährlich hielten?

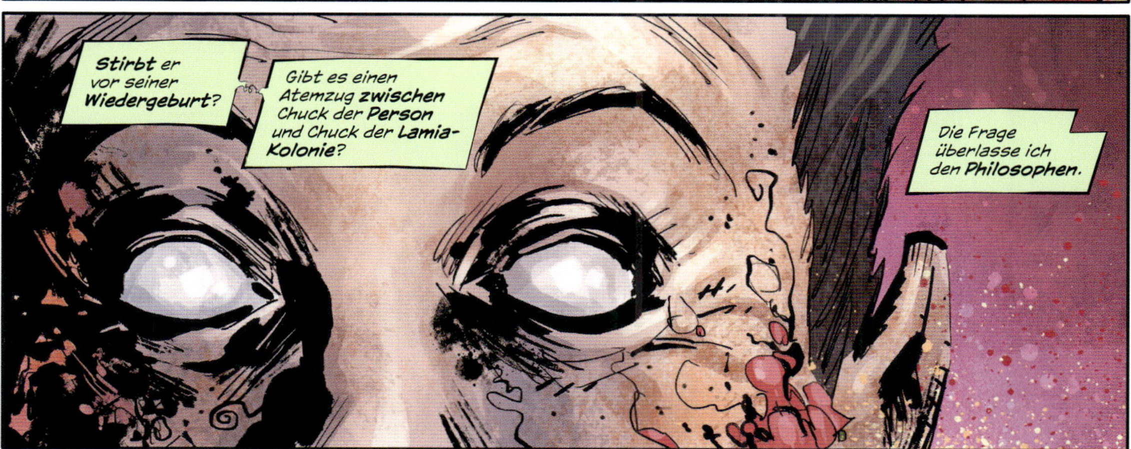
Stirbt er vor seiner Wiedergeburt?
Gibt es einen Atemzug zwischen Chuck der Person und Chuck der Lamia-Kolonie?
Die Frage überlasse ich den Philosophen.

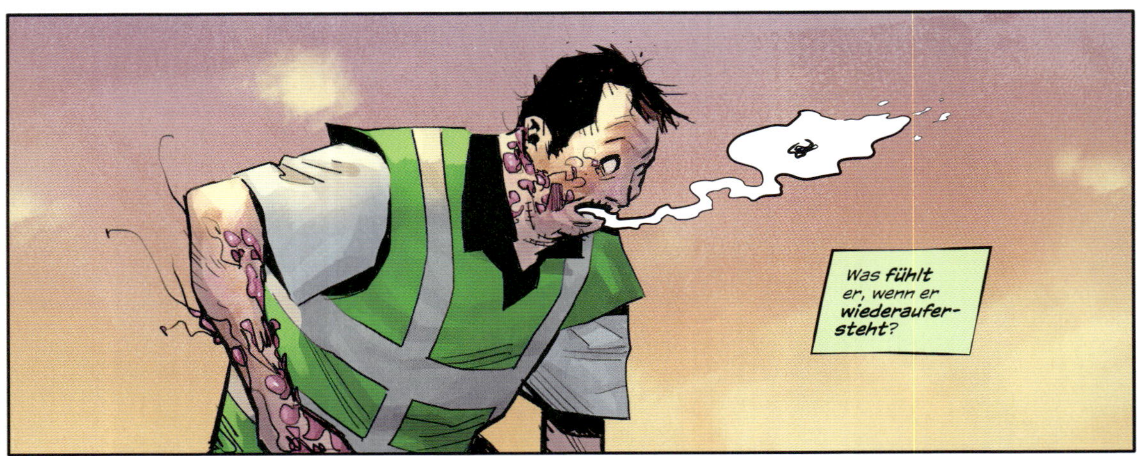
Was fühlt er, wenn er wiederaufersteht?

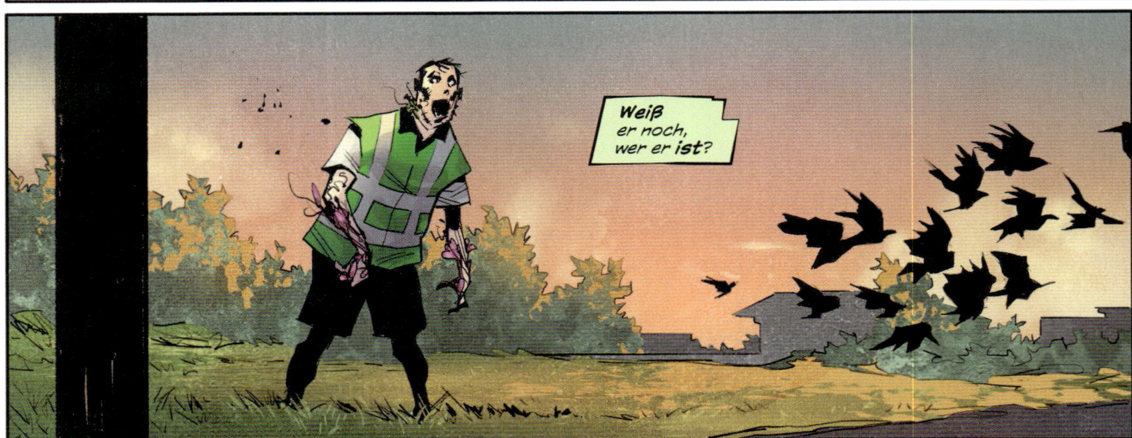
Weiß er noch, wer er ist?

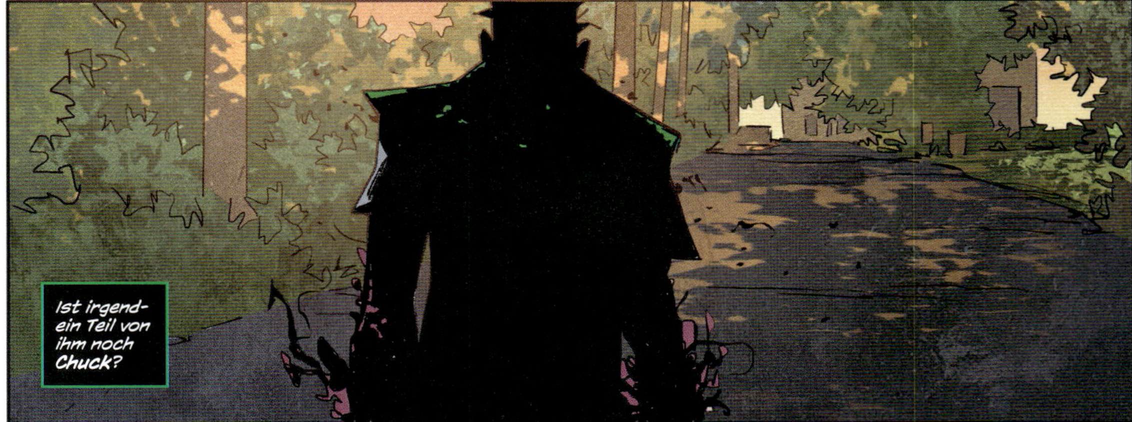
Ist irgendein Teil von ihm noch Chuck?

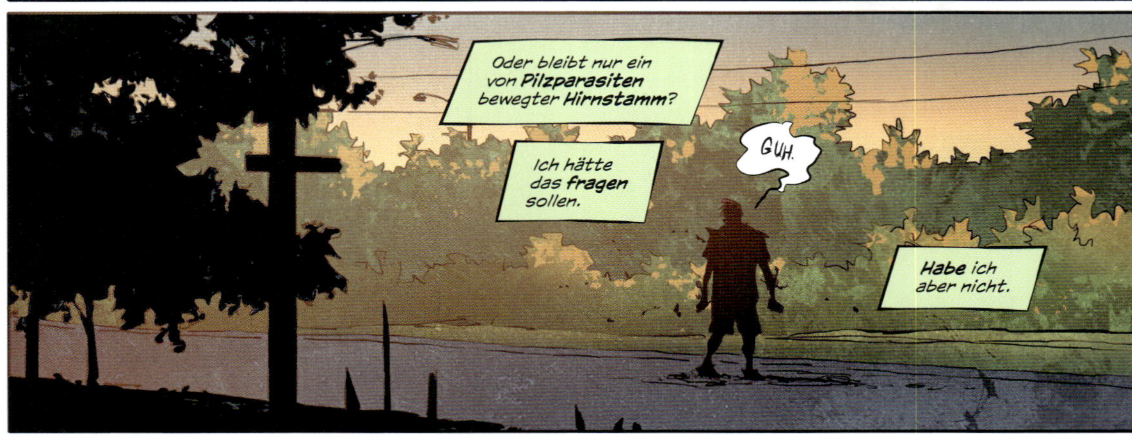
Oder bleibt nur ein von Pilzparasiten bewegter Hirnstamm?
Ich hätte das fragen sollen.
GUH.
Habe ich aber nicht.

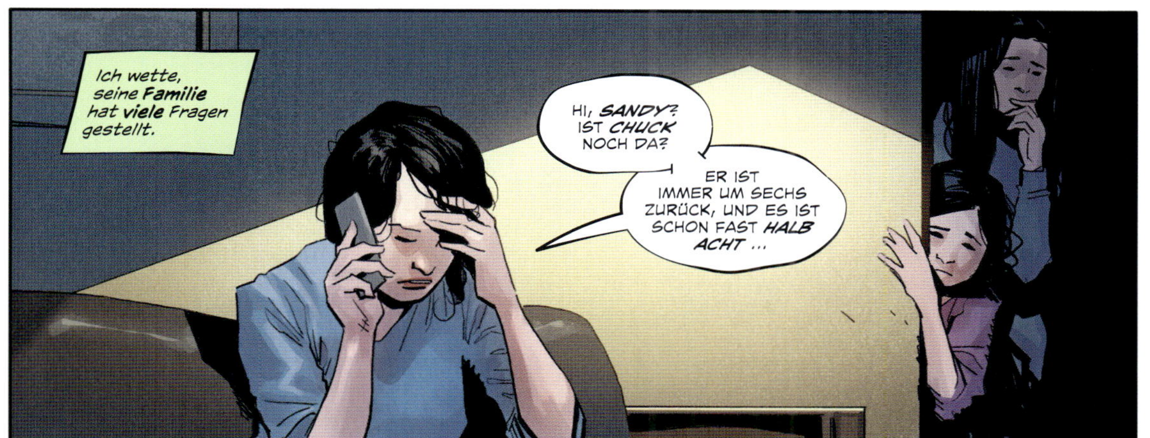
Ich wette, seine Familie hat viele Fragen gestellt.
HI, SANDY? IST CHUCK NOCH DA?
ER IST IMMER UM SECHS ZURÜCK, UND ES IST SCHON FAST HALB ACHT ...

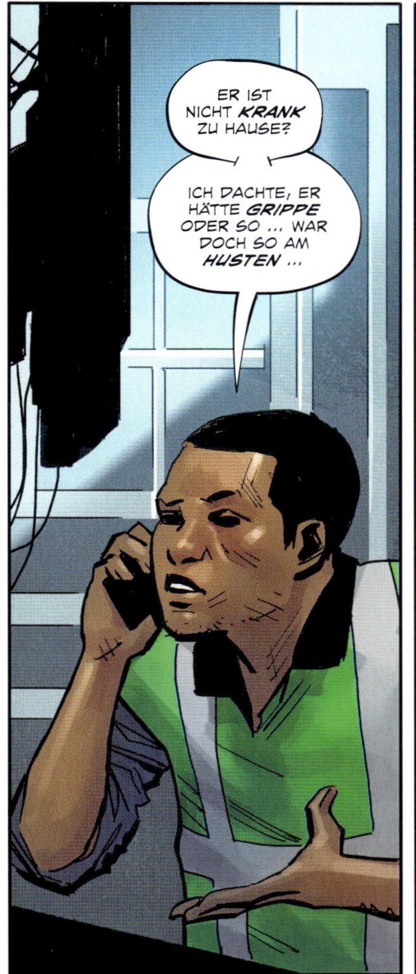
ER IST NICHT KRANK ZU HAUSE?
ICH DACHTE, ER HÄTTE GRIPPE ODER SO ... WAR DOCH SO AM HUSTEN ...

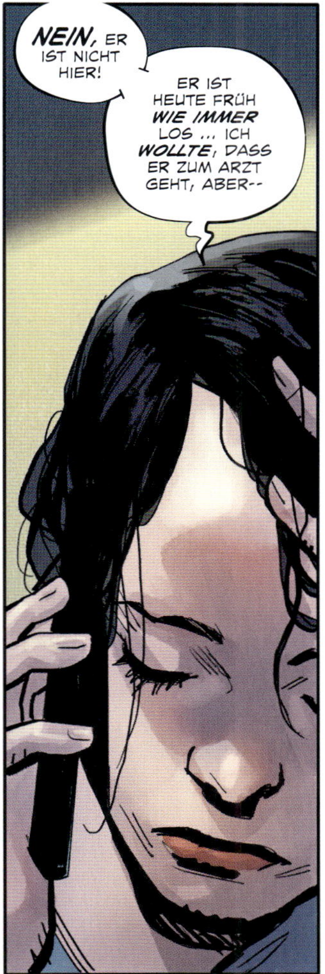
NEIN, ER IST NICHT HIER!
ER IST HEUTE FRÜH WIE IMMER LOS ... ICH WOLLTE, DASS ER ZUM ARZT GEHT, ABER--

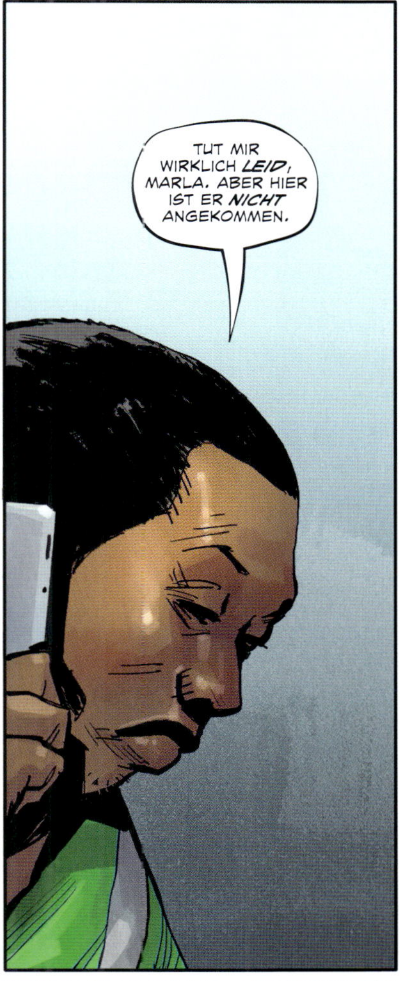
TUT MIR WIRKLICH LEID, MARLA. ABER HIER IST ER NICHT ANGEKOMMEN.

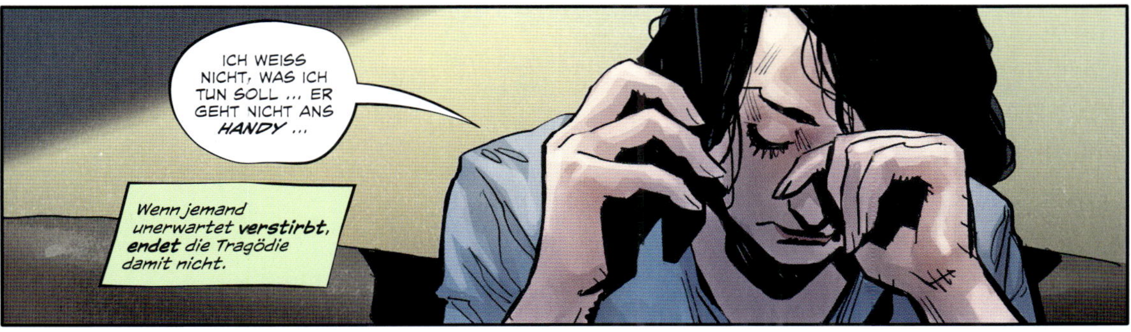
ICH WEISS NICHT, WAS ICH TUN SOLL ... ER GEHT NICHT ANS HANDY ...
Wenn jemand unerwartet verstirbt, endet die Tragödie damit nicht.

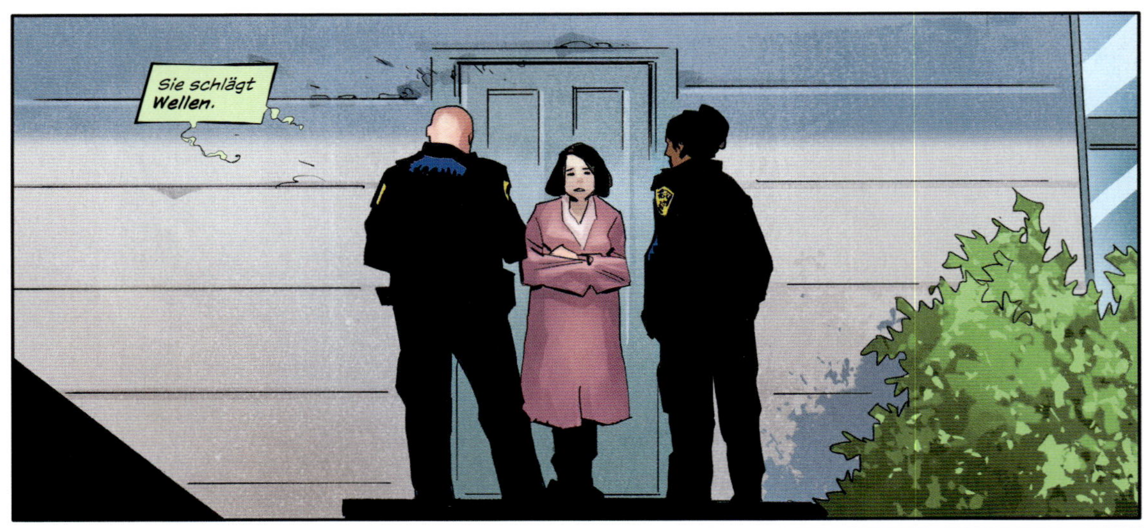
Sie schlägt Wellen.

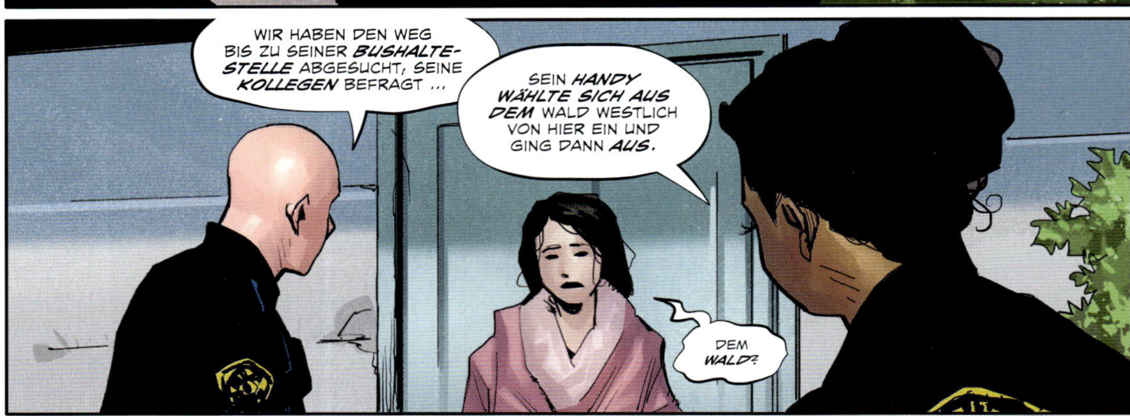
WIR HABEN DEN WEG BIS ZU SEINER BUSHALTESTELLE ABGESUCHT, SEINE KOLLEGEN BEFRAGT ...
SEIN HANDY WÄHLTE SICH AUS DEM WALD WESTLICH VON HIER EIN UND GING DANN AUS.
DEM WALD?

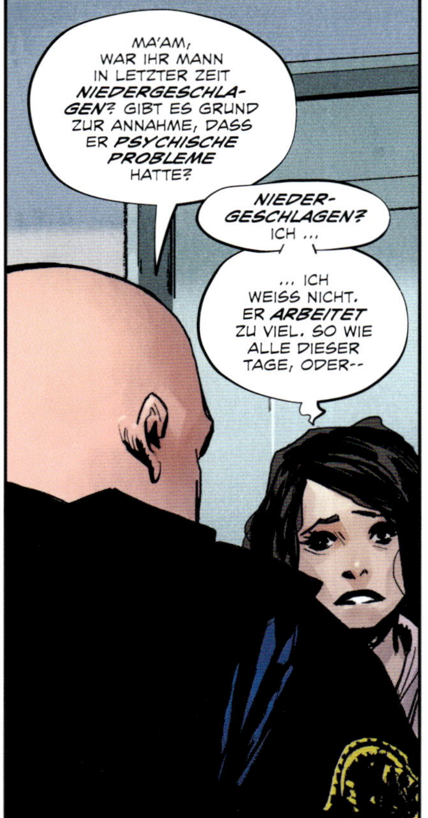
MA'AM, WAR IHR MANN IN LETZTER ZEIT NIEDERGESCHLAGEN? GIBT ES GRUND ZUR ANNAHME, DASS ER PSYCHISCHE PROBLEME HATTE?
NIEDERGESCHLAGEN? ICH ...
... ICH WEISS NICHT. ER ARBEITET ZU VIEL. SO WIE ALLE DIESER TAGE, ODER--

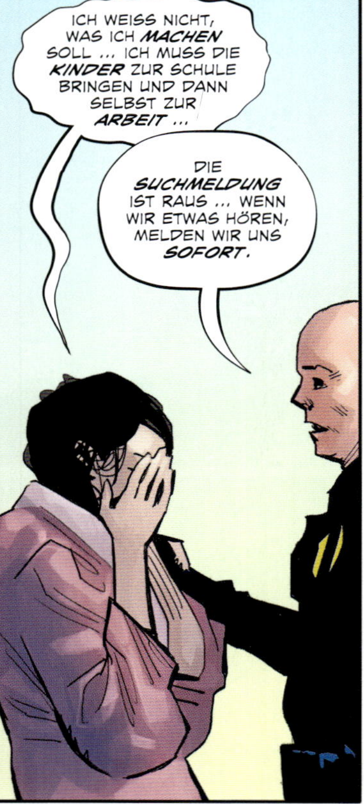
ICH WEISS NICHT, WAS ICH MACHEN SOLL ... ICH MUSS DIE KINDER ZUR SCHULE BRINGEN UND DANN SELBST ZUR ARBEIT ...
DIE SUCHMELDUNG IST RAUS ... WENN WIR ETWAS HÖREN, MELDEN WIR UNS SOFORT.

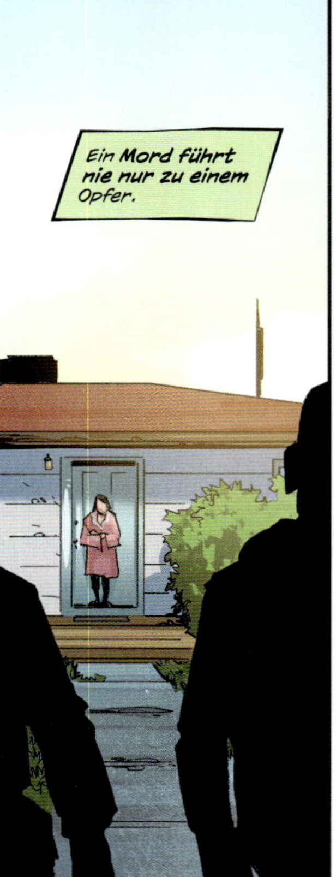
Ein Mord führt nie nur zu einem Opfer.

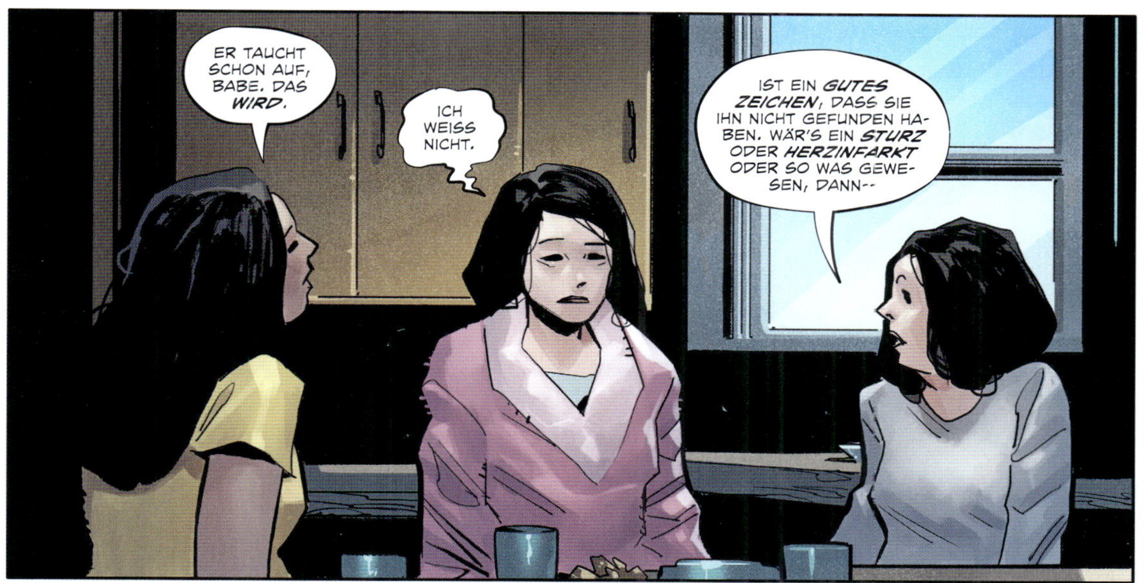
ER TAUCHT SCHON AUF, BABE. DAS WIRD.
ICH WEISS NICHT.
IST EIN GUTES ZEICHEN, DASS SIE IHN NICHT GEFUNDEN HABEN. WÄR'S EIN STURZ ODER HERZINFARKT ODER SO WAS GEWESEN, DANN--

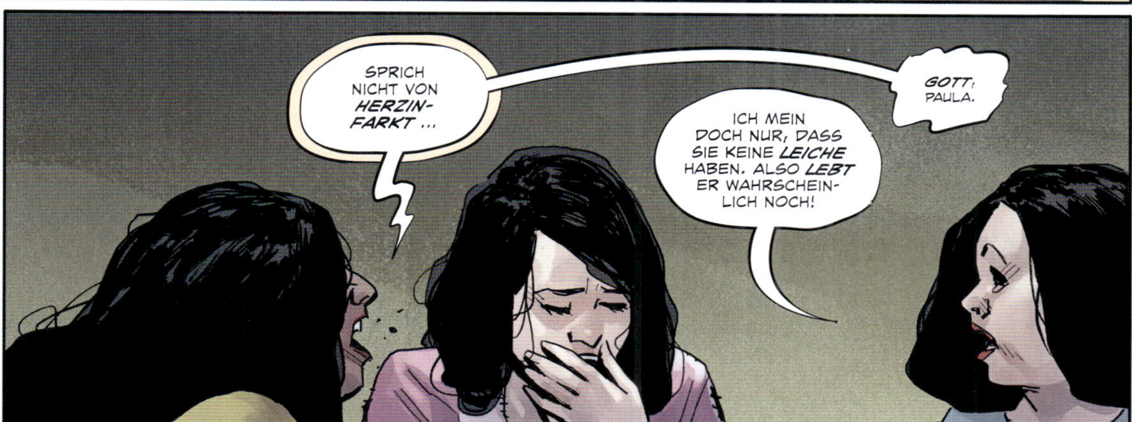
SPRICH NICHT VON HERZINFARKT ...
GOTT, PAULA.
ICH MEIN DOCH NUR, DASS SIE KEINE LEICHE HABEN. ALSO LEBT ER WAHRSCHEINLICH NOCH!

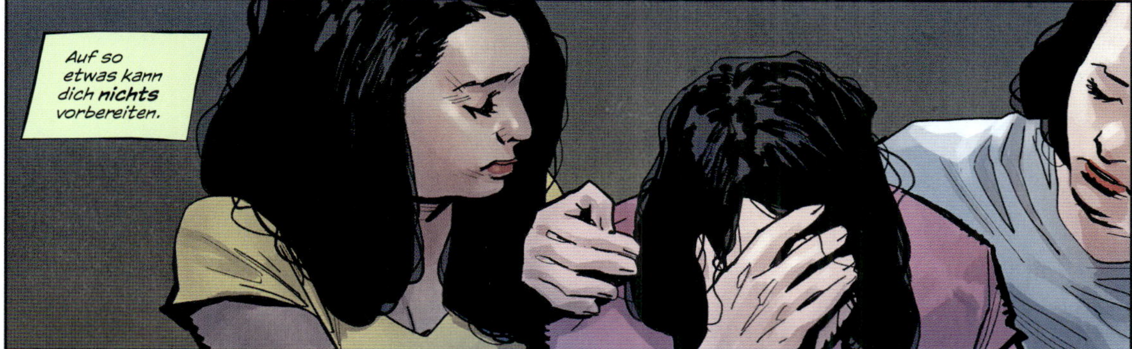
Auf so etwas kann dich nichts vorbereiten.

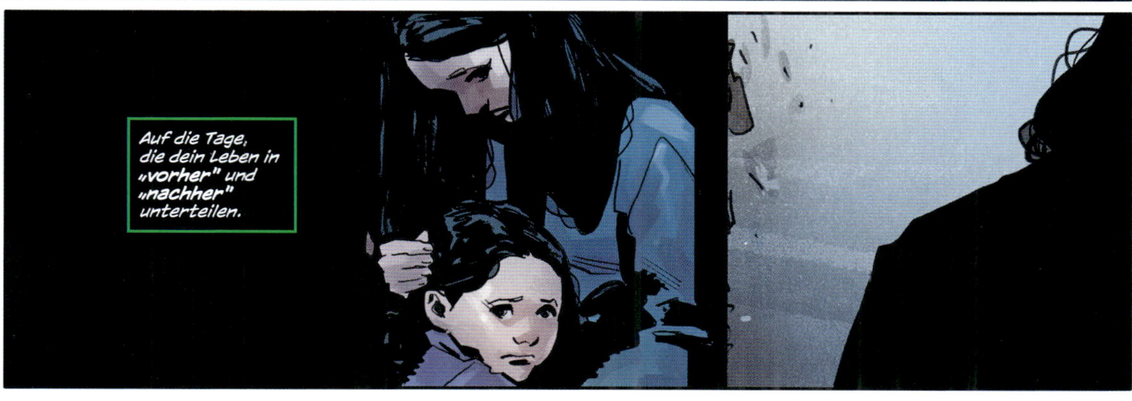
Auf die Tage, die dein Leben in „vorher" und „nachher" unterteilen.

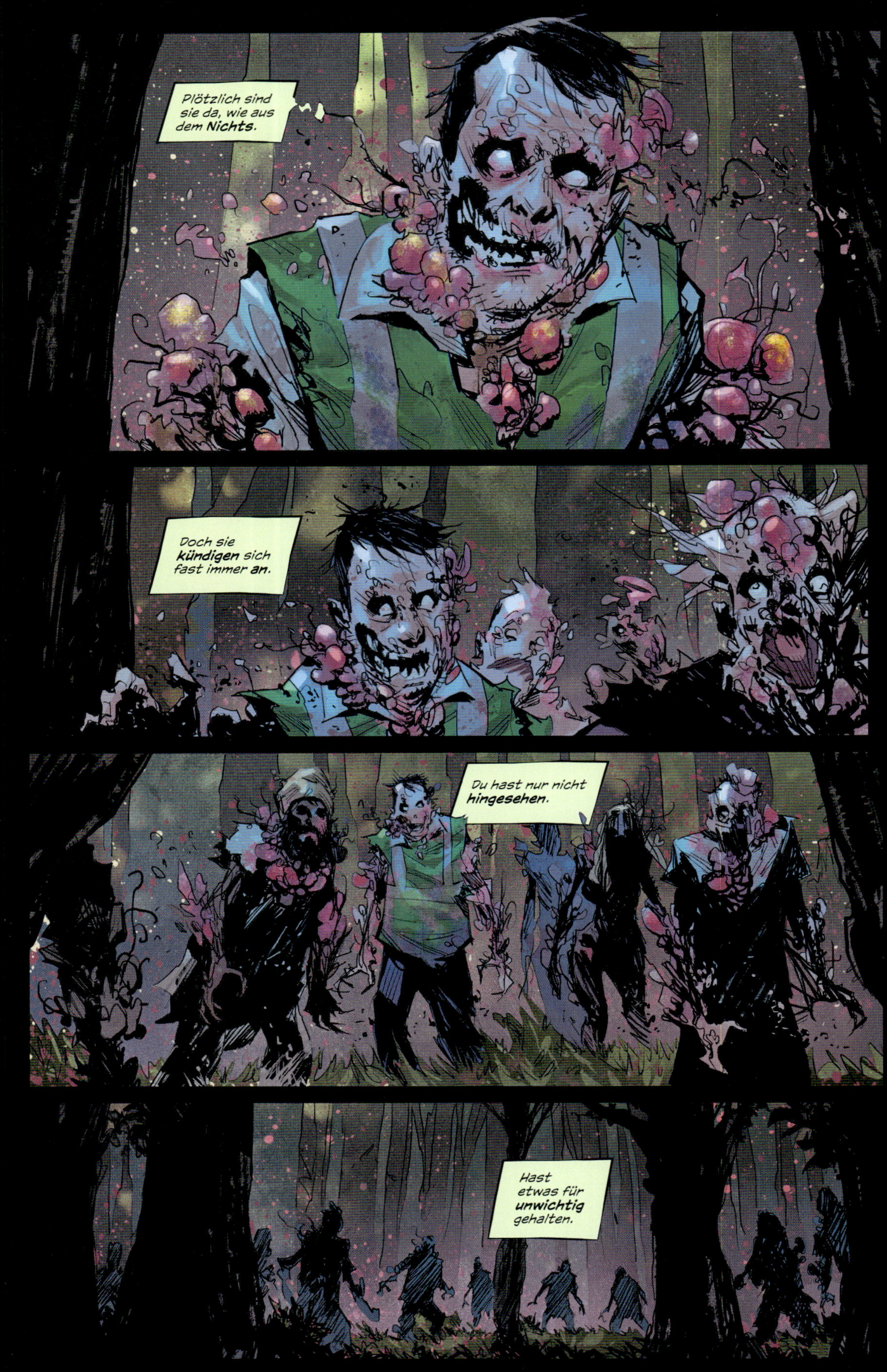

Plötzlich sind sie da, wie aus dem Nichts.
Doch sie kündigen sich fast immer an.
Du hast nur nicht hingesehen.
Hast etwas für unwichtig gehalten.

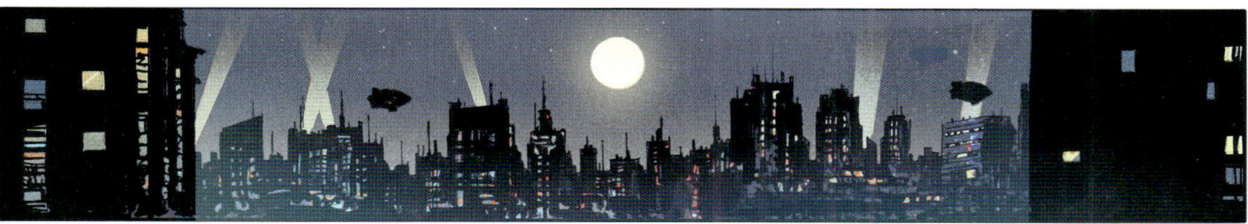

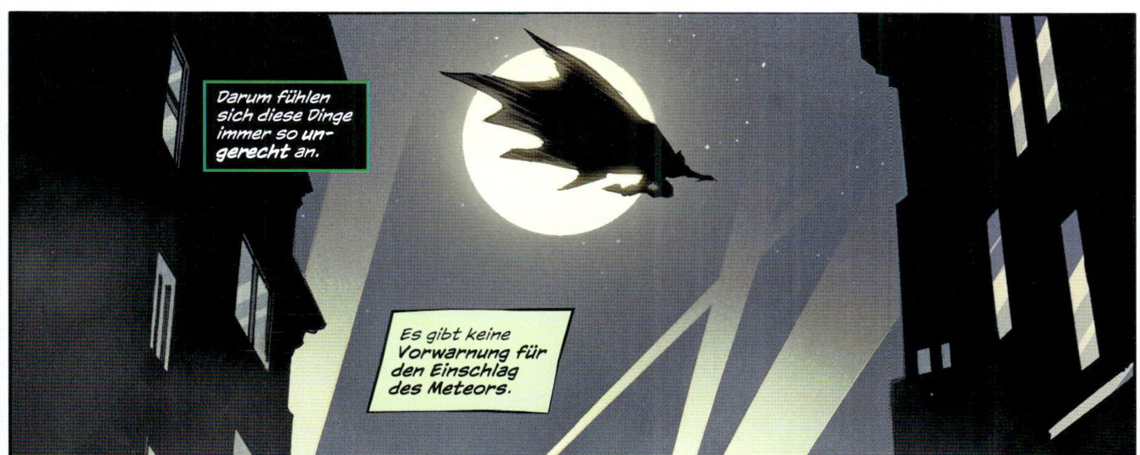
Darum fühlen sich diese Dinge immer so **un-gerecht** an.
Es gibt keine **Vorwarnung für den Einschlag des Meteors.**

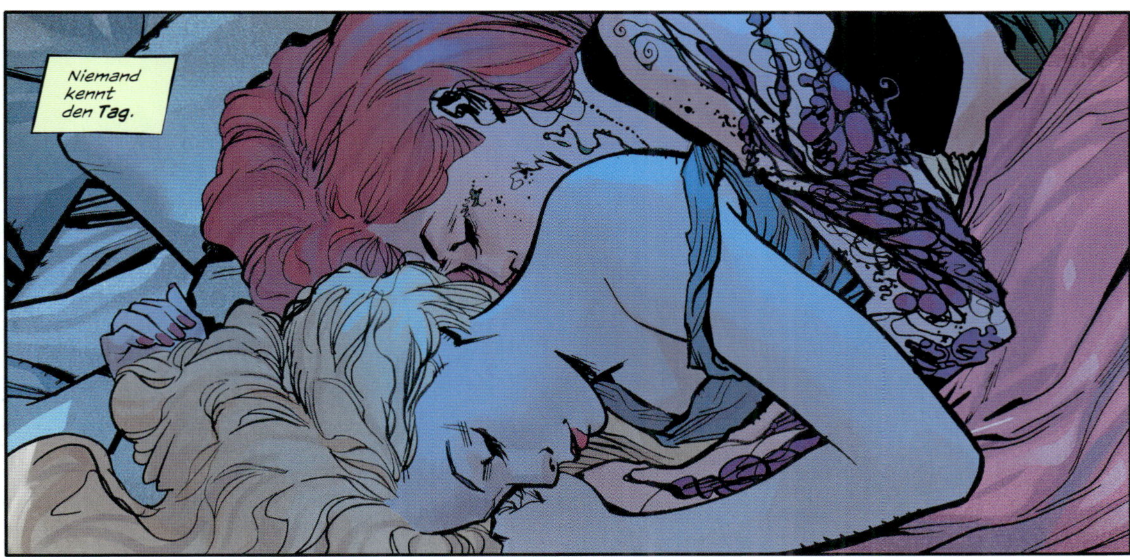
Niemand kennt den **Tag**.

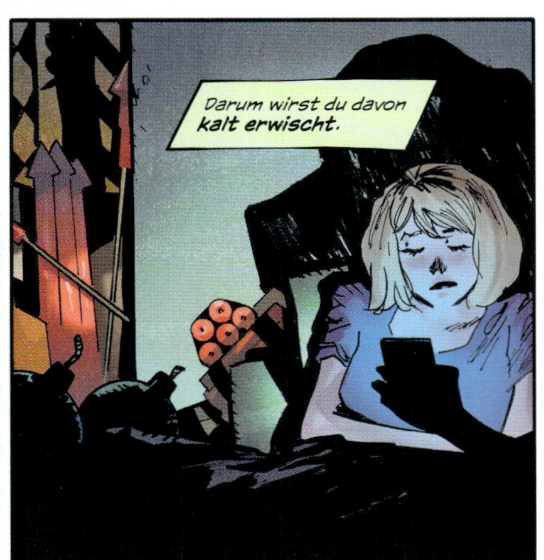
Darum wirst du davon **kalt erwischt**.

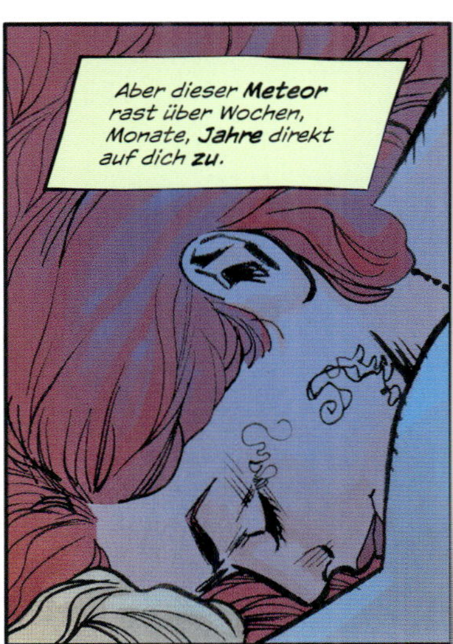
Aber dieser **Meteor** rast über Wochen, Monate, **Jahre** direkt auf dich **zu**.

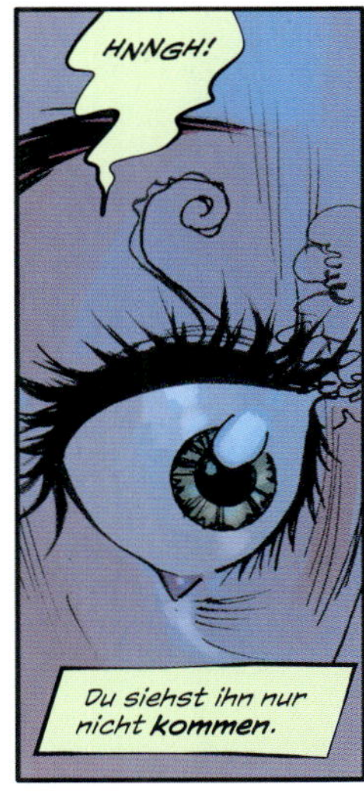
HNNGH!
Du siehst ihn nur nicht **kommen**.

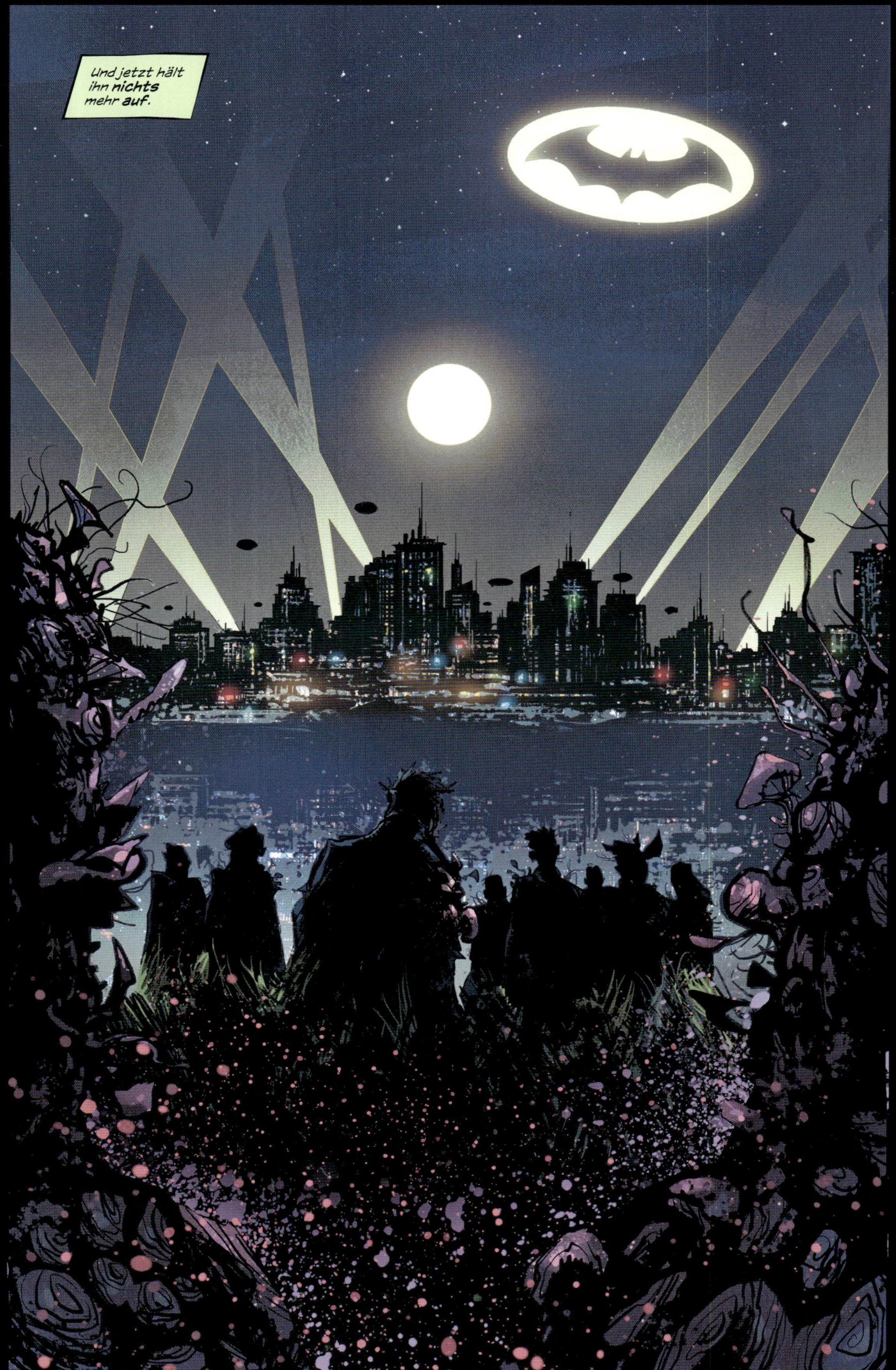
Und jetzt hält ihn nichts mehr auf.

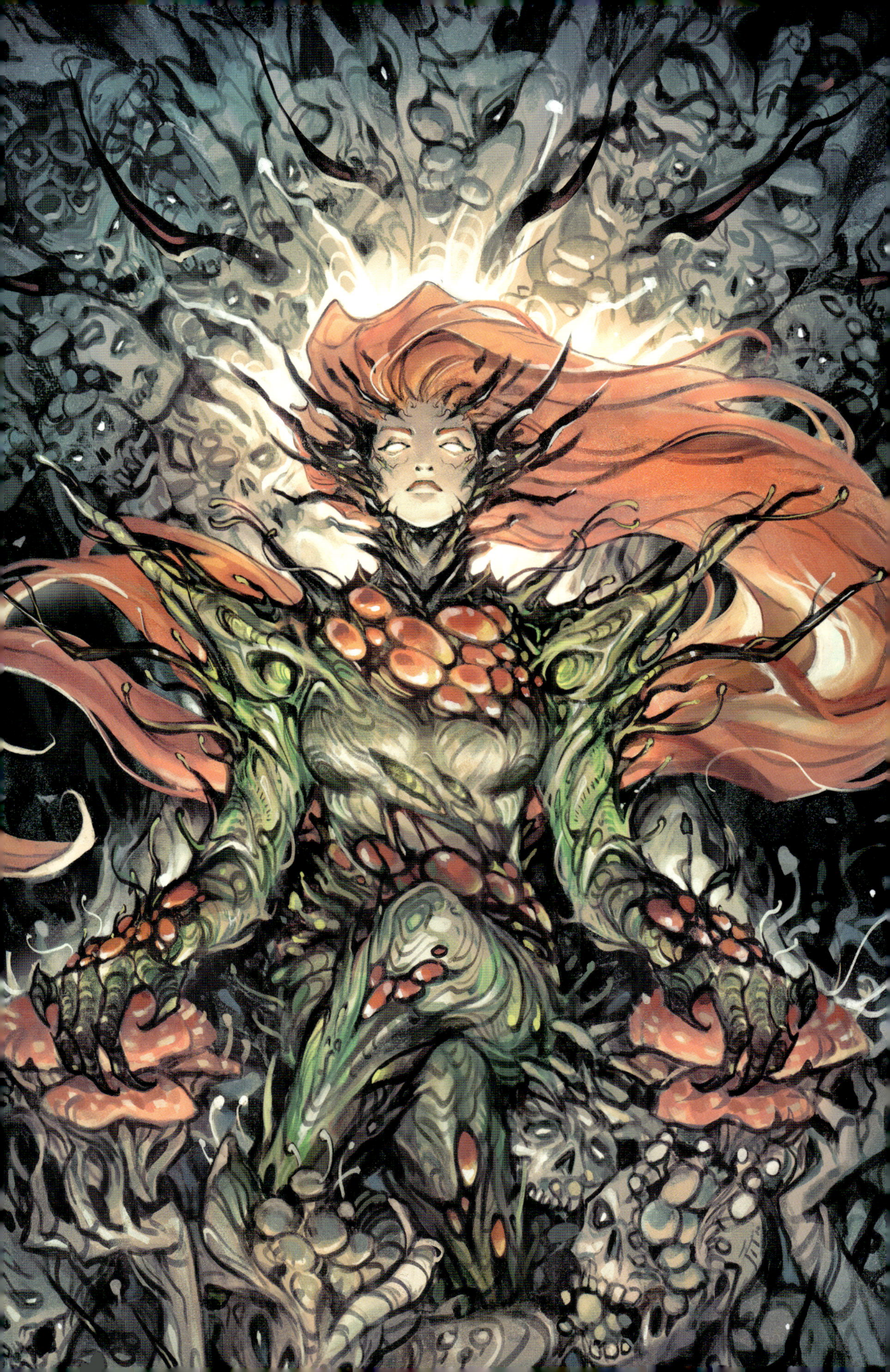

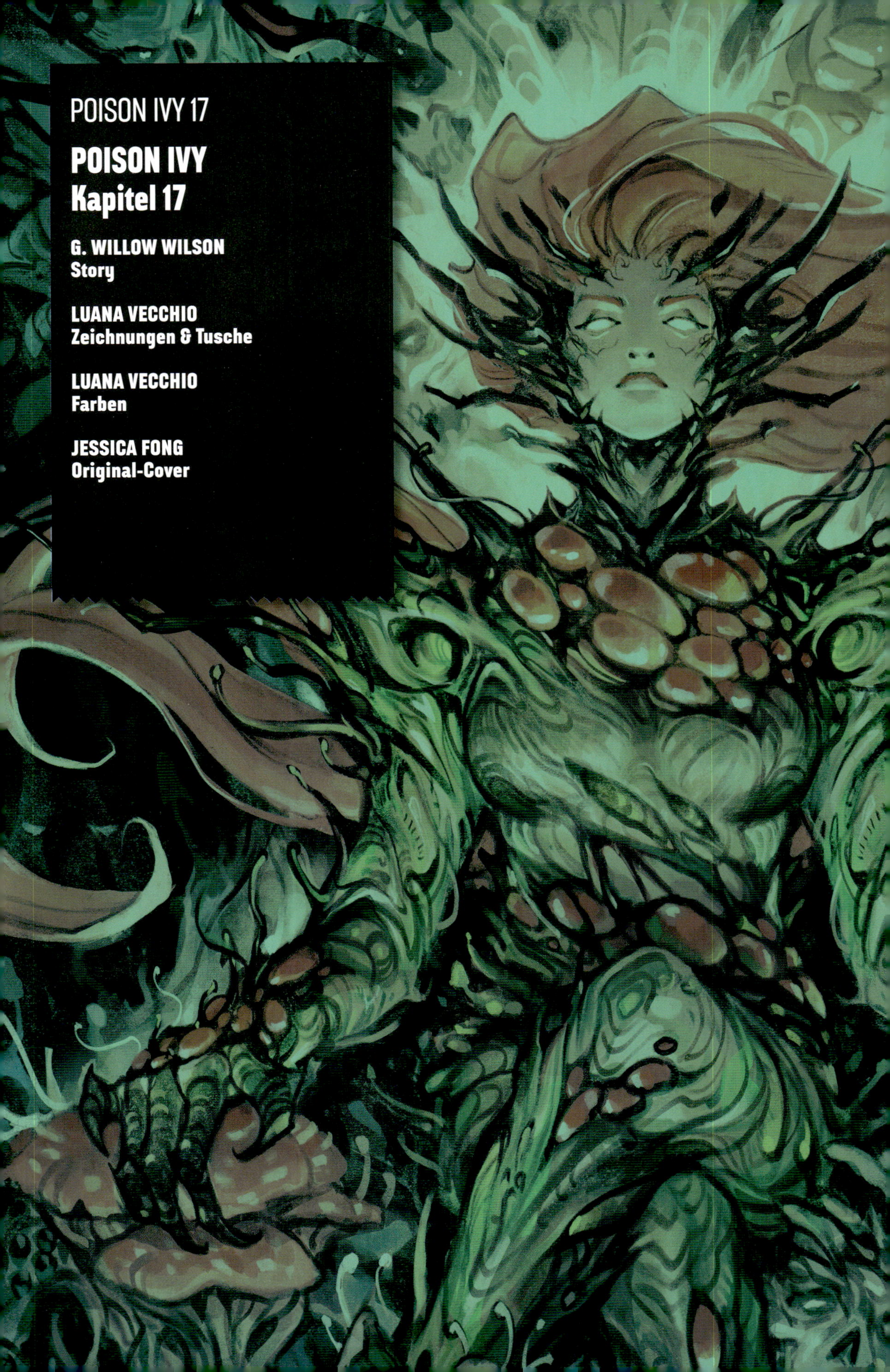
POISON IVY 17
POISON IVY
Kapitel 17
G. WILLOW WILSON
Story
LUANA VECCHIO
Zeichnungen & Tusche
LUANA VECCHIO
Farben
JESSICA FONG
Original-Cover

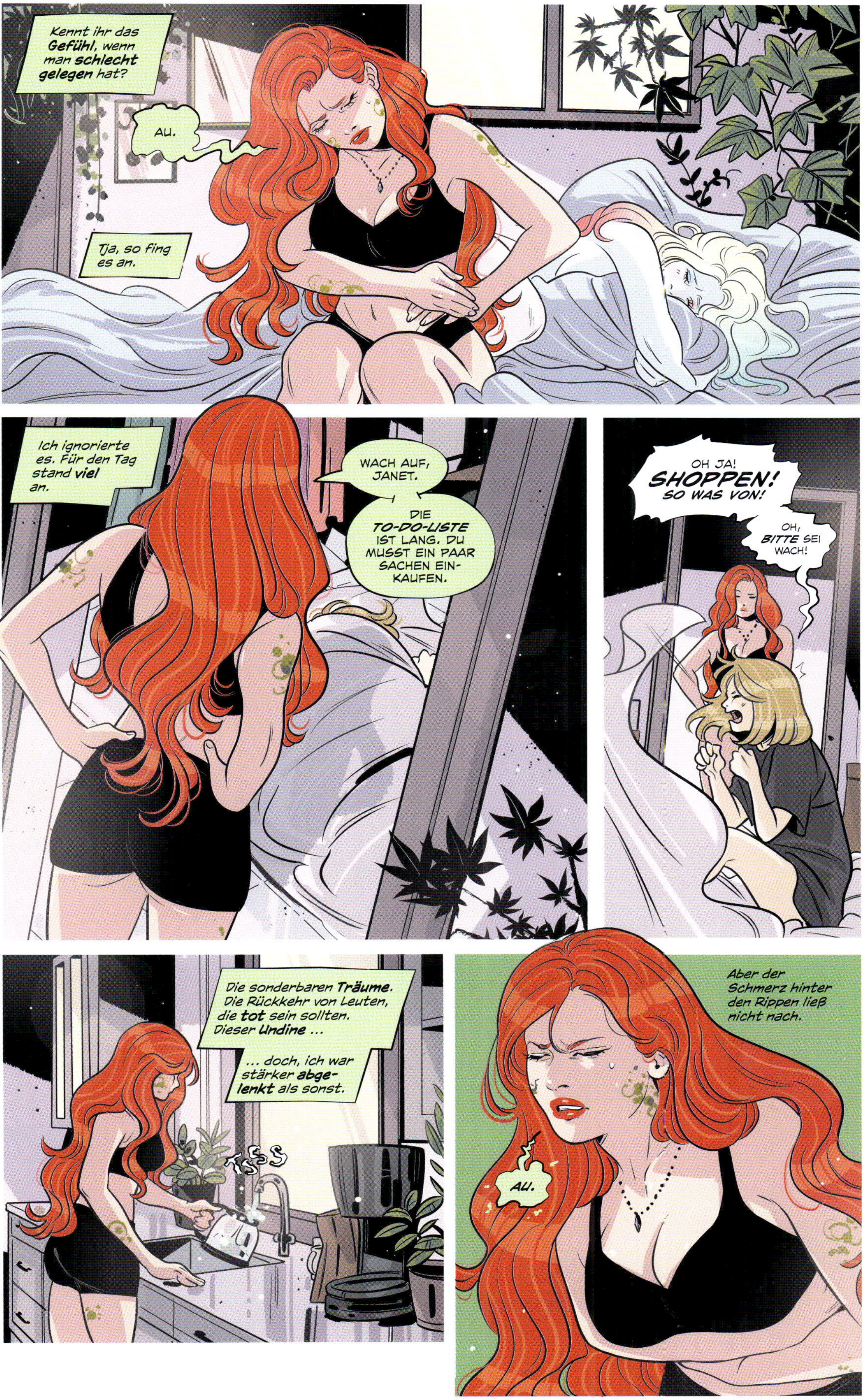

Kennt ihr das **Gefühl**, wenn man **schlecht gelegen** hat?

AU.

Tja, so fing es an.

Ich ignorierte es. Für den Tag stand **viel** an.

WACH AUF, JANET.

DIE *TO-DO-LISTE* IST LANG. DU MUSST EIN PAAR SACHEN EIN-KAUFEN.

OH JA! **SHOPPEN!** SO WAS VON!

OH, *BITTE* SEI WACH!

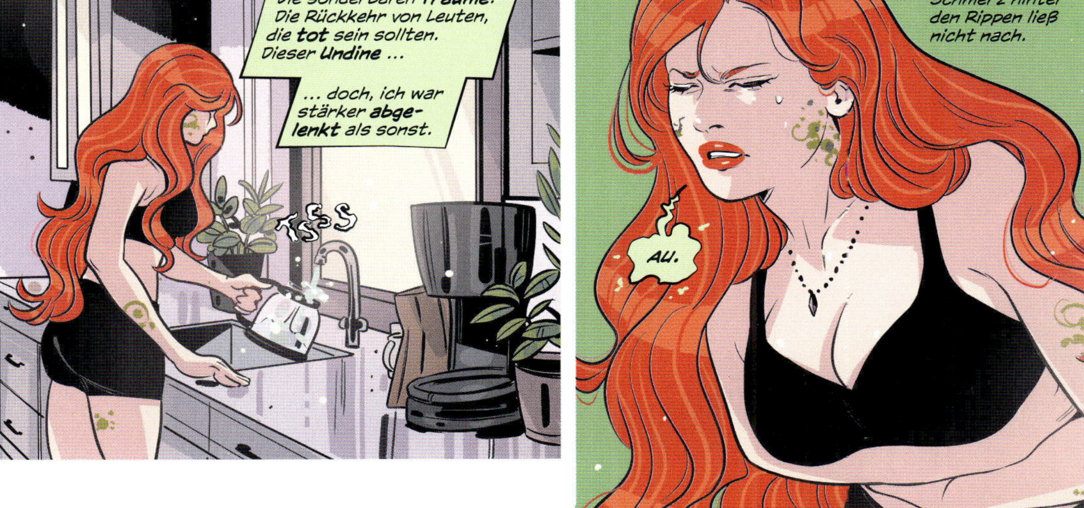

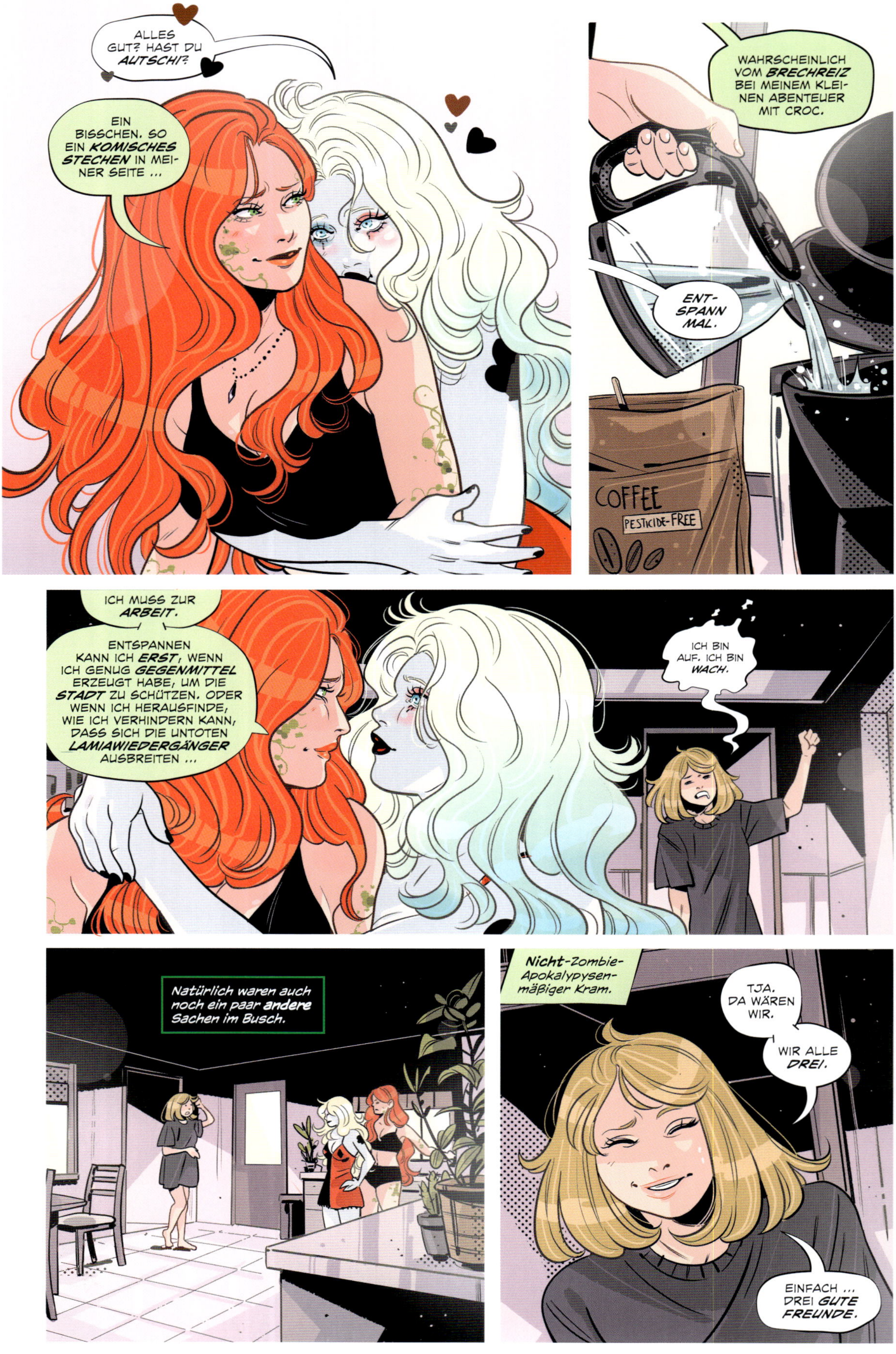

ALLES GUT? HAST DU *AUTSCHI*?

EIN BISSCHEN. SO EIN *KOMISCHES STECHEN* IN MEINER SEITE ...

WAHRSCHEINLICH VOM *BRECHREIZ* BEI MEINEM KLEINEN ABENTEUER MIT CROC.

ENTSPANN MAL.

COFFEE

PESTICIDE-FREE

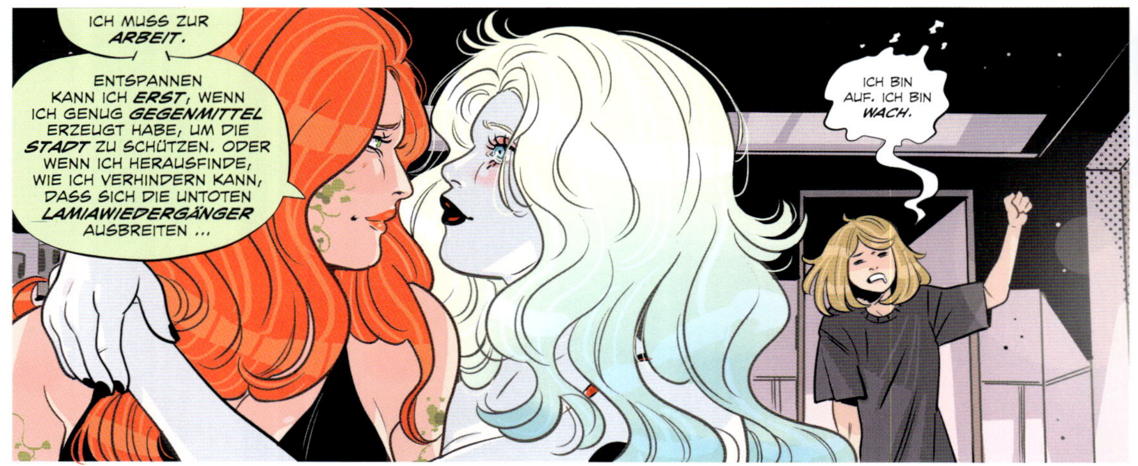

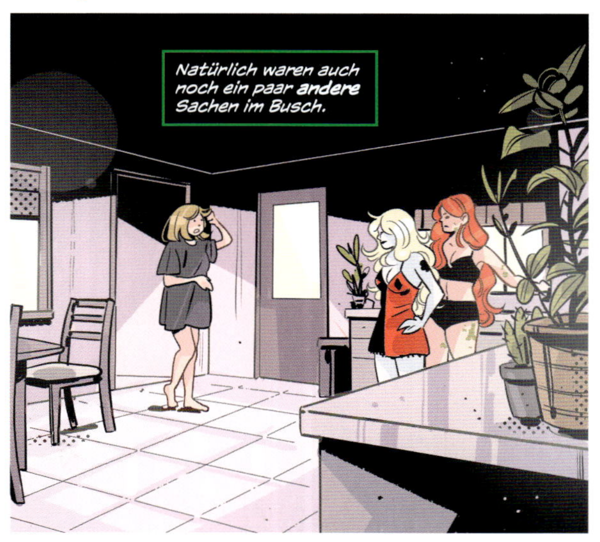

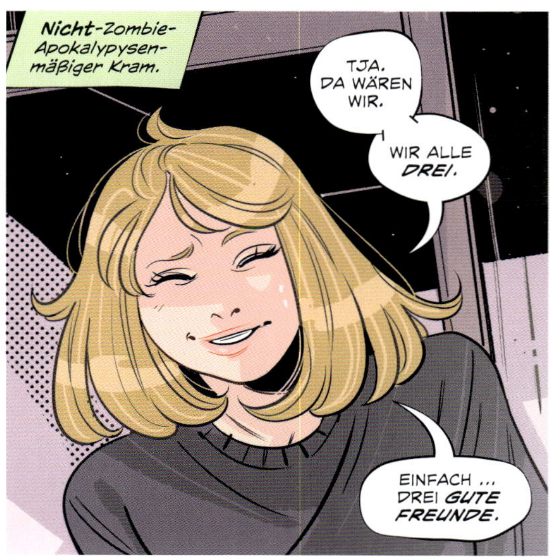

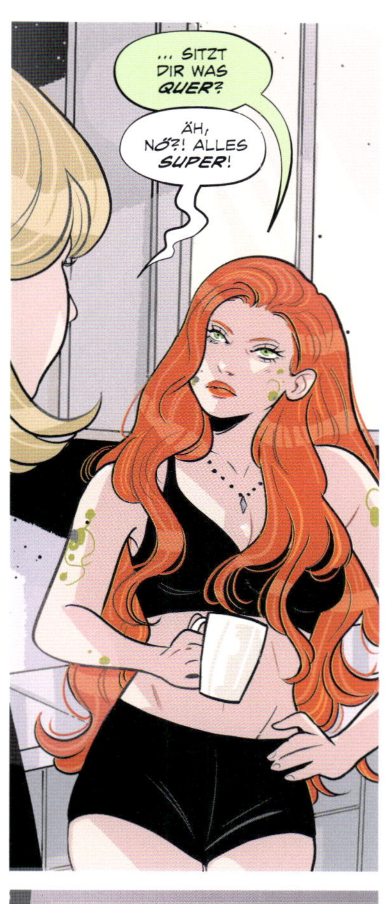
... SITZT DIR WAS QUER?
ÄH, NÖ?! ALLES SUPER!

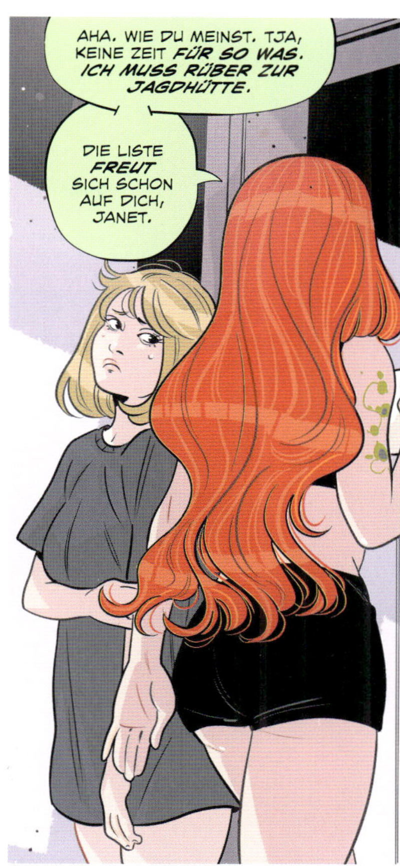
AHA. WIE DU MEINST. TJA, KEINE ZEIT FÜR SO WAS. ICH MUSS RÜBER ZUR JAGDHÜTTE.
DIE LISTE FREUT SICH SCHON AUF DICH, JANET.

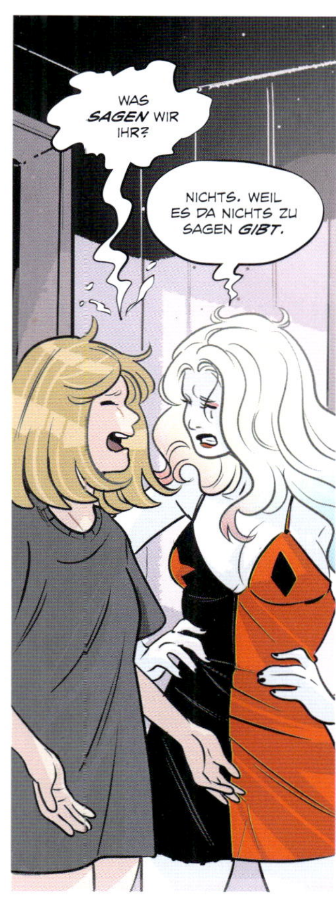
WAS SAGEN WIR IHR?
NICHTS. WEIL ES DA NICHTS ZU SAGEN GIBT.

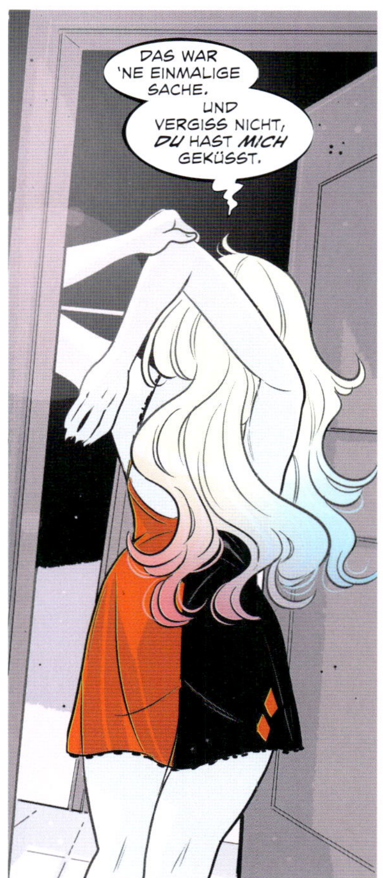
DAS WAR 'NE EINMALIGE SACHE.
UND VERGISS NICHT, DU HAST MICH GEKÜSST.

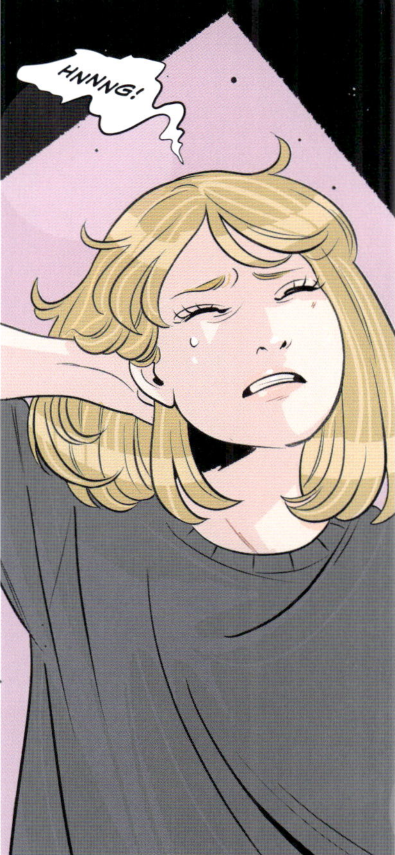
HNNNG!

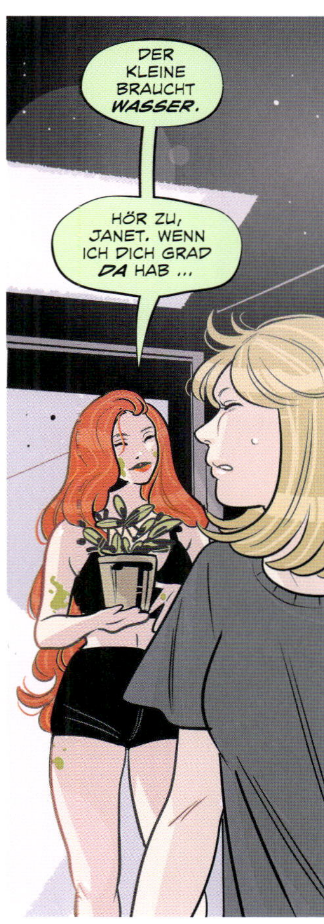
DER KLEINE BRAUCHT WASSER.
HÖR ZU, JANET. WENN ICH DICH GRAD DA HAB ...

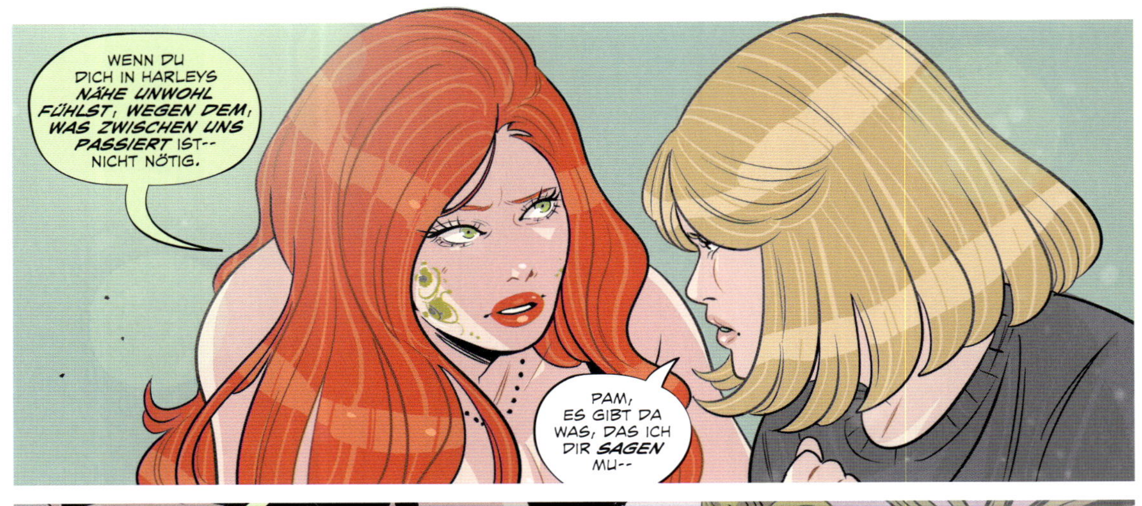
WENN DU DICH IN HARLEYS NÄHE UNWOHL FÜHLST, WEGEN DEM, WAS ZWISCHEN UNS PASSIERT IST-- NICHT NÖTIG.
PAM, ES GIBT DA WAS, DAS ICH DIR SAGEN MU--
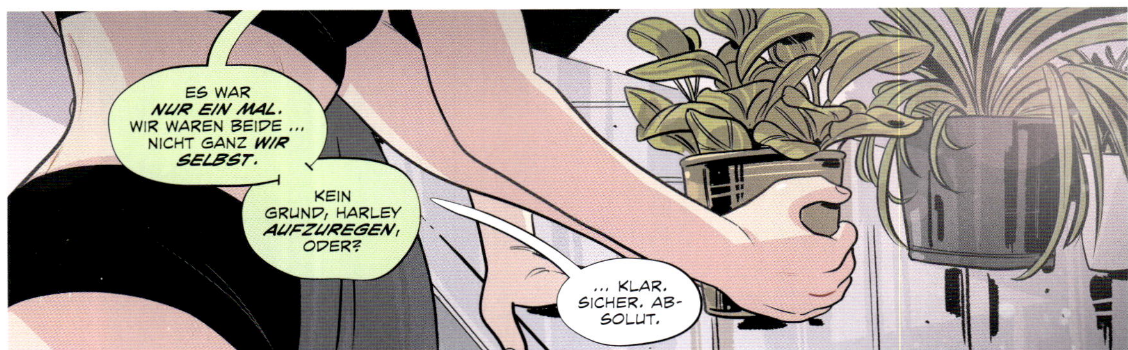
ES WAR NUR EIN MAL. WIR WAREN BEIDE ... NICHT GANZ WIR SELBST.
KEIN GRUND, HARLEY AUFZUREGEN, ODER?
... KLAR. SICHER. ABSOLUT.
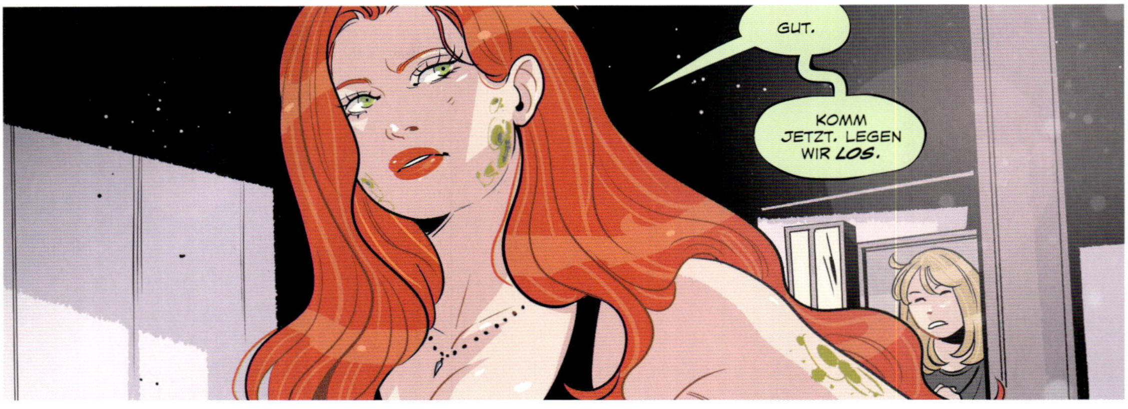
GUT.
KOMM JETZT. LEGEN WIR LOS.
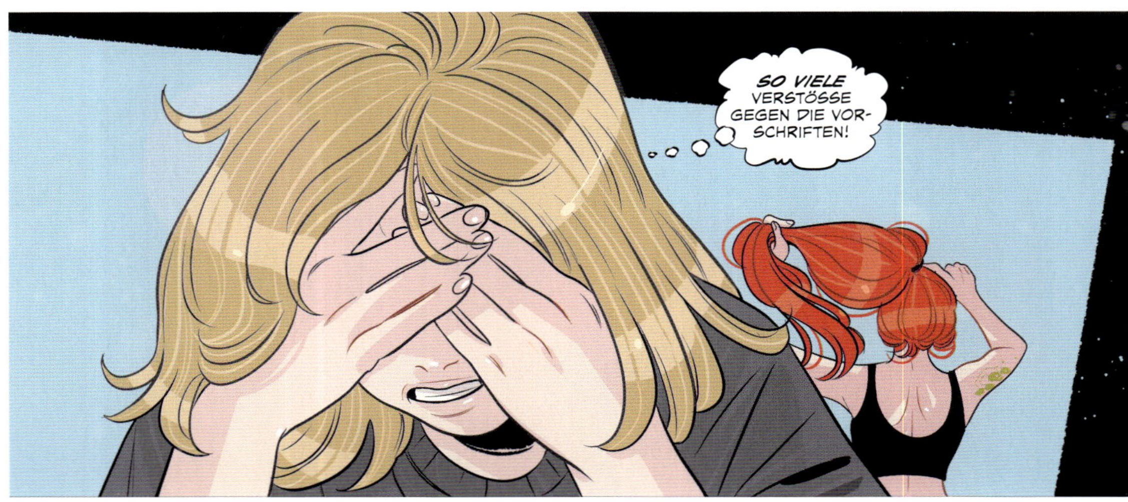
SO VIELE VERSTÖSSE GEGEN DIE VORSCHRIFTEN!

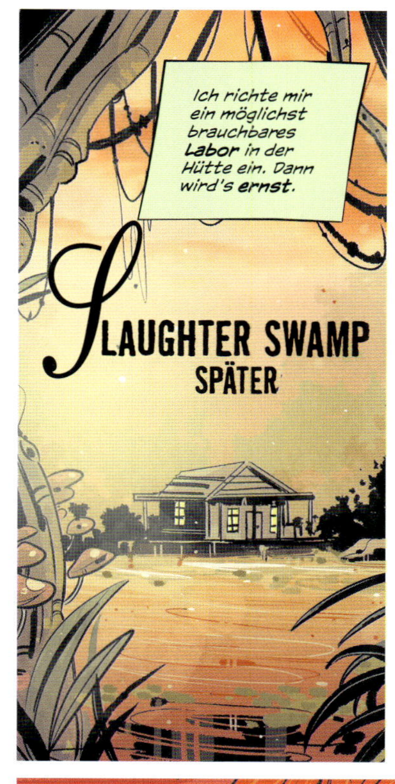
Ich richte mir ein möglichst brauchbares **Labor** in der Hütte ein. Dann wird's **ernst**.
SLAUGHTER SWAMP
SPÄTER

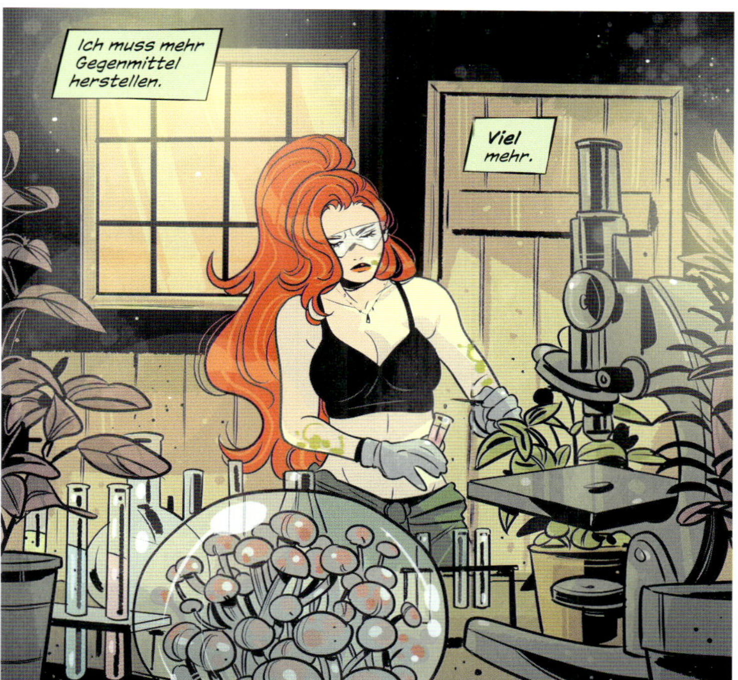
Ich muss mehr Gegenmittel herstellen.
Viel mehr.

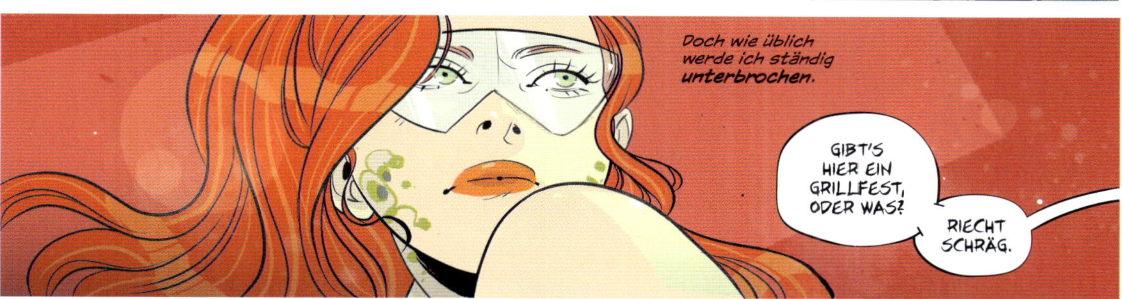
Doch wie üblich werde ich ständig **unterbrochen**.
GIBT'S HIER EIN GRILLFEST, ODER WAS?
RIECHT SCHRÄG.

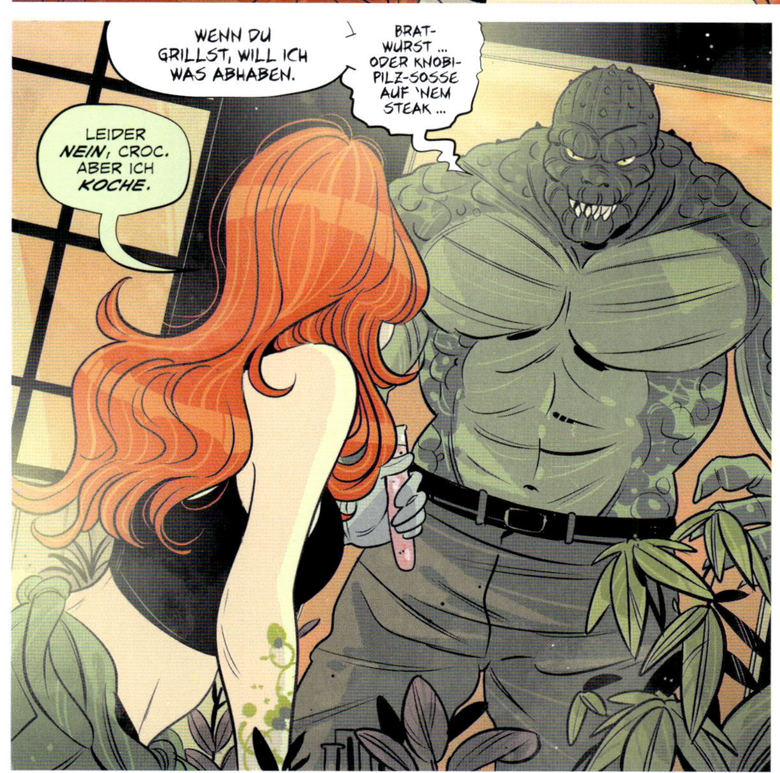
WENN DU GRILLST, WILL ICH WAS ABHABEN.
BRATWURST ... ODER KNOBI-PILZ-SOSSE AUF 'NEM STEAK ...
LEIDER **NEIN**, CROC. ABER ICH **KOCHE**.

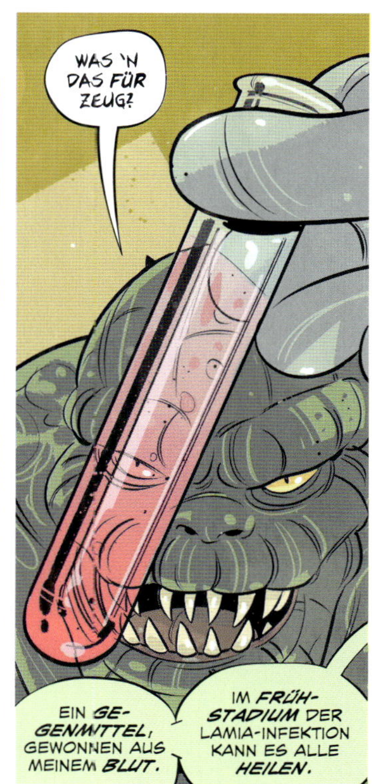
WAS 'N DAS **FÜR** ZEUG?
EIN **GEGENMITTEL**, GEWONNEN AUS MEINEM **BLUT**.
IM **FRÜHSTADIUM** DER LAMIA-INFEKTION KANN ES ALLE **HEILEN**.

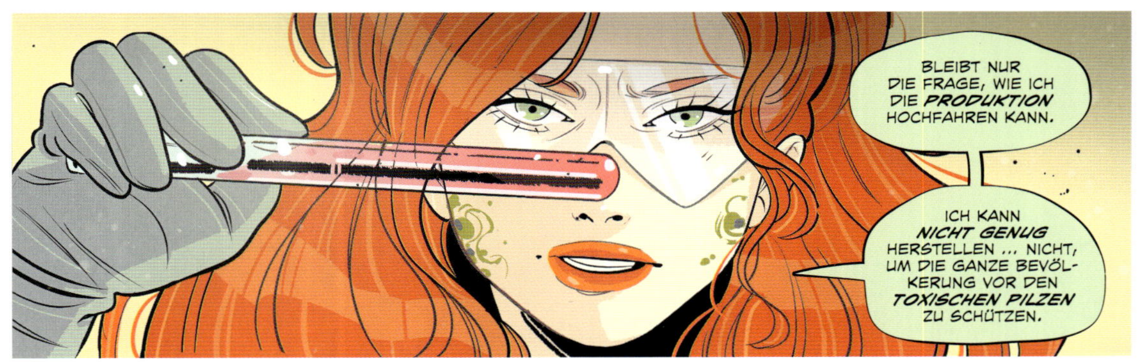
BLEIBT NUR DIE FRAGE, WIE ICH DIE PRODUKTION HOCHFAHREN KANN.
ICH KANN NICHT GENUG HERSTELLEN ... NICHT, UM DIE GANZE BEVÖLKERUNG VOR DEN TOXISCHEN PILZEN ZU SCHÜTZEN.

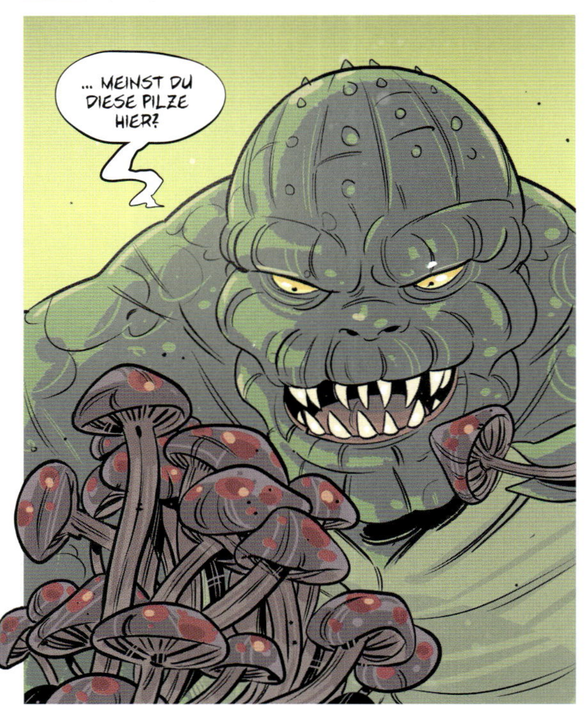
... MEINST DU DIESE PILZE HIER?

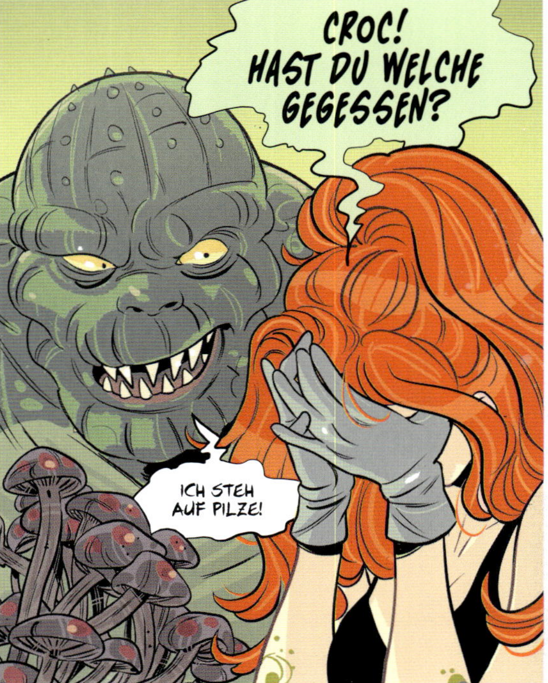
CROC! HAST DU WELCHE GEGESSEN?
ICH STEH AUF PILZE!

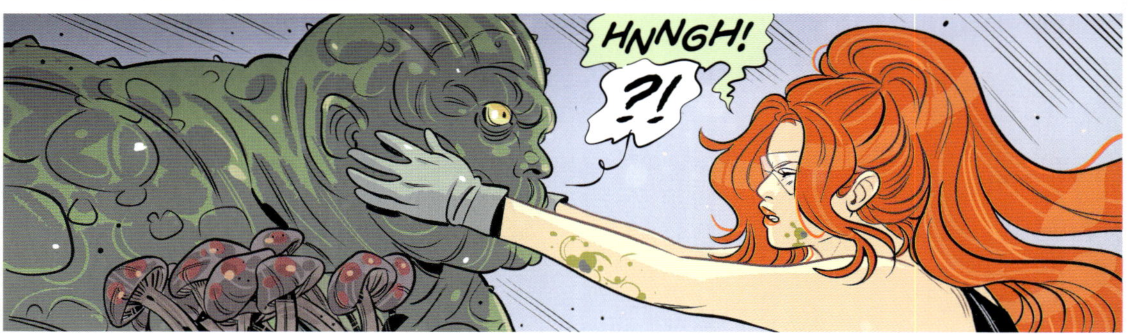
HNNGH!
?!

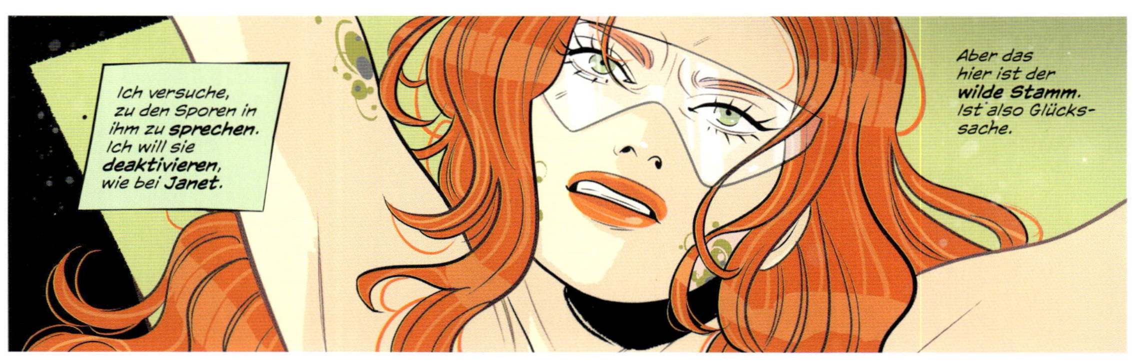
Ich versuche, zu den Sporen in ihm zu sprechen. Ich will sie deaktivieren, wie bei Janet.
Aber das hier ist der wilde Stamm. Ist also Glückssache.

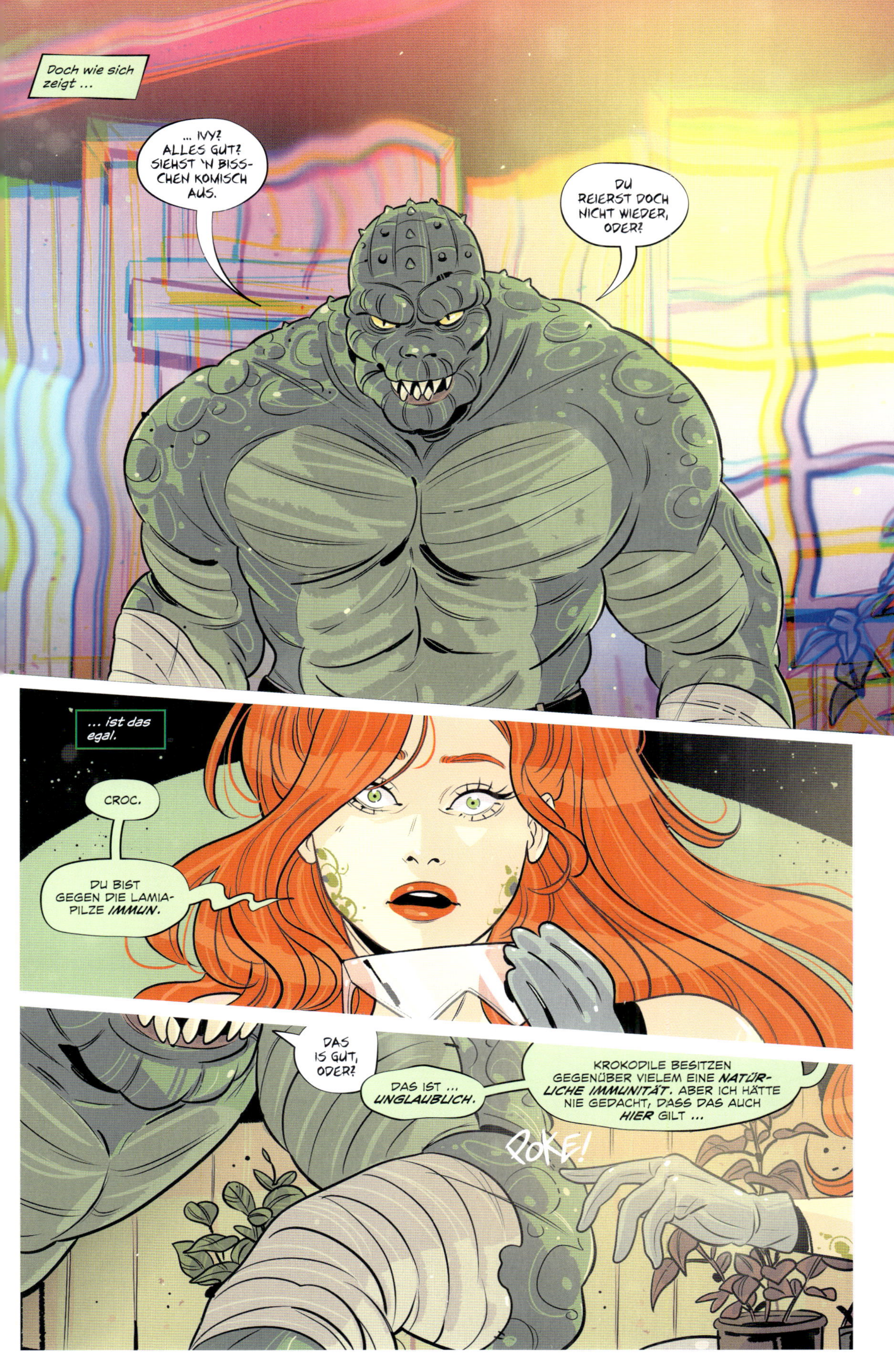
Doch wie sich zeigt ...
... IVY? ALLES GUT? SIEHST 'N BISSCHEN KOMISCH AUS.
DU REIERST DOCH NICHT WIEDER, ODER?
... ist das egal.
CROC.
DU BIST GEGEN DIE LAMIA-PILZE IMMUN.
DAS IS GUT, ODER?
DAS IST ... UNGLAUBLICH.
KROKODILE BESITZEN GEGENÜBER VIELEM EINE NATÜRLICHE IMMUNITÄT. ABER ICH HÄTTE NIE GEDACHT, DASS DAS AUCH HIER GILT ...
POKE!

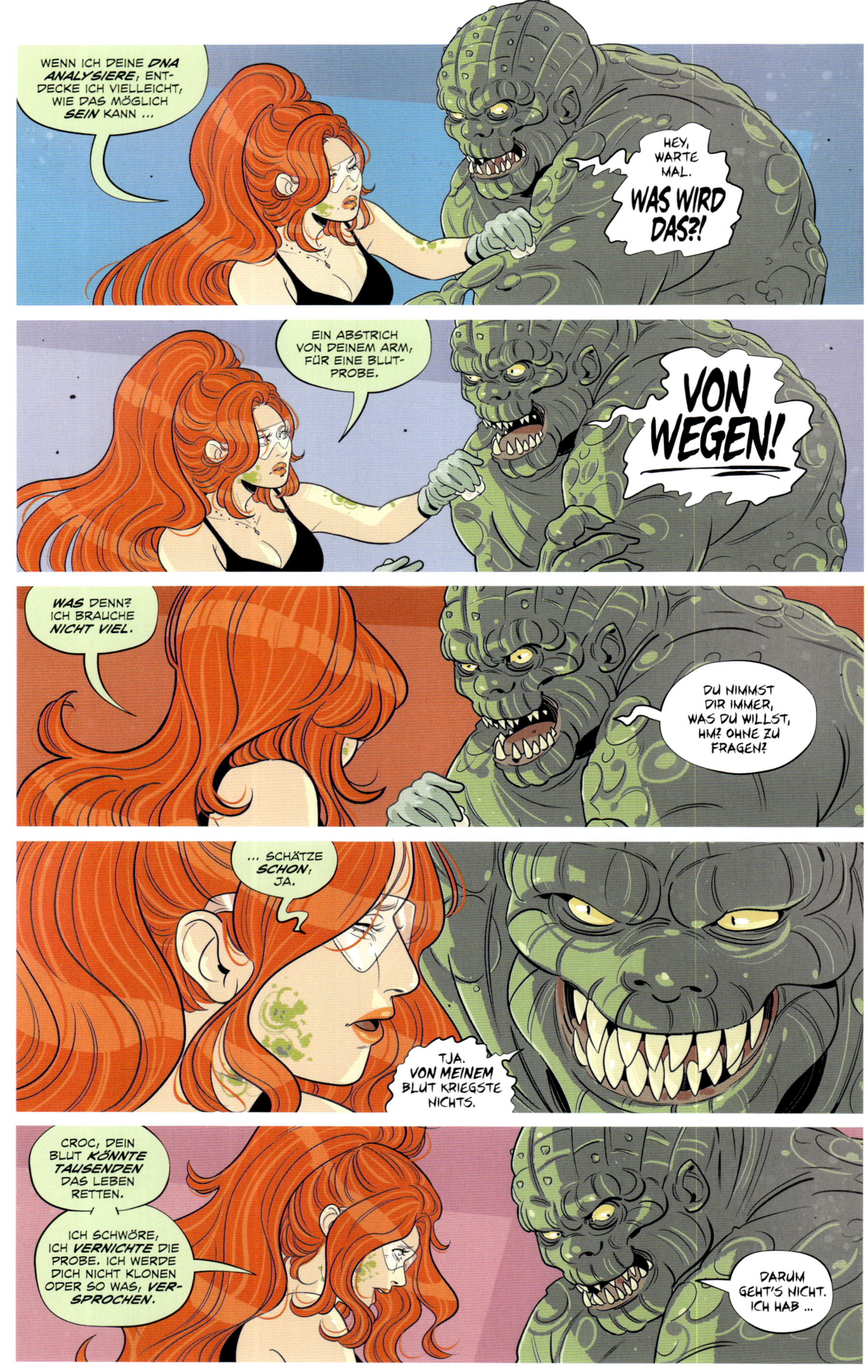
WENN ICH DEINE DNA ANALYSIERE, ENTDECKE ICH VIELLEICHT, WIE DAS MÖGLICH SEIN KANN ...
HEY, WARTE MAL.
WAS WIRD DAS?!
EIN ABSTRICH VON DEINEM ARM, FÜR EINE BLUTPROBE.
VON WEGEN!
WAS DENN? ICH BRAUCHE NICHT VIEL.
DU NIMMST DIR IMMER, WAS DU WILLST, HM? OHNE ZU FRAGEN?
... SCHÄTZE SCHON, JA.
TJA. VON MEINEM BLUT KRIEGSTE NICHTS.
CROC, DEIN BLUT KÖNNTE TAUSENDEN DAS LEBEN RETTEN.
ICH SCHWÖRE, ICH VERNICHTE DIE PROBE. ICH WERDE DICH NICHT KLONEN ODER SO WAS, VERSPROCHEN.
DARUM GEHT'S NICHT. ICH HAB ...

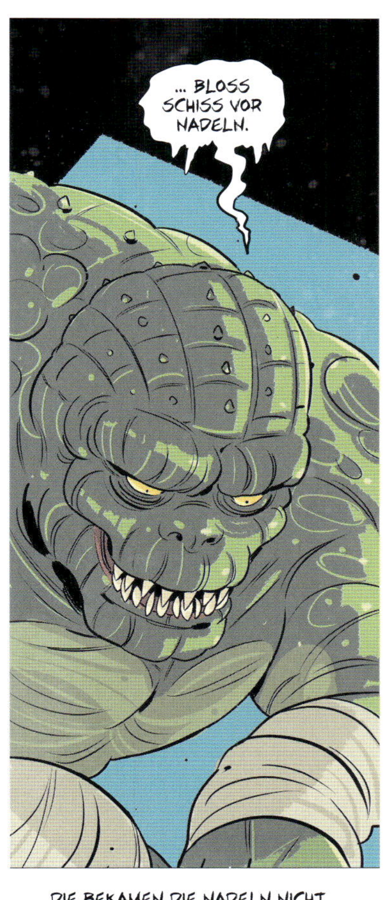
... BLOSS SCHISS VOR NADELN.

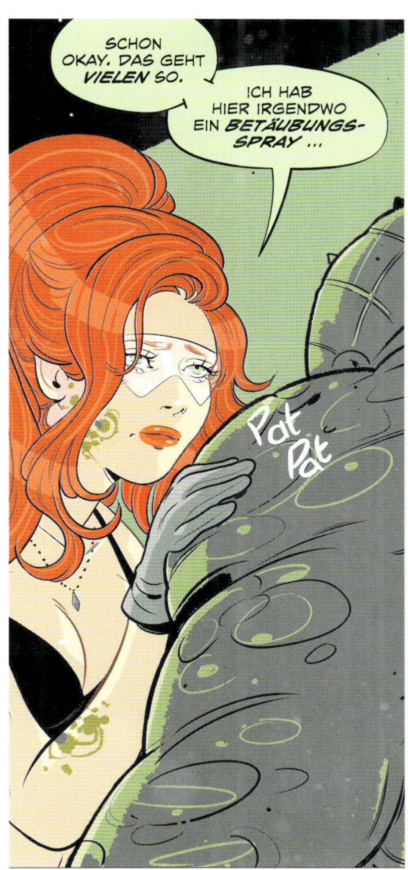
SCHON OKAY. DAS GEHT *VIELEN* SO.
ICH HAB HIER IRGENDWO EIN *BETÄUBUNGS-SPRAY* ...
PAT PAT

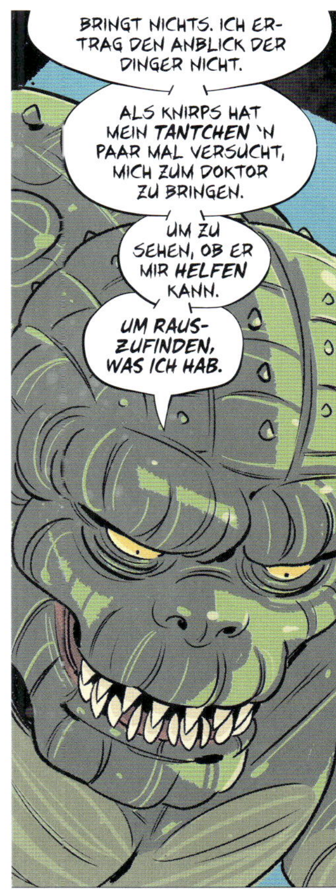
BRINGT NICHTS. ICH ERTRAG DEN ANBLICK DER DINGER NICHT.
ALS KNIRPS HAT MEIN *TANTCHEN* 'N PAAR MAL VERSUCHT, MICH ZUM DOKTOR ZU BRINGEN.
UM ZU SEHEN, OB ER MIR *HELFEN* KANN.
UM RAUS-ZUFINDEN, WAS ICH HAB.

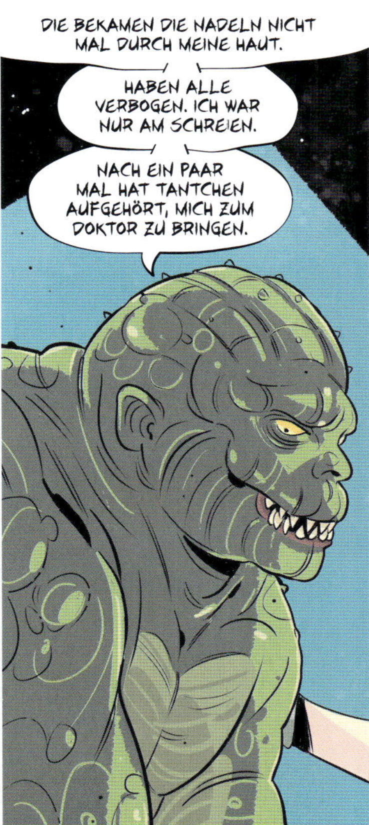
DIE BEKAMEN DIE NADELN NICHT MAL DURCH MEINE HAUT.
HABEN ALLE VERBOGEN. ICH WAR NUR AM SCHREIEN.
NACH EIN PAAR MAL HAT TANTCHEN AUFGEHÖRT, MICH ZUM DOKTOR ZU BRINGEN.

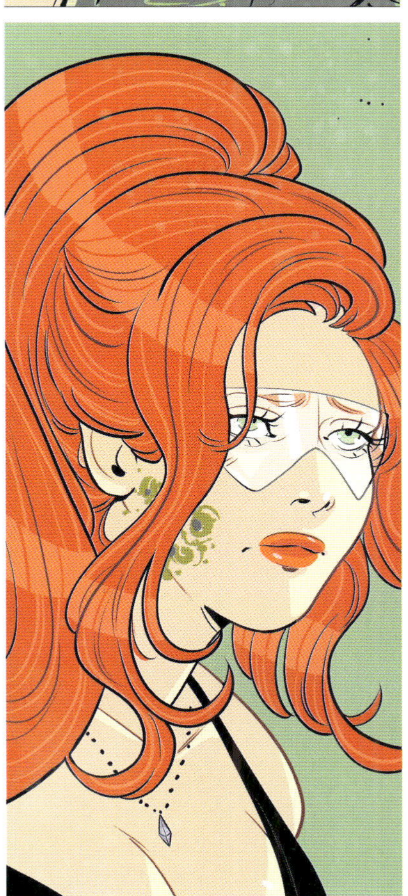

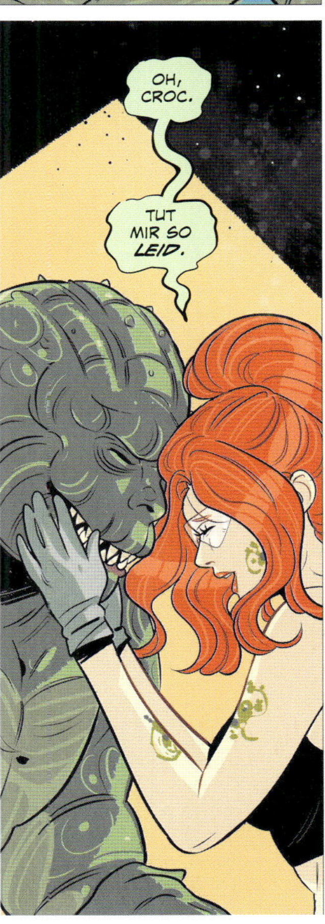
OH, CROC.
TUT MIR SO *LEID*.

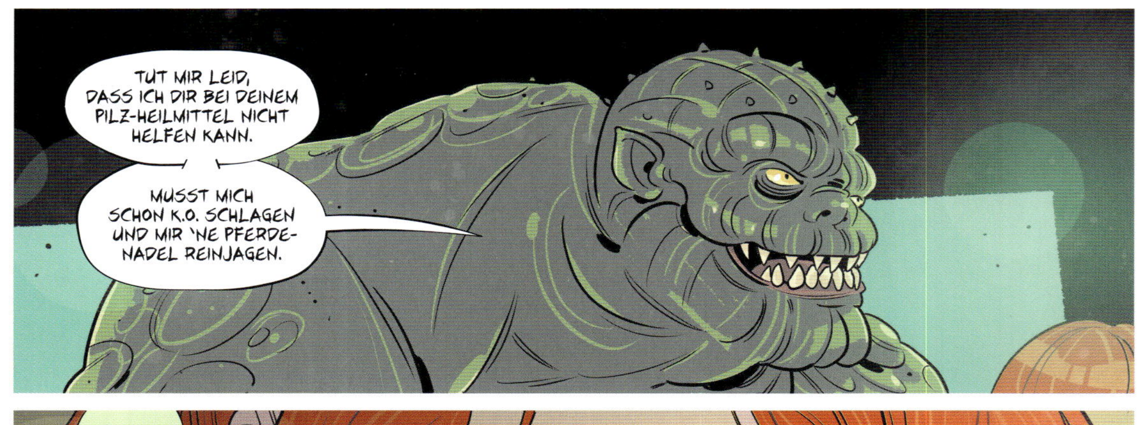
TUT MIR LEID, DASS ICH DIR BEI DEINEM PILZ-HEILMITTEL NICHT HELFEN KANN.
MUSST MICH SCHON K.O. SCHLAGEN UND MIR 'NE PFERDE-NADEL REINJAGEN.

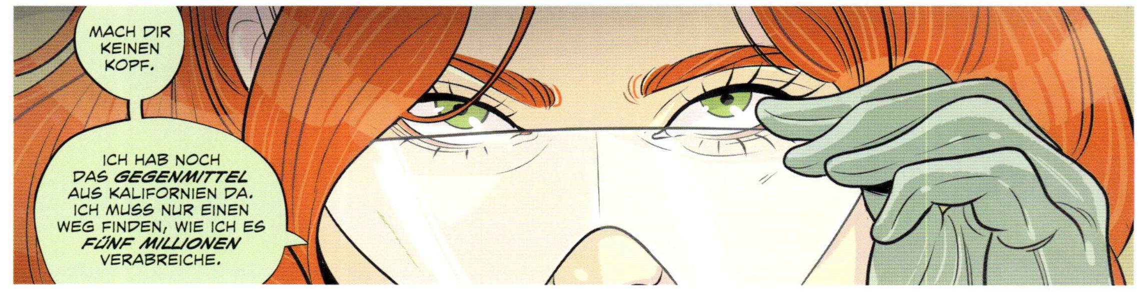
MACH DIR KEINEN KOPF.
ICH HAB NOCH DAS GEGENMITTEL AUS KALIFORNIEN DA. ICH MUSS NUR EINEN WEG FINDEN, WIE ICH ES FÜNF MILLIONEN VERABREICHE.

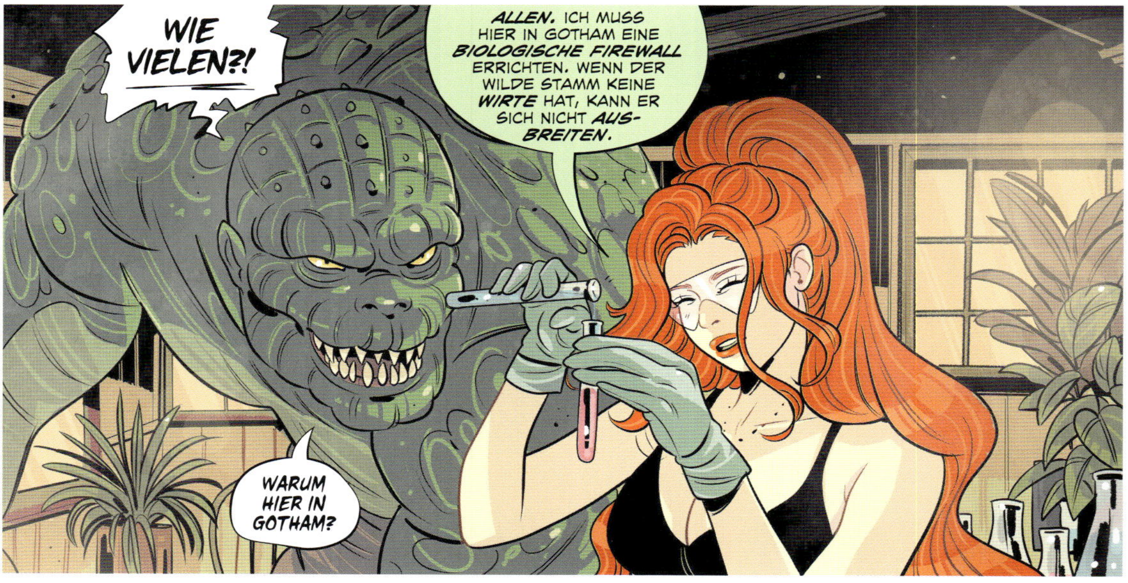
WIE VIELEN?!
ALLEN. ICH MUSS HIER IN GOTHAM EINE BIOLOGISCHE FIREWALL ERRICHTEN. WENN DER WILDE STAMM KEINE WIRTE HAT, KANN ER SICH NICHT AUS-BREITEN.
WARUM HIER IN GOTHAM?

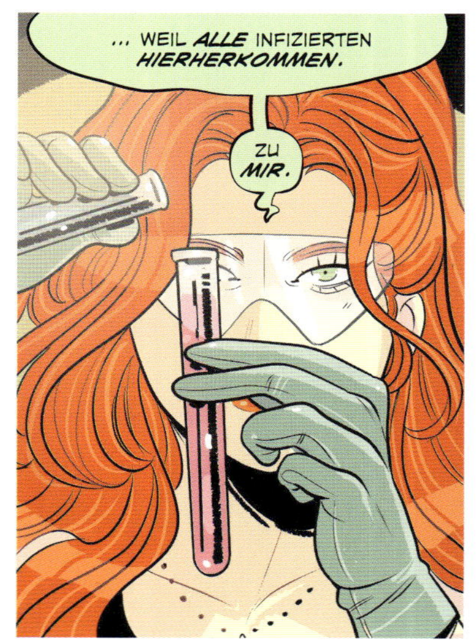
... WEIL ALLE INFIZIERTEN HIERHERKOMMEN.
ZU MIR.

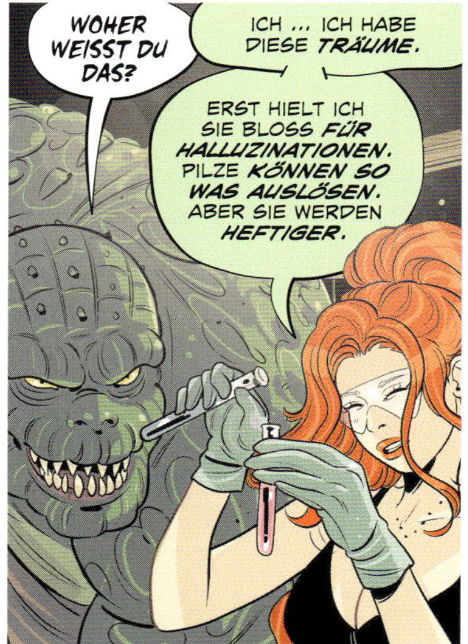
WOHER WEISST DU DAS?
ICH ... ICH HABE DIESE TRÄUME.
ERST HIELT ICH SIE BLOSS FÜR HALLUZINATIONEN. PILZE KÖNNEN SO WAS AUSLÖSEN. ABER SIE WERDEN HEFTIGER.

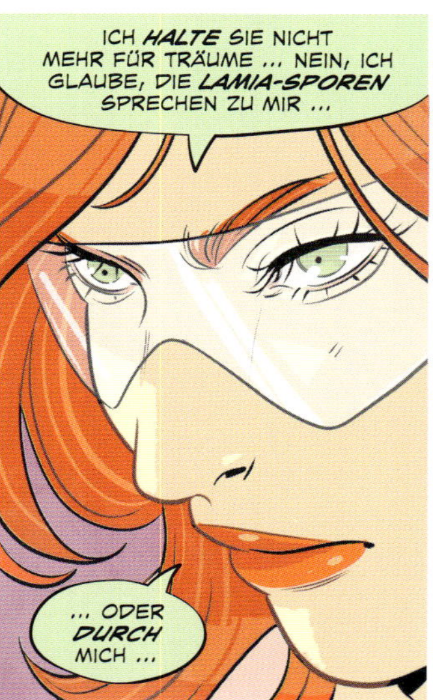
ICH HALTE SIE NICHT MEHR FÜR TRÄUME ... NEIN, ICH GLAUBE, DIE LAMIA-SPOREN SPRECHEN ZU MIR ...
... ODER DURCH MICH ...

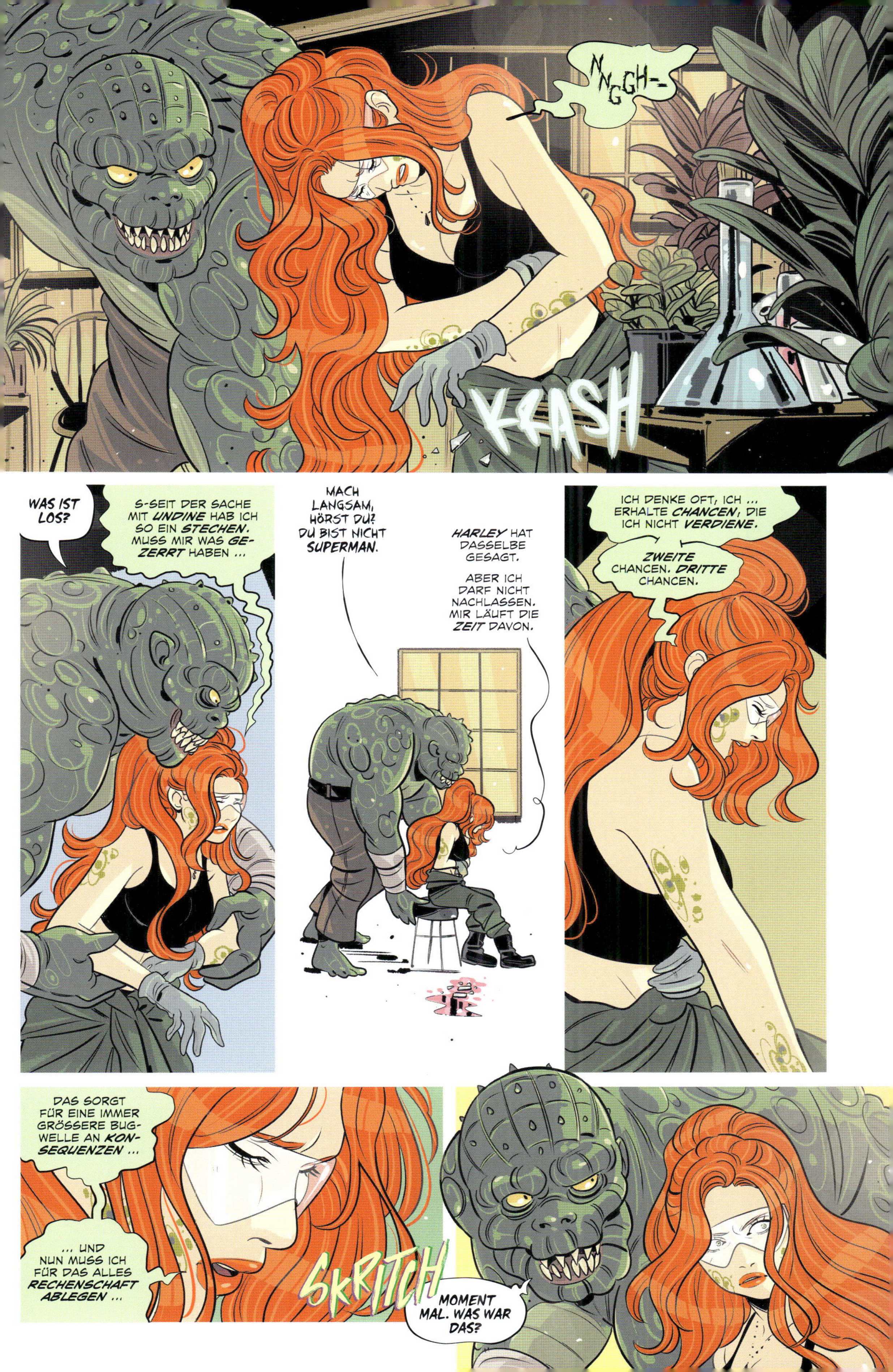

NNGGH–
KRASH

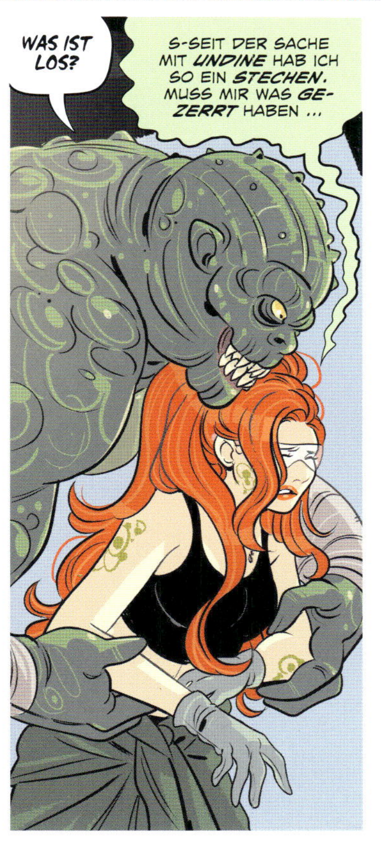
WAS IST LOS?
S-SEIT DER SACHE MIT *UNDINE* HAB ICH SO EIN *STECHEN*. MUSS MIR WAS *GEZERRT* HABEN …

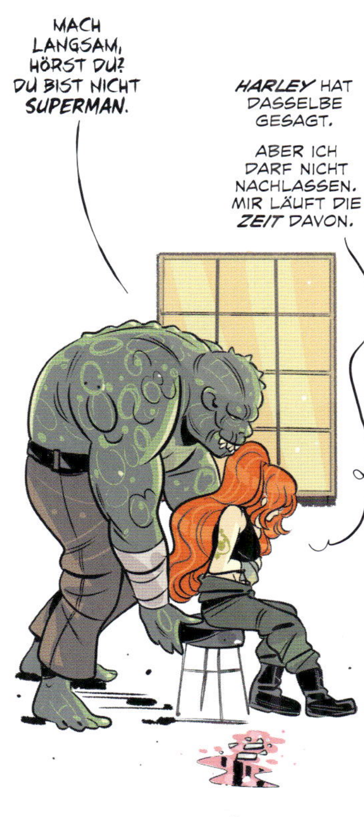
MACH LANGSAM, HÖRST DU? DU BIST NICHT *SUPERMAN*.
HARLEY HAT DASSELBE GESAGT.
ABER ICH DARF NICHT NACHLASSEN. MIR LÄUFT DIE *ZEIT* DAVON.

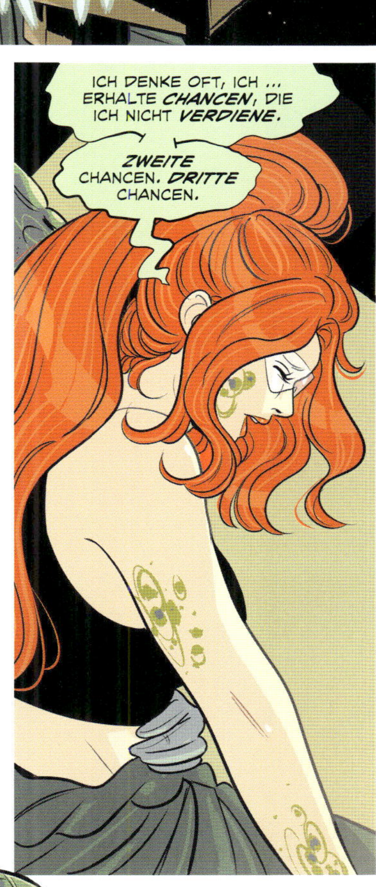
ICH DENKE OFT, ICH … ERHALTE *CHANCEN*, DIE ICH NICHT *VERDIENE*.
ZWEITE CHANCEN. *DRITTE* CHANCEN.

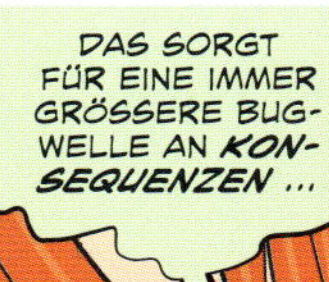
DAS SORGT FÜR EINE IMMER GRÖSSERE BUGWELLE AN *KONSEQUENZEN* …
… UND NUN MUSS ICH FÜR DAS ALLES *RECHENSCHAFT ABLEGEN* …
SKRITCH
MOMENT MAL. WAS WAR DAS?

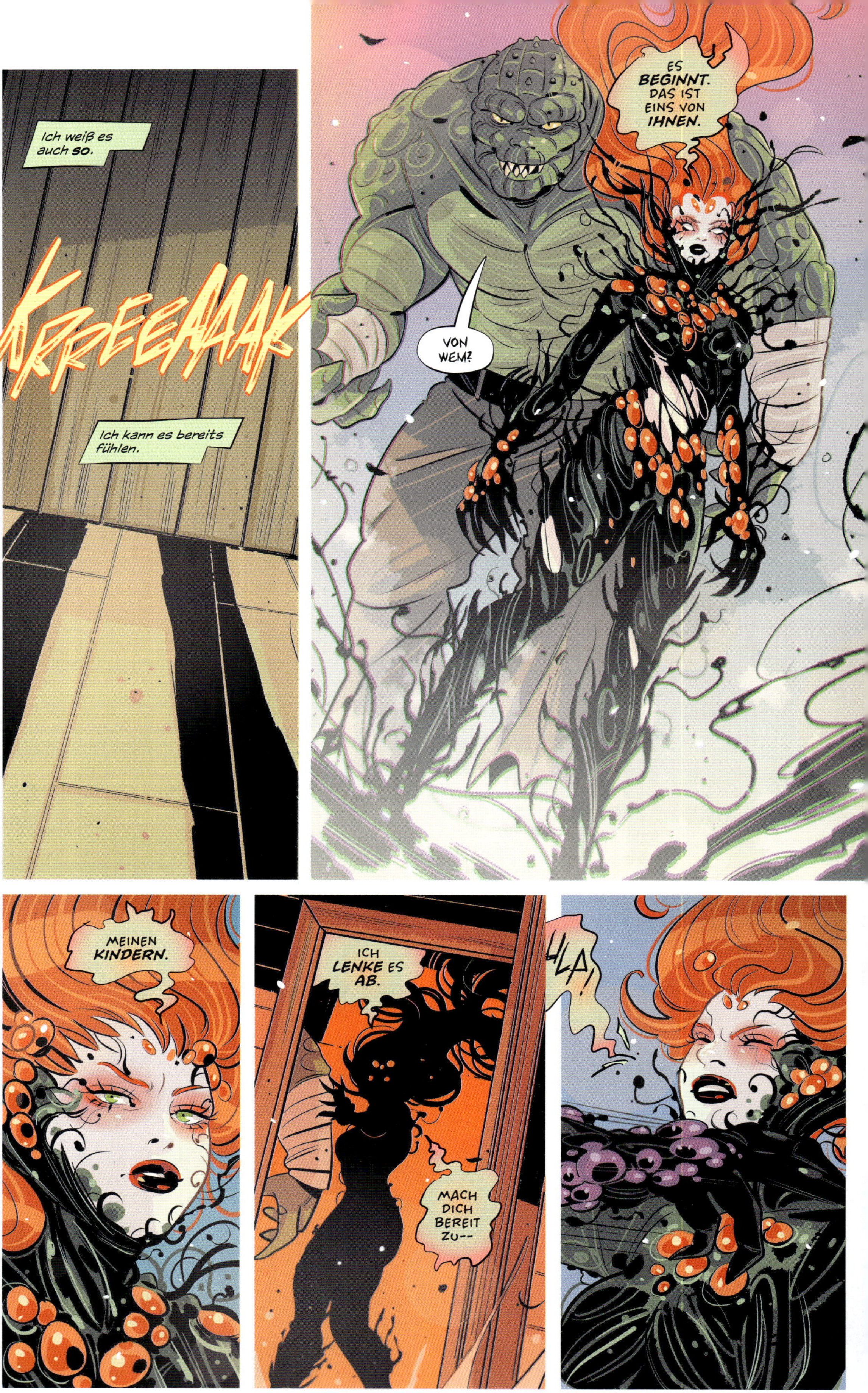

Ich weiß es auch **so**.

KRREEAAAK

Ich kann es bereits fühlen.

ES **BEGINNT.** DAS IST EINS VON **IHNEN.**

VON WEM?

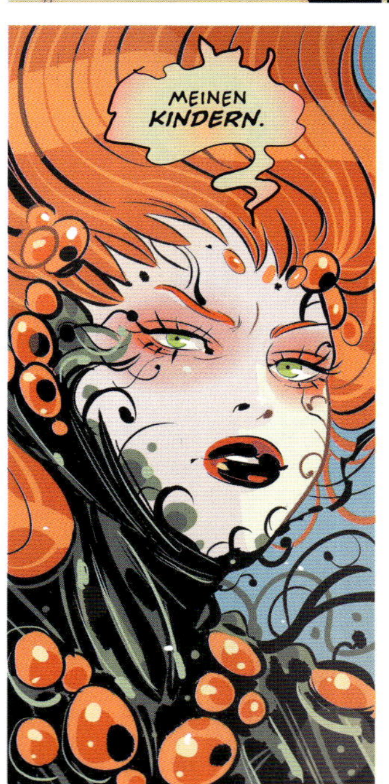

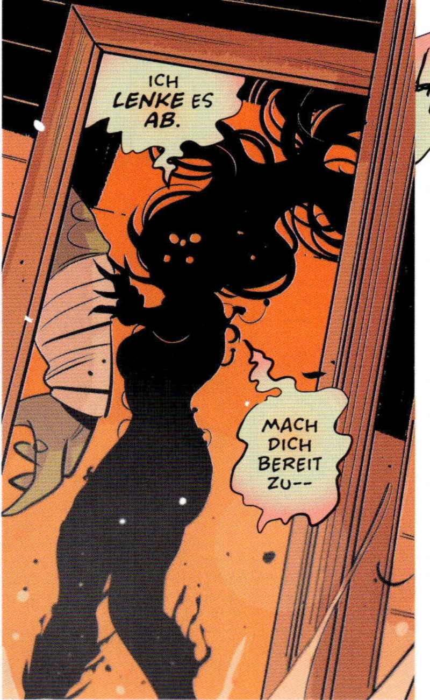

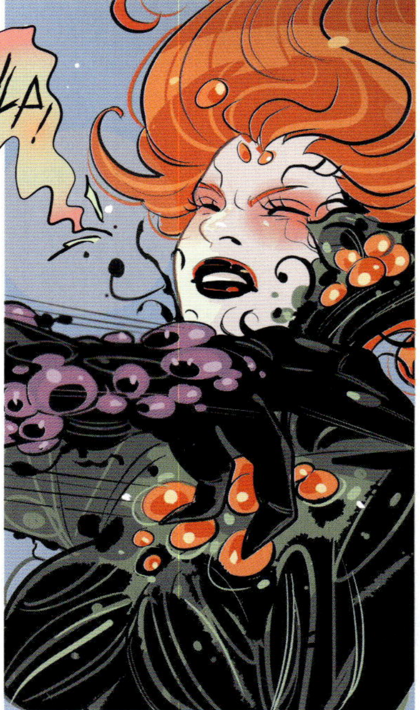

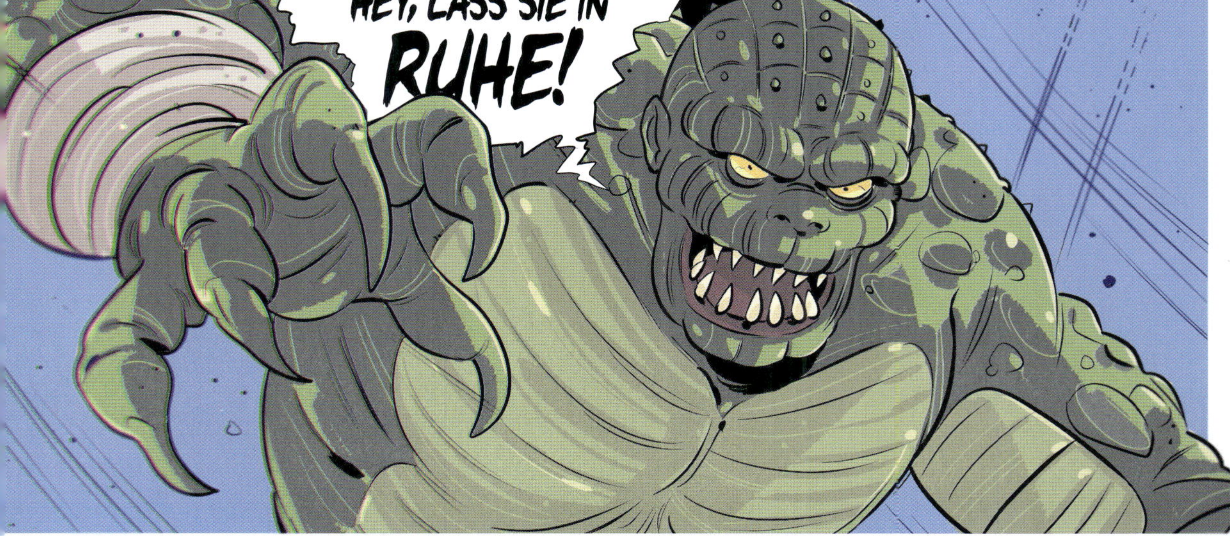
HEY, LASS SIE IN RUHE!

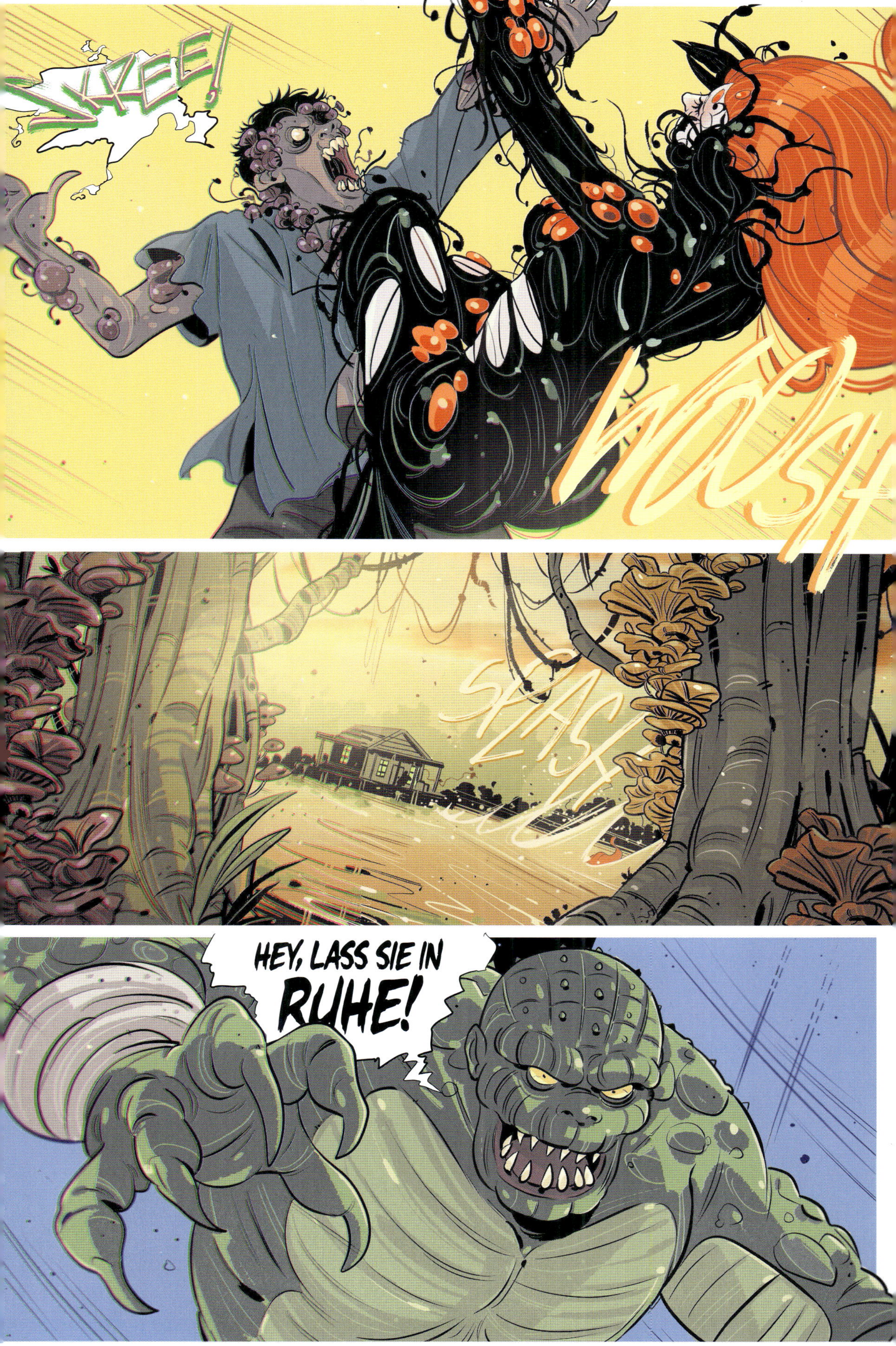

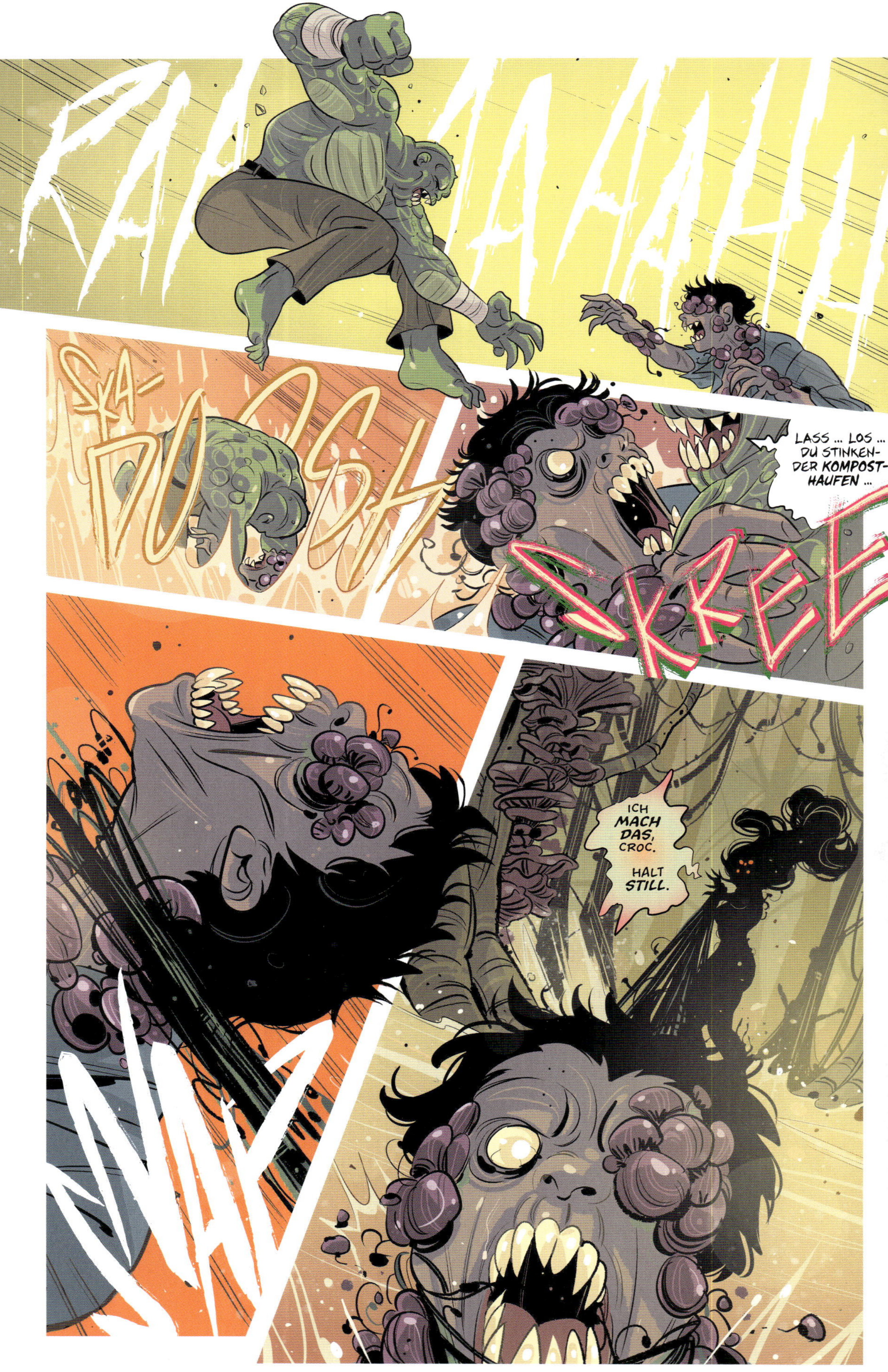
RAAAAAAHH
SKA-DOOSH
LASS ... LOS ... DU STINKENDER KOMPOSTHAUFEN ...
SKREE
ICH MACH DAS, CROC.
HALT STILL.

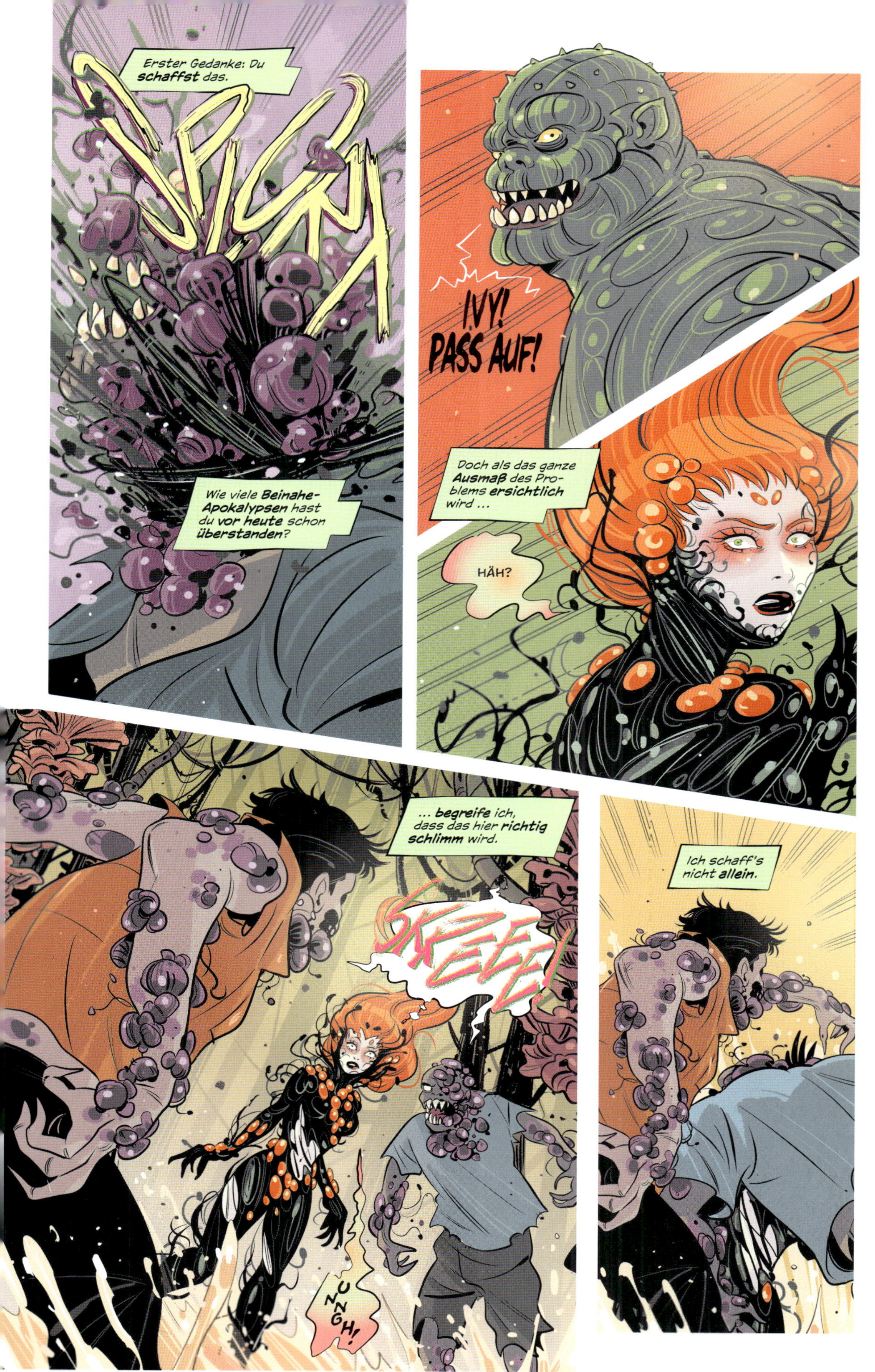
Erster Gedanke: Du schaffst das.
SPLCH
Wie viele Beinahe-Apokalypsen hast du vor heute schon überstanden?
IVY! PASS AUF!
Doch als das ganze Ausmaß des Problems ersichtlich wird …
HÄH?
… begreife ich, dass das hier richtig schlimm wird.
SKREEE!
UNGH!
Ich schaff's nicht allein.

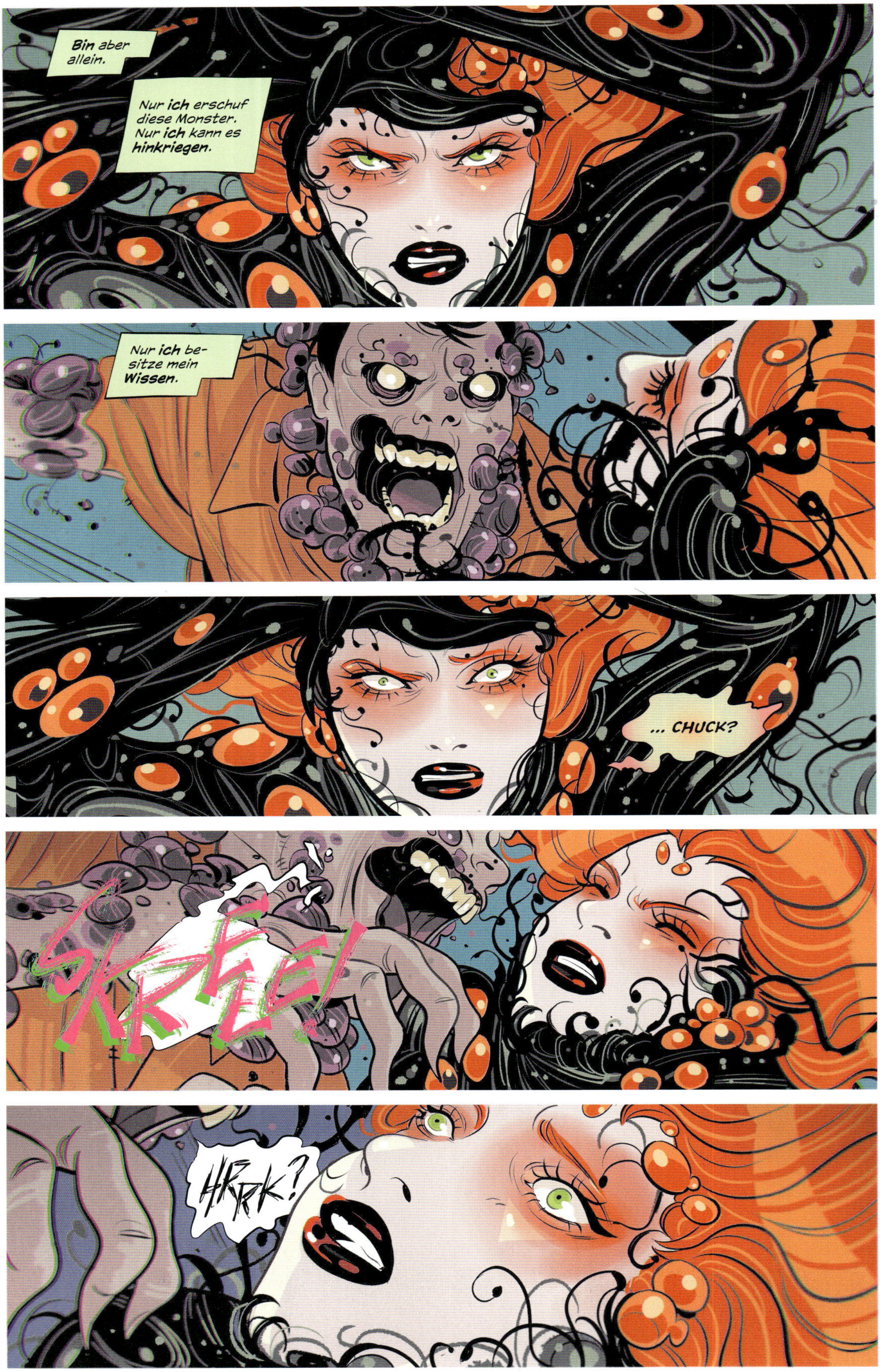

Bin aber allein.

Nur **ich** erschuf diese Monster. Nur **ich** kann es **hinkriegen**.

Nur **ich** besitze mein **Wissen**.

... CHUCK?

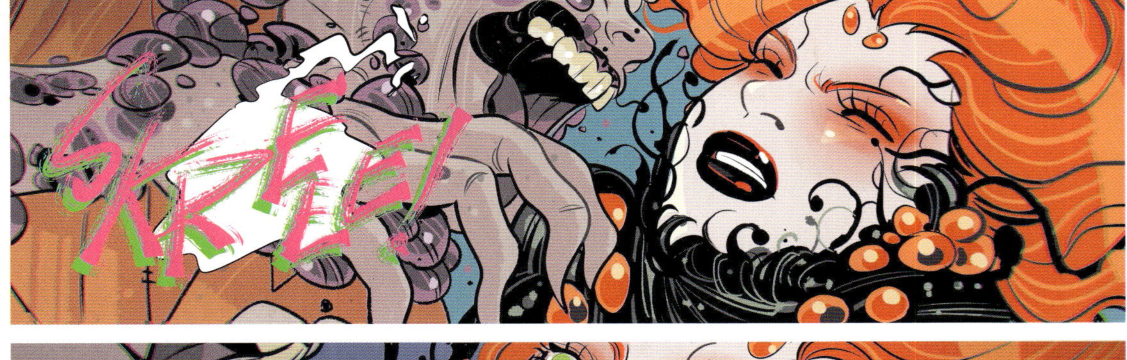

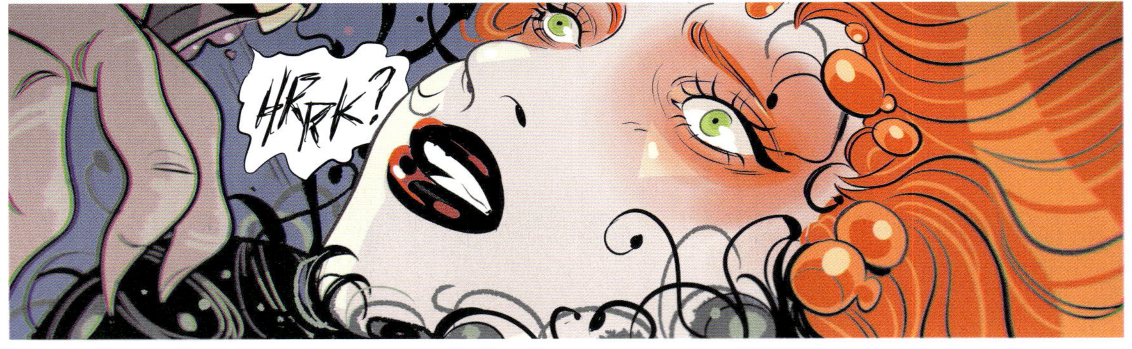

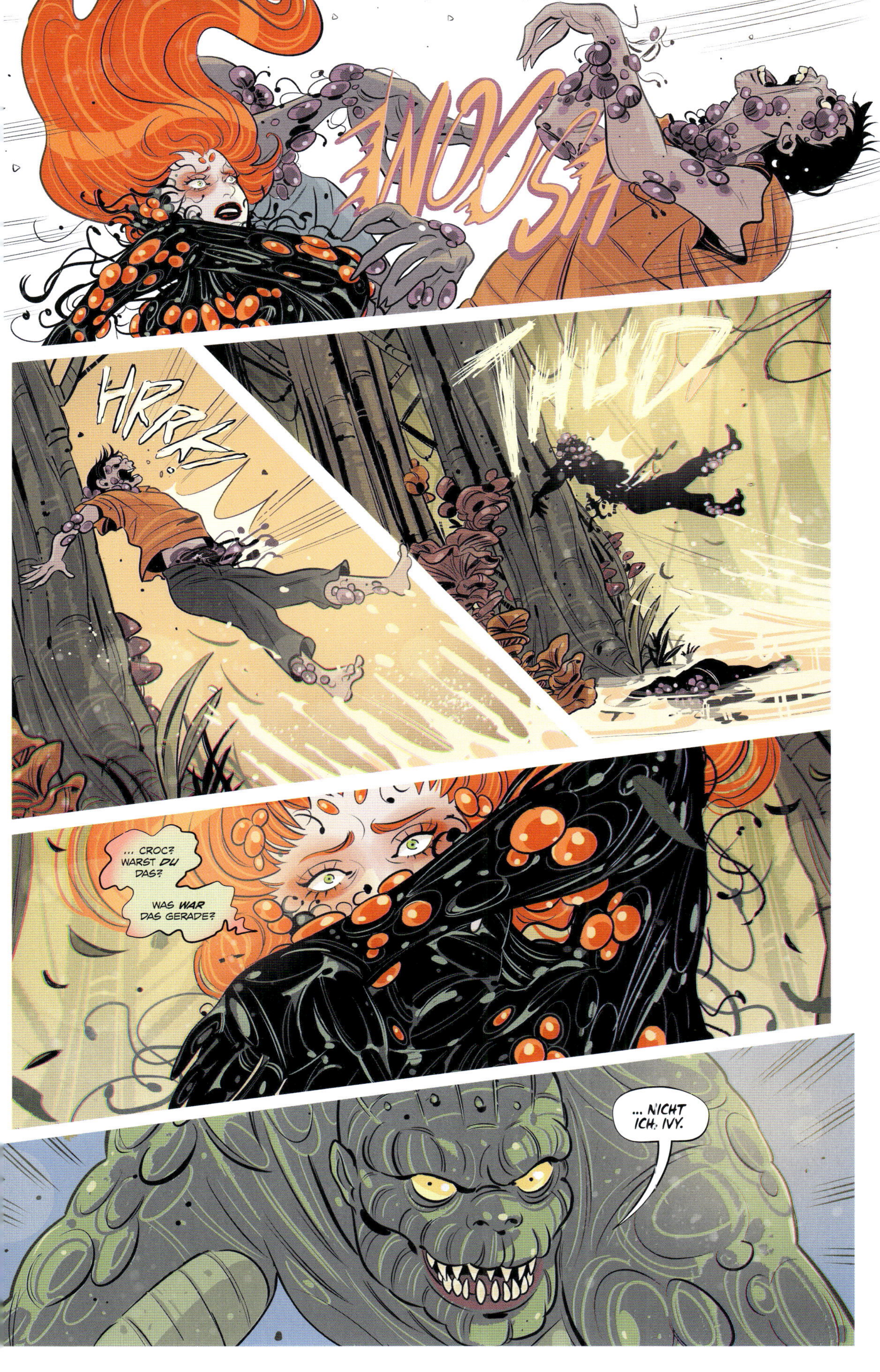
WHOOSH
HRRK!
THUD
... CROC? WARST DU DAS?
WAS WAR DAS GERADE?
... NICHT ICH, IVY.

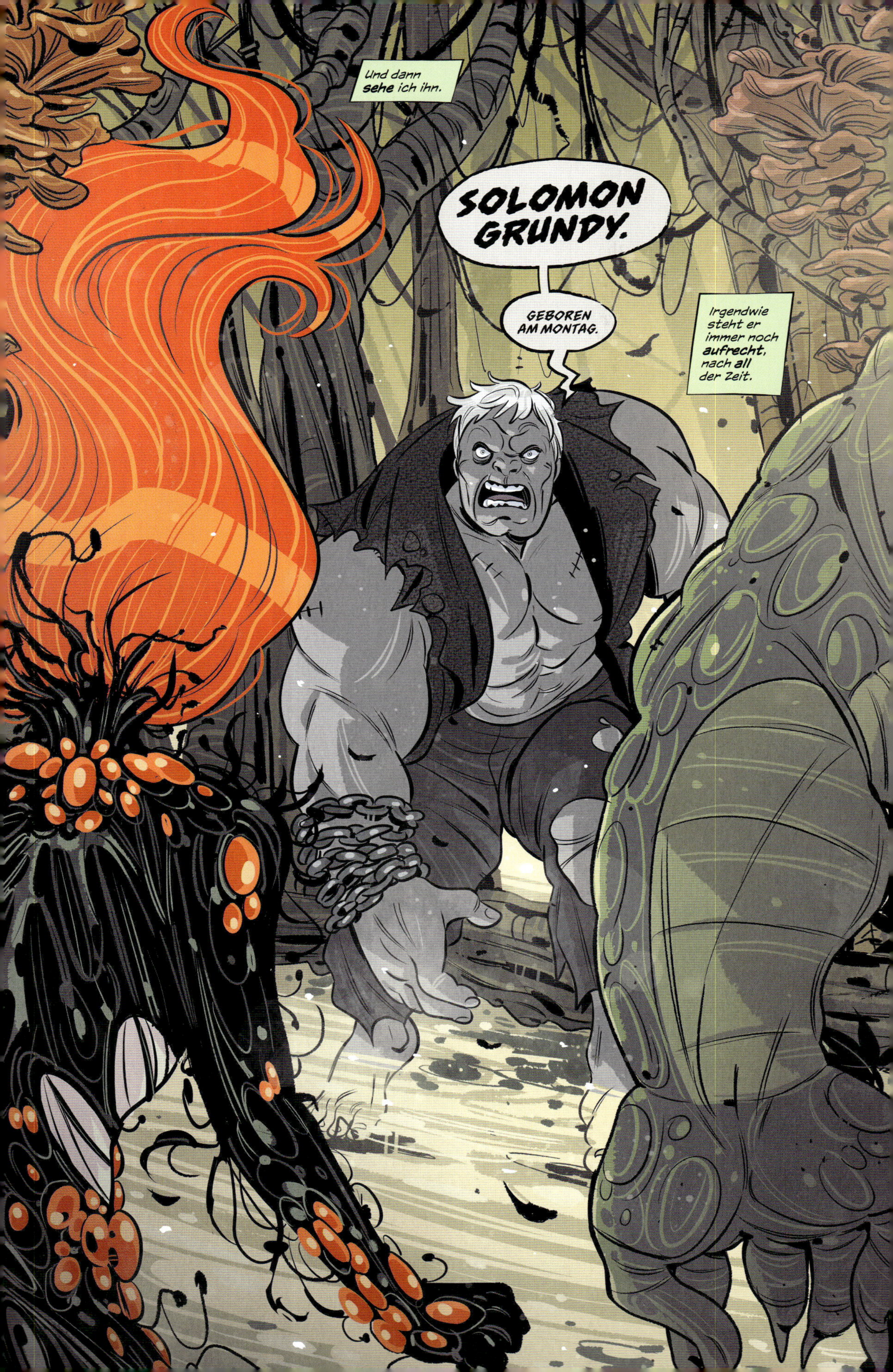
Und dann **sehe** ich ihn.
SOLOMON GRUNDY.
GEBOREN AM MONTAG.
Irgendwie steht er immer noch **aufrecht**, nach **all** der Zeit.

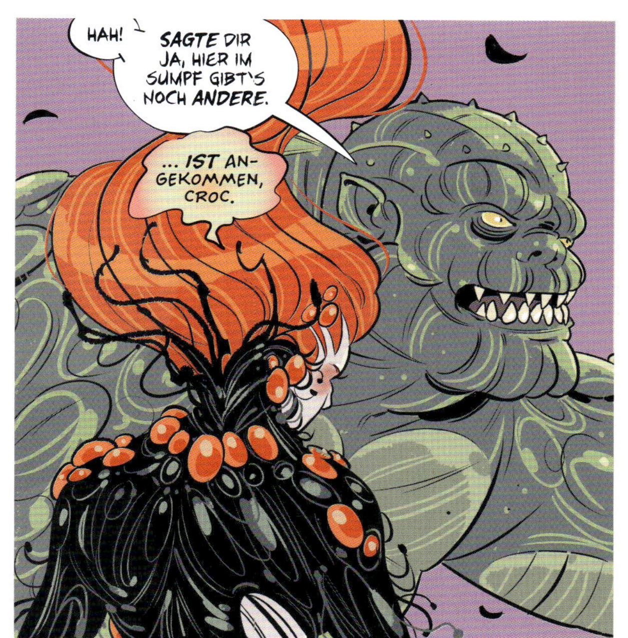
HAH!
SAGTE DIR JA, HIER IM SUMPF GIBT'S NOCH ANDERE.
... IST ANGEKOMMEN, CROC.

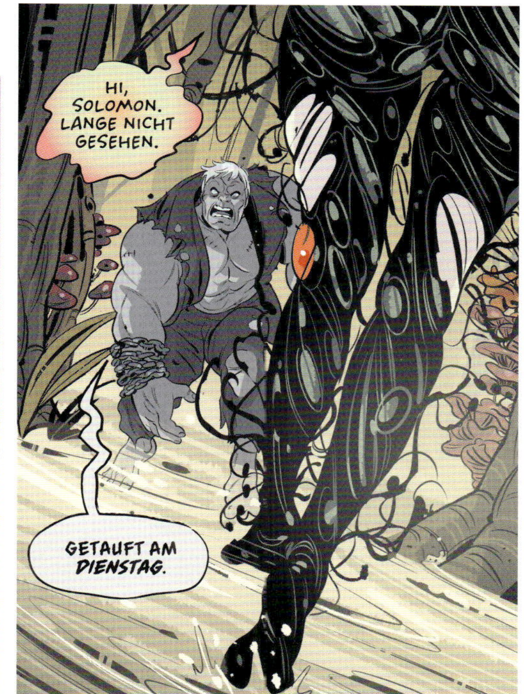
HI, SOLOMON. LANGE NICHT GESEHEN.
GETAUFT AM DIENSTAG.

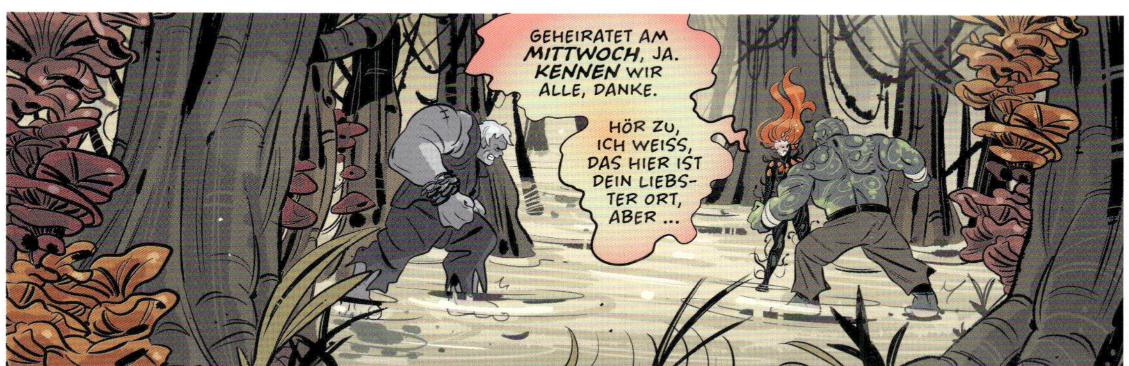
GEHEIRATET AM MITTWOCH, JA. KENNEN WIR ALLE, DANKE.
HÖR ZU, ICH WEISS, DAS HIER IST DEIN LIEBSTER ORT, ABER ...

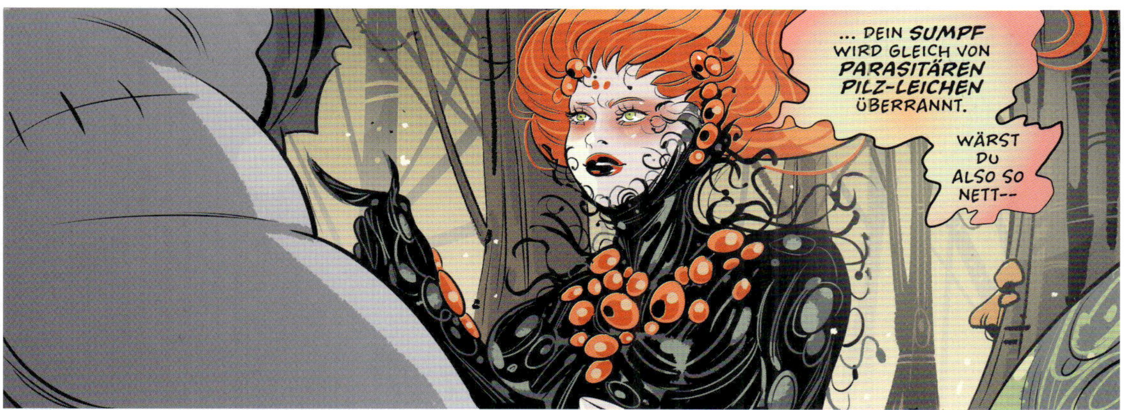
... DEIN SUMPF WIRD GLEICH VON PARASITÄREN PILZ-LEICHEN ÜBERRANNT.
WÄRST DU ALSO SO NETT--

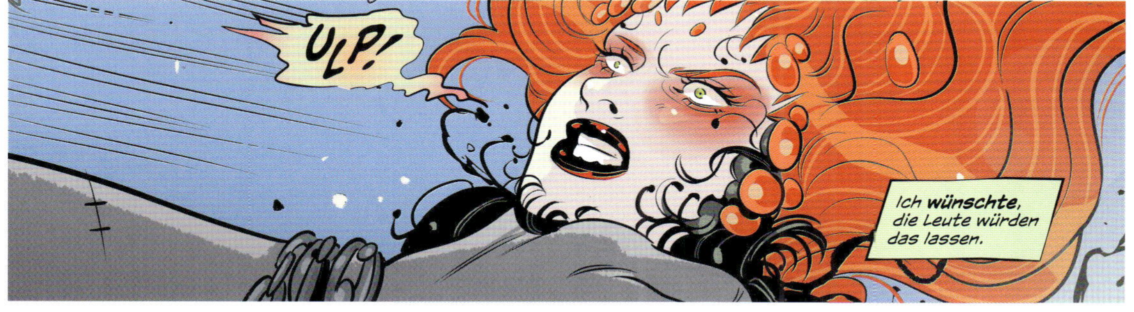
ULP!
Ich wünschte, die Leute würden das lassen.

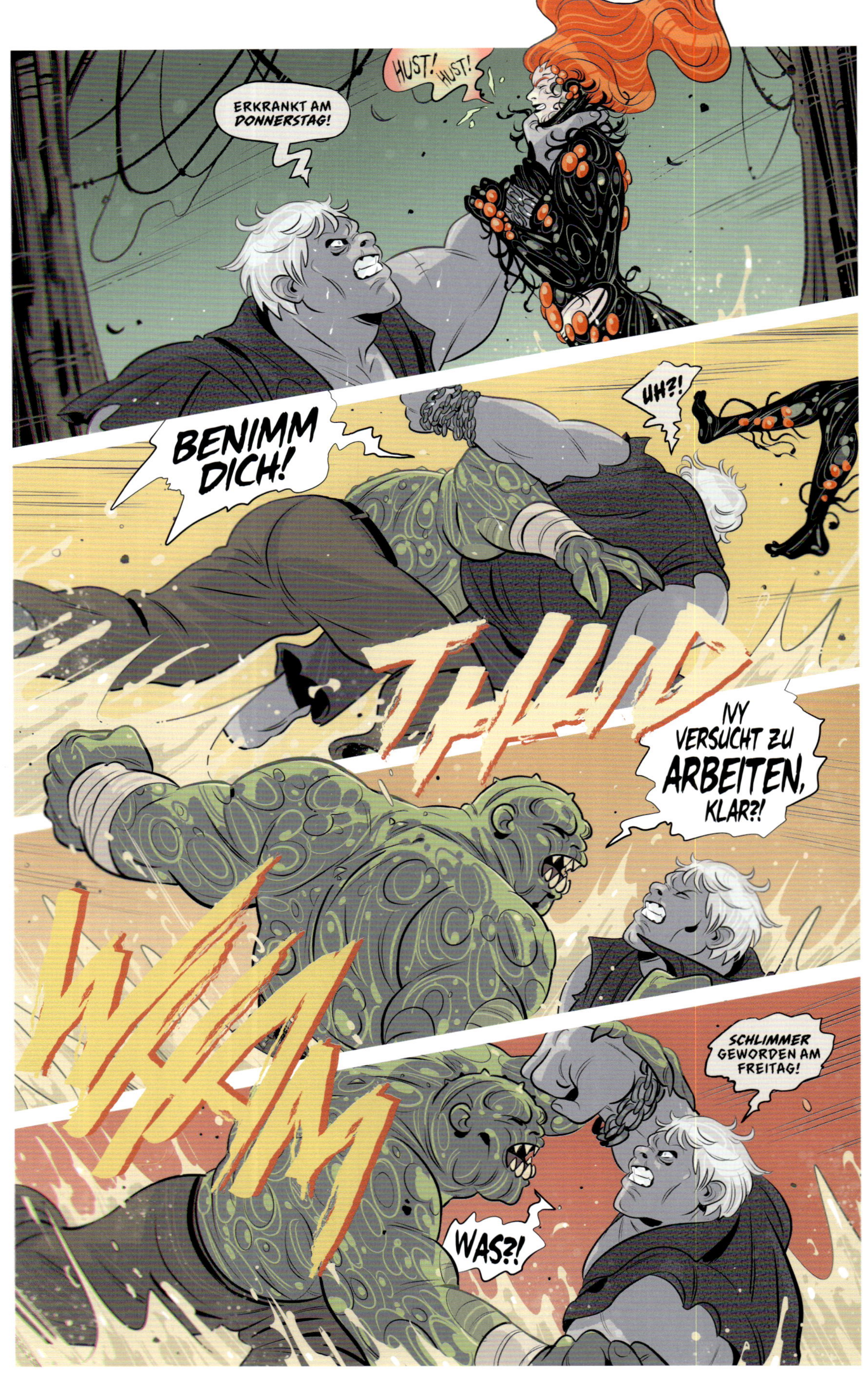
ERKRANKT AM DONNERSTAG!
HUST! HUST!
BENIMM DICH!
UH?!
THUD
IVY VERSUCHT ZU ARBEITEN, KLAR?!
WAM
SCHLIMMER GEWORDEN AM FREITAG!
WAS?!

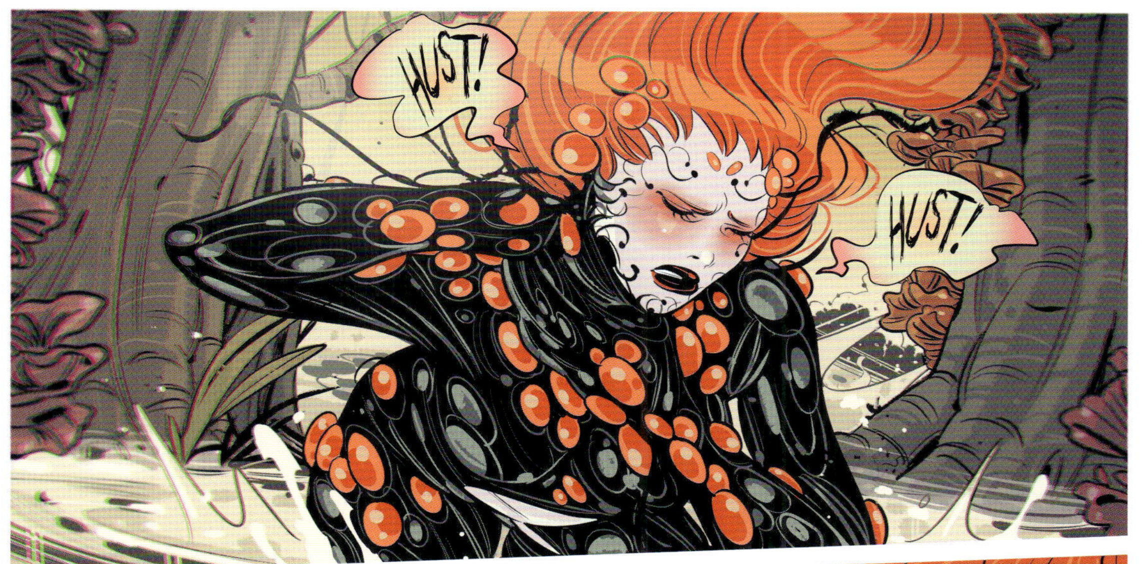
HUST!
HUST!

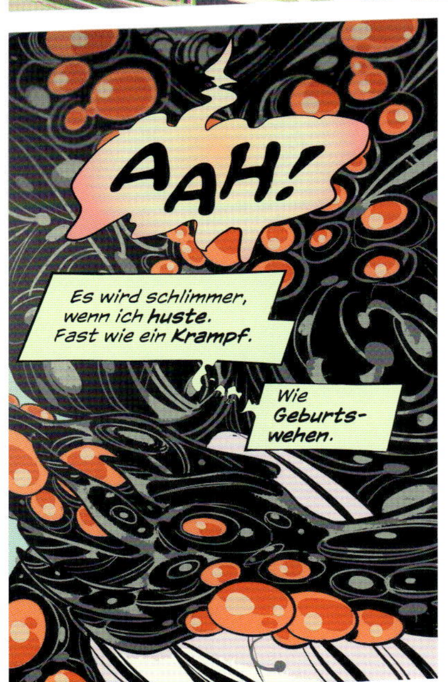
AAH!
Es wird schlimmer, wenn ich huste. Fast wie ein Krampf.
Wie Geburtswehen.

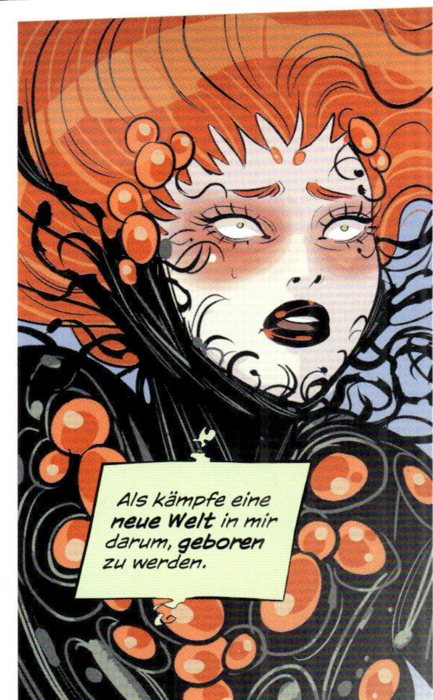
Als kämpfe eine neue Welt in mir darum, geboren zu werden.

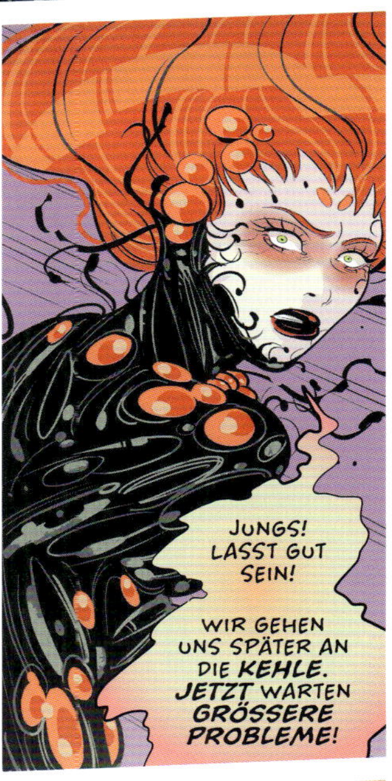
JUNGS! LASST GUT SEIN!
WIR GEHEN UNS SPÄTER AN DIE KEHLE. JETZT WARTEN GRÖSSERE PROBLEME!

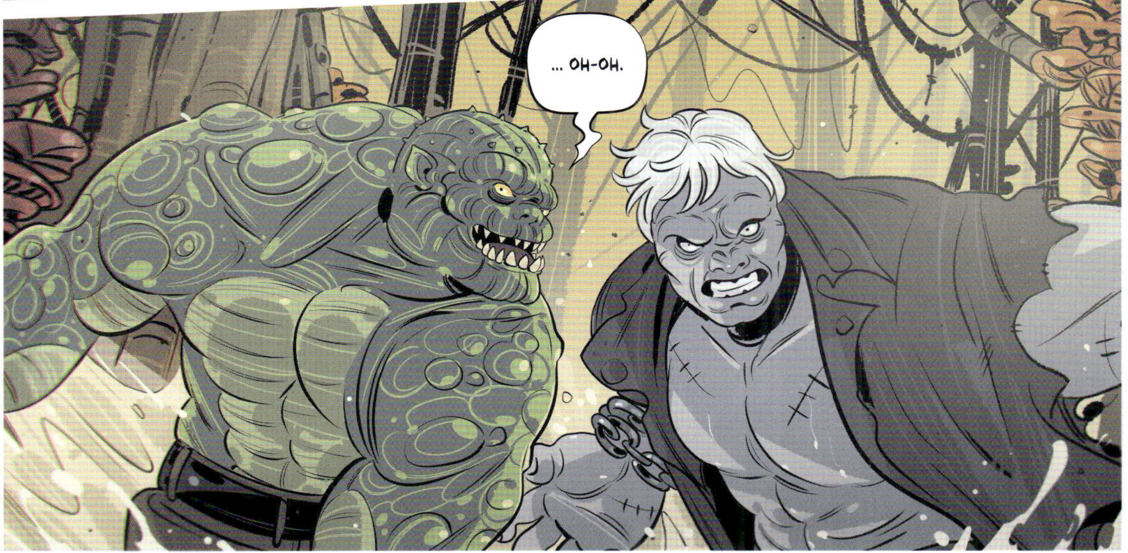
... OH-OH.

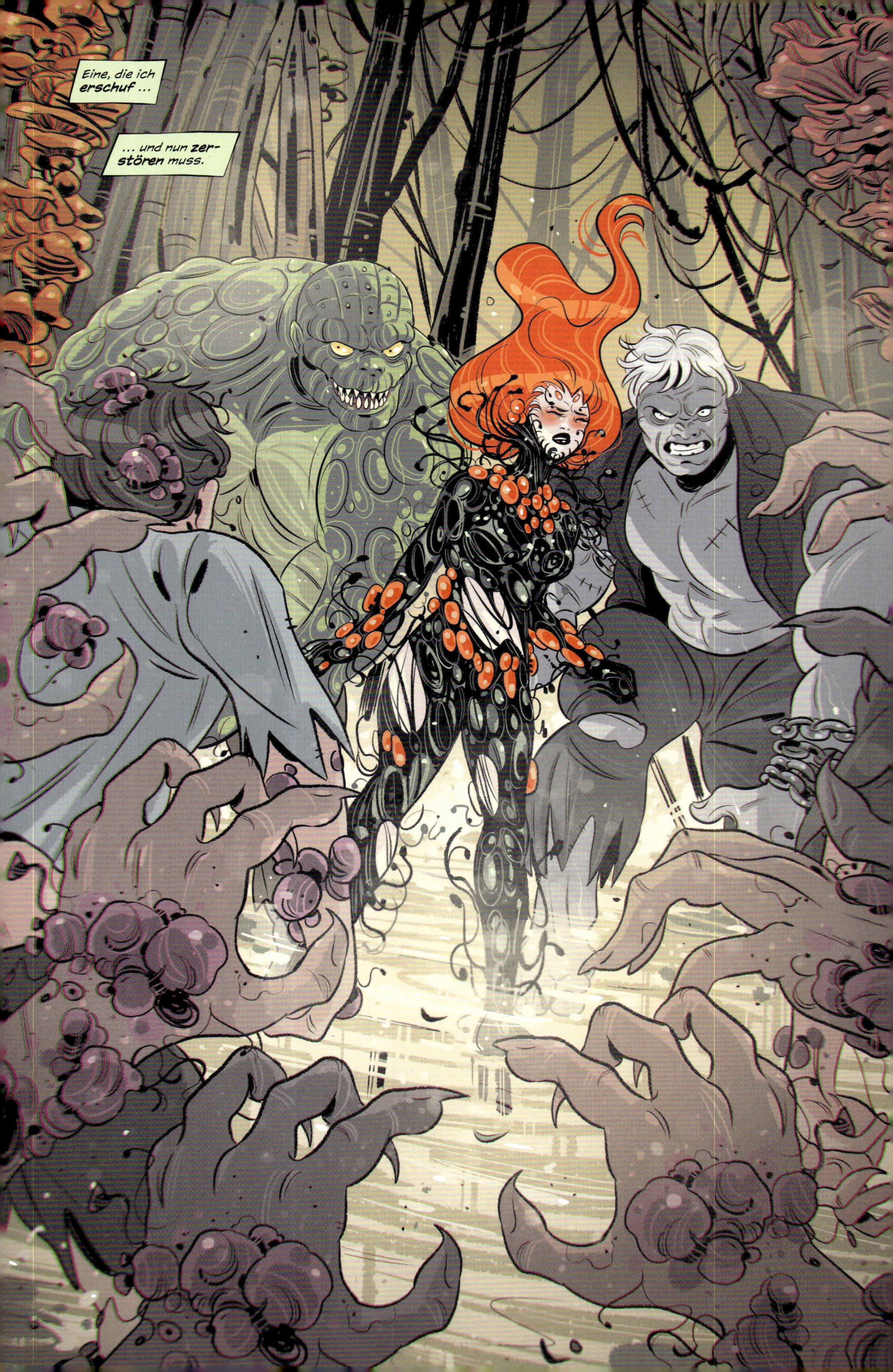
Eine, die ich **erschuf** …
… und nun **zerstören** muss.

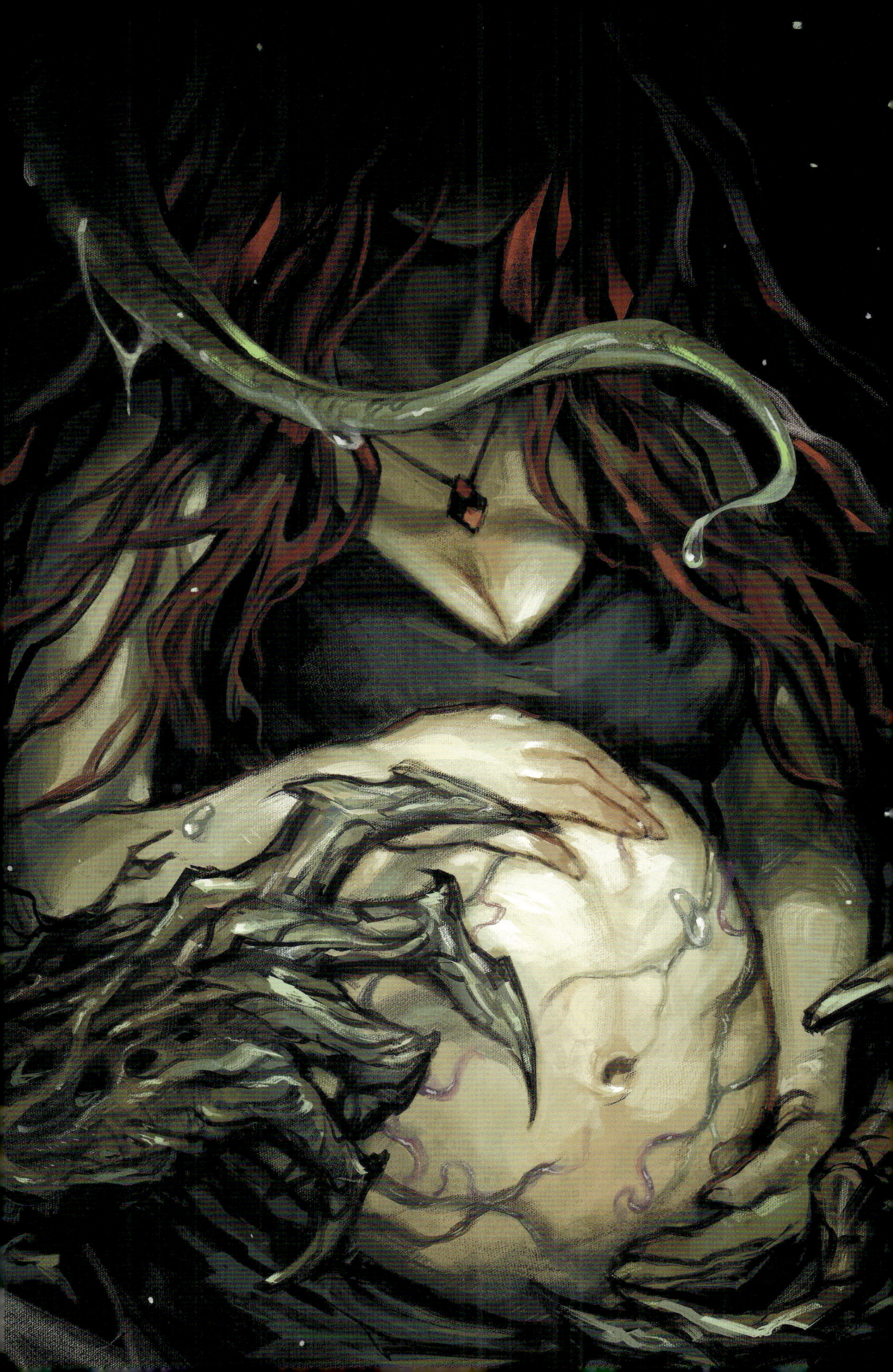

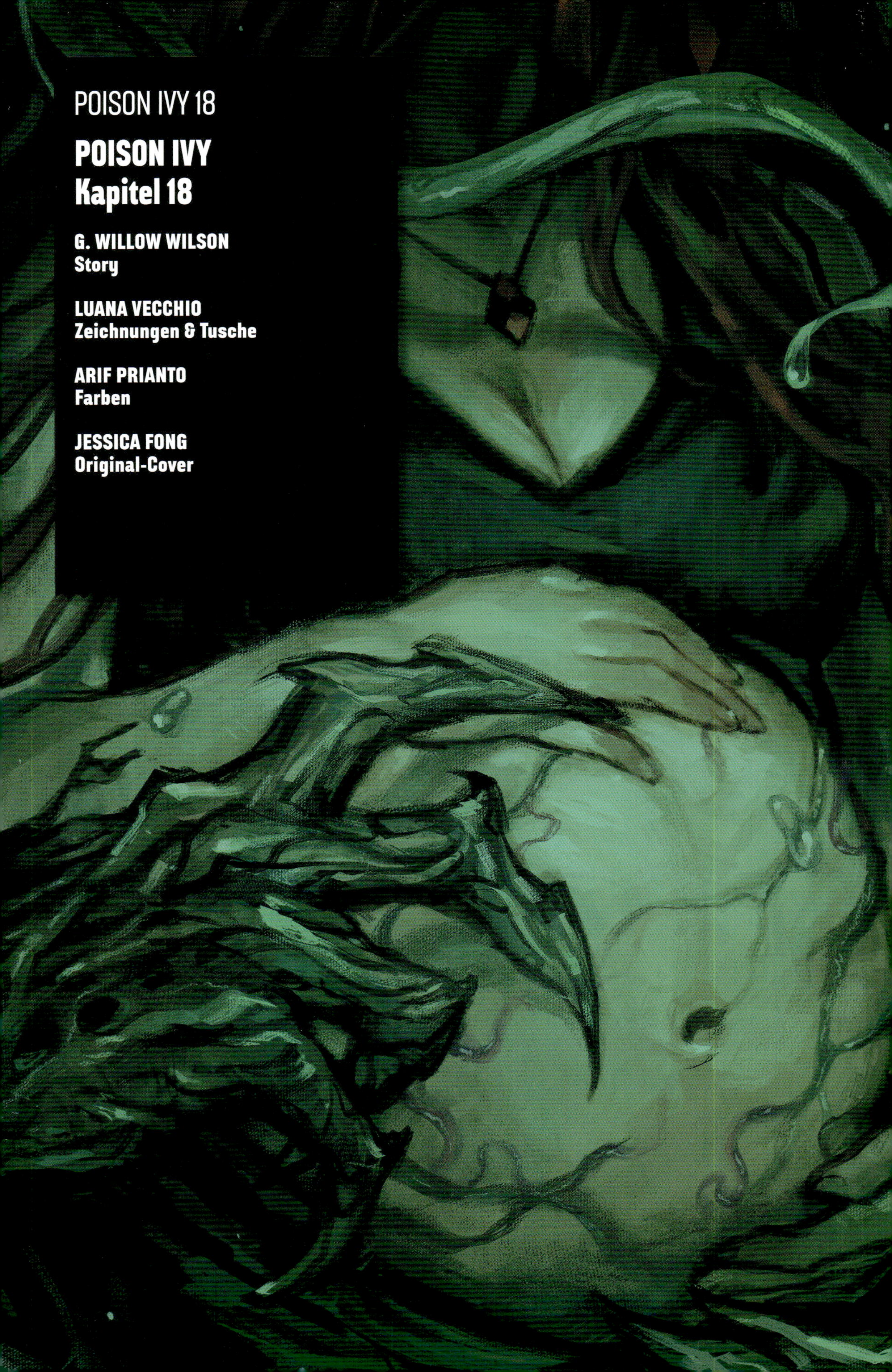

POISON IVY 18

POISON IVY
Kapitel 18

G. WILLOW WILSON
Story

LUANA VECCHIO
Zeichnungen & Tusche

ARIF PRIANTO
Farben

JESSICA FONG
Original-Cover

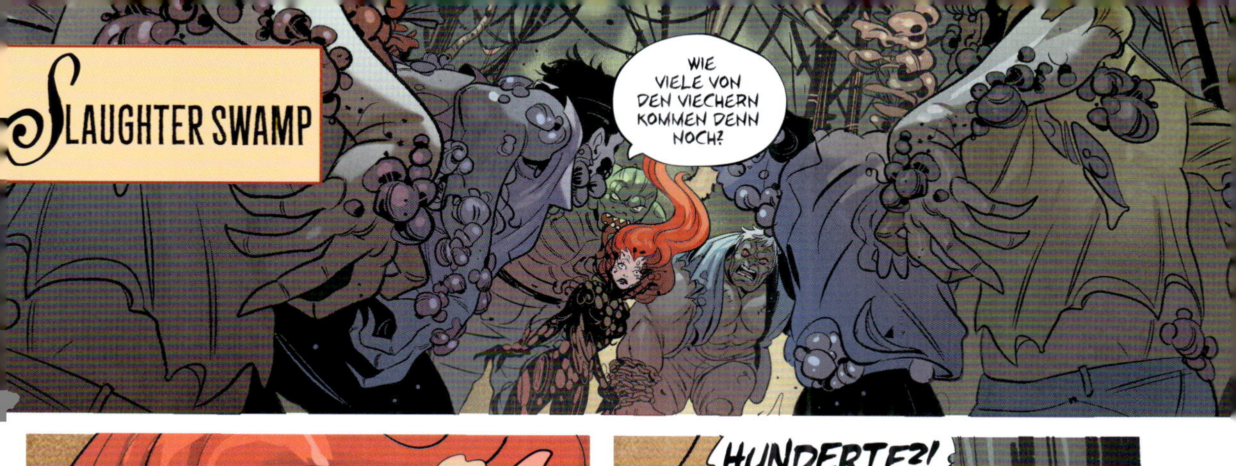

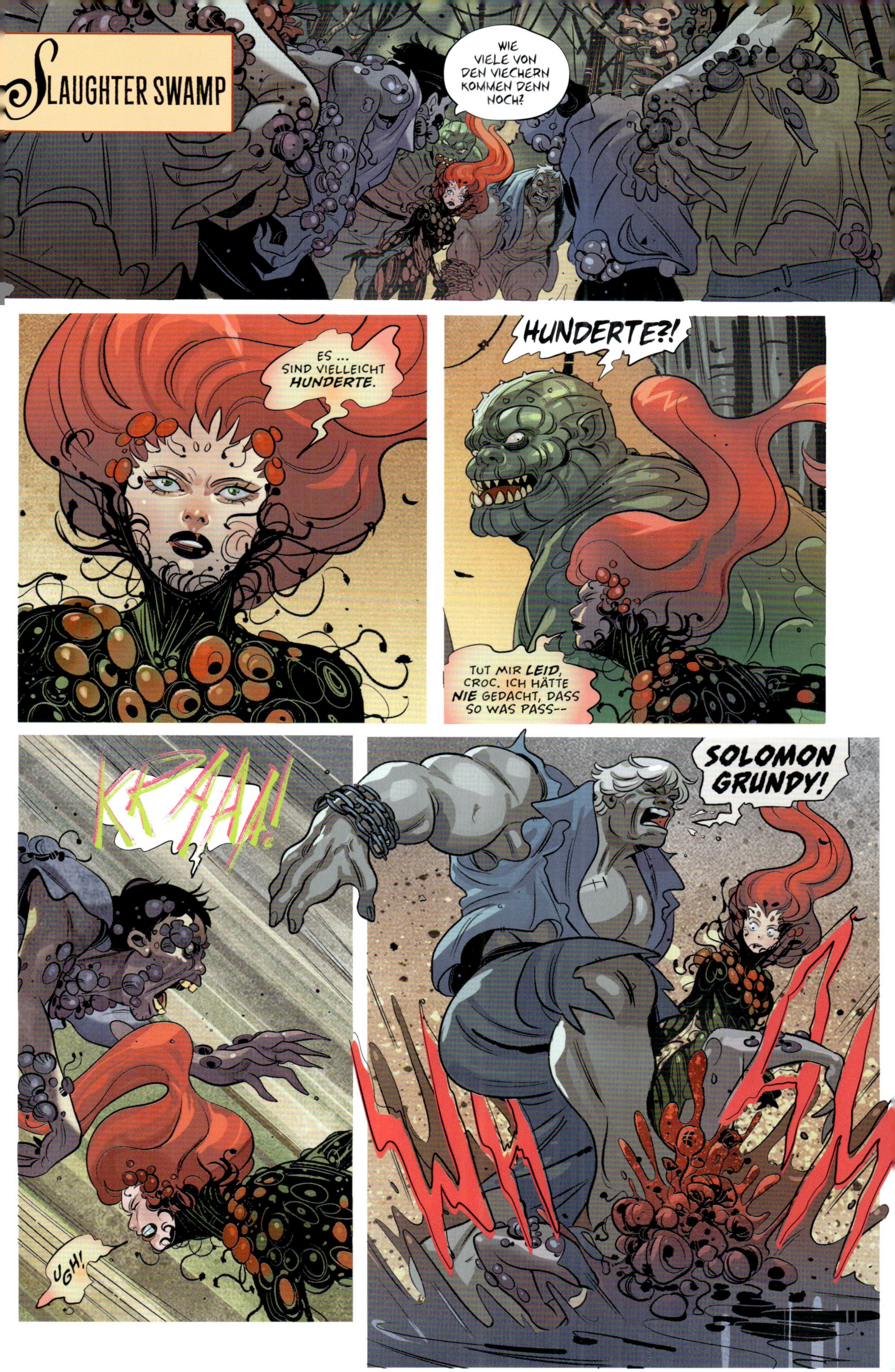

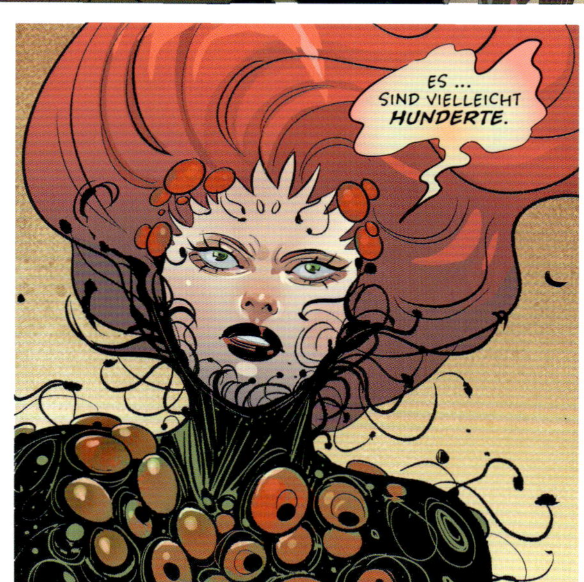

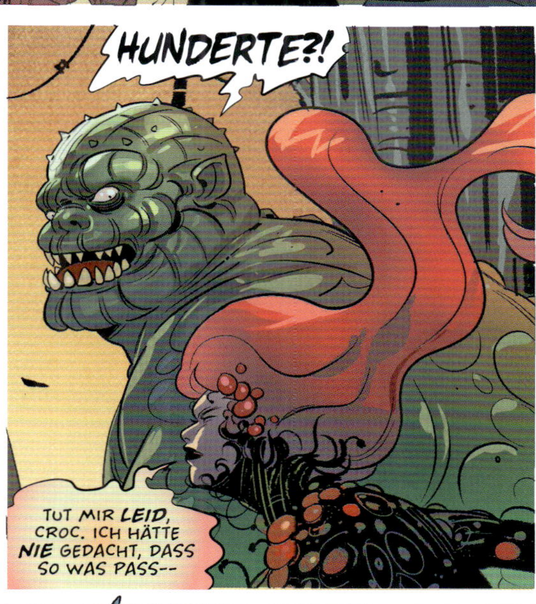

KRAAA!

UGH!

SOLOMON GRUNDY!

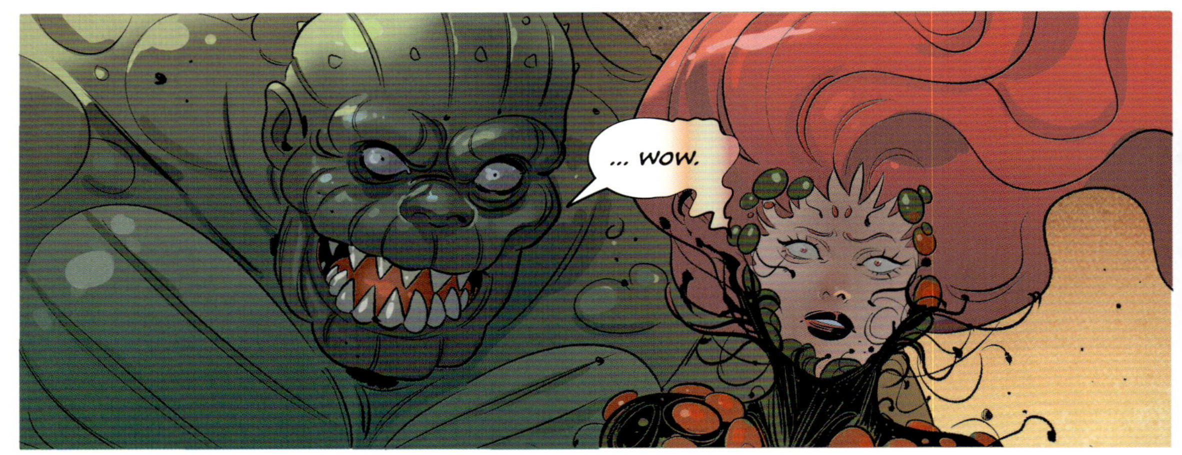
... WOW.

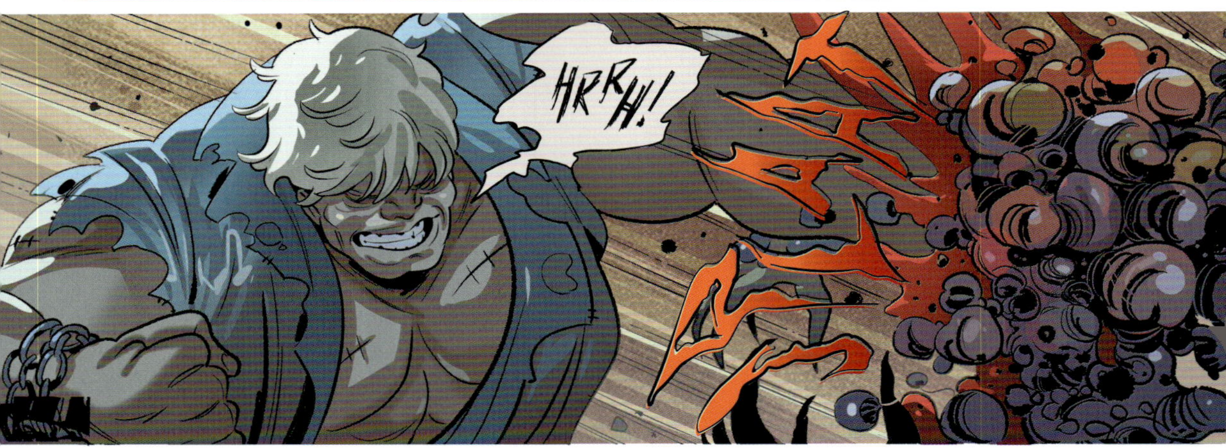
HRRH!

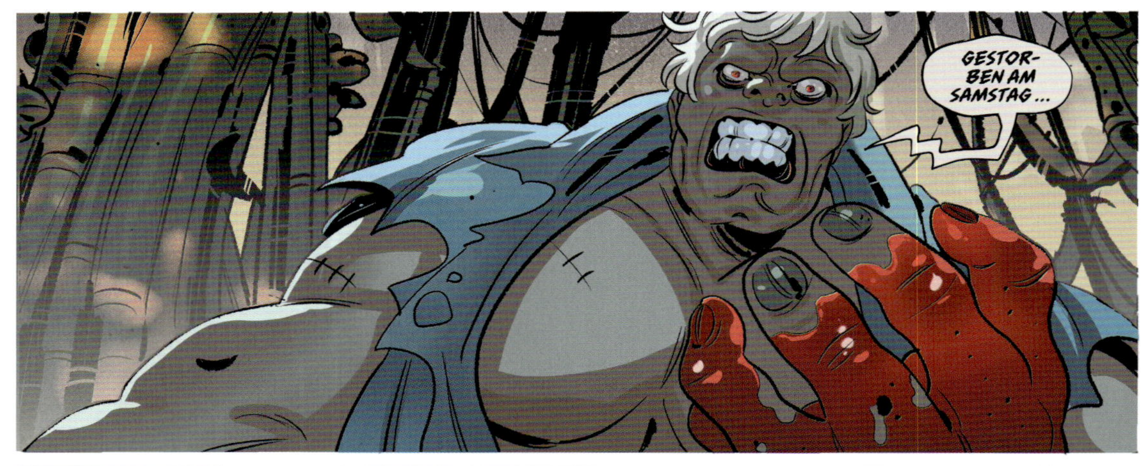
GESTOR-
BEN AM
SAMSTAG ...

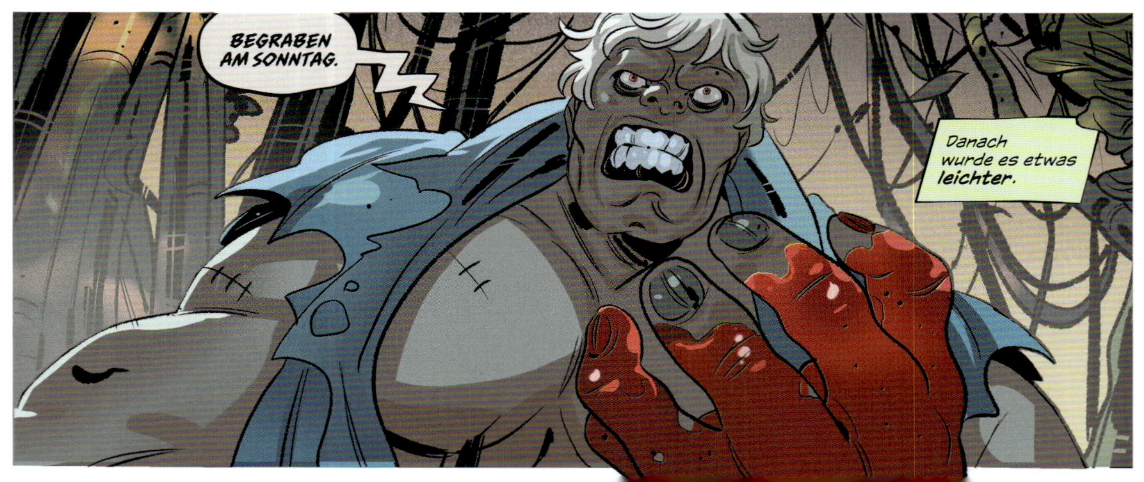
BEGRABEN
AM SONNTAG.
Danach wurde es etwas leichter.

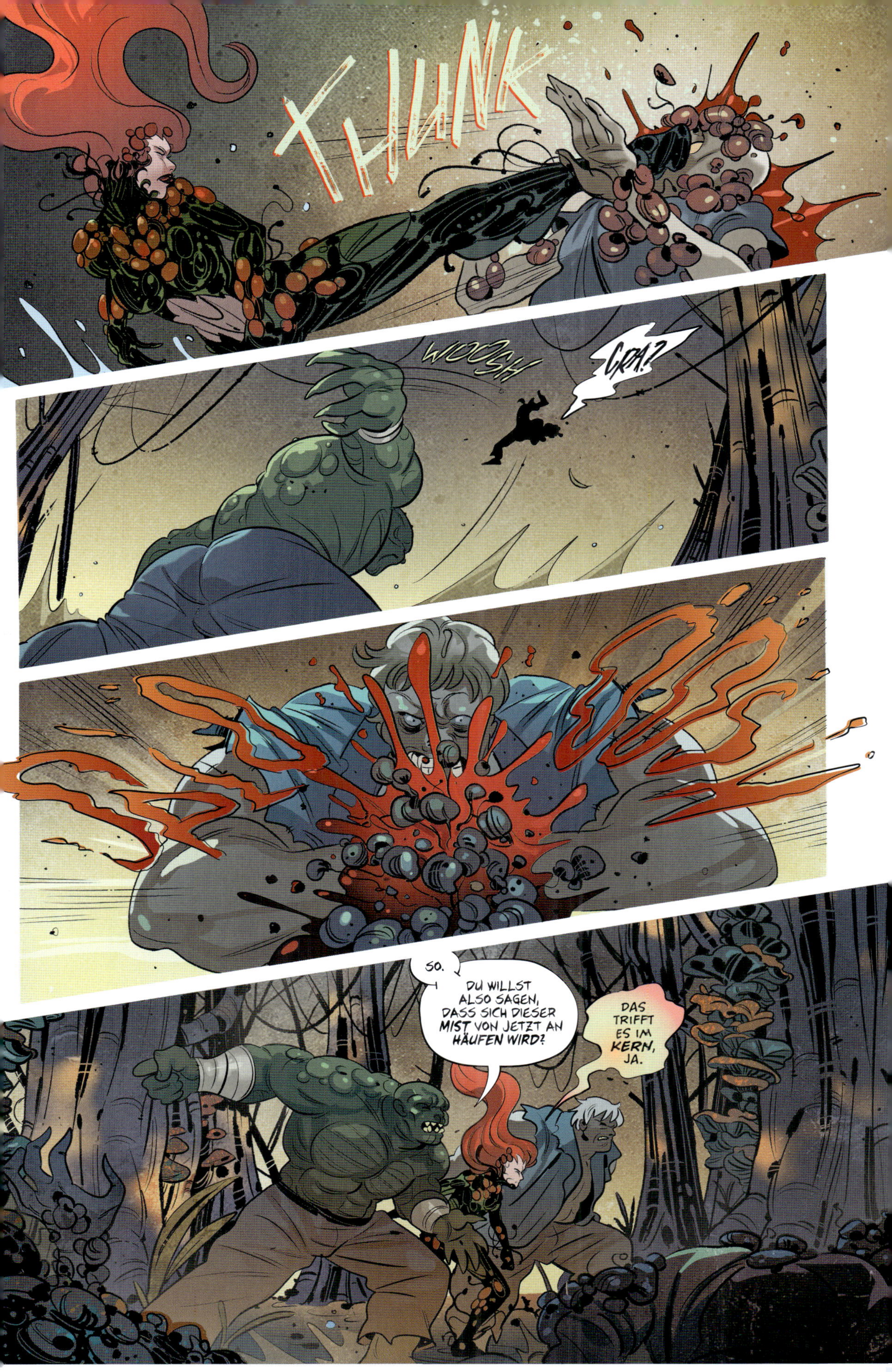
THUNK
WOOSH
GRA?
SO.
DU WILLST ALSO SAGEN, DASS SICH DIESER MIST VON JETZT AN HÄUFEN WIRD?
DAS TRIFFT ES IM KERN, JA.

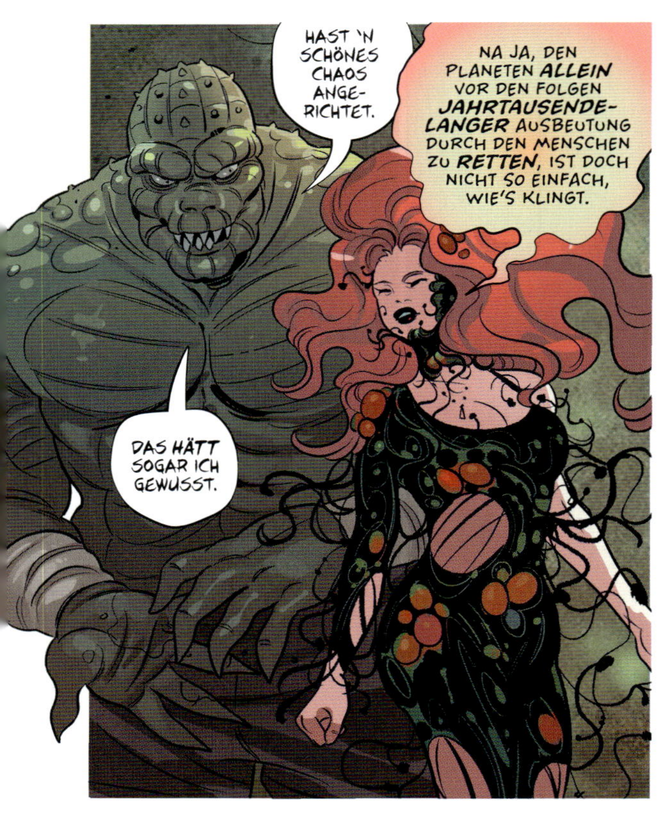
HAST 'N SCHÖNES CHAOS ANGE-RICHTET.
NA JA, DEN PLANETEN ALLEIN VOR DEN FOLGEN JAHRTAUSENDE-LANGER AUSBEUTUNG DURCH DEN MENSCHEN ZU RETTEN, IST DOCH NICHT SO EINFACH, WIE'S KLINGT.
DAS HÄTT SOGAR ICH GEWUSST.
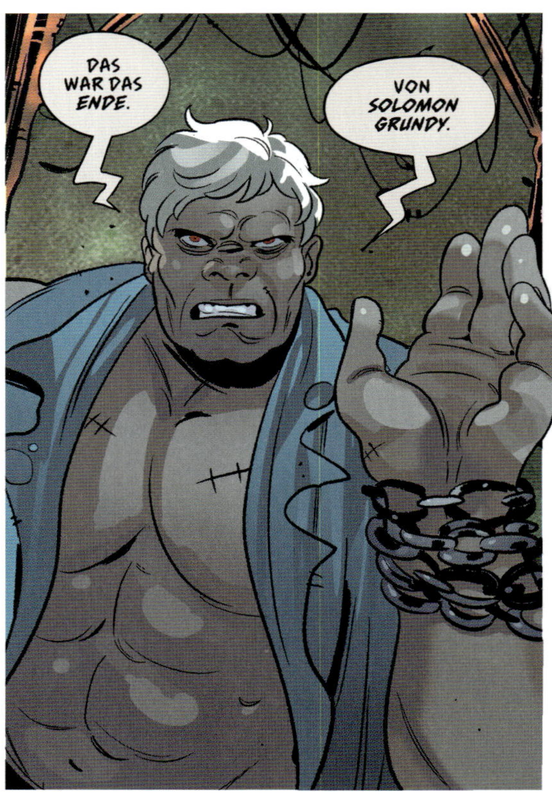
DAS WAR DAS ENDE.
VON SOLOMON GRUNDY.
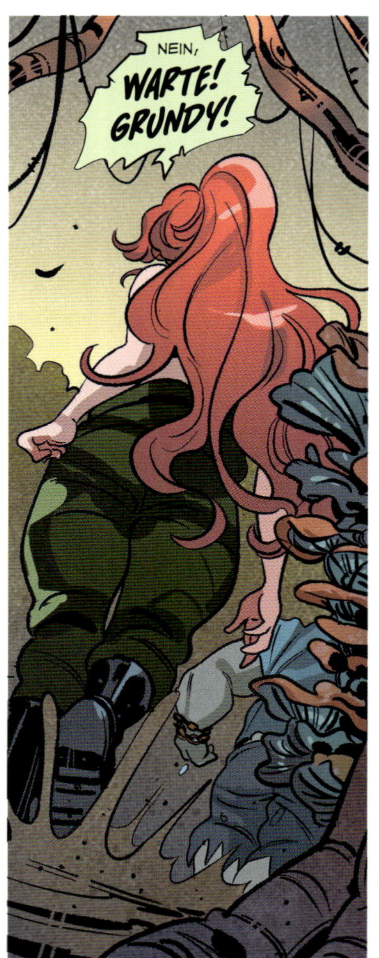
NEIN, WARTE! GRUNDY!
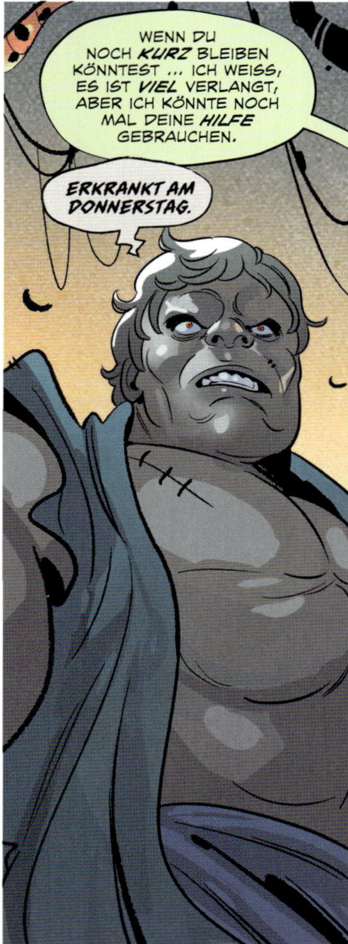
WENN DU NOCH KURZ BLEIBEN KÖNNTEST ... ICH WEISS, ES IST VIEL VERLANGT, ABER ICH KÖNNTE NOCH MAL DEINE HILFE GEBRAUCHEN.
ERKRANKT AM DONNERSTAG.
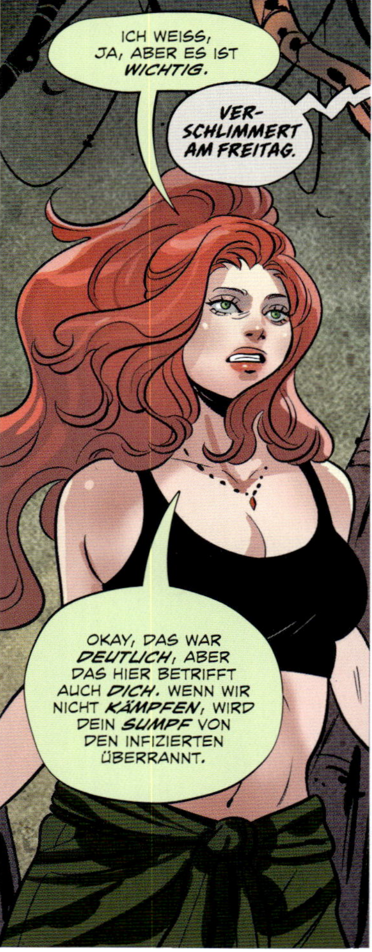
ICH WEISS, JA, ABER ES IST WICHTIG.
VER-SCHLIMMERT AM FREITAG.
OKAY, DAS WAR DEUTLICH; ABER DAS HIER BETRIFFT AUCH DICH. WENN WIR NICHT KÄMPFEN, WIRD DEIN SUMPF VON DEN INFIZIERTEN ÜBERRANNT.

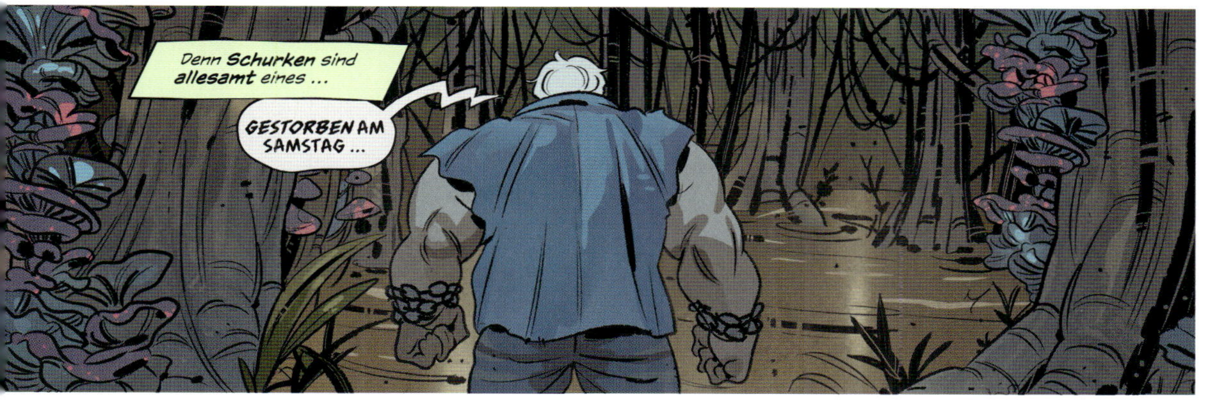
Denn Schurken sind allesamt eines …
GESTORBEN AM SAMSTAG …

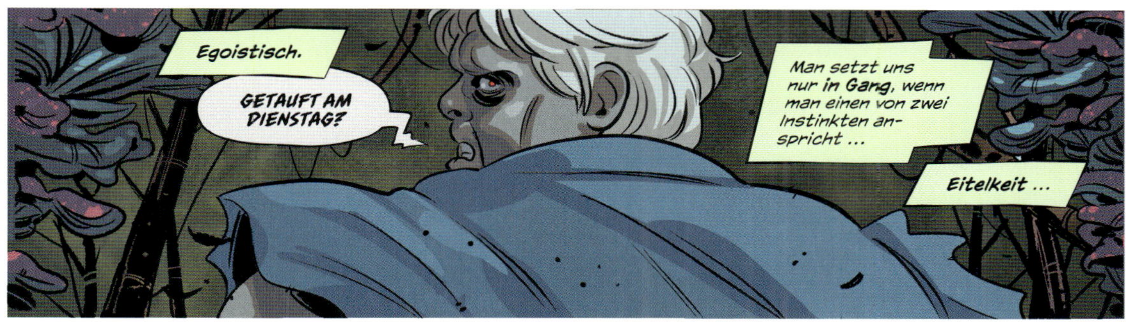
Egoistisch.
GETAUFT AM DIENSTAG?
Man setzt uns nur in Gang, wenn man einen von zwei Instinkten anspricht …
Eitelkeit …

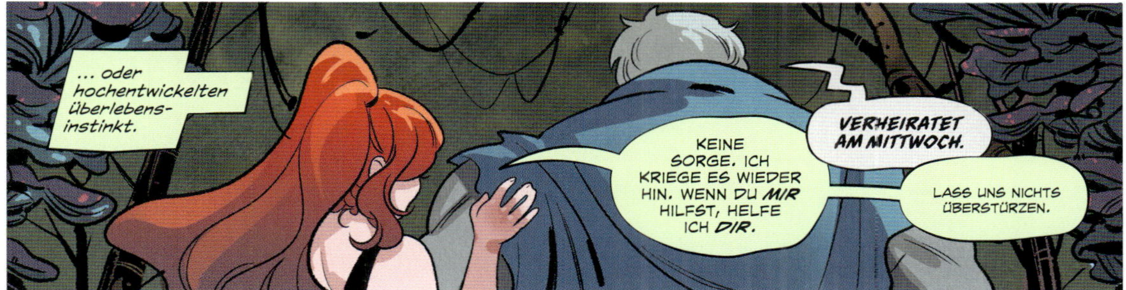
… oder hochentwickelten Überlebensinstinkt.
VERHEIRATET AM MITTWOCH.
KEINE SORGE. ICH KRIEGE ES WIEDER HIN. WENN DU MIR HILFST, HELFE ICH DIR.
LASS UNS NICHTS ÜBERSTÜRZEN.

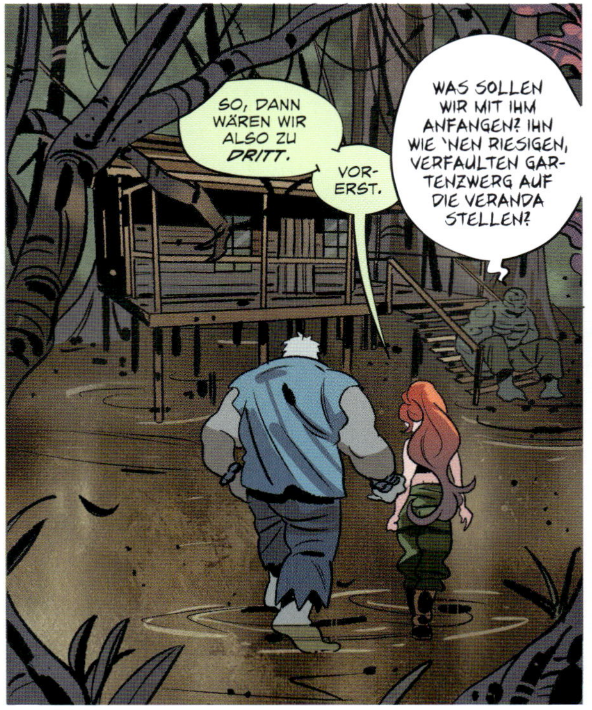
SO, DANN WÄREN WIR ALSO ZU DRITT.
VORERST.
WAS SOLLEN WIR MIT IHM ANFANGEN? IHN WIE 'NEN RIESIGEN, VERFAULTEN GARTENZWERG AUF DIE VERANDA STELLEN?

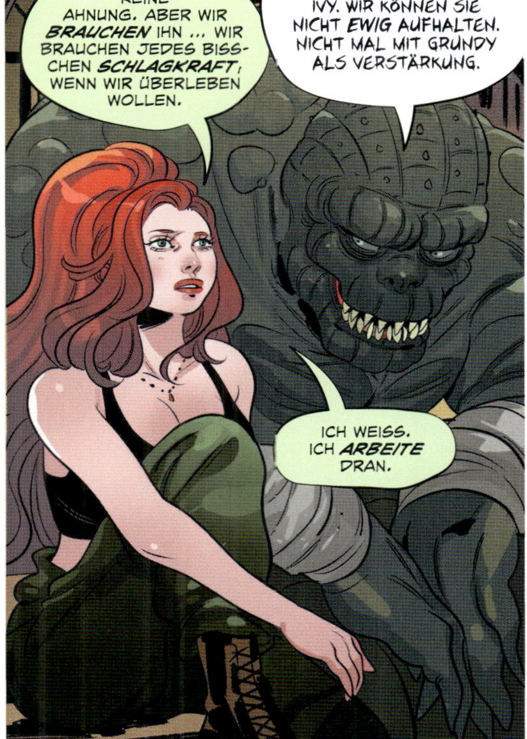
KEINE AHNUNG. ABER WIR BRAUCHEN IHN … WIR BRAUCHEN JEDES BISSCHEN SCHLAGKRAFT, WENN WIR ÜBERLEBEN WOLLEN.
IVY. WIR KÖNNEN SIE NICHT EWIG AUFHALTEN. NICHT MAL MIT GRUNDY ALS VERSTÄRKUNG.
ICH WEISS. ICH ARBEITE DRAN.

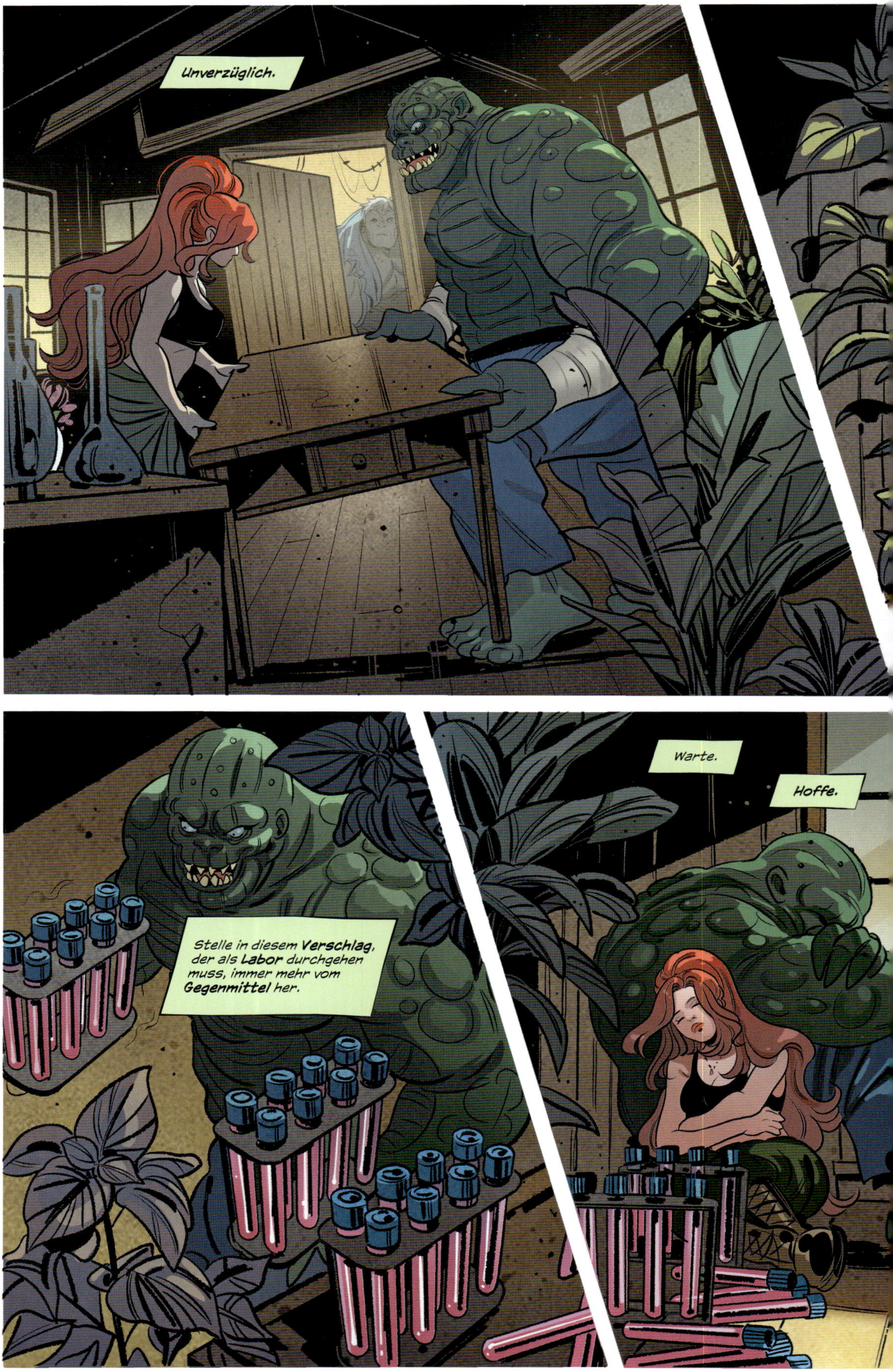

Unverzüglich.
Stelle in diesem **Verschlag**, der als **Labor** durchgehen muss, immer mehr vom **Gegenmittel** her.
Warte.
Hoffe.

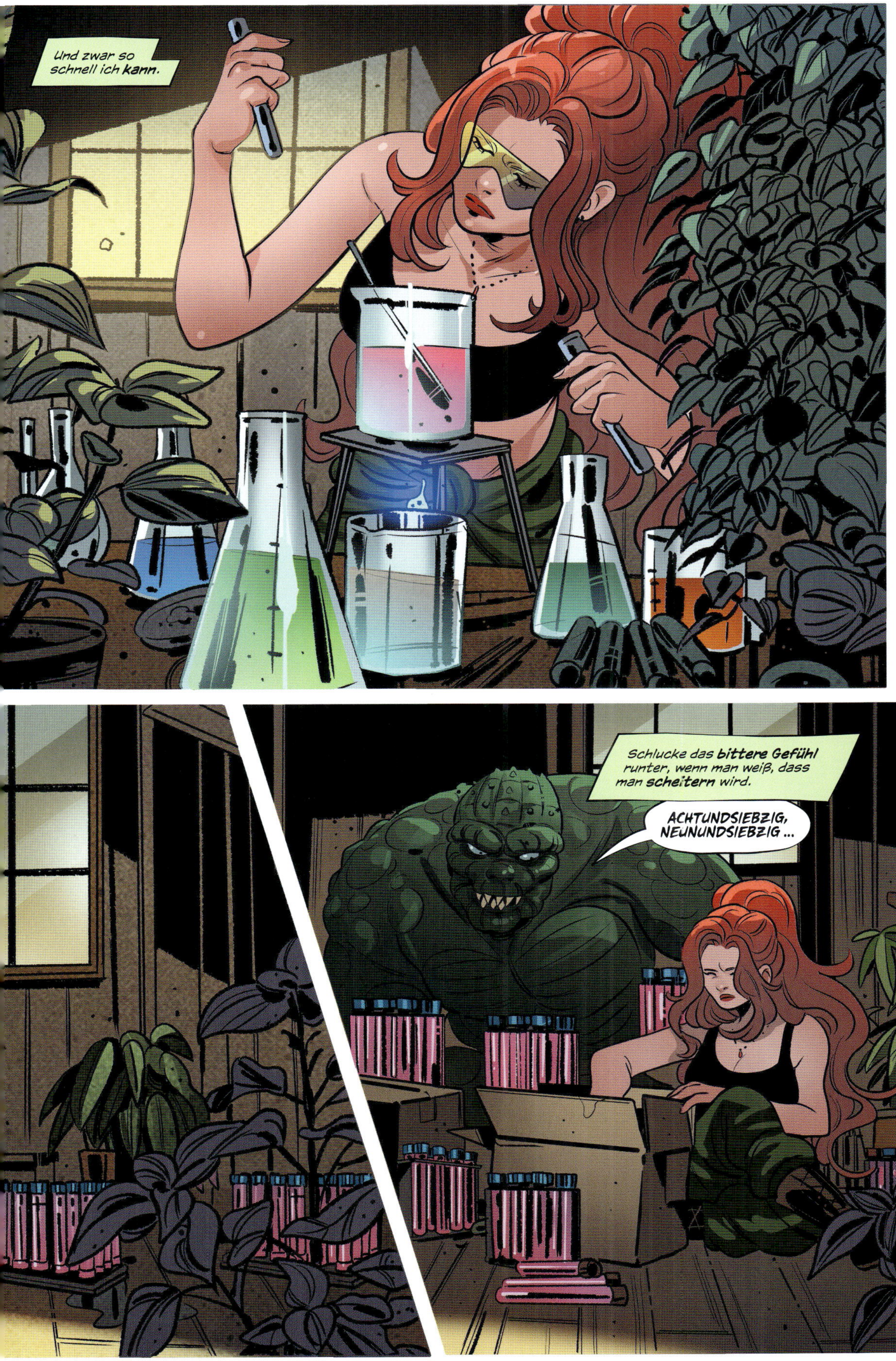

Und zwar so schnell ich **kann**.
Schlucke das **bittere Gefühl** runter, wenn man weiß, dass man **scheitern** wird.
ACHTUNDSIEBZIG, NEUNUNDSIEBZIG ...

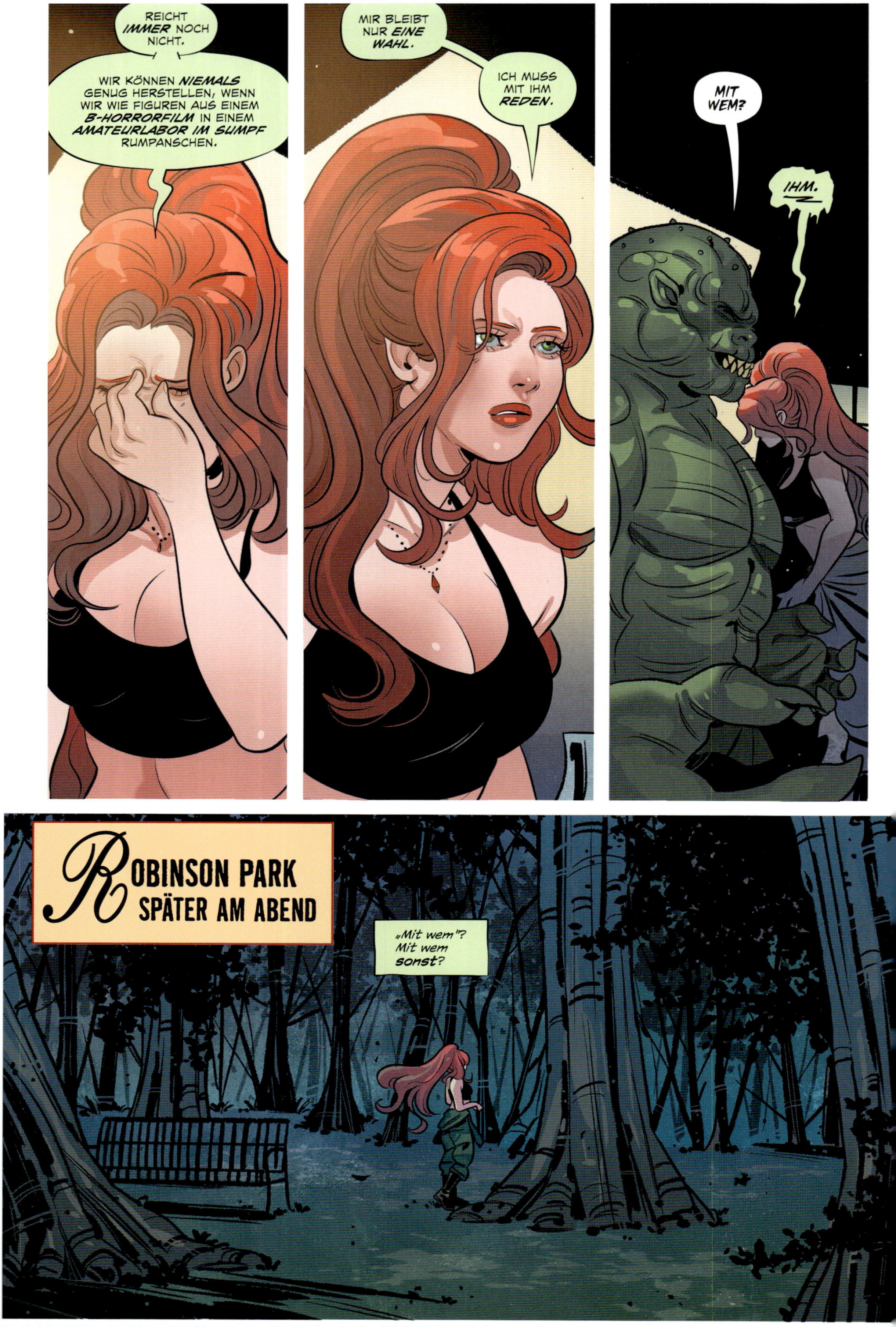

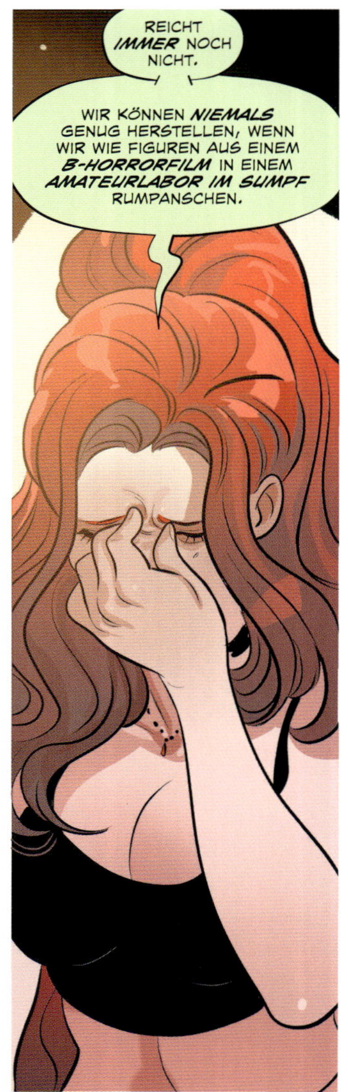

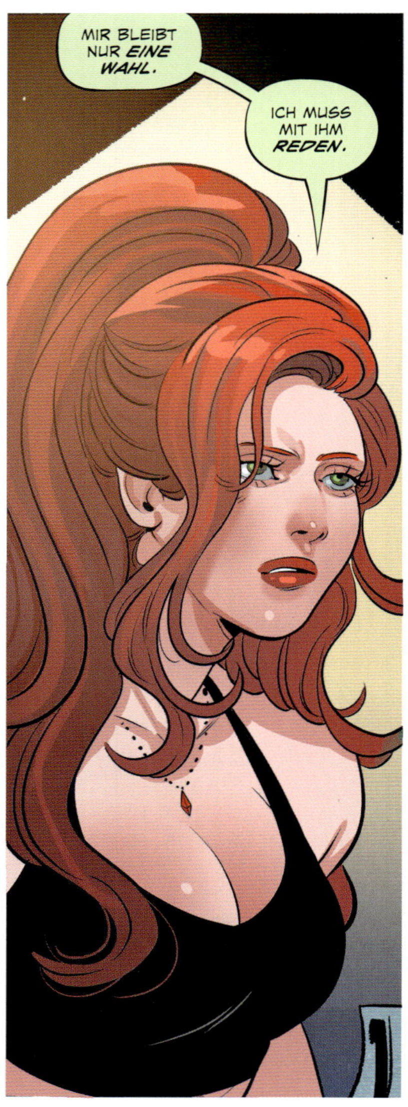

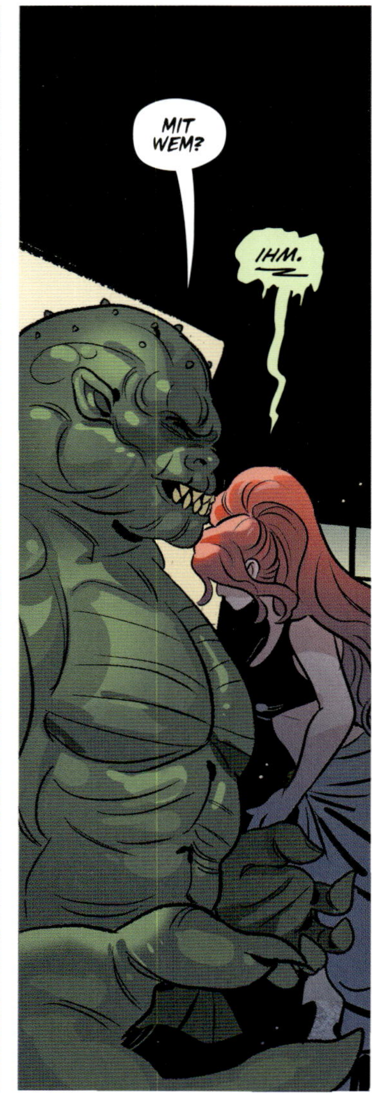

ROBINSON PARK
SPÄTER AM ABEND

„Mit wem"? Mit wem *sonst?*

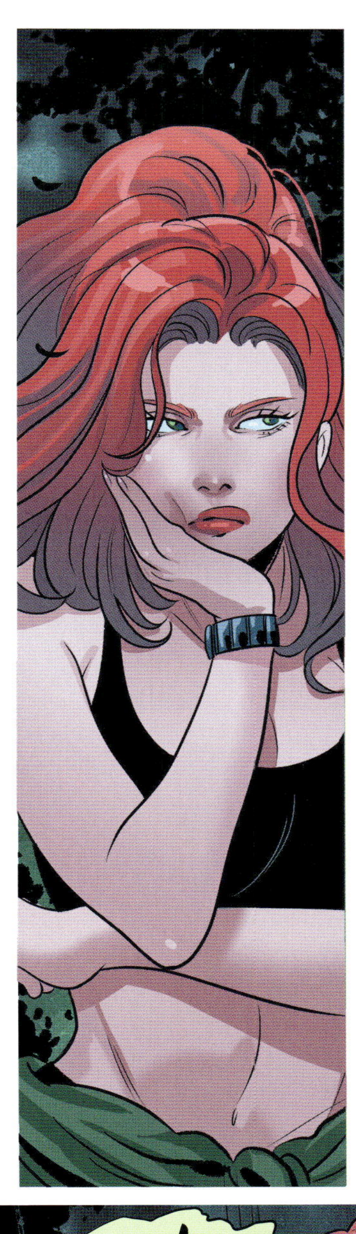
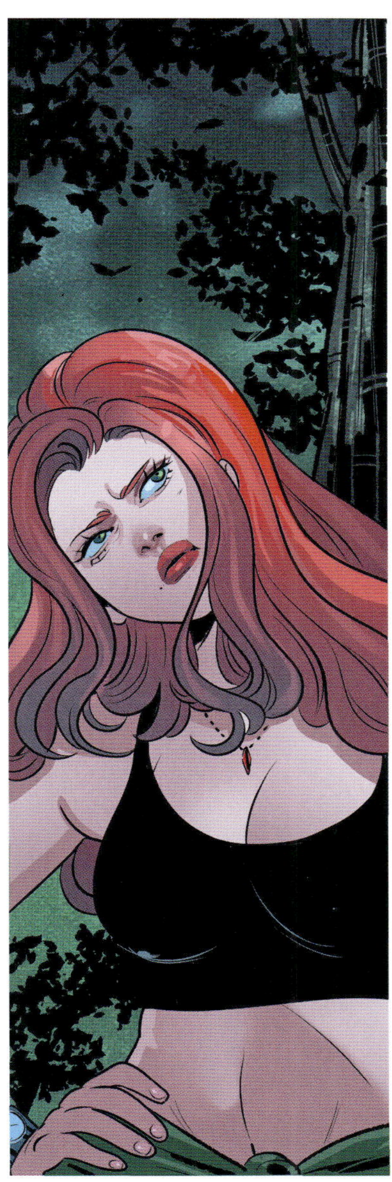
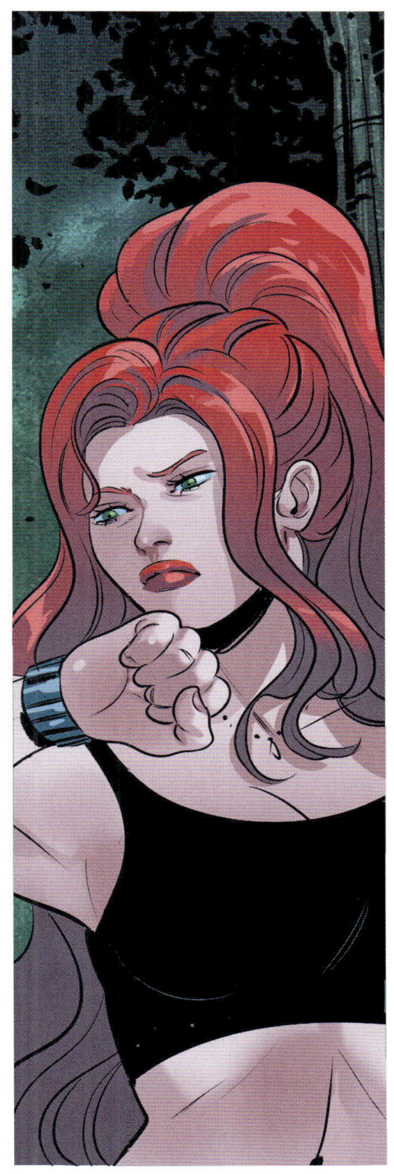
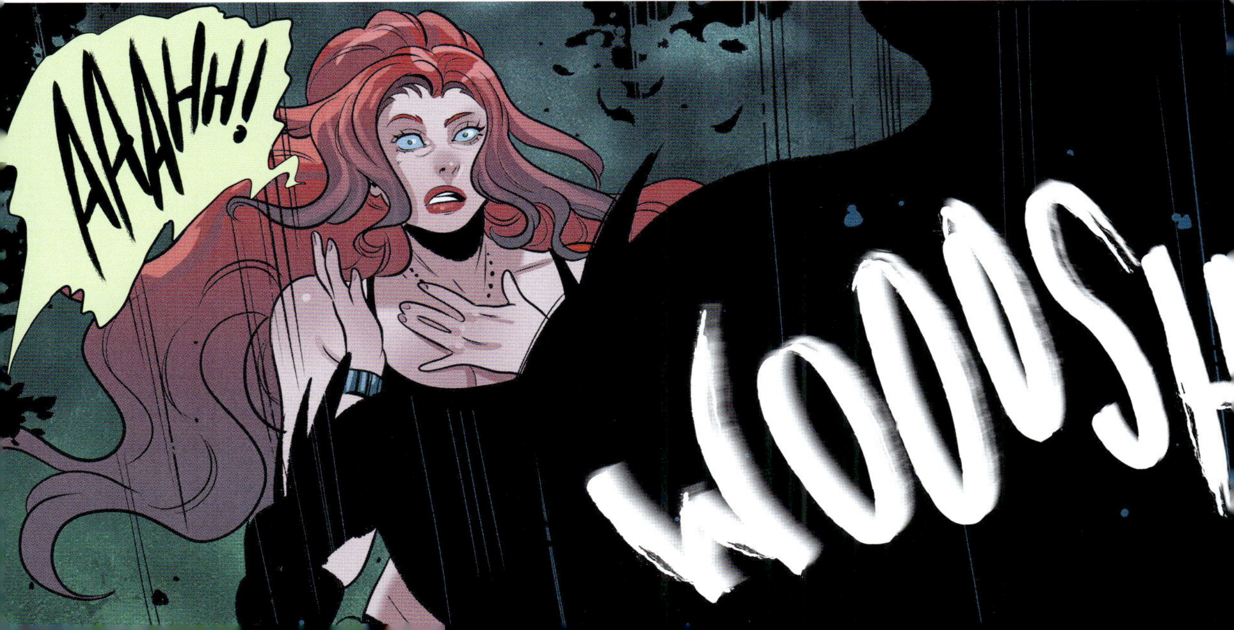
AAAHH!
WOOOSH

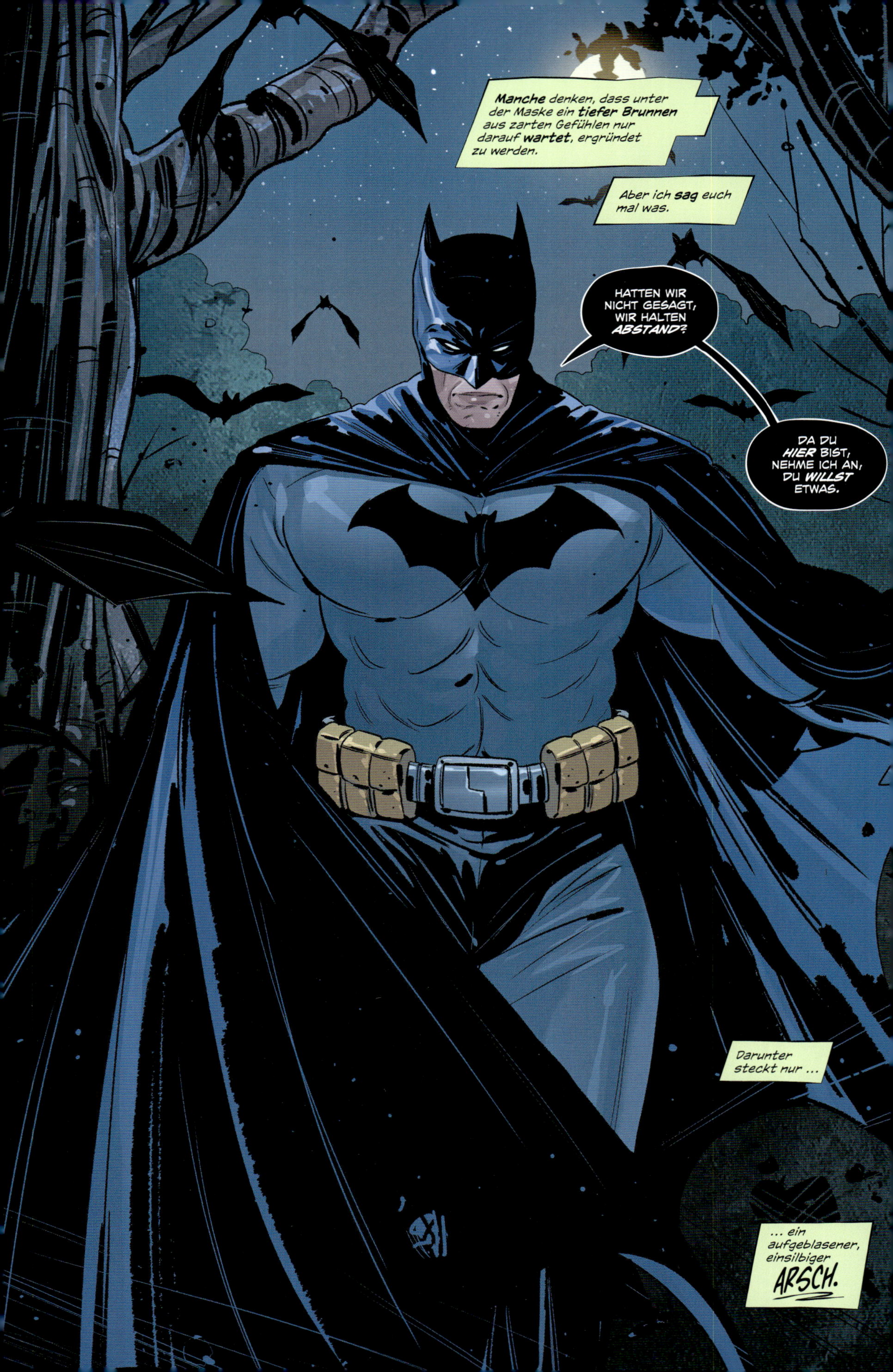
Manche denken, dass unter der Maske ein tiefer Brunnen aus zarten Gefühlen nur darauf wartet, ergründet zu werden.
Aber ich sag euch mal was.
HATTEN WIR NICHT GESAGT, WIR HALTEN ABSTAND?
DA DU HIER BIST, NEHME ICH AN, DU WILLST ETWAS.
Darunter steckt nur ...
... ein aufgeblasener, einsilbiger ARSCH.

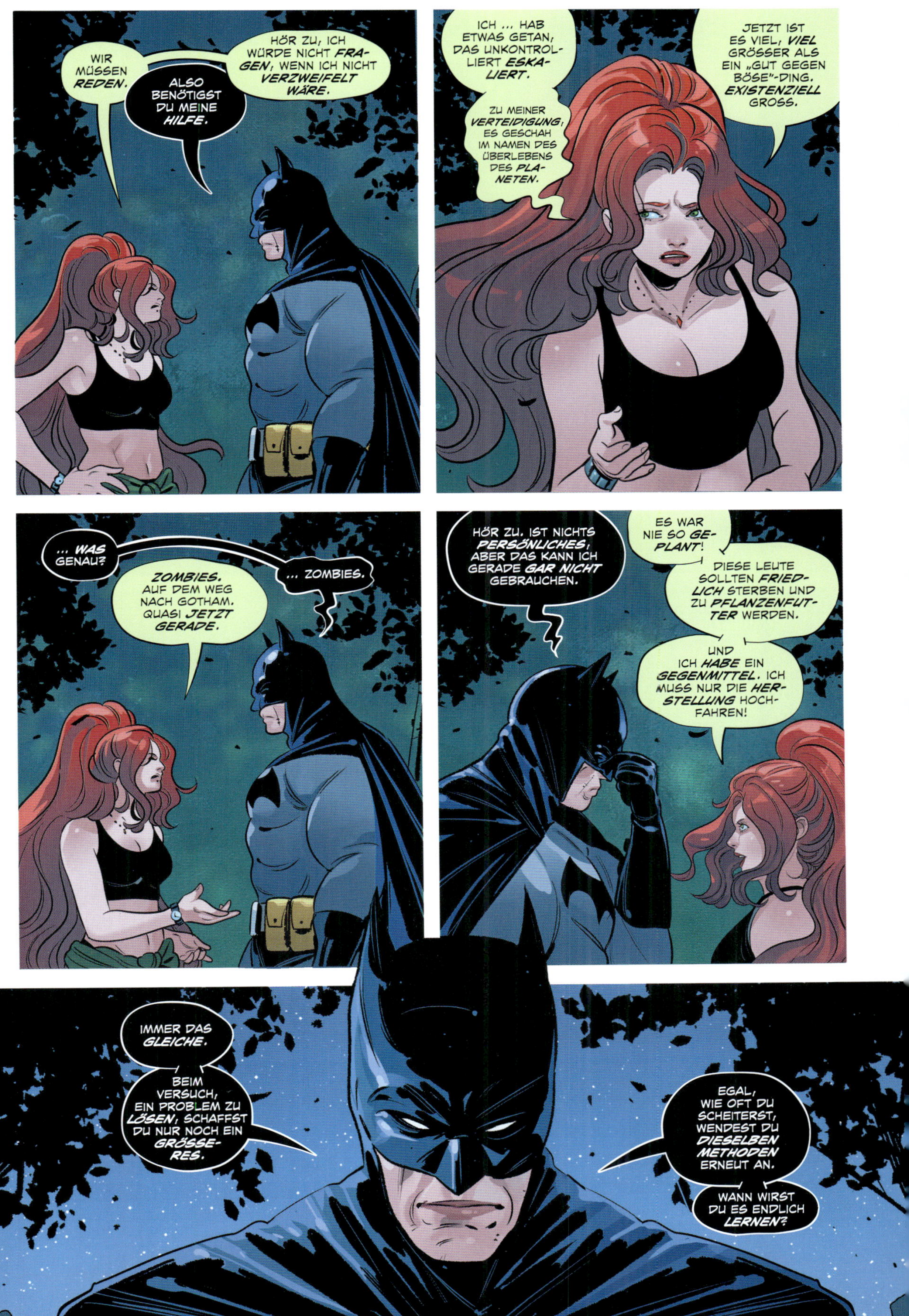
WIR MÜSSEN REDEN.
ALSO BENÖTIGST DU MEINE HILFE.
HÖR ZU, ICH WÜRDE NICHT FRAGEN, WENN ICH NICHT VERZWEIFELT WÄRE.
ICH ... HAB ETWAS GETAN, DAS UNKONTROLLIERT ESKALIERT.
ZU MEINER VERTEIDIGUNG: ES GESCHAH IM NAMEN DES ÜBERLEBENS DES PLANETEN.
JETZT IST ES VIEL, VIEL GRÖSSER ALS EIN „GUT GEGEN BÖSE"-DING. EXISTENZIELL GROSS.
... WAS GENAU?
ZOMBIES. AUF DEM WEG NACH GOTHAM. QUASI JETZT GERADE.
... ZOMBIES.
HÖR ZU. IST NICHTS PERSÖNLICHES, ABER DAS KANN ICH GERADE GAR NICHT GEBRAUCHEN.
ES WAR NIE SO GEPLANT!
DIESE LEUTE SOLLTEN FRIEDLICH STERBEN UND ZU PFLANZENFUTTER WERDEN.
UND ICH HABE EIN GEGENMITTEL. ICH MUSS NUR DIE HERSTELLUNG HOCHFAHREN!
IMMER DAS GLEICHE.
BEIM VERSUCH, EIN PROBLEM ZU LÖSEN, SCHAFFST DU NUR NOCH EIN GRÖSSERES.
EGAL, WIE OFT DU SCHEITERST, WENDEST DU DIESELBEN METHODEN ERNEUT AN.
WANN WIRST DU ES ENDLICH LERNEN?

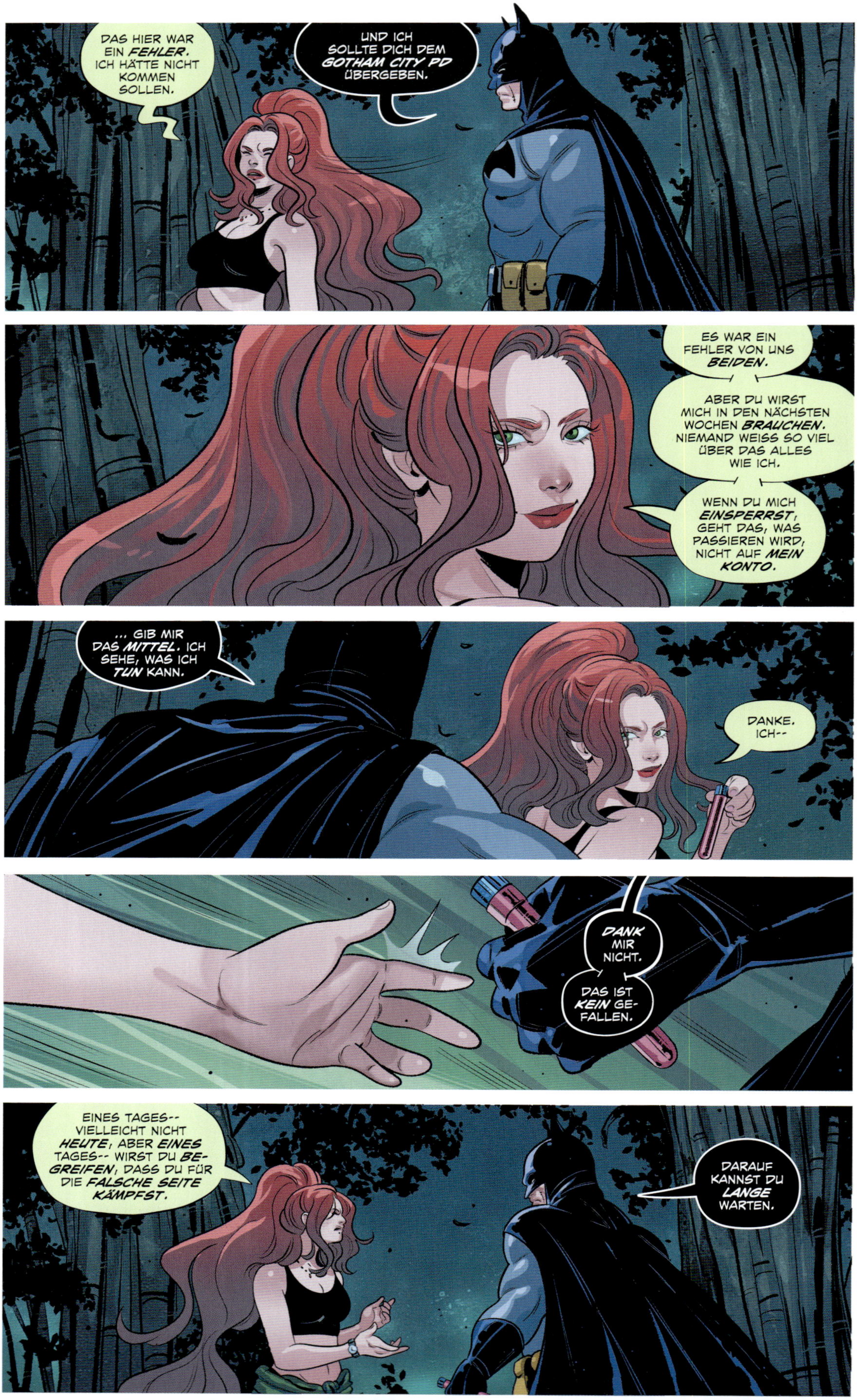

DAS HIER WAR EIN *FEHLER*. ICH HÄTTE NICHT KOMMEN SOLLEN.

UND ICH SOLLTE DICH DEM *GOTHAM CITY PD* ÜBERGEBEN.

ES WAR EIN FEHLER VON UNS *BEIDEN*.

ABER DU WIRST MICH IN DEN NÄCHSTEN WOCHEN *BRAUCHEN*. NIEMAND WEISS SO VIEL ÜBER DAS ALLES WIE ICH.

WENN DU MICH *EINSPERRST*, GEHT DAS, WAS PASSIEREN WIRD, NICHT AUF *MEIN KONTO*.

... GIB MIR DAS *MITTEL*. ICH SEHE, WAS ICH *TUN* KANN.

DANKE. ICH--

DANK MIR NICHT.

DAS IST *KEIN* GEFALLEN.

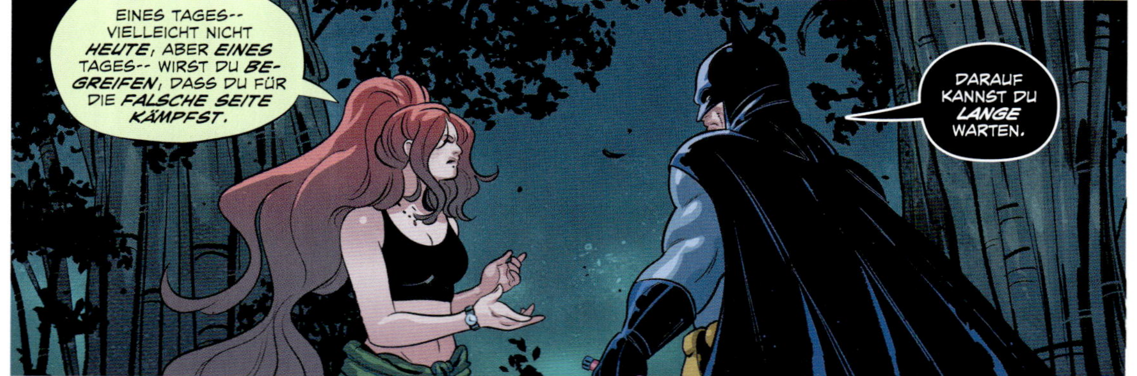

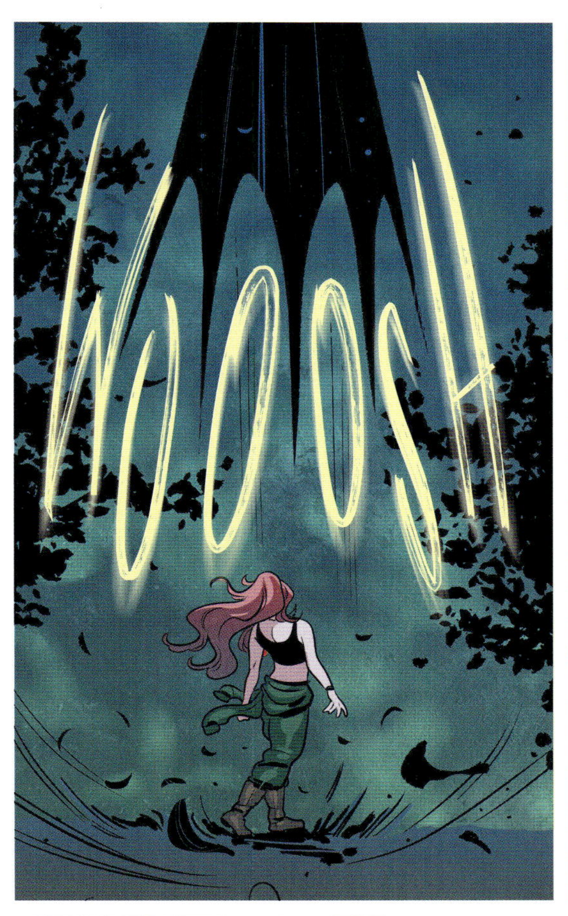
WOOOSH

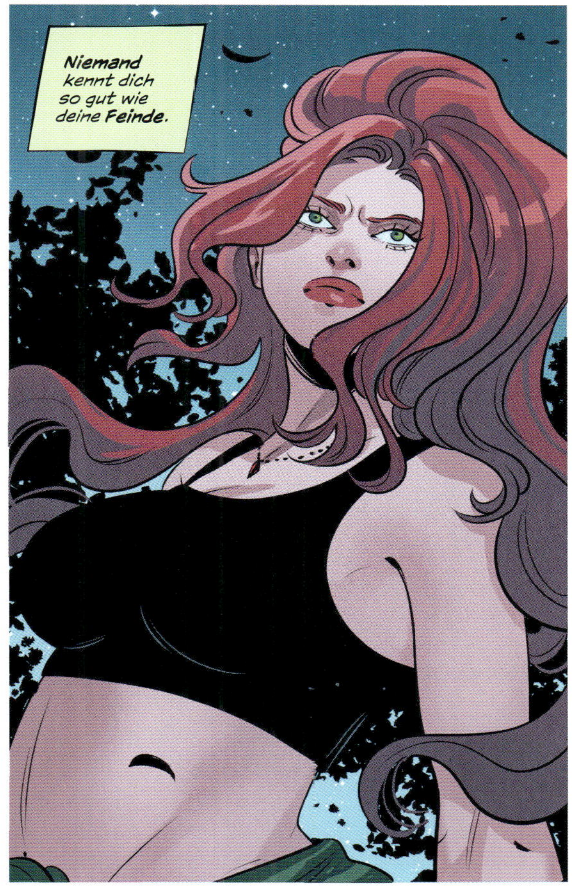
Niemand kennt dich so gut wie deine Feinde.

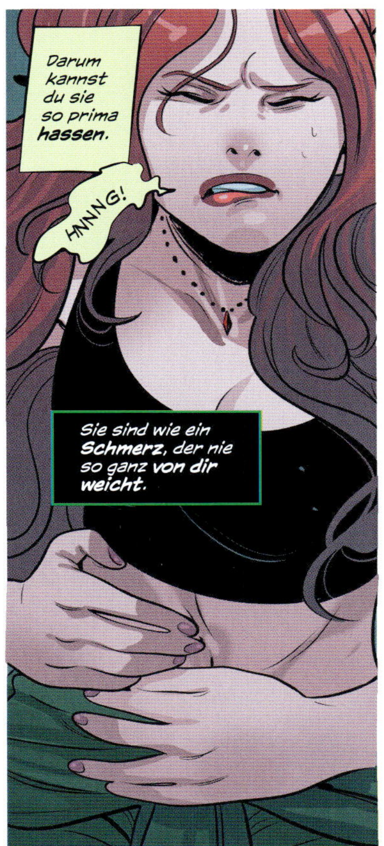
Darum kannst du sie so prima hassen.
HNNG!
Sie sind wie ein Schmerz, der nie so ganz von dir weicht.

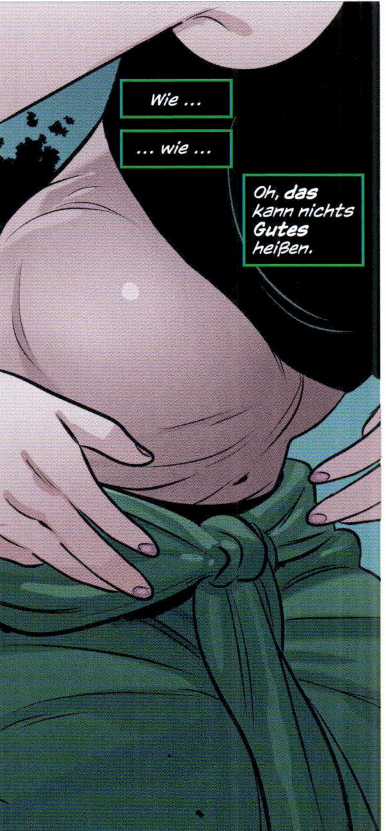
Wie ...
... wie ...
Oh, das kann nichts Gutes heißen.

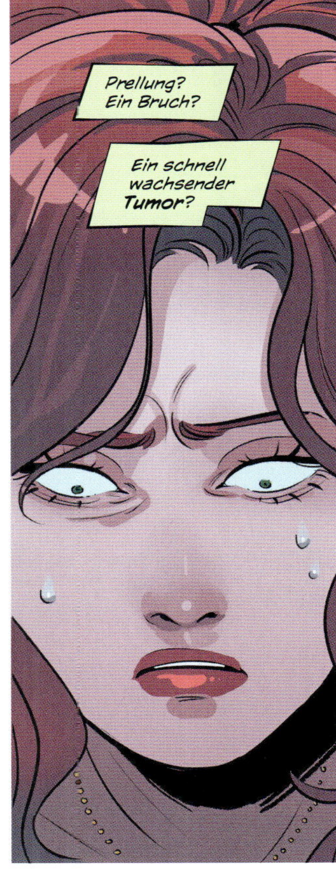
Prellung? Ein Bruch?
Ein schnell wachsender Tumor?

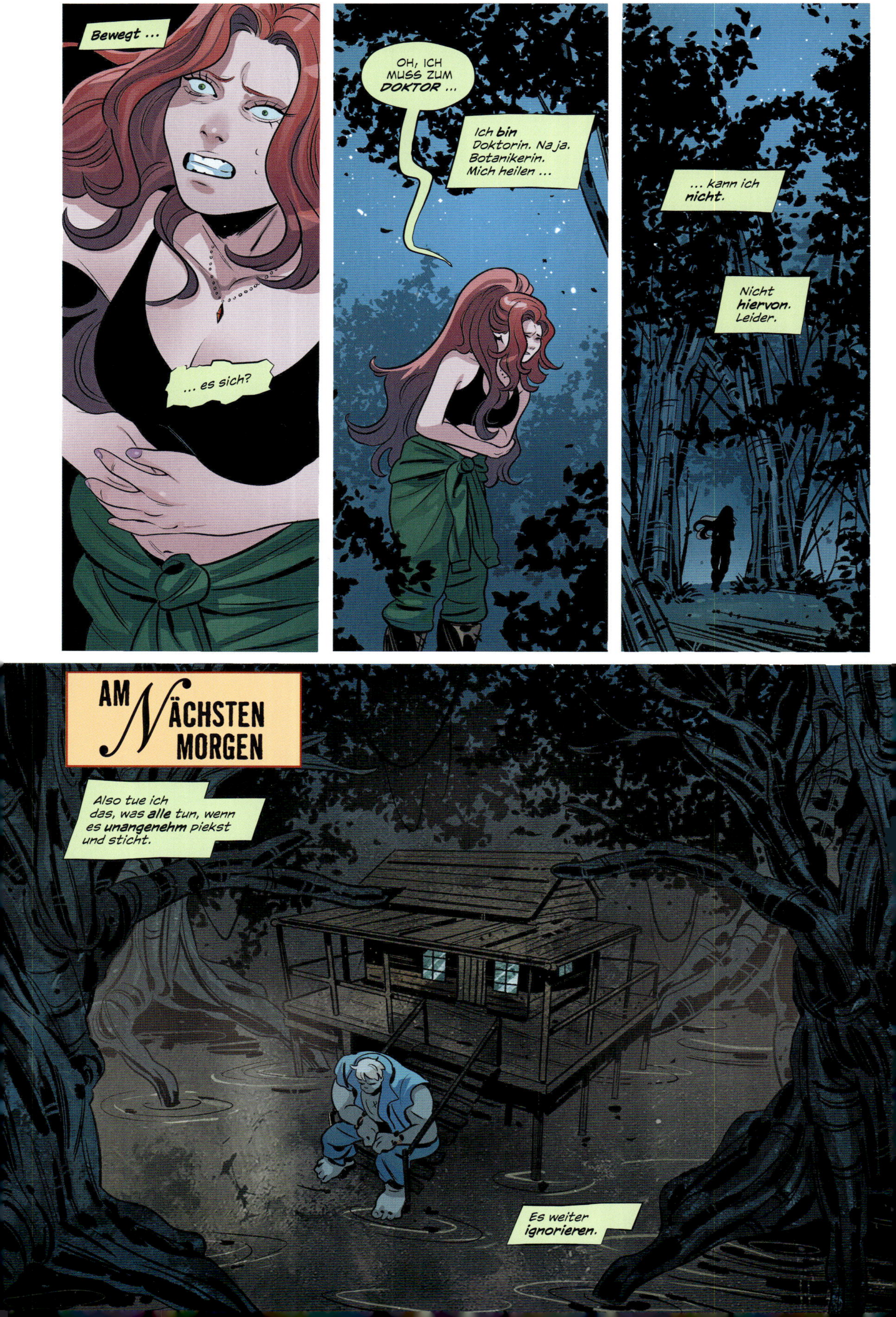

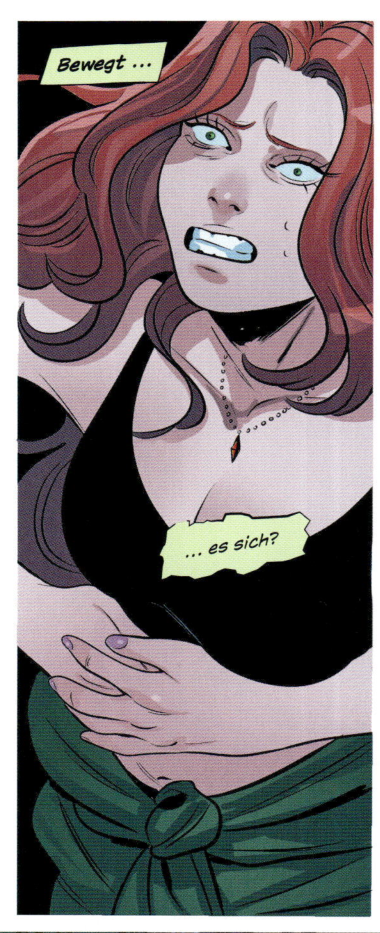

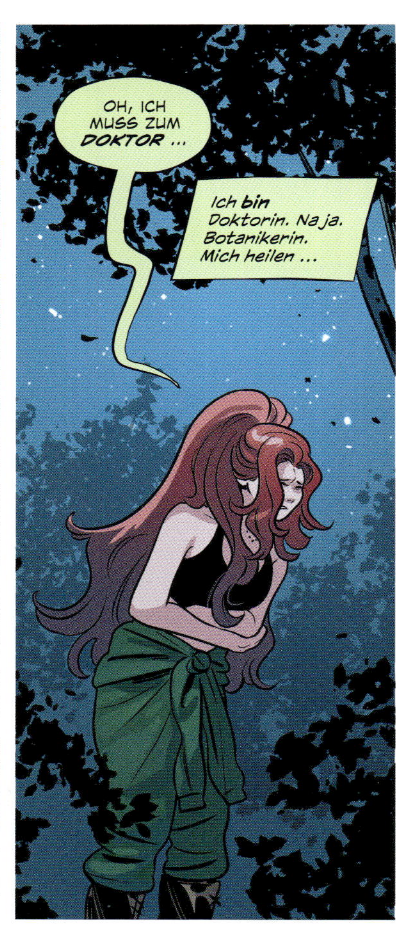

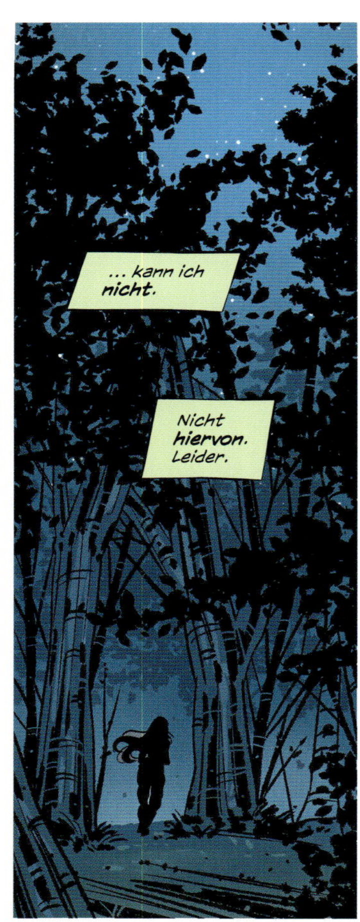

AM NÄCHSTEN MORGEN

Also tue ich das, was **alle** tun, wenn es **unangenehm** piekst und sticht.

Es weiter **ignorieren**.

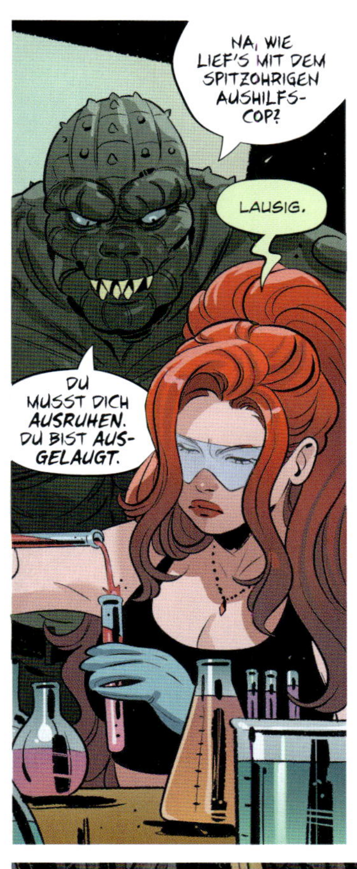
NA, WIE LIEF'S MIT DEM SPITZOHRIGEN AUSHILFS-COP?
LAUSIG.
DU MUSST DICH AUSRUHEN. DU BIST AUSGELAUGT.

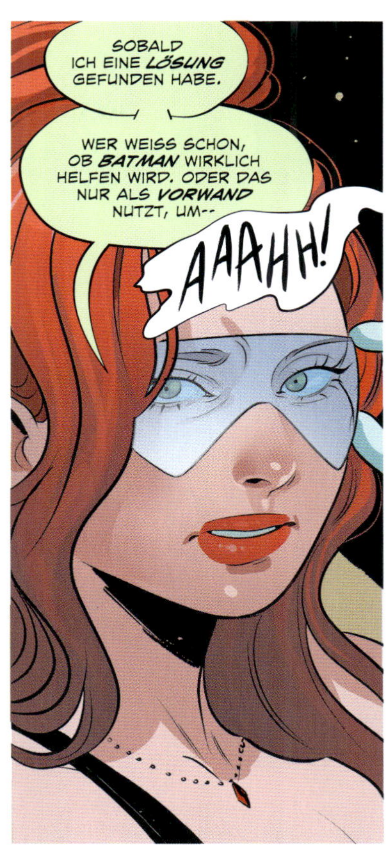
SOBALD ICH EINE LÖSUNG GEFUNDEN HABE.
WER WEISS SCHON, OB BATMAN WIRKLICH HELFEN WIRD. ODER DAS NUR ALS VORWAND NUTZT, UM--
AAAHH!

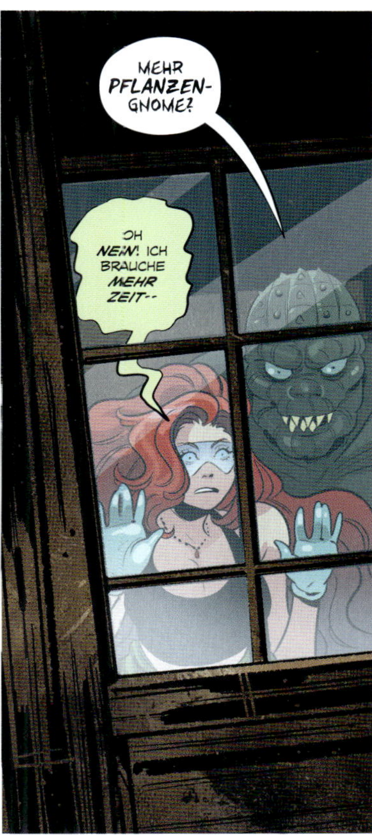
MEHR PFLANZEN-GNOME?
OH NEIN! ICH BRAUCHE MEHR ZEIT--

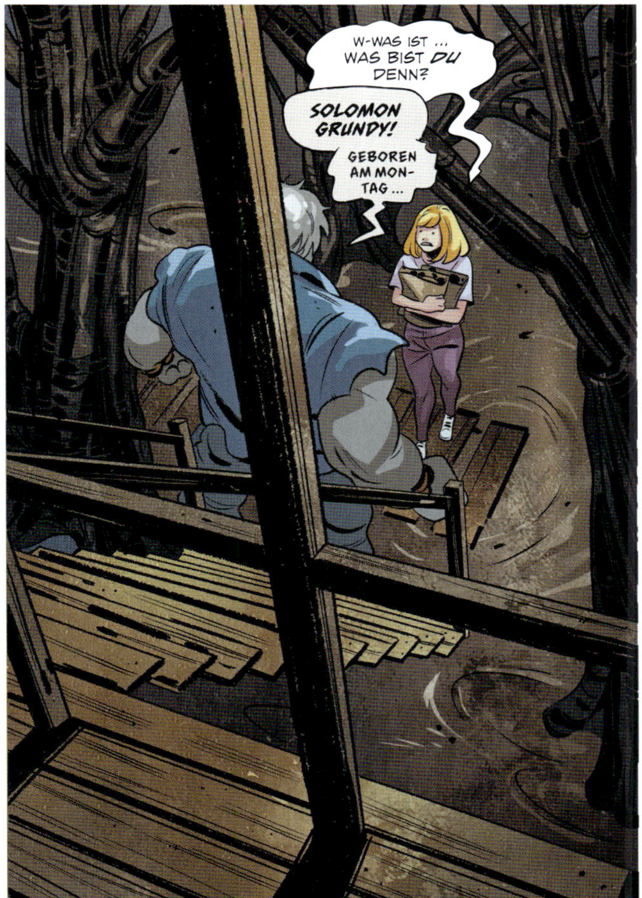
W-WAS IST ... WAS BIST DU DENN?
SOLOMON GRUNDY!
GEBOREN AM MONTAG ...

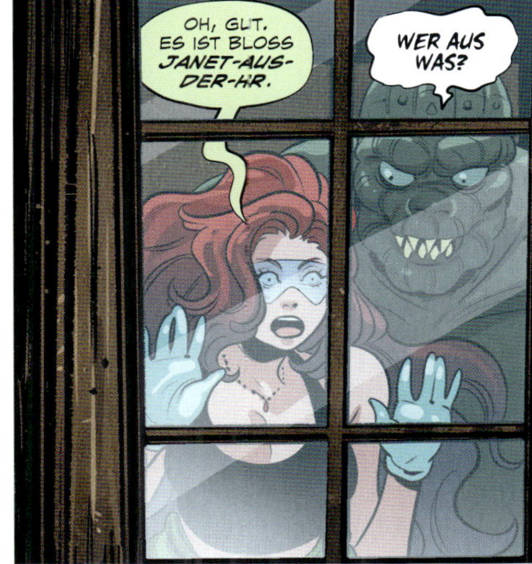
OH, GUT. ES IST BLOSS JANET-AUS-DER-HR.
WER AUS WAS?

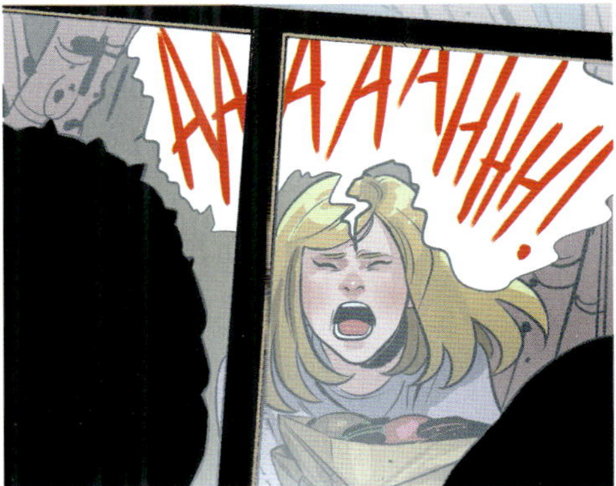
AAAAAHH!

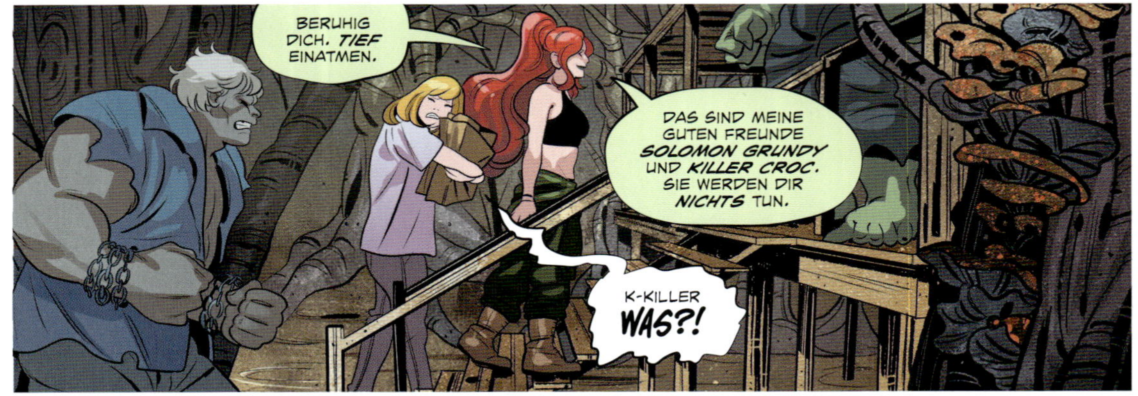
BERUHIG DICH. TIEF EINATMEN.
DAS SIND MEINE GUTEN FREUNDE SOLOMON GRUNDY UND KILLER CROC. SIE WERDEN DIR NICHTS TUN.
K-KILLER WAS?!

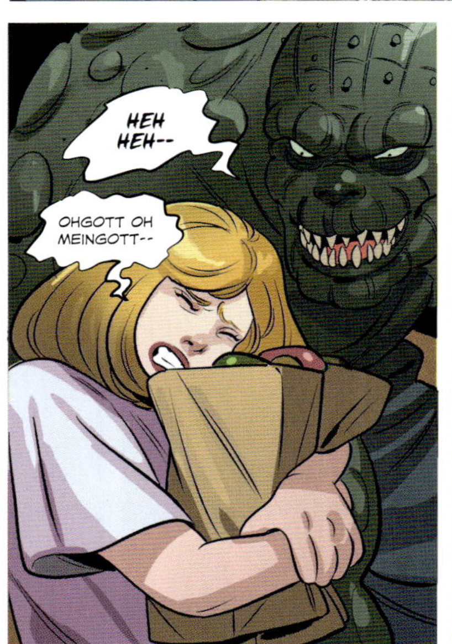
HEH HEH--
OHGOTT OH MEINGOTT--

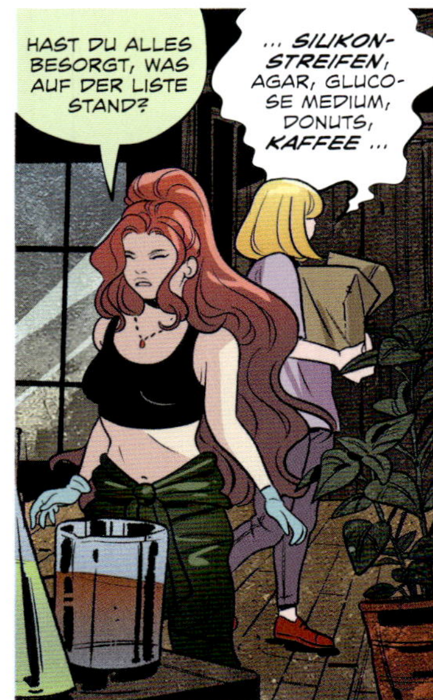
HAST DU ALLES BESORGT, WAS AUF DER LISTE STAND?
... SILIKON-STREIFEN, AGAR, GLUCOSE MEDIUM, DONUTS, KAFFEE ...

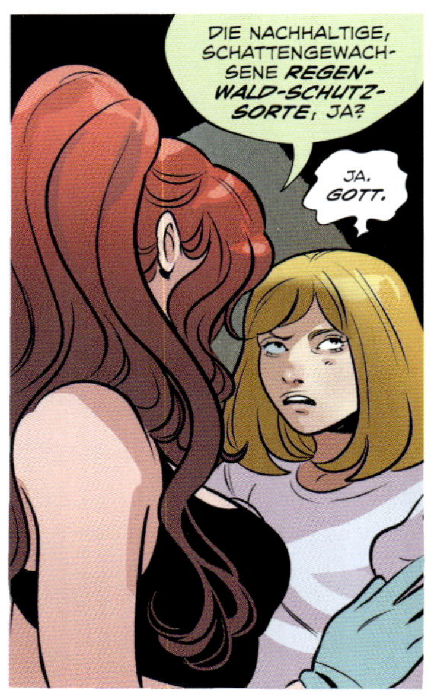
DIE NACHHALTIGE, SCHATTENGEWACHSENE REGEN-WALD-SCHUTZ-SORTE, JA?
JA. GOTT.

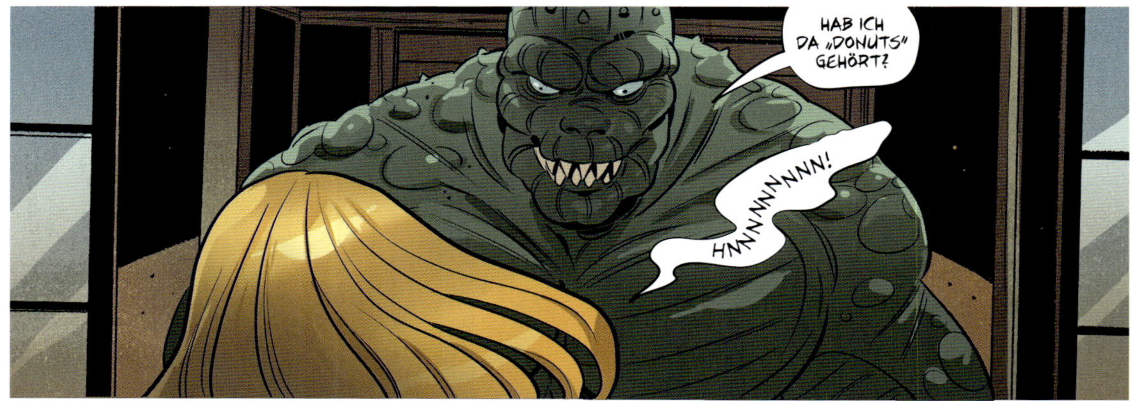
HAB ICH DA „DONUTS" GEHÖRT?
HNNNNNNNN!

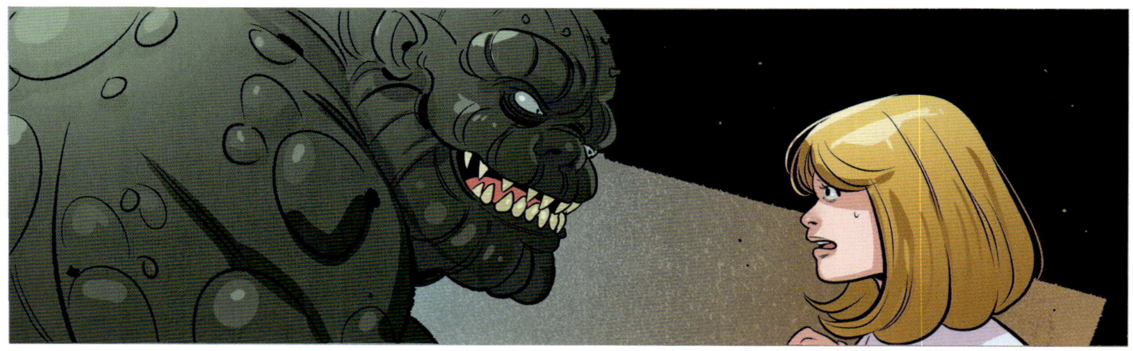

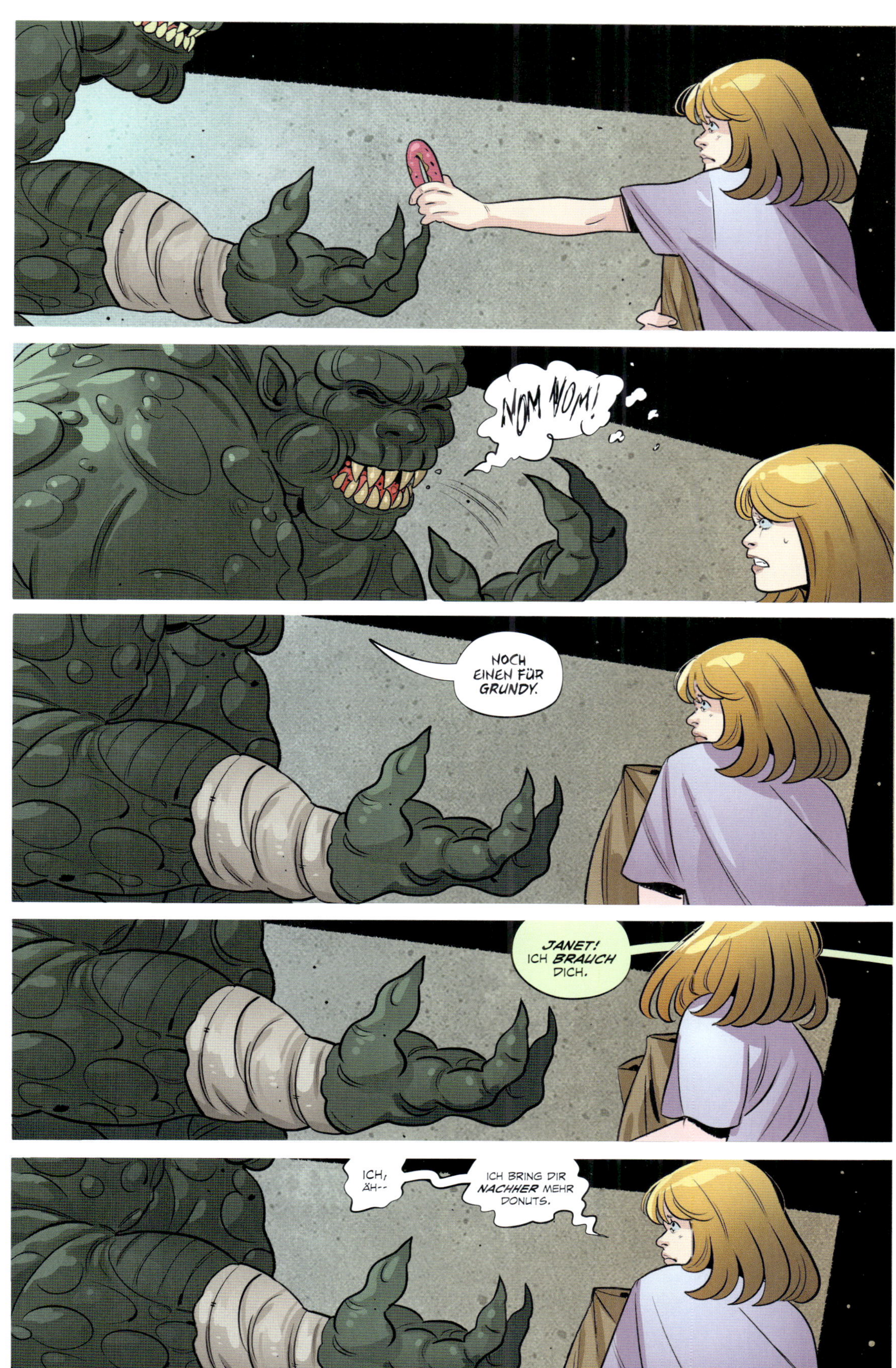
NOM NOM!
NOCH EINEN FÜR GRUNDY.
JANET! ICH BRAUCH DICH.
ICH, ÄH--
ICH BRING DIR NACHHER MEHR DONUTS.

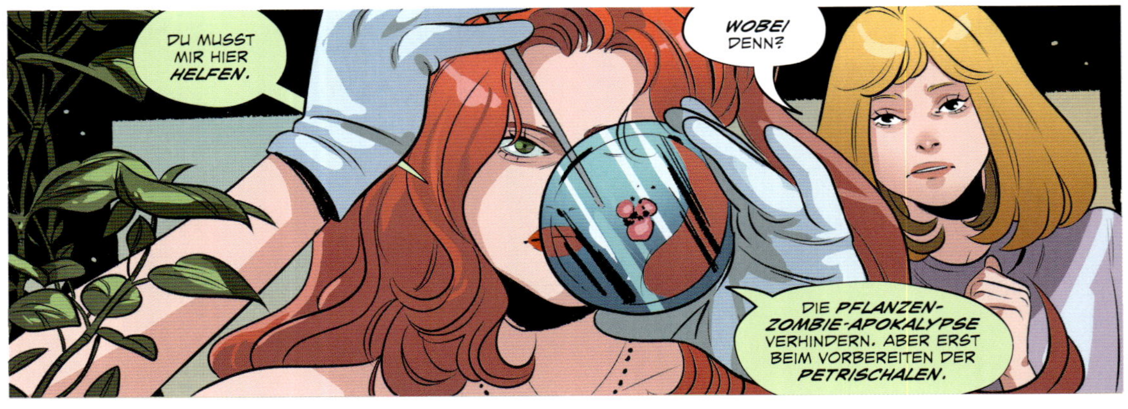
DU MUSST MIR HIER HELFEN.
WOBEI DENN?
DIE PFLANZEN-ZOMBIE-APOKALYPSE VERHINDERN. ABER ERST BEIM VORBEREITEN DER PETRISCHALEN.

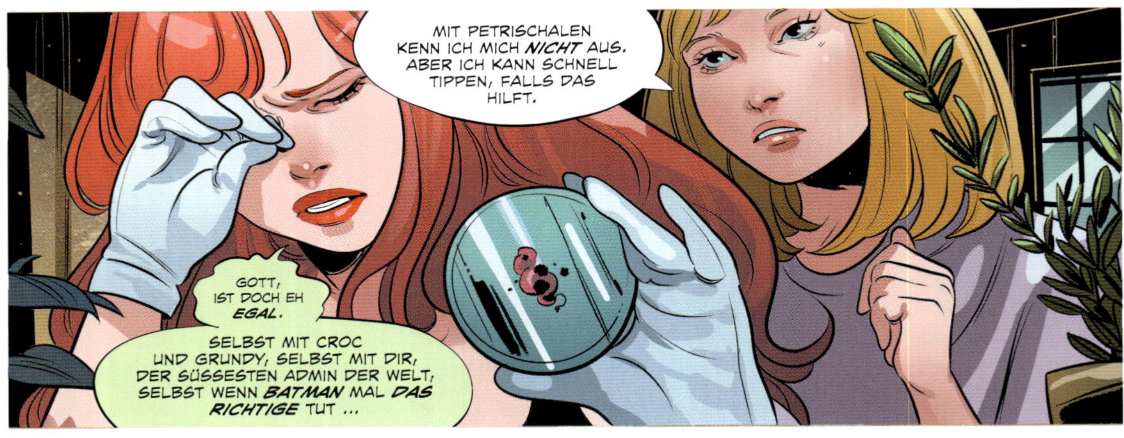
MIT PETRISCHALEN KENN ICH MICH NICHT AUS. ABER ICH KANN SCHNELL TIPPEN, FALLS DAS HILFT.
GOTT, IST DOCH EH EGAL.
SELBST MIT CROC UND GRUNDY, SELBST MIT DIR, DER SÜSSESTEN ADMIN DER WELT, SELBST WENN BATMAN MAL DAS RICHTIGE TUT ...

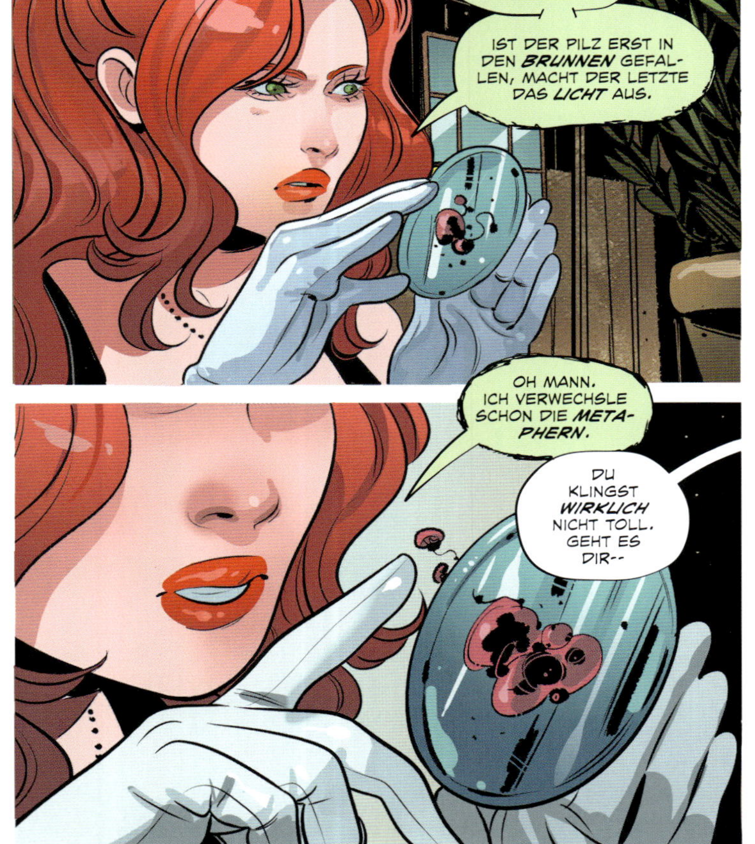
... IST ES UNMÖGLICH.
IST DER PILZ ERST IN DEN BRUNNEN GEFALLEN, MACHT DER LETZTE DAS LICHT AUS.
OH MANN. ICH VERWECHSLE SCHON DIE METAPHERN.
DU KLINGST WIRKLICH NICHT TOLL. GEHT ES DIR--

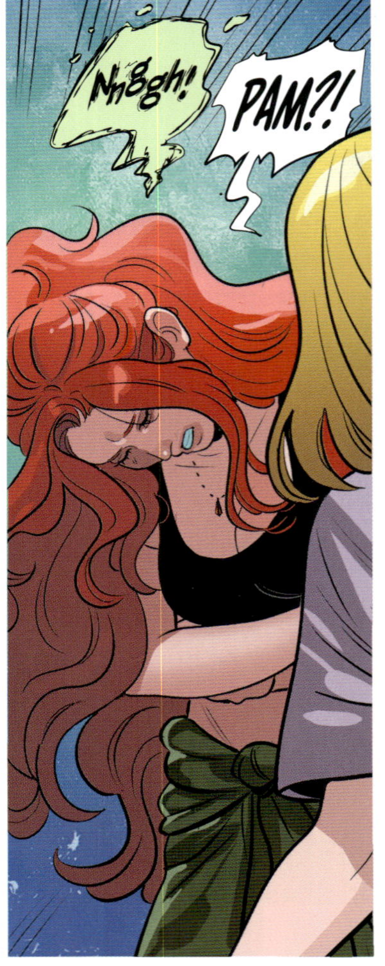
Nnngh!
PAM?!

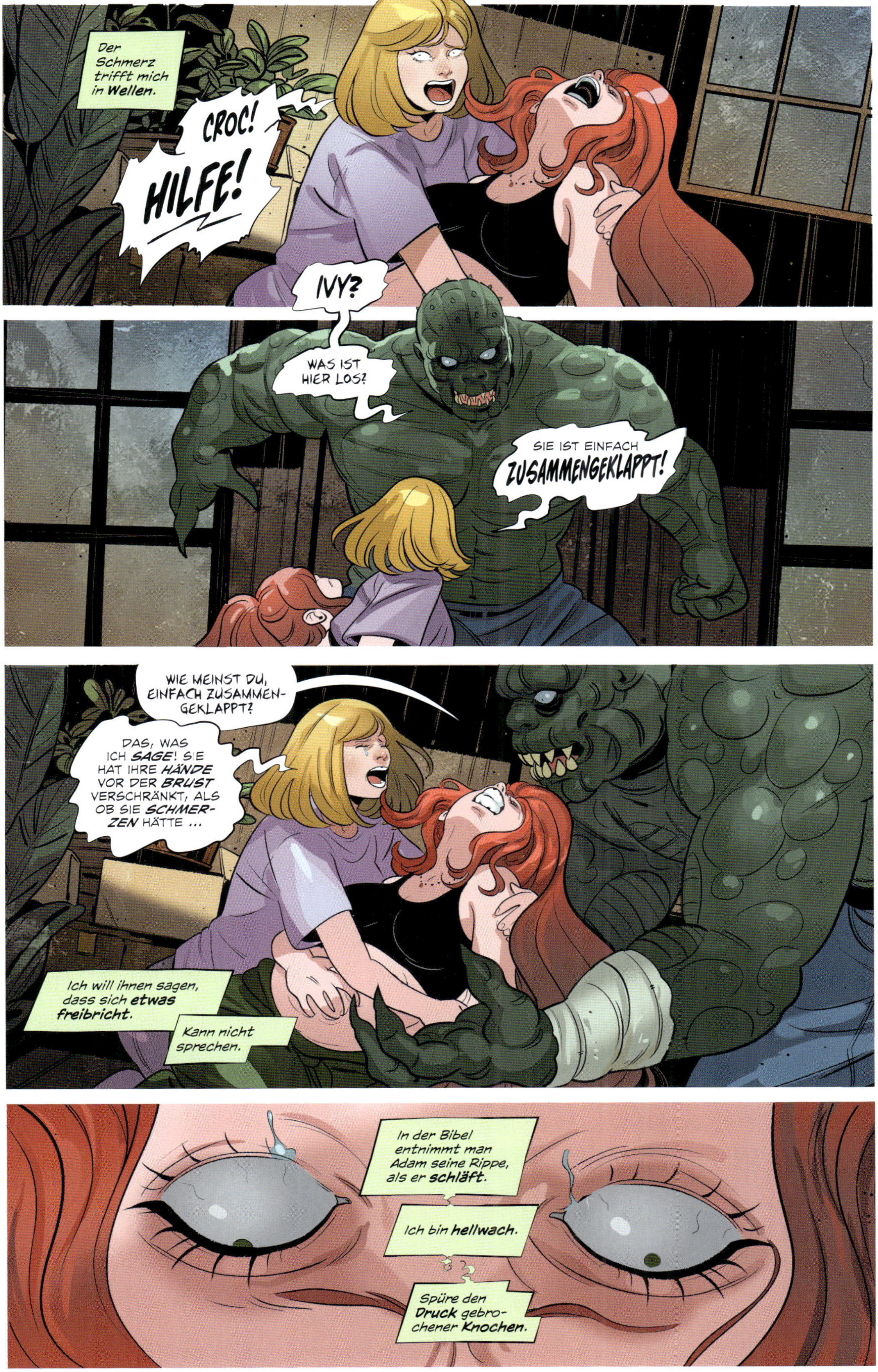

Der Schmerz trifft mich in **Wellen**.

CROC!

HILFE!

IVY?

WAS IST HIER LOS?

SIE IST EINFACH ZUSAMMENGEKLAPPT!

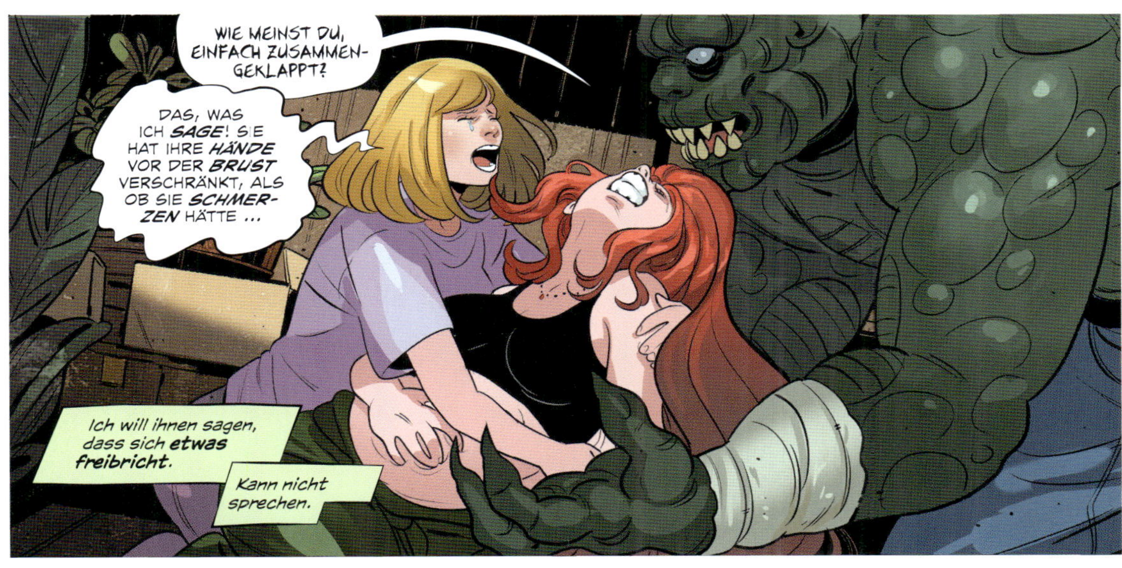

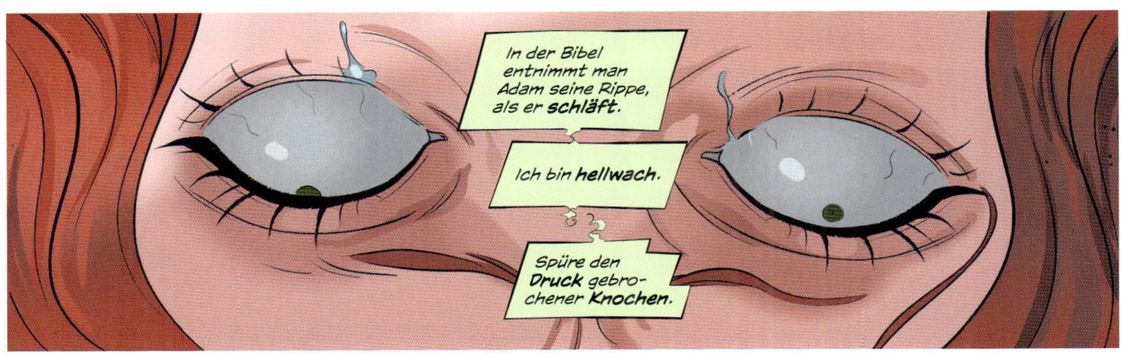

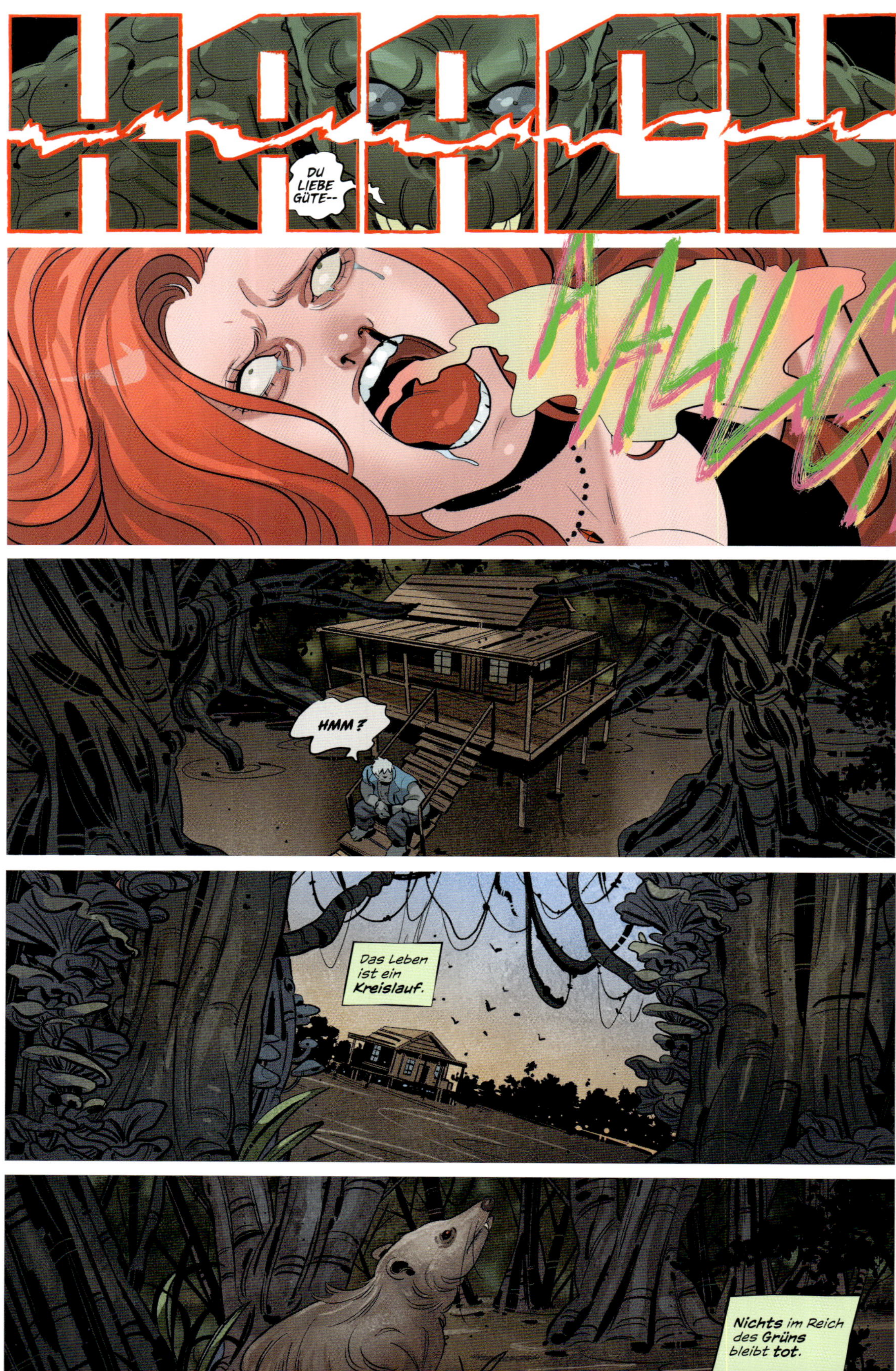
HAAACH
DU LIEBE GÜTE--
HMM?
Das Leben ist ein Kreislauf.
Nichts im Reich des Grüns bleibt tot.

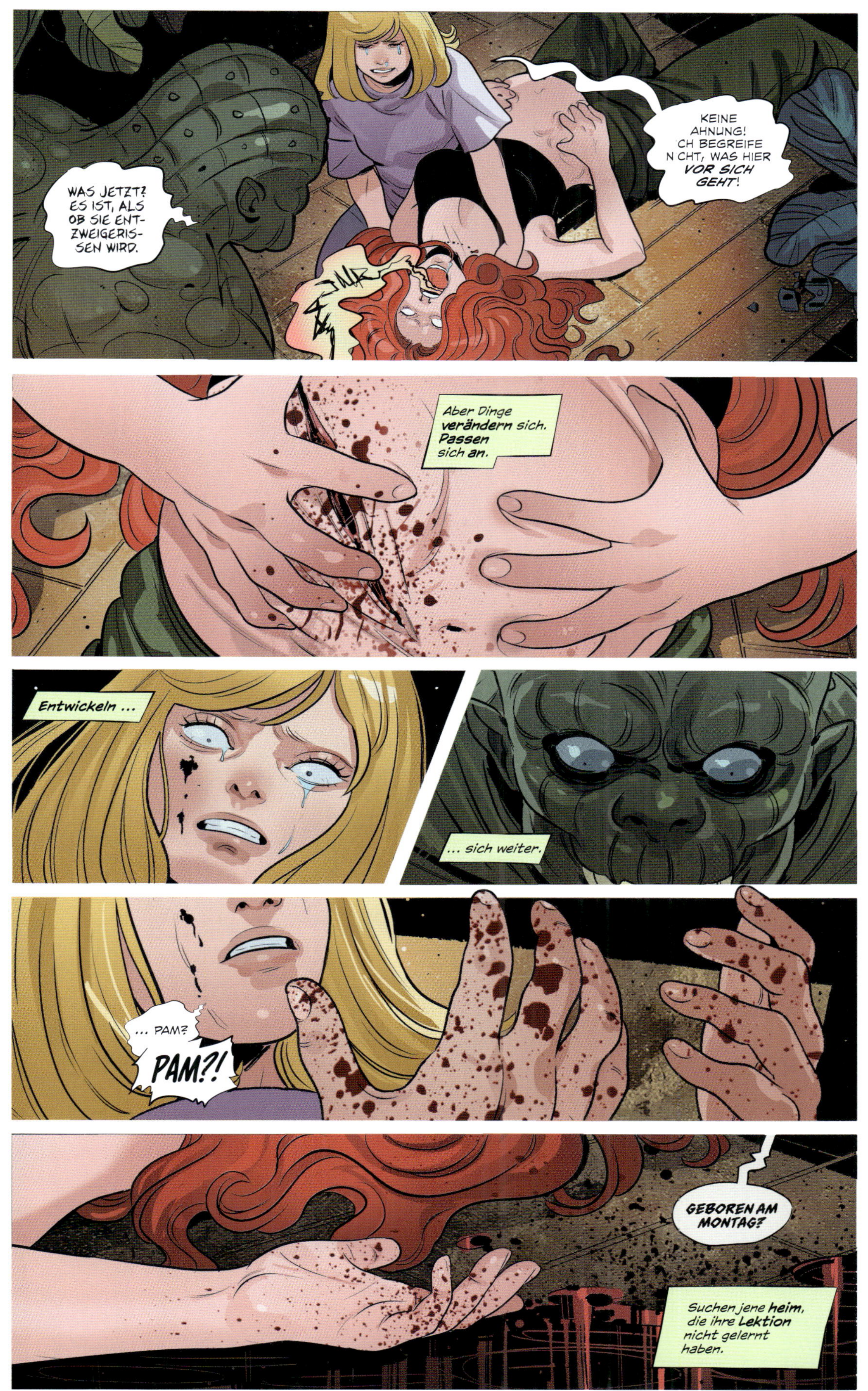
WAS JETZT? ES IST, ALS OB SIE ENT-ZWEIGERISSEN WIRD.
KEINE AHNUNG! CH BEGREIFE N CHT, WAS HIER *VOR SICH GEHT*!
Aber Dinge **verändern** sich. **Passen** sich **an**.
Entwickeln …
… sich weiter.
… PAM?
PAM?!
GEBOREN AM MONTAG?
Suchen jene **heim**, die ihre **Lektion** nicht gelernt haben.

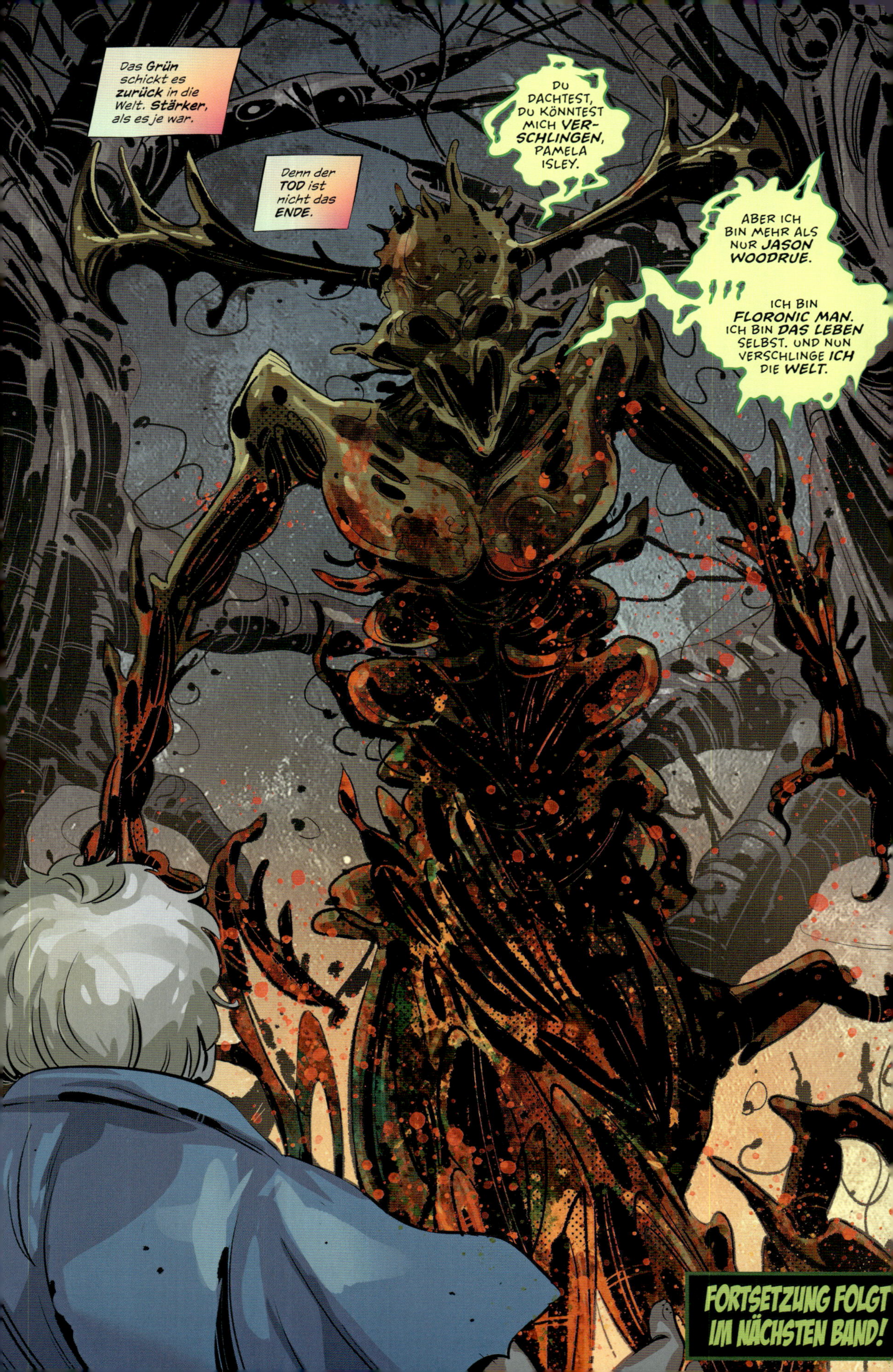
Das Grün schickt es zurück in die Welt. Stärker, als es je war.
Denn der TOD ist nicht das ENDE.
DU DACHTEST, DU KÖNNTEST MICH VERSCHLINGEN, PAMELA ISLEY.
ABER ICH BIN MEHR ALS NUR JASON WOODRUE.
ICH BIN FLORONIC MAN. ICH BIN DAS LEBEN SELBST. UND NUN VERSCHLINGE ICH DIE WELT.
FORTSETZUNG FOLGT IM NÄCHSTEN BAND!

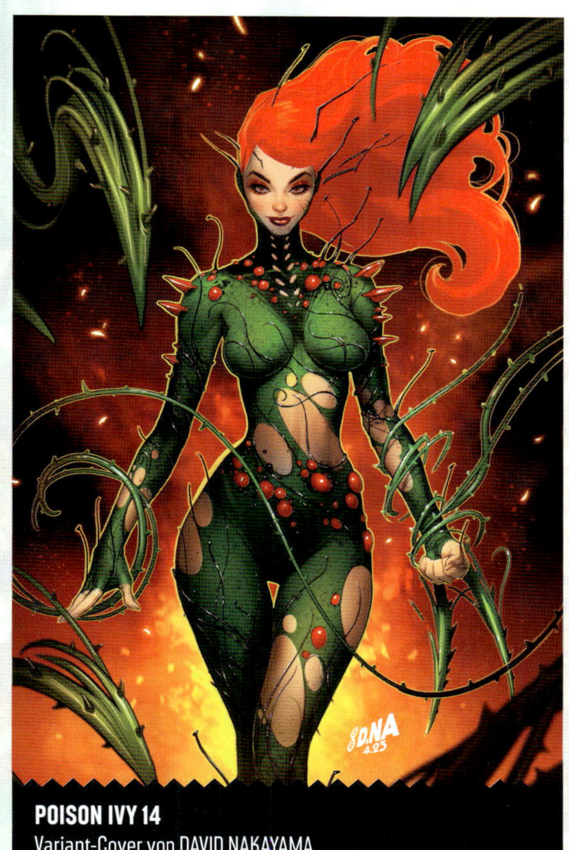

POISON IVY 14
Variant-Cover von DAVID NAKAYAMA

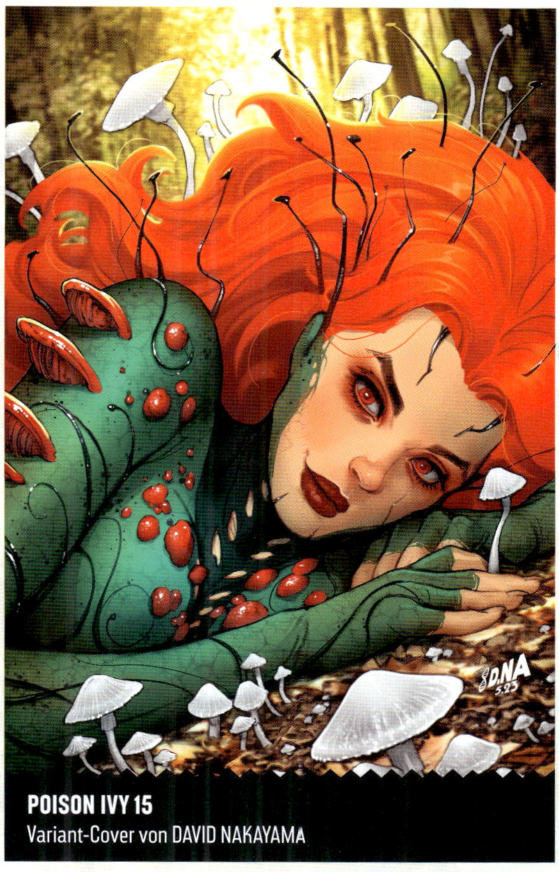

POISON IVY 15
Variant-Cover von DAVID NAKAYAMA

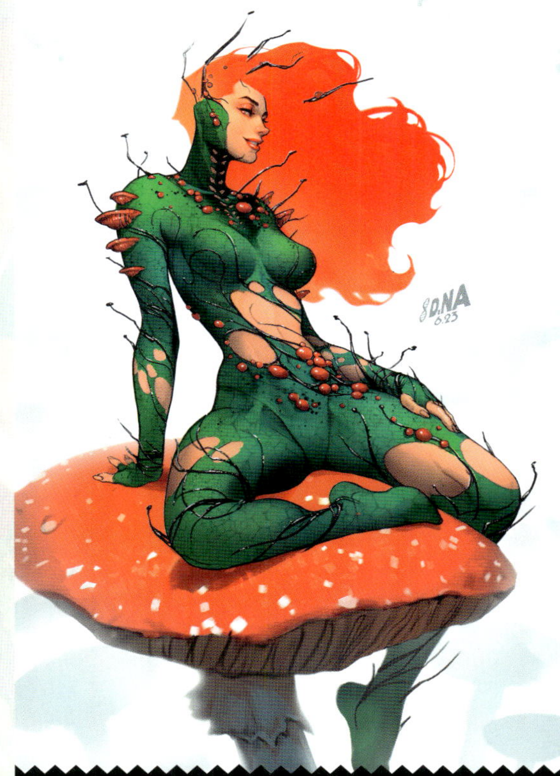

POISON IVY 16
Variant-Cover von DAVID NAKAYAMA

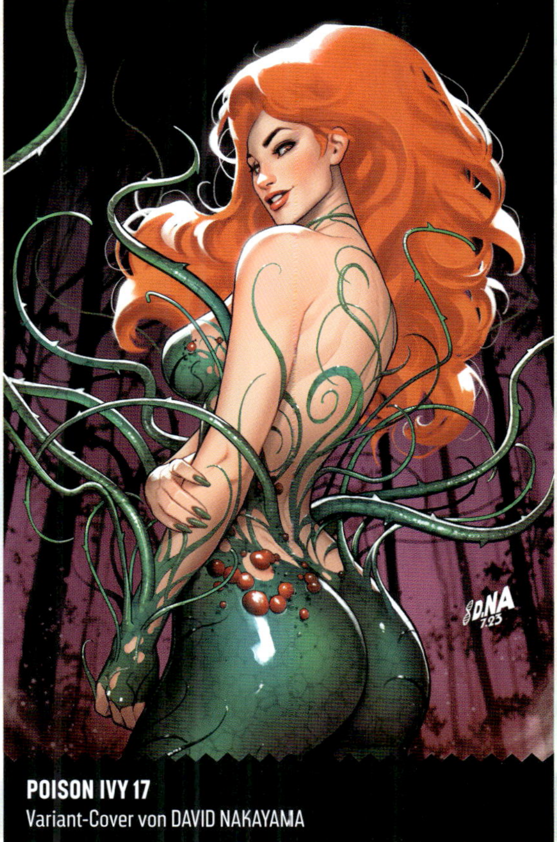

POISON IVY 17
Variant-Cover von DAVID NAKAYAMA

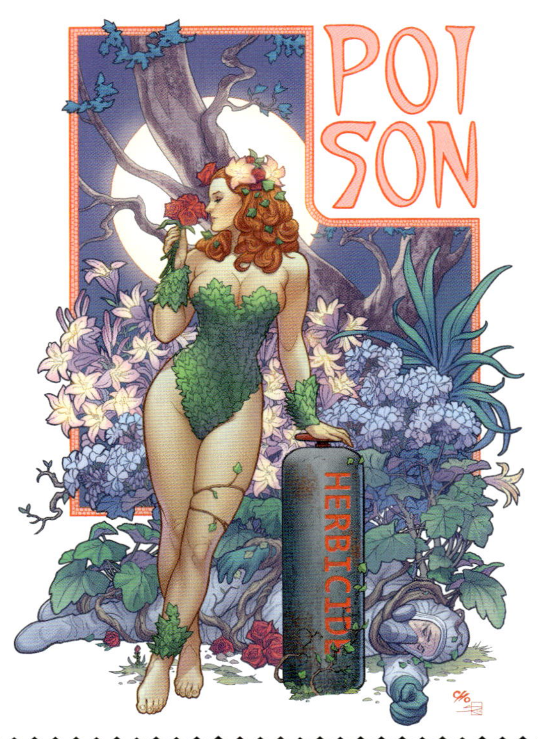

POISON IVY 13
Variant-Cover von FRANK CHO

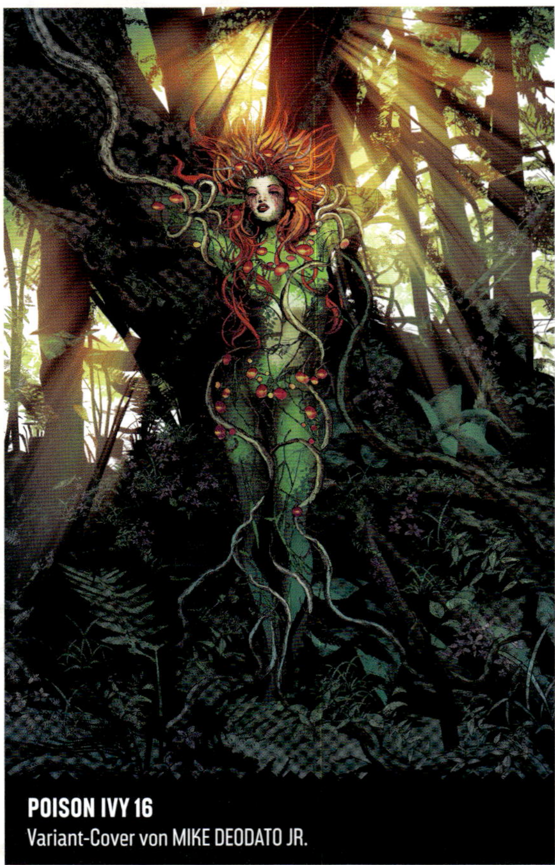

POISON IVY 16
Variant-Cover von MIKE DEODATO JR.

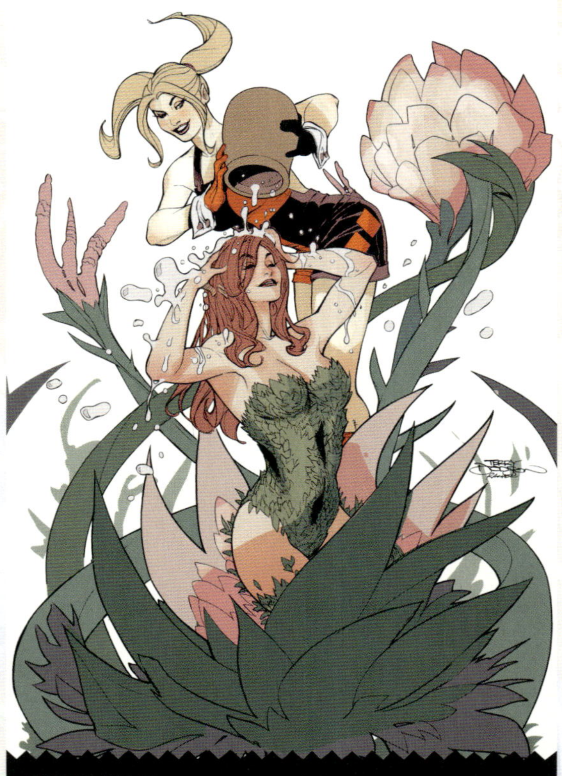

POISON IVY 17
Variant-Cover von TERRY DODSON & RACHEL DODSON

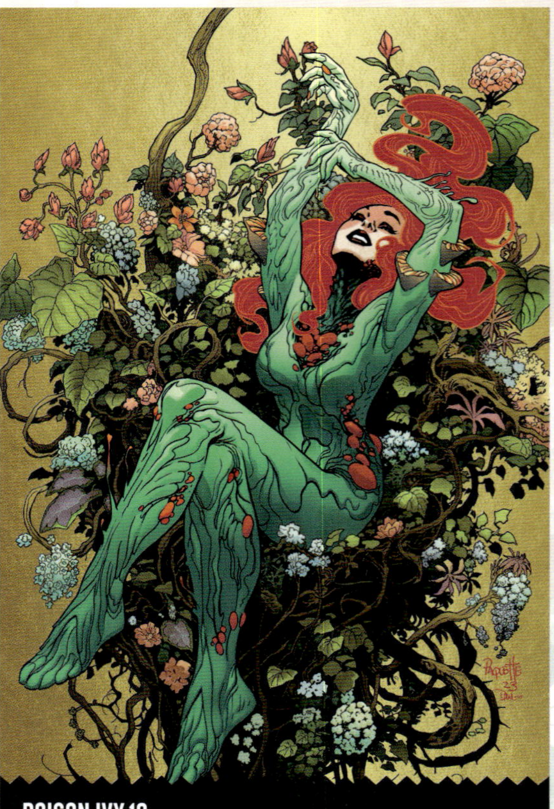

POISON IVY 18
Variant-Cover von YANICK PAQUETTE

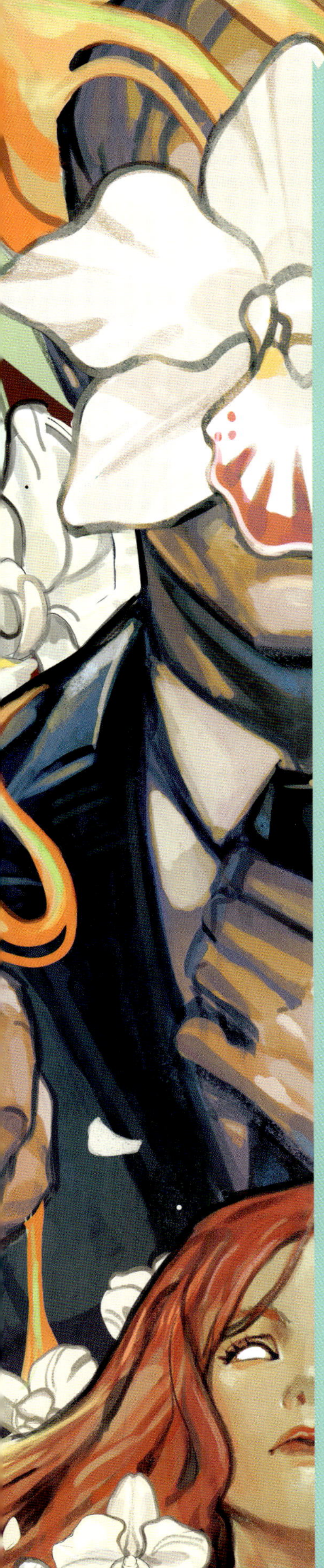

GEWÄCHSHAUS

von **Christian Endres**

IVYS ALBTRAUM

Bei uns startete die bereits erwähnte Ära **Dawn of DC** nicht zuletzt mit dem Event **Knight Terrors**. Der Schurke **Insomnia** versetzte viele Helden des DC-Universums in Tiefschlaf und bereitete ihnen böse, gefährliche Albträume. Viele der Event-Kapitel konnten und können wie **Elseworlds-Storys**, also eigenständige Alternativwelt-Geschichten, gelesen werden. Den Albtraum von **Poison Ivy** inszenierte Autorin **G. Willow Wilson** gemeinsam mit Zeichner **Atagun Ilhan** – für Leser dieser Serie beide keine Unbekannten – und ihr findet ihn in *Batman Sonderband: Knight Terrors*. Ivy legt sich darin direkt nach dem ersten Kapitel dieses Bandes im **Slaughter Swamp** schlafen – und „erwacht" in ihrem Albtraum, wo sie mit einer gruseligen **Harley** in einer wahren Vorstadt-Hölle wohnt ... und ihr Nachbar **Batman** im Hemd am Grill steht?! Passenderweise enthält der Band auch Harleys verrückte Albträume.

CROC & GRUNDY

Killer Croc wurde 1983 von Autor **Gerry Conway** sowie den Zeichnern **Don Newton** und **Gene Colan** in US-*Detective Comics* 523/524 eingeführt. Seitdem hat Alligatormann **Waylon Jones** viele mehr oder weniger bestialische Formen gesehen, wurde sogar zum Kannibalen. In letzter Zeit ist er aber wie Ivy öfter als Antiheld unterwegs, etwa vor einigen Jahren in *Suicide Squad* oder in *Catwoman: Lonely City*. **Solomon Grundy** debütierte bereits 1944 in US-*All American Comics* 61, und zwar in einer Story über die erste **Green Lantern** alias **Alan Scott**, inszeniert von Science-Fiction-Autor **Alfred Bester** und Zeichner **Paul Reinman**. Grundys Story: Der Kaufmann **Cyros Gold** starb im **Slaughter Swamp** außerhalb **Gothams** und entstieg ihm als starkes, reimendes Monster. In Harleys vorangegangener Soloserie war er übrigens auch als Antiheld aktiv.

GRÜNER GRUSEL

Poison Ivy hat eine enge Verbindung zum **Grün** – ihr auch? Vor gar nicht so langer Zeit haben wir das Einzelalbum *Swamp Thing: Grüne Hölle* von **Jeff Lemire** und **Doug Mahnke** veröffentlicht. Darin muss **Swampy** die Reste der Menschheit in der Postapokalypse vor dem wütenden Grün schützen, das mit dem **Rot** und der **Fäule** paktiert, wobei auch **Animal Woman**, **Deadman** und **Constantine** mitmischen. 2024 schließen wir nun endlich eine Lücke: Nach der dreibändigen Prachtausgabe mit dem *Swamp Thing*-Run von Comic-Gott und Grün-Erfinder **Alan Moore** legen wir mit zwei Deluxe-Bänden nach, die direkt an Moores Meisterwerk anknüpfen – in deutscher Erstveröffentlichung! Autor und Zeichner ist **Rick Veitch**, ein Sumpfding-Veteran, der nach Moore genauso ambitioniert und faszinierend weitermachte.

DAS KREATIV-TEAM

G. WILLOW WILSON schreibt Comics, Romane, Essays und Zeitungsartikel. Ihre wichtigsten Comics sind *Ms. Marvel* mit den prägenden ersten Abenteuern von Kamala Khan, die ihr den Hugo Award und den Max-und-Moritz-Preis einbrachten, aber auch *Air*, *Cairo*, *Wonder Woman*, *The Dreaming: Waking Hours* und *Batman – One Bad Day: Catwoman*. Obendrein schuf sie ihre eigene Serie *Invisible Kingdom*, die mit dem Eisner Award ausgezeichnet wurde, und den mit dem World Fantasy Award bedachten Roman *Alif der Unsichtbare*.

MARCIO TAKARA kommt aus Brasilien, lebte aber auch schon in Kanada. Er illustrierte *Batman – Detective Comics*, *Wonder Woman*, *Flash*, *Green Arrow*, *Nightwing*, *Batgirl und die Birds of Prey Megaband*, *Batman Sonderband: Pennyworth R.I.P.*, *Hellblazer*, *Incorruptible*, *Captain Marvel*, *Jessica Jones: Blind Spot – Im Visier* und *Wolverine*. Daneben zeichnete er die Comic-Abenteuer von Pixars Unglaublichen.

GUILLEM MARCH lebt auf Mallorca. Er bebilderte die *Batman*-Serie in verschiedenen Epochen, *Gotham City Sirens* um Ivy, Harley und Catwoman, *Der Joker*, *Catwoman* und *Justice League Dark*. Seine eigenen Serien sind *Monika*, *Laura*, *Karmen* und *Der Traum*.

KELLEY JONES ist einer der größten Batman- und Horror-Künstler der Moderne. Seit den 1990er-Jahren prägt er die Welt des Dunklen Ritters mit seinen Storys für die *Batman*-Hauptserie, das *Niemandsland*-Crossover, *Batman & Dracula: Roter Regen*, *Batman: Mitternacht in Gotham* oder *Batman: König der Angst*. Des Weiteren zeichnete er *Swamp Thing: Die Toten schlafen nicht*, *Deadman*, *Sandman*, *The Crusades* und *Joe Hill: Daphne Byrne – Besessen*.

A. L. KAPLAN hat einen Abschluss in Psychologie und legt seinen Fokus auf queere Geschichten in fantastischen Settings. Zum Comic-Schaffen des Amerikaners gehören *Maw*, *Stuff of Nightmares* und Storys zu *Titans: Beast World Tour – Central City*, *DC Pride* und *Jim Henson's The Storyteller: Tricksters*.

LUANA VECCHIO wurde bei den Eisner Awards 2022 mit dem Manning Award für den besten Newcomer ausgezeichnet. Die Italienerin schrieb und zeichnete schon ihre eigene Horror-/Erotikserie *Lovesick* und visualisierte *Bolero*, *A Knight in Kansas City* und eine Story für *Harley Quinn: Schwarz, Weiß und noch Röter*.

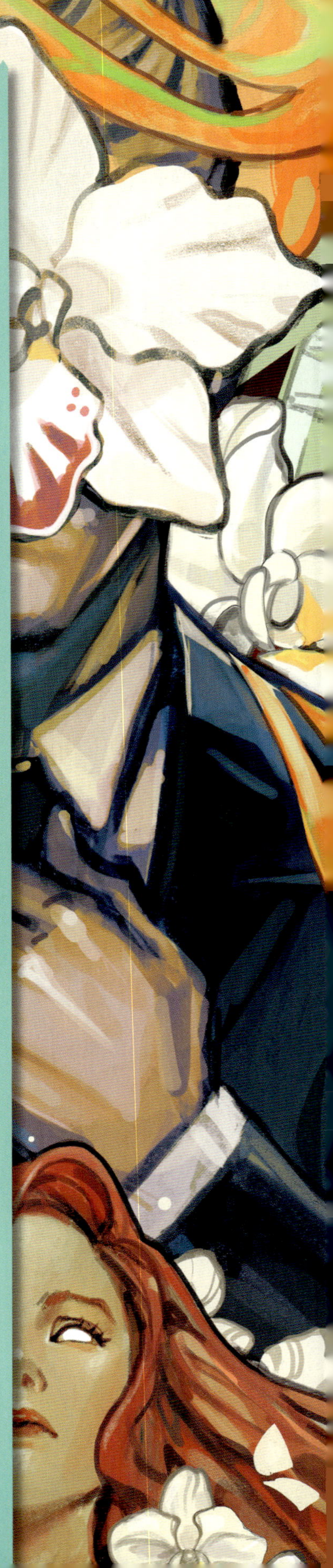